上海市高校高峰高原计划高原（1）建设计划 / 哲学规划项目

上海市普通高等学校人文社会科学重点研究基地

上海师范大学中国传统思想研究所

上海市道德文明与宗教文化研究中心

上海师范大学哲学系

邓 辉　主编

东方哲学

【第十六辑】

广西师范大学出版社

·桂林·

主　管　上海师范大学哲学系

主　办　上海师范大学中国哲学教研室

主　编　邓　辉

编委会（按照姓氏拼音为序）

主　任　樊志辉（上海师范大学）

编　委　陈徽（同济大学）　　　　陈乔见（中山大学）

　　　　陈仁仁（湖南大学）　　　陈赟（华东师范大学）

　　　　丁四新（清华大学）　　　干春松（北京大学）

　　　　郭美华（上海财经大学）　郭晓东（复旦大学）

　　　　何善蒙（浙江大学）　　　何云峰（上海师范大学）

　　　　李承贵（南京大学）　　　聂保平（上海科技大学）

　　　　谭明冉（南开大学）　　　王林伟（武汉大学）

　　　　温海明（中国人民大学）　问永宁（深圳大学）

　　　　余治平（上海交通大学）　曾海龙（上海大学）

　　　　张自慧（上海师范大学）

编辑部成员　高瑞杰　孙逸超

目　录

名家讲坛

崇经重道与经世之学

——读张舜徽《壮议轩日记》有感

彭 林*

中华学术博大精深,其精髓汇于周孔之教。周孔之教,绵延数千载,经师授业解经,各逞独造,大致分判,自古有汉、宋之别。汉人解经,从章句训诂入手,注疏之学尤盛;宋儒好谈性理,视汉儒为土埂,故每每脱离注疏,直抒经义。入清,学者诋讥宋儒空论心性,清谈误国,而以兴复汉学为职志。乾嘉之学兴起后,文字、音韵、训诂、版本、目录、校勘之学大盛,经典文本研究成绩斐然。故学界多以乾嘉学问为经学正宗,出于敌忾之气,而以宋学为不齿,摒弃于经学之外。清季以降,经学式微,传统学问沦为"国故"之学,而学术"汉宋之争",期间抑扬,则愈演愈烈。

1923 年至 1924 年,梁任公在清华等校讲授"中国近三百年学术史",旗帜鲜明地扬汉抑宋,指斥宋明理学家乃是由一批"下流无耻的八股先生"与"上流无用的道学先生"构成,学术与人品均属低下;赞扬乾嘉考证学是对宋明理学的"反动",是"清代三百年文化的结晶体",并誉之为"科学的古典学派"。

数年后,钱宾四先生发表同名作《中国近三百年学术史》,而立说与任公迥异,以为明清之际,黄宗羲、王夫之、顾炎武等能"不忘种姓,有志经世",恰恰是受宋明理学影响所致;反观乾嘉诸老,在清政府的高压之下,"一趋训诂考订,以古书为消遣神明之林囿","皆不敢以天下治乱为心,而相率逃于故纸丛碎之中"。两位大师对宋学与清学的评价,判若水火。平心而论,任公当时在学界的声望极高,故其说之影响远大于钱

---

* 作者信息:彭林,男,1949 年生,江苏无锡人,历史学博士,清华大学人文学院教授。

先生。

大略言之,汉宋之学或可概括为"道问学"与"尊德性"之争,即考据(训诂)与义理之辨。此二者诚不可分,然学问又有先后次第,汉学(或清学)奉"由小学入经学,其学可信"之信条,而鄙薄宋学之蹈空;宋学奉"正心诚意"之风,崇尚修身内省,发明天理,而不屑于考据。二者分判,到底孰是孰非?其间可容调和?当今之世,经学堕地,学风浇漓,面对此种"惨淡"光景,此间学人该如何去从,一直是鄙人萦绕于怀之块垒。今读张舜徽先生《壮议轩日记》(以下简称《日记》),略有所感,聊作絮语。

一、崇经与阅世

张舜徽先生,生于1911年7月,殁于1992年11月,湖南沅江县人,平生完成学术著作24部,达八百万字,博通经史,长于小学,为经学耆宿、文献学大家,编者仰慕久矣。先生治学,"始慕乾嘉诸儒之所为,潜研于文字、声韵、训诂之学者有年。后乃进而治经,于郑氏一家之义,深入而不欲出。即以此小学、经学为基石,推而广之,以理群书"(《八十自叙》),由小学而经学,取径纯正,深契我心。二十多年前,得读张先生《郑学丛著》,其用力之精勤,学养之湛深,令后生小子叹为观止。读其书,想见其为人:先生如何读书?先生终日坐拥书城,有无人文关怀?先生品评学者,除著述之外,是否衡量其他?如此等等,时时萦怀。近读周国林先生整理之张舜徽先生《日记》,终得窥见先生精彩而不乏深刻的思想世界,启迪良多。

《日记》撰于1942年至1947年期间,其时张先生为战乱所迫,转辗于湖南蓝田、甘肃兰州一带,"萍梗异乡,忧患送经",先生于颠沛流离间仍勤写日记,然此段日记因离乱奔徙早已遗失。至20世纪80年代,于湖南图书馆幸而搜得部分底稿,可谓意外之喜。日记所记之时,中华大地遭外敌荼毒,山河飘零,百物腾贵,"民生憔悴,伊于胡底,言念邦族,憯焉伤之",面对此等际遇,先生自然别有会心,救国拯民,当以挽回世道人心为先。日记之中,先生强调为教论学当以躬行为先,致用为本,切忌高谈阔论;而学问气象来自经学:

既言尊经,宜尊夫子之以身为教,进而论学,一以躬行为先。

通经明道,本以致用,末学支离,言之愈高,去致用之途愈远,而反足拔国本。颠倒如此,亦奚贵其能读书哉?

清初诸大师学问渊博,气象伟岸,其始基率由湛深经术根源之地,所立者厚也。

张先生为诸生讲授张子厚《西铭》,主旨乃"教之一仁字",分作四章,首章"以天地为父母,视宇内为一家,气象博大,全是《礼运·大同章》引申而出,为儒家之最高理论";次章论人当扩充善质,止于极善,"无负于天地";三章、四章论处境之法,若遇艰屯,"宜以义命自安","以顺天地之心";张先生尤喜《西铭》,认为"独能见其博大,开拓学者胸心",是宋人谈理上乘之作。

先生编选"及门必读之书",并为之精讲深论者,多为切于时局之篇,旨在为国造就慷慨悲壮、勇赴国难之士,大有深意存焉:

> 巳刻,为诸生讲授《儒行》至"劫之以众,沮之以兵,见死不更其守"数语,因援宋明亡国时史事以实之,末又言往代殉国之士从容就义,蹈死而不顾者,其故有二。一曰有成天下之心也,引黄梨洲语以明之;二曰无所顾累也,引顾亭林语以明之。议论风发,闻者惊竦。

> 余近岁来有意激励士气,于《大学》《儒行》《曾子制言》外,益以此篇(引者按:即《西铭》),定为及门必读之书。

读上文,先生讲学"援宋明亡国时史事""言往代殉国之士从容就义,蹈死而不顾"及"议论风发"之情景,跃然纸上,至今犹能令"闻者惊竦"。

先生品评学术人物,注重其操守之有无,为学与做人是否一致,而非简单地评鉴学术。如此之等,日记中可谓俯拾皆是,以下略举两例:

陆陇其,字稼书,浙江平湖人,康熙进士,曾宰嘉定,而有事功,"嘉定大县,赋多俗侈。陇其守约持俭,务以德化民"(《清史稿》卷二六五"本传")。稼书学术专宗朱熹,被清廷誉为"本朝理学儒臣第一",与陆世仪并称"二陆"。《四库提要》评论稼书云"学问深醇,操履纯正",学问与操履并重,张先生深以为然,云"此八字盖足以尽之"。先生推崇稼书之学,认为其显著特点是"长于持论,能推见事物之大本大原,剙析利弊",并贯穿于经世致用。

张先生知人论学,认为人品关乎学风,而学风足以转移世风,故注重考察"清代经师利弊,及近人治学风气"。先生所景仰者如顾亭林、李二曲、阮文达等,皆有气节,有

高行,足以为全社会之楷模。黄侃为小学巨擘,世人无不称道,先生以为其学术"高绝不可攀望":

> 综其学诣,为人仰慕者三事:读《说文》《广韵》烂熟,于均学尤为专门,一也;思理缜密,读书无一字跳脱,二也;文字雅艳,三也。

然张先生以为此不过是黄君之小者,尚未足以尽显其身之完美,"吾独得其学术之大,可以矫厉末俗者",有三焉:

> 天性醇厚,事嫡母至孝,一也;绝顶聪明,而治学以愚自守,二也;不附和时下风气,卓然有以自立,三也。

至此已可见,先生治学虽博通于经籍之名物训诂,而终极关怀则在于修身、齐家、治国、平天下之经世大旨,可谓深得儒学之真谛者。

二、为学与为人

拜读《日记》,如追随先生转徙于湘乡、安华、甘陇之地,出入锋镝,萍梗异乡,恍若见乎其位,闻其容声,进而思其志意,思其所乐。若以先生为镜鉴,反观时下之经学研究,为何不出名家大作、鲜见可寄予希望之后学?

鄙见,当今经学之不振,其因还在于学者自身,盖为学不诚,多浅尝辄止,且经不起外界诱惑,功夫常在学业之外。经学之振起,学术之蓬勃,学者首先当摒弃杂念,一心向学。古今大贤为学,确信"诚者天之道,诚之者人之道",故无论身在大邑抑或穷乡僻壤,都能为其所当为,决不慕乎其外,"素富贵行乎富贵,素贫贱行乎贫贱,素夷狄行乎夷狄,素患难行乎患难,君子无入而不自得焉"(《礼记·中庸》)。观日记所载,比年之中,先生颠沛、造次,居无定所,与妻孥远离阔别,而"家用匮乏,至举债以供柴水,儿女冬衣犹待增制"(1946年10月31日),人不堪其忧,而先生处涸辙以犹欢,穷且益坚,深信"天下无幸成之事",故苦学不辍:

> 大氐学问之事,用力深者收名远,有十分之功力,其所表见必不止于七八分。

若功力止四五分,则所表见断不能望七八分。(11 月 8 日)①

先生读书有宏大规划,《十三经注疏》《二十四史》《诸子集成》无不通读,勤加笔札,在流亡西北期间,依然有序推进。1946 年 10 月 8 日,先生从甘肃省图书馆借得严可均辑《全上古三代秦汉三国六朝文》,凡七百四十六卷,随即决定"自今日以点阅此书为日课",先生计日程功,"每日尽二卷,周年可毕"(1946 年 10 月 8 日)②。就《日记》所见,10 月 11 日读毕《上古三代文》,朝食后又读《全秦文》一卷,因云:"似此锐进,必半年可卒业,何庸三百余日耶?惟于宜细心玩索处,不容轻易放过耳。"③10 月 21 日,"全文《前汉文》六十三卷读竟"④;11 月 4 日,"《全后汉文》一百六卷读竟"⑤;11 月 15日,"《全三国文》七十五卷读竟"⑥;12 月 18 日,"《全晋文》一百六十七卷读竟"⑦;1947年 1 月 6 日"《全宋文》六十四卷读毕"⑧,次日起读《齐文》,可惜以下《日记》已佚,虽不知何日完竣,谅亦非遥则断然无疑。

就《日记》所见,此三月有余期间,先生同时阅读之书尚有《春秋繁露》、梁章钜《退庵随笔》、《金楼子》六卷、《甘肃人物志》二十四卷、《史微内篇》八卷、《养素堂文集》三十五卷、《烟霞草堂文集》等。1946 年 11 月 8 日《日记》云:

　　　自来兰州甫四十日,穷昕夕读吾所应读之书又已蹸二百卷。闭门谢客,日课极严,汲汲孜孜,惟日不足,所得亦益以宏富。⑨

四十日之中,读书二百余卷,堪称苦读,用力之勚,令人慨叹。《日记》中间有提及读书细节之处,如:

---

① 《壮议轩日记》第 328 页。本文以下从该书所出仅标页码。
② 第 289 页。
③ 第 291 页。
④ 第 300 页。
⑤ 第 319 页。
⑥ 第 337 页。
⑦ 第 374 页。
⑧ 第 391 页。
⑨ 第 328 页。

夜阅杂书至更初，电灯不明，两眼昏蒙矣。（1946 年 10 月 3 日）

自卯至未，读《三代上古文》，尽四卷（1946 年 10 月 9 日）

晨起，读《全汉文》尽二卷。早膳毕，赴西北大学访孟奇不遇，归而闭户，读《全汉文》至昏时。（1946 年 10 月 13 日）

晨起读《全汉文》，自巳至未，阅《史微》尽二卷。（1946 年 10 月 16 日）

夜独坐，一灯荧然，读书至二更后，尽《汉文》四卷。（1946 年 10 月 20 日）

夜观严辑《后汉文》，至二更后。（1946 年 10 月 22 日）

夜阅《养素堂文集》，至三更后。（1946 年 11 月 1 日）

读《三国文》，至二更后，尽数卷。（1946 年 11 月 5 日）

其中，1946 年 10 月 9 日读书"自卯至未"为五个时辰，共约十小时；13 日上午访客不遇，归而读书至昏时，亦有八小时以上；先生读书精进勇猛如此，犹嫌不足。先生读王闿运《湘绮楼日记》，讥其"谐谑不庄，半以游戏出之"，但是叹作者温经抄书之功，"至可歆慕"：

王湘绮五十年日记中，时城时乡，时京时蜀，舟车仆仆，殆无一日静处。年踰八十，犹能北游，此固精力有余，要非常人能逮。论其闻见广博，声名洋溢，夫岂偶然？（1946 年 10 月 14 日）①

先生能成大器，另一原因在修身进德，志操高尚。先生读黄以周《儆季杂著·史说》，其《汉处士传赞》标举三十人，《汉孝子传赞》标举六十四人，先生均录入《识大篇》，"以为学者入德之门"，亦犹陈澧"学汉人之学尤需学汉人之行"之意（1946 年 10 月 16 日）。

先生不求闻达于天下，即所谓"素位安名"是也。《韩诗外传》云仁道有四：圣仁、智仁、德仁、磏仁，磏仁之位最下：

廉洁直方，疾乱不治；虽居乡里，若坐涂炭；命入朝廷，如赴汤火；非其民不使，非其食弗尝，疾乱世而轻死，弗顾弟兄；以法度之，比于不详：是磏仁者也。

---

① 第 293 页。

先生以"礳仁"自励,以"不愿乎外,反求诸己"八字,"朝夕省惕",故能成其大。作为教授,张先生深知"治之大本在能任人而不任智",故教与学,均以做人为主旨,言传身教,诲谕勤勤:

　　余生平持论,亟服膺荀卿"不苟"之说,往在蓝田为诸生讲《礼记·中庸》篇至"索隐行怪"一章,畅发斯恉,至为详尽。英奇之士,亦各有所发悟,盖此理不明,则德性不能坚定,大而影响政教隆污,小而及于一身成败,非细故也。(1946 年 10 月23 日)①

　　《御览》六百十三引任嘏《道论》有曰:"学所以治己,教所以治人。不勤学则无以为治,不勤教则无以为仁。"斯二语所以教后世读书者,至矣尽矣,读之令人警惕。(1946 年 11 月 6 日)②

先生自奉甚严,修身进德,无时或忘,偶有放失之举,致怠惰之心萌生,或已染不良嗜好,则痛自责备,誓言力戒:

　　日内心如县县不能定,每日早膳后,有事无事均必入市周游一徧而后能安。盖此心放散久矣,后宜随时惕厉,用力把握之。(1946 年 10 月 8 日)③

又,1946 年 10 月 10 日,就寝前偶尔吸烟二支,以致彻夜不能入睡,先生自责不已,并痛下决心不再近此物:

　　后当力戒,勿再以此物近吾唇也。吾居江南,不能吸烟,故历久而无烟癖。况此邦气候干燥,尤非所宜。倘不痛绝,必致隐疾。④

11 月 3 日,因款待宾客,"陪吸卷烟过多",继而自责:"以后仍当戒绝,虽客至缺之

---

① 　第 303 页。
② 　第 323 页。
③ 　第 289 页。
④ 　第 290 页。

可也。"①又 10 月 21 日"与友人言,一语不诚,心殊惭怍,以后宜刻刻留意"②。先生自律如此,事事谨严,学业自然有大成。

书至于此,不禁想起三十年前博士毕业时,业师赵奉生先生手书傅山书《训子侄》中语赠我:"为学须一副坚贞雄迈心力,始克纵横。为学当先立志,修身当先知耻。"当时装裱后悬挂于书房,天天面对,自思铭记在心,自以为大体做到。今读先生《日记》,方知何谓"雄迈心力",何谓"立志",何谓"知耻",方知与先生之差距不啻霄壤,不禁汗颜,愧怍无似。

三、学问与气骨

读张舜徽先生《日记》,想见其为人,希冀了解其读书之旨趣。先生博览群书,意在勾稽历代修齐治平之道,但凡人品节操卓异,胸怀博大,或有益于经世致用者,必定手录笔札,以为镜鉴。

先生读武威学者李于锴《味蘖斋遗稿》及日记,感佩其严于修身,"于濂洛关闽诸大师书,寝馈至深","修省惕厉,如恐不及";"生平笃实谨严,不滥为无益之文",学品甚高;渠早先与袁世凯知好,袁称帝前,即与之绝,杜门谢客,后抑郁至死。先生慨叹"其志行之高洁,直当于古人中求之"(1946 年 11 月 7 日)③。如此之类,《日记》在在多有。

先生注重道德境界之高下。曾国藩《与湖南各州县公正绅耆书》,以"不要钱不怕死"六字明志,世人为之叹服。然刘蓉致书曾国藩,戒其勿以此六字妄相标榜,境界高于曾氏;先生赞叹刘氏"词旨严峻,有古君子风"。后读梁章钜《退庵随笔》:

> 今人但以不要钱为廉,于是一节自矜,动成戾气。夫清乃居官分内事,犹妇女之守贞。妇女无淫行,遂可凌翁姑、厌夫子、詈姒娌而虐子孙乎?

是刘蓉之说实脱胎于此,而梁氏以清乃居官分内事,贞乃妇女分内事比况,何必以此自矜,动成戾气,说理更为深刻严正,先生大为赞叹。

---

① 第 319 页。
② 第 301 页。
③ 第 326 页。

陕西学者刘光蒉为光绪举人,长年主讲味经书院,清末为甘肃大学堂总教,先生早年阅刘著《汉书艺文志注》,"心焉仪之,意其为人必卓荦有以自立,讲求实学者也":

> 深夜,翻阅《烟霞草堂文集》,想见其人,豪迈之气,器识襟怀,俱非近人所能望闻。当时有南康北刘之目,不诬也。余尤善其振起乡学之说,为图治者所不能外,深与吾意契合,不禁喜跃,恨不得起死者共论斗室之中焉。(1946 年 11 月 6 日)①

自孔子倡导修身讲学,历代多有躬行于此的贤者,且多有出于自身体验的警句或炼语,先生读书至此,欢忭无似,每每采撷,以为自励之资:

> 《御览》六百十三引任嘏《道论》有曰:"学所以治己,教所以治人。不勤学则无以为智,不勤教则无以为仁。"斯二语所以教后世读书者,至矣尽矣,读之令人警惕。(1946 年 11 月 6 日)②

先生读《全晋文》东海王司马越教世子之言:"夫学之所益者浅,体之所安者深。闲习礼度,不如式瞻仪型;讽味遗言,不若亲承音旨。"大为赞同,认为读书未必仅在书卷,"式瞻仪型"亦是学习:

> 此言观摩之益,胜于讽籀。辞略理该,足以发人深省。善读书者,取人之长,裨己之短,左右采获,所在为师。岂必日亲书卷,而后为学?东海此言,谅非腐儒所能道。(1946 年 11 月 16 日)③

先生以经学为灵魂,史学为血脉,凡有关经国理民之建议,亦多随手札记,并做评论。如先生读《全晋文》之《武帝议增吏俸诏》之"外足以奉公忘私,内足以养亲施惠",感慨系之:

---

① 第 324 页。
② 第 323 页。
③ 第 340 页。

此十四字,不啻为千古定俸制禄者下一准则。诚能做到此十四字,官吏岂复有自利之心? 此余所以省禁贪必先厚禄之说也。(1946 年 11 月 15 日)①

先生亦重视辞章之学,尤其喜好诸葛亮书简,而其关注之焦点,在内心真情之表露,而非纯粹修辞:

文辞雅饬,而义谊深远,足以动人。观其与杜微两书,何等诚挚,非积于中者厚,不可以形诸笔墨也。修辞立诚,信矣。(1946 年 10 月 19 日)②

由上举《日记》所载诸例可知,先生读书知人论世,以求道自励为重心,大要如下:

首先,学者当有气量与胸襟。姚文田《邃雅堂文集》卷一有《器说》一篇,以器喻学,器之容量愈大,则所受愈多,"志得寸者见寸慊,志得尺者见尺忎,限于缾不可为罍,成于升不可为斗"。先生对此赞扬备至,称之为"求之乾嘉诸儒无有"的"至论":

孔子以天为器者也,故其道蕲至于天焉,不至于天不自足也。诸子以孔子为器也,故其学蕲至孔子焉,不至孔子不自足也。乌呼! 后之以孔子为器者,而卒不逮孔子,是以二千年中圣不再作,君子于此必知所以自宏其器矣。

张云:以不墨守不依傍为归,可谓善充其量……乾嘉诸儒之为学,大氐以汉唐先师为器,故朝夕所从事者,蕲至为经生耳。自道咸以下,则又群奉乾嘉诸儒为器,而未能恢之扩之,所诣乃益不能逮夫乾嘉。由此可知学术隆污升降之机,实系于学者器识之弘纤,非细故也。(1946 年 9 月 20 日)③

其次,持论当中正。清代考据之学勃兴于乾嘉之时,成就卓然,然学者多以此自限,排斥宋儒成为主流意识,从而阻碍学术发展,章学诚、姚鼐、翁方纲等起而扶偏救敝,先生尤为激赏:

───────────

① 第 340 页。
② 第 333—334 页。
③ 第 275 页。

余尝考论清代学术,以谓当举世劳精神疲心力,以沉迷于考证名物、校论异同之时,而能出其高识孤怀,毅然以扶偏救敝自任者,南有章实斋、姚姬传,不谋而所论多合;北有翁覃溪,亦独出危言,转移多士,其功皆不可没。(1946 年 9 月 19 日)①

余尝以为近代教人治学之书,无踰张文襄《輶轩语·语学篇》……余于近人学术,颇推重张氏与孙益荪为能独识其大。两君治学皆衍会稽章实斋之绪,以致力乎辨章学术一途……顾吾生平服膺实斋之处,不在考证而在识解。当举世湛酣于补苴罅漏之际,独能别辟康衢,以转移风气为己任,非有大勇,曷克有此?吾尝取与姚姬传、翁覃溪并论,目为乾嘉三通儒为之传以张之,亦即此意。(1946 年 9 月 21 日)②

再其次,褒贬人物当分门别类而论。黄式三之子黄以周,乃清季学术大师,誉满海内。先生评论其《儆季杂著》,分篇论略,绝不笼统表彰。如此书之《史说》篇,先生云"《史说》之目,盖仍用其父旧题,而论古之识,度越乃父矣。余尤喜诵其《读古今人表》《读艺文志》诸篇,于孟坚用心,窥见微隐,足以去千古之蔽"。最令先生心折者,为《离经辨志说》《释季》二篇;至其余诸篇,则评价不一:

灯下,继阅《儆季杂著·子叙》一卷,甚无意思,尽可不刻,盖犹不免世俗之见,欲以明其学盖四部而已。《文钞》六卷,间有可取;《子游子夏文学说》一篇,阐明南北学术异趣,自圣门而已然,立意甚是,但未发挥尽致耳。它篇《道德说》《辨无》诸篇,论涉老庄,殆无一语是处。盖自汉武罢黜百家以来,读书识字之人所悟之道,不过儒门常谈而已。(1946 年 11 月 11 日)③

读《日记》至此,感慨系之,生当兵荒马乱之年,饘粥不继之岁,犹有静心读书、立德修身、砥砺学品、深入思索国事、天下事如先生者,其学如何不精不博!当今海内承平,仓廪实、衣食足,治学条件具足,而举世非但不见硕学鸿儒,静心读书者亦寥若晨星,其

① 第 274 页。
② 第 293—294 页。
③ 第 333 页。

中固然有考核、晋升制度之原因,读书只为论文谋,而核心的原因则是学者在学术面前的无理想、不真诚,可叹。若不能从先生《日记》中发现今日学界症结之所在,则永无出路!

四、汉宋兼采与经世之学

张舜徽先生《日记》所论驳杂繁复,笔者所述,难免挂一漏万;而其中处处所显现其为学之勤勉、其志行之笃正、其精神之乾健、其气骨之高迈,则一以贯之,令后生晚辈每每有高山仰止之感。行笔至此,细思张先生学问之宗主,结合本文开头所述之疑惑,以终此篇。

张先生对宋儒张载所作《西铭》十分推崇,亦终生景仰曾、胡、罗、左等湖南乡贤,以为其"由义理发为事功,足以润色天地,儒效自此而宏";而其毕生又拳拳服膺于许、郑之学,锐意于文字、音韵、训诂,出入经史,博通四部,卓然经师,可谓汉宋兼备。上文提到张先生常读定海黄以周先生诸书,而黄以周曾执教于江阴南菁书院,此书院正为湘人左宗棠襄助而建,取朱子《子游祠堂记》"南方之学,得其菁华"之句而命名,书院不为时风所惑,汉宋兼治,不分轩轾,院中藏书楼内供奉汉学大师郑玄与宋学大师朱熹的牌位,每月朔日致祭。书院延聘的教授,既有尤擅经史的黄以周,亦有理学精湛的王紫翔,等等,意味深长的是,黄、王二氏均兼擅汉宋之学,并不以门户自限。黄以周《礼书通故》以考订礼经名物见长,而其自序言:"礼根诸心,发诸性,受诸命,秩诸天,体之者圣,履之者贤。"而紫翔先生断然反对割裂经学与理学:"自文章与学问分而学术歧,经学与理学分而学术尤裂","故必文章与学问合,经学与理学合"。书院教习时日虽短,而高第辈出,近代一代儒师唐文治即出自门下。唐先生深受南菁学风浸润,认为以揭示儒学精神为核心的理学,是弘扬经学精神的灵魂之所在:"纵览历史,理学盛则世道昌,理学衰则世道晦,毫发不爽。"其时国难当头,经典熏育士子,自当以人格、气节为重。故唐文治先生后来创办无锡国专,矢志于敦品励学,明体达用,其所授经学,有别于乾嘉之学:"然要知吾馆所讲经学,不尚考据琐碎之末,惟在揽其宏纲,抉其大义,以为修己治人之务。"(《无锡国学专修馆学规》)唐先生所茹之经,汉宋交融,而不失其真精神,是为真经学;而张舜徽先生学问宗主,亦与唐先生若合符节,先圣后圣,其揆一也!我辈追随诸先生之后,奉之为圭臬可也。

诠释与经典

从何晏《论语集解》到皇侃《论语义疏》

——经学的玄学化及其对宋明理学的影响

张天杰*

摘　要： 魏晋南北朝时期，当为中国经学史上的重要转折时期，上接两汉章句训诂之经学，下接宋明理气心性之新经学，此时的儒学遭遇佛、道异学的冲击，经典诠释方法亦发生重大转型，也即经学的玄学化。玄学家注解"三玄"的同时特别重视《论语》，其中最具代表性的则为何晏《论语集解》和皇侃《论语义疏》，他们对《论语》的诠释促进了义理解经的发展，也促进了儒、道、佛三教的会通。围绕这两种典范之作，探讨"集解""义疏"体例之特点，既可以看到玄学、佛学如何得以自然地融入儒学，又可以看到义理解经的方法论如何兴起，并对宋明理学以及"四书"的诠释产生影响。

关键词： 何晏；皇侃；《论语集解》；《论语义疏》；经学玄学化

从先秦到两汉，"六经"以及《论语》《孝经》等逐渐完成其写定成书的过程，而关于这些儒家经典的诠释则形成了两汉经学。到了魏晋南北朝时期，儒学遭遇佛、道异学的冲击，经典的诠释方法亦发生了重大转型，有学者称之为经学的玄学化。当时的士人不只重视"三玄"或佛典，也重视以玄学、佛学来诠释儒家经典，从魏晋一直到南北

---

*　作者信息：张天杰，男，1975 年生，浙江桐乡人，杭州师范大学公共管理学院、国学院教授，研究方向为宋明理学、明清思想史。本文是国家社科基金重大项目"中国四书学史"（13ZDA060）的阶段性成果。

朝,以《论语》为代表的经学的玄学化,促进了义理解经的发展,也促进了儒、道、佛三教的会通,其积极的思想成果最后形成了宋代新的经典"四书"以及理学化的经典诠释方法。所以说魏晋南北朝这一阶段经学的玄学化,其实是宋明理学形成的一个关键性的因素。①

汉代的经学,其特点为章句训诂之学,到了魏晋则标新立异,开始注意义理的阐发,特别值得注意的就是与东汉郑玄一样,遍注群经的王肃,他对郑玄大为不满,甚至认为其于义理则"违错者多",于是"夺而易之":

> 郑氏学行五十载矣。自肃成童,始志于学,而学郑氏学矣。然寻文责实,考其上下义理,不安违错者多,是以夺而易之。然世未明其真情,不谓其苟驳前师以见异于前人。乃慨然而叹曰:予岂好难哉,予不得已也。圣人之门,方壅不通;孔氏之路,积棘充焉,岂得不开而辟之哉? 若无由之者,亦非予之罪也。是以撰经礼,申明其义,及朝论制度,皆据所见而言。②

可见王肃的经学,从郑学出发,渐渐走向了义理之阐发,并且认为只有申明其中的义理,讲明制度之学,方才走向圣人之门、孔氏之路。然而正是因其"皆据所见而言",后人以为其解经过于标新立异,以至于伪造经典,当然此事尚有争议,其所注之经多半散失不存,亦难以辨析,然其注意到了儒家经典所遭遇的困境,倡导义理解经则影响深远。比如《周易》,汉代主要表现为象数之学,从魏晋开始则重在诠释其义理。虞翻曾说:"前人通讲,多玩章句,虽有秘说,于经疏阔。臣生遇世乱,长于军旅,习经于袍鼓之间,讲论于戎马之上,蒙先师之说,依经立注。"③他所谓"依经立注",也即出于己意的义理阐发。

玄学创立之初,除了重新注释《周易》与《老子》《庄子》,还有《论语》也同样受到玄学家们的重视。或者说,因为玄学家同时也是士大夫,故而不得不研习儒家经典,争取将道家的"自然"与儒家的"名教"二者统一起来,于是出现了如何晏、王弼等当时主要

---

① 诸如"身心"与"性理"等问题都是玄学时期提出,到理学时期则发展成熟,故玄学与理学之间有着内在的学术理路。参见朱汉民《玄学与理学的学术思想理路研究》,北京:中国社会科学出版社,2012 年。

② 王肃:《孔子家语序》,《孔子家语》,王国轩、王秀梅译注,北京:中华书局,2011 年,第 1 页。

③ 《三国志》卷五十七,北京:中华书局,1982 年,第 1322 页。

的玄学家,纷纷以老、庄之学来诠释《论语》,推动了经学的玄学化。《晋书·王衍传》中就曾指出:"魏正始中,何晏、王弼等祖述老庄,立论以为天地万物皆以无为本。无也者,开物成务,无往而不存者也。"①何晏、王弼为正始玄学之代表人物,他们提出了"贵无"说,"以无为本"则不讲"开物成务",也就将经学玄学化了。然而值得注意的是,诸如王弼等人,虽倡玄学,但是依旧保留着尊孔的意识,汤用彤先生也说:"王弼学贵虚无,然其所推尊之理想人格为孔子,而非老子。"②所以说,他们的玄学并非单纯的道家思想,其中多有对儒家思想的发挥。

在此一阶段当中,特别重要的经学著作则为何晏的《论语集解》与皇侃的《论语义疏》。从《论语集解》这部中国学术史上最早的"集解",到《论语义疏》为代表的"义疏"体的出现,为中国经学史上的一段重要转折时期,其上接两汉章句训诂为特色的经学,下接宋明以理气心性来重新诠释的新经学。魏晋南北朝的经学,虽未能如其上、下两阶段鼎盛,以至于分别被称为"汉学""宋学",似乎其自身的面目有些模糊不清,然而就义理解经方法论的形成而言,则又是经学史上绕不过去的一个阶段。围绕两种对《论语》诠释的典范之作,探讨"集解""义疏"体例之特点,既可以看到玄学、佛学如何得以非常自然地进入儒学,又可以看到义理解经的方法论如何兴起,并对宋明理学的经学诠释,特别是对"四书"的诠释产生的具体影响。

一、何晏《论语集解》与经学的义理转型

何晏(190—249),字平叔,南阳宛县人。三国曹魏时任侍中、吏部尚书等职,因是驸马而被赐爵列侯,后为司马懿所杀。著有文集十一卷以及《论语集解》十卷、《老子道德论》二卷等。

《论语集解》,简称"何解",最早被著录于《隋书·经籍志》,目前,《论语集解》除了被皇侃《论语义疏》与邢昺《论语注疏》作为底本进行再疏解之外,还有两个单行本的版本系统。一种是唐写本,为《论语集解》现存最早版本,唐文宗大和七年(833)刊刻的"石经"本,完成于开成二年(837),故称《开成石经论语》,该版只刻正文未刻注文。南宋以后,《论语集解》单行本已经亡佚,然而"石经"本的正文,与邢昺《论语注疏》本的

---

① 《晋书》卷四十三,北京:中华书局,1974 年,第 1236 页。
② 汤用彤:《汤用彤学术论文集》,北京:中华书局,1983 年,第 274 页。

正文内容基本一致,而与皇侃《论语义疏》本则多有不同。另一种是日本流传过来的正平本,此书成于日本阳成天皇贞观末年,可见《论语集解》早在中唐以前就已经传入日本,到了清代辗转传回国内,被购回。该版正文与注文全都完整,然其文字则与《论语义疏》本大多相同,而与《论语注疏》本则有所不同。虽然皇侃、邢昺都是根据何晏《论语集解》编撰的,然而他们的正文、注文存在差异,其原因当是《论语集解》本身在流传过程中也存在版本的差异。这两个版本系统都为"十卷"本。①

关于《论语集解》的作者,何晏在序中说:"光禄大夫关内侯臣孙邕,光禄大夫臣郑冲,散骑常侍中领军安乡亭侯臣曹羲,侍中臣荀凯,尚书驸马都尉关内侯臣何晏等上。"②也即何晏是实际主持者,然除他之外,还有孙邕、郑冲、曹羲、荀凯等人。在《论语义疏》中首次出现"苞氏",皇侃在义疏中说:"何《集注》皆呼人名,惟苞独言'氏'者,苞名咸,何家讳咸,故不言也。"③"苞氏"也即"包氏",这是说何晏之父名"咸",为了避讳而称包咸为"包氏",不直呼其名。这也可以证明何晏为全书的最终裁定人。

《论语集解》以郑玄注本为底本,聚集孔安国、包咸、周氏、马融、郑玄、陈群、王肃、周生烈八家之说,并下己意。何晏在序中说:

> 安昌侯张禹,本受鲁论,兼讲齐说,善者从之,号曰张侯论,为世所贵。包氏、周氏章句出焉。古论唯博士孔安国为之训解,而世不传。至顺帝时,南郡太守马融亦为之训说,汉末大司农郑玄就鲁论篇章考之齐、古为之注。近故司空陈群、太常王肃、博士周生烈,皆为之义说。④

何晏论及《论语》之版本系统,张禹的《张侯论》兼《鲁论语》与《齐论语》,此时便有包、周两家的章句加以诠释;而《古论语》则有孔安国的训解。到了汉末则有郑玄以《鲁论语》为主并参考齐、古两家重新作注,此后的陈、王、周等的诠释,则是在郑玄的基础之

---

① 参见高华平《〈论语集解〉的版本源流述略》,《中国典籍与文化》2008 年第 2 期,第 4—10 页。因为何晏集解、邢昺疏的《论语注疏》,自宋代至清代最为通行,故本文论及的何晏《论语集解》采用的是该版系统之阮元校刻《十三经注疏》,北京:中华书局,2009 年影印清嘉庆刊本。

② 何晏:《序》,何晏集解、邢昺疏:《论语注疏》卷首,《十三经注疏》,第 5334 页。

③ 皇侃:《论语义疏》卷一,高尚榘点校,北京:中华书局,2013 年,第 4 页。

④ 何晏:《序》,何晏集解、邢昺疏:《论语注疏》卷首,《十三经注疏》,第 5333—5334 页。

上。故何晏作"集解",也是在郑玄基础上的再度集大成。①

关于何晏开创"集解"这一体例,其自身的贡献以及特点,邢昺在对《论语集解》之序所作的疏中说:

> 此叙"集解"之体例也。"今"谓何晏时,"诸家"谓孔安国、包咸、周氏、马融、郑玄、陈群、王肃、周生烈也。集此诸家所说善者而存之,示无剿说,故各记其姓名。注言包曰、马曰之类是也。注但记其姓,而此连言名者,以著其姓所以名其人,非谓名字之名也。有不安者,谓诸家之说于义有不安者也。颇为改易者,言诸家之善则存而不改,其不善者颇多为改易之。注首不言包曰、马曰,及诸家说下言一曰者,皆是何氏自下己言,改易先儒者也。②

也就是说,"集解"体例的特点,一是集诸家之善,并且各记其姓名,称"包曰""马曰"之类,即为诸家之注,表示不剿袭成说;二是称"一曰""或曰"之类,应当就是何晏本人或者他的集解团队成员所下的注解。"诸家之善则存而不改"即指前者;"不善者颇多为改易之"即指后者。特别值得注意的是,《论语集解》并不是对所集的各家之说进行简单的选择组合,而是贯穿何晏等人对于《论语》相关义理的思考。邢昺为何晏之序作疏时,还曾将何晏《论语集解》与杜预《春秋左氏经传集解》这两部最早的"集解"做了一番比较:

> 名曰《论语集解》者,何氏注解既毕,乃自题之也。杜氏注《春秋左氏传》,谓之"集解"者,谓聚集经传为之作解也。此乃聚集诸家义理以解《论语》,言同而意异也。③

这两部中国经学史上最早的"集解",其实"言同而意异",杜预的"集解"即"聚集经传"来为经文作解,而何晏的"集解"则是"聚集义理"来为经文作解,他们的挑选或有相似之处,然其高度则大不同,杜之关怀经传本身,何之关怀则在义理是否精当。再说《论

---

① 参见乔秀岩《郑、何注〈论语〉的比较分析》,《北京大学学报》2009 年第 2 期,第 86—92 页。
② 邢昺:《序》,何晏集解、邢昺疏:《论语注疏》卷首,《十三经注疏》,第 5334 页。
③ 同上。

语集解》的"集解"二字,原本就是何晏自己所题,则更可以说明其"聚集诸家义理"的意图所在。所以说,保留了大量汉魏古注,是此书的一大贡献;以何晏等人的义理来串讲则是另一大贡献。有学者统计,书中孔安国注 473 条,包咸注 195 条,第三才是何晏等人注 144 条,第五则是郑玄注 113 条,其他还有王肃注 40 条,等等。①

《论语集解》与汉儒的训诂之学的差异,也是特别值得注意的一个问题,汉儒固守师说、家法之界往往就是"皓首穷经",桓谭就说:"秦近君能说《尧典》,篇目两字之说至十万余言,但说'曰若稽古'三万言。"②何晏在《论语集解》序中说:

> 前世传授师说虽有异同,不为训解,中间为之训解,至于今多矣。所见不同,互有得失。今集诸家至善,记其姓名,有不安者,颇为改易,名曰《论语集解》。③

汉儒往往对经文之义理不加训解,到了汉魏之际方才出现训解,故何晏集解所聚,多为其"近故"的陈群、王肃、周生烈等人的"义说"。可见何晏注意到了当时以义理解经的风气,并且转为自觉将其加以整理、提升,指出其中"所见不同,互有得失"之处,并将"至善"的解释聚集起来。也就是说,《论语集解》标志着经学从章句训诂之学转向了义理之学。朱彝尊《经义考》所引叶适对《论语集解》的评论,其实已经指出了这一点:

> 何晏《论语集解》序论简而文古,数百年讲论之大意,赖以得存,经晏说者,皆异于诸家,盖后世精理之学。以晏及王弼为祖,始破经生专门之陋。④

何晏与王弼,其实就是后世,也即宋代以来"精理之学"的鼻祖,自从何晏之后,便于两汉诸家章句训诂的经生之学不同了。所以说,何晏的《论语集解》,同样是注释儒家经典,然而却是以当时流行的玄学对儒家经典的义理进行了新的探索,无论其学术精神还是学术方法,都有了重大的调整。

举例比较郑玄之注与何晏之集解的异同,如《论语·子罕》:"子绝四,毋意,毋必,

---

① 参见宋钢《八家注统计分析》,《六朝论语学研究》,北京:中华书局,2007 年,第 88 页。

② 桓谭:《桓子新论》,《四部备要》第 54 册,北京:中华书局、中国书店,1989 年,第 10 页。

③ 何晏:《序》,何晏集解、邢昺疏:《论语注疏》卷首,《十三经注疏》,第 5334 页。

④ 朱彝尊:《经义考》卷二百十一,朱彝尊撰、林庆彰等主编:《经义考新校》,上海:上海古籍出版社,2010 年,第 3868 页。

毋固,毋我。"郑注:"意,谓以意,意之有所疑度;必,谓成言未然之事;固,谓己事因然之;我,谓己言必可用。绝此四者,为其陷于专愚也。"①何注:"以道为度,故不任意。用之则行,舍之则藏,故无专必;无可无不可,故无固行;述古而不作,处群萃而不自异,唯道是从,故不有其身。"②从对比可知,郑玄重在逐字加以训解,而何晏已经跳出训诂字词的阶段,更看重的是理解道德修养的四个注意点背后的道,并且将此章与"用行舍藏""述而不作"等章结合起来加以诠释,从而明晰修身背后的道这一最终的依据。

何晏作为魏晋玄学的名家,用"三玄"之一的《周易》来解释《论语》也是一个重要特点,而其使用的思想资源则是被认为主要来自儒家的《易传》,以此解《论语》的地方在书中极多。比如《论语·述而》:"加我数年,五十以学易,可以无大过矣。"何注:"易,穷理尽性以至于命。年五十而知天命,以知命之年读至命之书,故可以无大过。"③"穷理尽性以至于命"来自《系辞》。再如《论语·里仁》:"德不孤,必有邻。"何注:"方以类聚,同志相求。故必有邻,是以不孤。"④何晏所用的分别来自《系辞》的"方以类聚,物以群分"与《文言》的"同声相应,同其相求"。《论语·子罕》"子罕言利与命与仁"章,何注:"罕者,希也,利者,义之和也;命者,天之命也,仁者,行之盛也。寡能及之,故希言也。"⑤"利者,义之和也",即出于《文言》"利者,义之和也"。

还有应用《易传》更多文字的,比如《论语·季氏》"君子有三畏:畏天命,畏大人,畏圣人之言"一章,何注:"顺吉逆凶,天之命也。大人即圣人,与天地合其德。深远不可易知测,圣人之言也。"⑥此句则来自《文言》"夫大人者,与天合其德,与日月合其明,与四时合其序,与鬼神合其吉凶",除了直接引用"与天地合其德"之外,其中的"深远不可易知测",也是对《文言》意思的综合。

对《周易》思想的贯通运用,从而重新诠释《论语》的地方则更多。比如《论语·公冶长》:"子贡曰:夫子之言性与天道,不可得而闻也。"何注:"性者,人之所受以生也。天道者,元亨日新之道深微,故不可得而闻也。"⑦"元亨"本为《周易》中常用语,"日

① 王素编著:《唐写本论语郑氏注及其研究》,北京:文物出版社,1991年,第104—105页。
② 何晏:《论语集解》,何晏集解、邢昺疏:《论语注疏》卷九,《十三经注疏》,第5407页。
③ 何晏:《论语集解》,何晏集解、邢昺疏:《论语注疏》卷七,《十三经注疏》,第5392页。
④ 何晏:《论语集解》,何晏集解、邢昺疏:《论语注疏》卷四,《十三经注疏》,第5368页。
⑤ 何晏:《论语集解》,何晏集解、邢昺疏:《论语注疏》卷九,《十三经注疏》,第5407页。
⑥ 何晏:《论语集解》,何晏集解、邢昺疏:《论语注疏》卷十六,《十三经注疏》,第5479页。
⑦ 何晏:《论语集解》,何晏集解、邢昺疏:《论语注疏》卷五,《十三经注疏》,第5373页。

新"则出自《系辞》。此处何晏等人的诠释,可以说是突破了《论语》原意,将人之性、天之道其中的关联加以说明,人性禀赋于天道,天道的"元亨日新"虽不可得而闻,却与人性的"元亨日新"是一样的,都需要加以体会方得,然亦不可言说。类似的还有《论语·卫灵公》"赐也,女以予为多学而识之者与?对曰:然,非与?曰:非也。予一以贯之"一句,何注:"善有元,事有会,天下殊途而同归,百虑而一致,知其元,则众善举矣,故不待多学而一知之。"①此句则是对《系辞》"天下同归而殊途,一致而百虑"一句的改写。孔子所说的"一以贯之",在何晏看来就是要把握"元",而此处强调殊途同归、一致百虑,不求"多学"而求"一知"则是在倡导重新诠释经典,走向新的学术的统一了。再如《论语·雍也》"有颜回者好学,不迁怒"一章,何注:"凡人任情,喜怒违理。颜渊任道,怒不过分。迁者,移也,怒当其理,不移易也。"②《易传》特别强调对于天道的把握,提出"继善成性"的思想,何晏的注则指出颜渊的喜怒,"任道",故能"当其理",则与凡人的"任情""违理"是不同的。

何晏引用《易传》解释《论语》,从而使得儒家经典的诠释增加了形上、思辨的因素。这些义理解经的思想资源与训解方法,被后来研究《论语》的学者借鉴,也为后来的宋儒所吸收,最终成就了与汉学相抗衡的宋学。

二、皇侃《论语义疏》与经学的玄佛融汇

皇侃(488—545),南朝梁吴郡人,为青州刺史皇象的九世孙,曾任员外散骑侍郎、国子助教等职。少年好学,师事贺玚,专攻《三礼》《孝经》《论语》,撰有《礼记讲疏》五十卷、《论语义疏》十卷。《论语义疏》,又称《论语义》《论语疏》,简称"皇疏"。

《论语义疏》所用底本以及聚集注解的来源,皇侃在《论语义疏·自序》中有所说明:

> 侃今之讲,先通何集,若江集中诸人有可采者,亦附而申之,其又别有通儒解释,于何集无妨者,亦引取为说,以示广闻也。③

---

① 何晏:《论语集解》,何晏集解、邢昺疏:《论语注疏》卷十五,《十三经注疏》,第5467页。
② 何晏:《论语集解》,何晏集解、邢昺疏:《论语注疏》卷六,《十三经注疏》,第5381页。
③ 皇侃:《论语义疏自序》,《论语义疏》,第6—7页。

由此可知,其底本为何晏《论语集解》,故亦称《论语集解义疏》,书中的"集解"部分,仅部分文字与《论语集解》的其他传本略有异同。而其所采的注解则亦有来自江熙《论语集解》所辑的晋代十三家,以及南朝梁代当时通儒的解释。江熙(字太和)所辑十三家则具体包括:卫瓘、缪播、栾肇、郭象、蔡谟、袁宏、江淳、蔡系、李充、孙绰、周环、范宁、王珉,皇侃在序中详叙其爵里,并称其注解若可增补"何解"则采之作为引申。《隋书·经籍志》著录的有卫瓘《集注论语》六卷、缪播《论语旨序》三卷、栾肇《论语释疑》十卷、郭象《论语体略》一卷、李充《论语注》十卷、孙绰《集解论语》十卷等,然这些书大多亡佚,《论语义疏》则正好保存了小部分他们的注解。皇侃说的其他的通儒,则包括沈居士、熊埋、王弼、王朗、张凭、袁齐、王雍、顾欢、梁冀、颜延之、沈峭、释惠琳、殷仲堪、张封溪、太史叔明、缪协、庾翼、颜特进以及皇侃的本师贺玚等。注疏之中凡是不标姓氏者,当为皇侃本人之疏解,具体内容则包括引证他人、补充训诂以及串释本文等。

《论语义疏》在隋唐之时较为通行,然而到了南宋之后,却在国内渐渐失传,直到康熙年间方从日本带回,据《四库全书总目提要》中记载:

> 此书宋《国史志》《中兴书目》、晁公武《读书志》、尤袤《遂初堂书目》皆尚著录……迨乾、淳以后,讲学家门户日坚,羽翼日众,铲除异己,惟恐有一字之遗,遂无复称引之者,而陈氏《书录解题》亦遂不著录,知其佚在南宋时矣。惟唐时旧本流传,存于海外。康熙九年,日本国山井鼎等作《七经孟子考文》,自称其国有是书,然中国无得其本者,故朱彝尊《经义考》注曰未见。①

可见《论语义疏》早在唐代就已传于日本,康熙年间再传回国内,除了《四库全书》抄录此书外,还有乾隆五十三年(1788),鲍廷博将其刻入《知不足斋丛书》,另外还有其他抄本传世。

关于《论语》一书的特点,皇侃说:

> 哲人其萎,徂背之后,过隙巨驻。门人痛大山长毁,哀梁木永摧。隐几非昔,离索行泪;微言一绝,景行莫书。于是弟子金陈往训,各记旧闻。撰为此书,成而

---

① 《四库全书总目提要》卷三十五经部四书类一,《景印文渊阁四库全书》第 1 册,台北:台湾商务印书馆,1986 年,第 707—708 页。

实录。上以尊仰圣师，下则垂轨万代……然此书之体，适会多途，皆夫子平生应机作教，事无常准。或与时君抗厉，或共弟子抑扬，或自显示物，或混迹齐凡。问同答异，言近意深。诗书互错综，典诰相纷纭。义既不定于一方，名故难求乎诸类。①

孔子回答弟子们的问题，"应机作教，事无常准"，有时需要加以抗厉，有时则需要加以抑扬，还有凸显某事物，或混迹其间，等等，故往往会有"问同答异""言近意深"，还有引用《诗经》《尚书》之中的话。皇侃这些说明，一方面解释了《论语》一书的编撰经过，另一方面也指出了此书的特点，也就是说孔子与弟子们的问答，既有其具体的语境，又有其随机性、偶然性，然正是这种活泼泼的方式，方才成就了这部"尊仰圣师"体会圣人气象，"垂轨万代"教化后学无数的儒家经典。

再说《论语》书名之由来，《汉书·艺文志》引刘歆的说法："《论语》者，孔子应答弟子、时人及弟子相与言而接闻于夫子之语也。当时弟子各有所记。夫子即卒，门人相与辑而论撰，故谓之《论语》。"②皇侃《论语义疏序》则对此作了极为翔实的长篇考辨，节录其中的几条：

因题"论语"两字，以为此书之名也。但先儒后学，解释不同。凡通此"论"字，大判有三途。第一舍字制音呼之为"伦"，一舍音依字而号曰"论"。一云"伦""论"二称，义无异也。

第一，舍字从音为"伦"，说者乃众，的可见者不出四家。一云伦者次也，言此书事义相生，首末相次也。二云伦者理也，言此书之中蕴含万理也。三云伦者纶也，言此书经纶今古也。四云伦者轮也，言此书义旨周备，圆转无穷，如车之轮也。

第二，舍音依字为"论"者。言此书出自门徒，必先详论，人人金允然后乃记。记必已论，故曰论也。

第三，云"伦""论"无异者。盖是楚夏音殊、南北语异耳。南人呼伦事为论事，北士呼论事为伦事。音字虽不同，而义趣犹一也。

侃案：三途之说，皆有道理，但南北语异如何似未详，师说不取，今亦舍之，而

①　皇侃：《论语义疏自序》，《论语义疏》，第1—2页。

②　班固：《汉书》卷三十《艺文志》，北京：中华书局，2002年，第1717页。

从音、依字，二途并录以会成一义。①

此处对"论"字的分析，指出有从音而解释为"伦"的，也有依字而解释为"论"的，还有人认为"伦""论"无异的，皇侃自己则认为从音、依字二种可以合成一义。当是结合了汉魏诸儒的训诂，条理分明，辨析合理。再看其对"语"字的分析：

> "语"者，论难答述之谓也。《毛诗传》云："直言曰言，论难曰语。"郑注《周礼》云："发端曰言，答述为语。"今按：此书既是论难、答述之事，宜以"论"为其名。故名为《论语》也。
>
> 然此"语"是孔子在时所说，而"论"是孔子没后方论。论在语后，应曰"语论"。而今不曰"语论"而云"论语"者，其义有二：一则恐后有穿凿之嫌，故以语在论下，急标论在上，示非率尔故也；二则欲现此语非徒然之说万代之绳准，所以先论已以备有圆周之理，理在于事前，故以论居语先也。②

此处则对"语"字先作了训解，分别有论难、答述两种含义，最后则讨论"论"与"语"二字的先后位置，原是"语"在前而"论"在后，但因为"理在于事前"等原因，故而作"论语"，皇侃的观点则带有玄学以来的思想特点。

与何晏作《论语集解》有着自觉的方法论意识一样，皇侃作《论语义疏》也有自己在诠释体例上的独特思考。"义疏"体的产生，马宗霍先生说：

> 缘义疏之兴，初盖由于讲论。两汉之时，已有讲经之例；石渠阁之所争，白虎观之所议，是其事也。魏晋尚清谈，把麈树义，相习成俗；移清谈以讲经，而讲经之风益盛。南北朝佛教，敷座说法，本彼宗风，从而效之；又有升座说经之例，初凭口耳相传，继有竹帛之著，而义疏成矣。③

义疏体与佛教讲经说法之风有着密切的关系，也是何晏、王弼以来魏晋玄学家解经所

---

① 皇侃：《论语义疏自序》，《论语义疏》，第2—3页。
② 同上书，第3—4页。
③ 马宗霍：《中国经学史》，北京：商务印书馆，1998年，第85页。

呈现的清谈之风的一种延续,故此时的儒生早已不再因袭汉儒章句训诂之学,敢于申明己意,表达自己对于经典的理解。与《论语集解》比较,则可见皇侃辞旨玄妙、不喜守常的特点,其"义疏"体,并无后世所谓"疏不破注"的束缚,反而表现出自由解经之风;不必受师说的束缚,反而解释得更为周全、详尽。比如《论语·公冶长》"子谓公冶长"与"子谓南容"二章中,有段"皇疏"说:

> 昔时讲说,好评公冶、南容德有优劣,故女妻有己女、兄女之异。侃谓二人无胜负也。卷舒随世,乃为有智,而枉滥获罪,圣人犹然,亦不得以公冶为劣也。以己女妻公冶、兄女妻南容者,非谓权其轻重,政是当其年相称而嫁。事非一时在次耳,则可无意其间也。①

旧注认为己女、兄女之区别,是因为公冶长、南容二人在德行上有优劣之分,皇侃则直接表达其对旧注的不认同,认为二人娶妻之事并非一时,所以只是年龄相称而嫁,与德行无关,这样的推论虽说并未见得有真凭实据,然确实较为通达,故为后世注家所采纳。此外,皇侃也多有穿凿之说,比较典型的就是《论语·先进》"得冠者五六人,童子六七人"之"皇疏":

> 或云,冠者五六,五六三十人也;童子六七,六七四十二人也。四十二就三十,合为七十二人也。孔门升堂者,七十二人也。②

这可以说是相传的巧说,皇侃引述此说或为广其异闻。然而这样的例子极多,亦可见皇侃并无"疏不破注"的拘束。

至于其主要表现则为进一步的玄学化,甚至佛学化,也即对于用佛、道思想来诠释儒家经典,已经习以为常了。对此前人已有评论,皮锡瑞说:

> 皇侃之《论语义疏》,名物制度,略而弗讲,多以老庄之旨,发为骈俪之文,与汉

---

① 皇侃:《论语义疏》卷三,第 99 页。
② 皇侃:《论语义疏》卷六,第 294 页。此处文字有异同,详见校注。

人说经相去悬绝。此南朝经疏之仅存于今者,即此可见一时风尚。①

皮锡瑞已经指出此书与汉儒解经的差异,对于名物制度往往略而不讲,多用老庄之旨解经,文字则多为骈文,代表了南朝之风尚。所谓骈文,又称四六文,则是间于诗歌与散文之间的一种文体,有着语言华美、音韵和谐的特点,还讲究对仗等技法,故《论语义疏》作为仅存的六朝骈文经疏,也是其独特价值之所在。黄侃先生还说:

> 皇氏《论语义疏》所集,多晋末旧说,自来经生持佛理以解儒书,殆莫先于是书也。其中所用名言,多由佛籍转化。②

黄侃先生指出此书所集的诸家注解,代表了东晋末年以及南朝的旧说,而其特点则是"持佛理以解儒书",成为以佛学解经的最早代表。他还指出,佛学对《论语义疏》的影响,一是佛理的引入;一是佛籍名言的转化,也即佛学词汇的引入。

以《论语·学而》之第一章为例,来看《论语义疏》的诠释体例。先解释篇名,再解释章义,章内再分段,《论语》"学而第一"篇名之下的一段"皇疏"为:

> 《论语》是此书总名,"学而"为第一篇。别目中间,讲说多分为科段矣。侃昔受师业,自"学而"至"尧曰",凡二十篇,首末相次无别科。而以"学而"最先者,言降圣以下,皆须学成。故《学记》云:"玉不琢,不成器;人不学,不知道。"是明人必须学,乃成。此书既遍该众典,以教一切,故以"学而"为先也。③

皇侃指出《论语》二十篇,之所以会以此为开篇,则是因为要讲明自圣人以下,都属学而知之,方能成才。这是在解释"学而"篇为何居于《论语》全书之首篇。

他又提及其师承,则并未有"分为科段"之讲说,也就是说,解释《论语》之时讲究"科段",分段以明晰其中篇章结构,为皇侃之创新。故有学者指出,"皇疏"全书中频见科段之说为皇侃苦心经营之结果,解经作科段固非皇侃所创,但前人讲《论语》尚无科

---

① 皮锡瑞:《经学历史》第六章,北京:中华书局,2008 年,第 176 页。
② 黄侃:《汉唐玄学论》,《黄侃论学杂著》,上海:上海古籍出版社,1980 年,第 486 页。
③ 皇侃:《论语义疏》卷一,第 1 页。

段,"皇疏"言经文字句前后关系者,又不限科段之说。① 接下来看首章"皇疏"如何讲说其中"科段":

> "学而时习之",此以下,孔子言也。就此一章,分为三段。自此至"不亦悦乎"为第一,明学者幼少之时也。学从幼起,故以幼为先也。又从"有朋"至"不亦乐乎"为第二,明学业稍成,能招朋聚友之由也。既学已经时,故能招友为次也。故《学记》云"一年视离经辨志,三年视敬业乐群,五年视博习亲师,七年视论学取友,谓之小成",是也。又从"人不知"讫"不君子乎"为第三,明学业已成,能为师、为君之法也。先能招友,故后乃学成为师、君也。故《学记》云"九年知类通达,强立而不反,谓之大成",又云"能博喻然后能为师,能为师然后能为长,能为长然后能为君",是也。②

皇侃特别重视分析篇章结构,以某处至某处为第几的方式,将一章之分段梳理清楚。同时也以简明的语言阐发各段之大义,而且十分关注整章意思的连贯性。故这一种解经方式,真正做到了"疏",为学者提供了极大的便利,他所开创的篇章结构分析法也为后来的朱熹等宋明解经者所采纳。此外,还有特别值得注意的是,问答体的使用,如《论语·学而》"父在观其志"章的"皇疏"说:

> 或问曰:"父政善,则不改为可;若父政恶,恶教伤民,宁可不改乎?"答曰:"本不论父政之善恶,自论孝子之心耳。若人君风政之恶,则冢宰自行政;若卿大夫之心恶,则其家相、邑宰自行事,无关于孝子也。"③

类似的问答方式,类似后来的语录,以此解经则也是此书的体例创新。

先来看《论语义疏》玄学化的一面。有直接以老庄思想来解《论语》的,比如《论语·里仁》"君子怀德"章的"皇疏"说:

---

① 乔秀岩:《义疏学衰亡史论》,北京:生活·读书·新知三联书店,2017年,第17页。

② 皇侃:《论语义疏》卷一,第2页。

③ 同上书,第17页。

> 君子身之所安,安于有德之事。小人不贵于德,唯安于乡土,不期利害,是以安之不能迁也……故李充云:凡言君子者,德足轨物,义兼君人,不唯独善而已也。言小人者,向化从风,博通下民,不但反是之谓也。故曰"君子之德风,小人之德草"也。此言君导之以德,则民安其居而乐其俗,邻国相望而不相与往来,化之至也。是以大王在岐,下辇成都。仁政感民,猛虎弗避,钟仪怀土,而谓之君子。然则民之君子,君之小人也。斯言例也。①

此段将《论语》"怀德""怀土"与"德风""德草"结合起来,并直接化用《老子》中的"小国寡民"思想来进行阐发,认为君子要以德引导民众,达到的则是"安其居而乐其俗,邻国相望而不相与往来"这一老子所描绘的理想世界,认为这才是德之所化之至,才是仁政,显然这些意思已经远离《论语》原意了。

"皇疏"更多则是引郭象、王弼等玄学家的《论语》诠释,比如《论语·先进》"颜渊死,子哭之恸"一句,"皇疏"说:

> 谓颜渊死,孔子往颜家哭之也。恸,谓哀甚也。既如丧己,所以恸也。郭象云:"人哭亦哭,人恸亦恸,盖无情者与物化也。"②

皇侃本人的注释,以及所引郭象的注释,都是从自然之人情的角度来理解此句。他认为圣人之言行以及情感,都发于自己的内心,发于自然,故该喜则喜,该哀则哀,而且还要不为情所累,体无则当无情而物化,这显然就是玄学家的独特认识。再看《论语·阳货》"天何言哉"一章的"皇疏":

> 天既不言而事行,故我亦欲不言而教行,是欲则天以行化也。王弼云:"子欲无言,盖欲明本,举本统末,而示物于极者也。夫立言垂教,将以通性,而弊至于淫;寄旨传辞,将以正邪,而势至于繁。既求道中,不可胜御,是以修本废言,则天而行化。以淳而观,则天地之心见于不言;寒暑代序,则不言之令行乎四时,天岂

---

① 皇侃:《论语义疏》卷二,第88—89页。
② 皇侃:《论语义疏》卷六,第272页。

谆谆者乎?"①

此处大段引述王弼的话,故"天何言哉"被诠释为"天地之心见于不言",又以本末之辨来解说,则"修本废言","天而行化","无"方才是其"本","无言"是为了"明本",而"明本"则为了"修本",故"举本统末"从而体会其中的"不言"才能认识万物之极;若是一味"立言垂教"则非但不能通性,还会有湮没之弊。

　　而皇侃本人也同样喜欢探讨本体之学,如《论语·公冶长》"性与天道,不可得而闻"章:

　　　　文章者,六籍也,六籍是圣人之筌蹄,亦无关于鱼兔矣。
　　　　言孔子六籍乃是人之所见,而六籍所言之旨,不可得而闻也。所以尔者,夫子之性,与天地元亨之道合其德,致此处深远,非凡人所知,故其言不可得而闻也。②

筌蹄无关于鱼兔,故"六籍"亦不是圣人之要旨,儒家经典只是一些文章,并不是"性与天道",所以说要领会孔子所说的"性与天道",体悟形上之本体,则不可拘泥于经典本身。与此相关,还有《论语·为政》:"吾十有五而志于学,三十而立,四十而不惑,五十而知天命,六十而耳顺,七十而从心所欲,不逾矩。""皇疏"引李充之言曰:

　　　　圣人微妙玄通,深不可识,所以接世轨物者,曷尝不诱之以形器乎?默独化之迹,同盈虚之质,勉夫童蒙而志乎学,学十五载而功可与立,自志学迄于从心,善始令中,贵不逾法,示之易行而约之以礼,为教之例,其在兹矣。③

此处也强调圣人之学"微妙玄通,深不可识","十有五而志于学",只得从"约之以礼"为教,然而根本指出则还是"默独化之迹,同盈虚之质",外在的形器乃至礼教都是末,微妙的天道才是本。《论语·先进》中"子曰:'回也,其庶乎,屡空。'"一句,皇疏解释道:

──────────

① 皇侃:《论语义疏》卷九,第463—464页。
② 皇侃:《论语义疏》卷三,第110页。
③ 皇侃:《论语义疏》卷一,第27页。

言圣人体寂，而心恒虚无累，故几动即见；而贤人不能体无，故不见几。但庶几慕圣，而心或时而虚，故曰："屡空。"其虚非一，故"屡"名生焉。故颜特进云："空非回所体，故庶而数得。"故顾欢云："夫无欲于无欲者，圣人之常也；有欲于无欲者，贤人之分也。二欲同无，故全空以目圣；一有一无，故每虚以称贤。贤人自有观之，则无欲于有欲；自无观之，则有欲于无欲。虚而未尽，非'屡'如何？"太史叔明申之云："颜子上贤，体具而微，则精也，故无进退之事，就义上以立'屡'名。按其遗仁义、忘礼乐、堕肢体、黜聪明，坐忘大通，此忘有之义也。忘有顿尽，非空如何？若以圣人验之，圣人忘忘，大贤不能忘忘；不能忘忘，心腹为未尽。一未一空，故'屡'名生焉。"①

从上引可知，儒家的圣人形象，已经换成了老庄道家式的圣人了，"遗仁义、忘礼乐、堕肢体、黜聪明"，以及"无欲""忘忘"等，其孔子、颜回的形象来自《庄子》，或者说，将老庄之学与孔子之学会通，甚至可以说儒家的理念有被淹没的危险了。比如《论语·子路》"父为子隐，子为父隐，直在其中矣"，皇侃在义疏中解释说："孔子举所异者，言为风政者，以孝悌为主。父子天性，率由自然至情，宜应相隐。"②皇侃虽然也强调作为"风政"者，也即为政之道来说，应当弘扬孝悌为主，但是他对儒家的父子伦理关系的解释，却从自然情感的角度来理解，显然与原始儒家有了差距。

再看《论语义疏》另外佛学化的一面。比如《论语·里仁》"德不孤，必有邻"，"皇疏"："邻，报也。言德行不孤矣，必为人所报也。"这是以佛教的因果报应作的新的诠释。再如《论语·阳货》："佛肸召，子欲往。子路曰：'昔者由也闻诸夫子曰：亲于其身为不善者，君子不入也。佛肸以中牟畔，子之往也如之何？'""皇疏"说：

然孔子所以有此二说不同者，或其不入，是为贤人，贤人以下易染，故不许入也；若许入者是圣人，圣人不为世俗染累，如至坚至白之物也。子路不欲往，孔子欲往，故具告也。③

---

① 皇侃：《论语义疏》卷六，第279—280页。
② 皇侃：《论语义疏》卷七，第239—240页。
③ 皇侃：《论语义疏》卷九，第451—452页。

皇侃在这里明显是运用佛教《维摩诘所说经·观众生品第七》中"天女散花"这一典故中的义理来进行阐发的,因此其关于圣人与贤人的区别,正如佛教菩萨与罗汉的区别,于是便要区分不染与染。还有《论语·先进》:"季路问事鬼神,子曰:'未能事人,焉能事鬼。'曰:'敢问死。'曰:'未知生,焉知死。'""皇疏"说:

> 外教无三世之义,见乎此句也。周孔之教,唯说现在,不明过去、未来。而子路此问事鬼神,政言鬼神在幽冥之中,其法云何也。此是问过去也。①

此处直接说"外教无三世之义",也就是以佛教来看儒家,也即"周孔之教",儒家只讲现在,"皇疏"对于"问事鬼神"则特意解释为"鬼神在幽冥之中",故而子路此问本是问过去。至于使用源自佛教的词语则更多了,比如方便、外语、内实、染著、忘忍等等,受到汉译佛经的影响极深,也是"皇疏"相对于其他时代《论语》诠释的一个重要特点。②

除了《论语义疏》以其科段之说在体例上更为完善,为隋唐义疏之学作了先导之外,还有两个方面继承并发展了何晏的《论语集解》。钱穆先生也指出:"何晏《集解》,网罗汉儒旧义。又有皇侃《义疏》,广辑魏迄梁诸家。两书相配,可谓《论语》古注之渊薮。"③这主要是就保存古注而言,则《论语集解》与《论语义疏》结合,正好将汉到南朝梁的各种注解汇编起来了。另一方面,就义理解经而言,则《论语义疏》在《论语集解》的基础上进一步发展,将儒学与玄学、佛学融会贯通,魏晋以来的形上、思辨之学也就与《论语》的诠释结合起来了,使得经学的玄学化更为完善,也为宋代经学的理学化做了准备。

三、经学的玄学化对宋明理学的影响

宋明理学的形成,受到魏晋玄学的许多重要影响。特别是宋代"四书"学的形成,"四书"为代表的新儒学经典诠释体系,从魏晋南北朝时期的《论语》诠释之中继承了许

---

① 皇侃:《论语义疏》卷六,第 273 页。
② 参见徐望驾、曹秀华《试论皇侃〈论语集解义疏〉》,《古汉语研究》2003 年第 2 期,第 86—89 页。
③ 钱穆:《论语新解》,北京:九州出版社,2011 年,第 1 页。

多重要因素。例如《论语·为政》"为政以德"章,上文提及的皇侃《论语义疏》引述郭象的诠释说:

> 德者,得也。言人君为政,当得万物之性,故云"以德"也。故郭象曰:"万物皆得性谓之德。夫为政者奚事哉? 得万物之性。故云德而已也。"①

为政应当"无为而治",以"无为"的方式获得万物之性,才是真正的"德"。显然皇侃、郭象他们认同的"德"为万物的本性,万物皆自然,也即道家所说的"治大国若烹小鲜",人君之为政真当如此。而在朱熹《四书章句集注》中,该章亦保留了玄学的某些因素:

> 为政以德,则无为而天下归之,其象如此。程子曰:"为政以德,然后无为。"范氏曰:"为政以德,则不动而化、不言而信、无为而成。所守者至简而能御烦,所处者臣静而能制动,所务者至寡而能服众。"②

"无为而天下归之",以此为为政之"德"之"象",直接来自玄学的解释。所引程子的说法也强调了"无为",至于范氏所说的"不动而化、不言而信、无为而成"以及"至简"的观念,显然也是来自道家。发展了郭象等人的解释,还有以静制动、以寡辅众等等。再如《论语·子罕》:"子曰:吾有知乎者? 无知也。有鄙夫来问于我,空空如也,我叩其两端而竭焉。"先看皇侃《论语义疏》:

> 圣人体道为度,无有用意之知,故先问弟子曰:"夫有知乎哉也。"……缪协曰:"夫名由迹生,故知从事显,无为寂然,何知之有? 唯其无也,故能无所不应,虽鄙夫诚问,必为尽其本末也。"③

对于"圣人体道"的问题,"皇疏"其实解为"体无",故强调以"无"为体,唯有把握了"无"的本体才能有"知"的发用"无所不应","知"之"用"本为"无"之"体"偶然的显

---

① 皇侃:《论语义疏》卷一,第 2 页。
② 朱熹:《四书章句集注》,北京:中华书局,1983 年,第 53 页。
③ 皇侃:《论语义疏》卷五,第 215 页。

现,若无鄙夫之发问,则寂然不动。再看朱熹《四书章句集注》:

> 两端,尤言两头。言终始本末上下精粗,无所不尽。程子曰:"圣人之教人,俯就之若此,犹恐众人以为高远而不亲也。圣人之道,必降而自卑,不如此则人不亲。贤人之言,则引而自高,不如此则道不尊。观于孔子、孟子,则可见矣。"尹氏曰:"圣人之言,上下兼尽。即其近,众人皆可与知;极其至,则虽圣人亦无以加焉,是之谓两端。……"①

同样是讲"圣人体道",朱熹强调的是如何实现"终始本末上下精粗,无所不尽",他引述程子的话,说明圣人亲近众人,尹氏的话也是如此,圣人之道既能亲近众人,又能推其极致,"扣其两端"而寻找的中道,在朱熹这里则表现为即物穷理,追求"众物之表里精粗无不到,而吾心之全体大用无不明"的境界。然而从"无所不应"到"无所不尽",由本及末、执两用中的形上思辨,则是有着继承性的。还有《论语・先进》末章"吾与点也"的解释。何晏《论语集解》引周生烈说:"善点之独知时也。"皇侃《论语义疏》则说:

> 孔子闻点之愿,是以喟然而叹也。既叹而云"吾与点也",言我志与点同也。所以与同者,当时道消世乱,驰竞者众,故诸弟子皆以仕进为心,惟点独识时变,故与之也。李充云:"善其能乐道知时,逍遥游咏之至也……唯曾生超然,独对扬德音,起予风仪,其辞清而远,其旨高而适,亹亹乎同圣德之所同也。"②

朱熹则说:

> 曾点之学,盖有以见夫人欲尽处,天理流行,随处充满,无少欠缺。故其动静之际,从容如此。而其言志,则又不过即其所居之位,乐其日用之常,初无舍己为人之意。而其胸次悠然,直与天地万物上下同流,各得其所之妙,隐然自见于言外。③

---

① 朱熹:《四书章句集注》,第 111 页。
② 皇侃:《论语义疏》卷六,第 295 页。
③ 朱熹:《四书章句集注》,第 130 页。

由此章的诠释可知二者因为时代而有着重大的指向差异,因为"何解"与"皇疏"的作者也逢"道消世乱",故认为曾点"独识时变",从这个立场上反对诸弟子的仕进之心。而朱熹则生在治世,故只是从天理、人欲考虑仕进之心,至于"直与天地万物上下同流,各得其所之妙",追求言外之意,则是在强调天道、本体,其超越的意味则比"皇疏"所引李充更进一步。故钱穆《论语新解》指出,此实深染禅味,朱子晚年深悔未能改。①

经学的玄学化,义理解经的学术理路对于后来宋明理学家的解经方法有着重要的影响。魏晋南北朝的经学家,一改两汉经学的章句训诂之学,在讲究家法、师说的注经之外,开创了"集解""义疏"等新的体例,从"解"到"疏",解释者的自由度也越来越大了。并且他们所利用的思想资源,其实也都是以儒、道、佛三家为主的,只是魏晋南北朝解经者虽不明确说以道家为主,但实际则是道家为主、儒家为次,从而将经学玄学化了。而宋明的解经者则明确以儒家为主,道家因素则较不明显,佛家的因素则比魏晋南北朝更多,特别是隋唐以来盛行的禅宗思想,则多被吸收入理学,然而无论是道家,还是佛家,其思想因子在理学家那里都进行了儒家化的改造。此外,正是基于经学的玄学化,儒家开始重视"性与天道"等形上、本体之学,玄学家大谈心性、天道,而宋明儒者也继承了这方面的问题意识,这正好是对佛教、道教的回应,也是实现儒学自身重建,弥补原始儒学不足的重要动力。

---

① 钱穆:《论语新解》,第279页。

《齐物论》"彼此是非"郭象注中所见经典注释的
解释学困境

刘飞飞

摘　要:《庄子·齐物论》中有一段论述"彼此是非"的文字,其本意是要消解彼此之间的对待性,从字面上看却有强化对待的意思,因而如何协调此字面意思与庄子旨趣的关系成为理解这段文本的关键。郭象运用"寄言出意"的方法疏通句子结构,避免纠结句义,似乎克服了理解的困境。然而,他的解释虽然符合《齐物论》的主旨,却与他的"独化论""性分论"相矛盾。取消对待与加固差异在郭象的注释中分成表里二层,以至于无法彻底消除理解的困难。这一现象说明,试图在注释经典的过程中进行思想创新常常顾此失彼,经典原文一方面为新思想提供了依据与支持,另一方面也对注释者的别出心裁构成了限制,这也使得中国古代思想传统表现为一种较为稳定的结构。

关键词:《齐物论》;彼此是非;郭象;寄言出意;注释

《庄子·齐物论》云:

---

*　作者信息:刘飞飞,男,1993 年生,山东临朐人,山东大学儒学高等研究院(文史哲研究院)博士研究生。

是亦彼也,彼亦是也。彼亦一是非,此亦一是非。①

如果不看郭象的解释,仅从字面上分析原文,可能会这样理解:我(此)所认为的"是"正是彼所认为的"非",彼的是非与此的是非恰恰不同,因而彼此相互对待是不可避免的。故庄子这段话加剧了彼此间的对立,使彼此之间的立场、观点绝无通融的可能性。然而这段文字在《齐物论》中作为正面论述而出现,旨在阐明"齐物论"。那么,如何解释这段话才能够协调个别段落与全篇主旨之间的关系?更进一步说,如何使个别段落更好地论证该篇的主旨?

郭象释上引文字:

此亦自是而非彼,彼亦自是而非此。此与彼各有一是一非于体中也。②

郭象认为,彼此皆有是非之见,均有一是一非,故彼此之间没有差别,从而取消了彼此之间的对待。郭象的解释避开了上文所述由字面导致的句义上的疑难,显得较为"取巧"。那么,郭象的解释是否自洽?尤为甚者,作为玄学家的郭象能否协调《庄子》文本与自身思想之间的关系?

本文认为,郭象在此诚然遵从了《庄子·齐物论》的主旨,但他的解释与自身的"独化论""性分论"相矛盾。郭象是中国古代通过注释经典表达新思想的代表人物,他遭遇的困境可以反映出:试图通过注释经典表达新思想,一方面以经典的话语作为支持;另一方面要出新意于"法度"中,这就构成了经典的"字面意思"与注释者新思想之间的紧张。注释者必然要调和这种紧张,因而他的思想难以表现出一种全新的面貌。该现象是中国传统思想文化在结构上较为稳定的一个重要原因。

一、辨清主题:"'齐物'论"还是"齐'物论'"

《齐物论》是围绕儒墨之争展开的,意在揭示儒墨之间的是非之争并无绝对的评判标准。庄子以啮缺与王倪的对话隐喻其说:

---

① 郭庆藩:《庄子集释》,王孝鱼点校,北京:中华书局,2013 年,第 65 页。
② 同上书,第 66 页。

　　　　啮缺问乎王倪曰:"子知物之所同是乎?"曰:"吾恶乎知之!""子知子之所不知邪?"曰:"吾恶乎知之!""然则物无知邪?"曰:"吾恶乎知之! 虽然尝试言之。庸讵知吾所谓不知之非知邪? 且吾尝试问乎女:民湿寝则腰疾偏死,鳅然乎哉? 木处则惴栗恂惧,猨猴然乎哉? 三者孰知正处? 民食刍豢,麋鹿食荐,蝍蛆甘带,鸱鸦嗜鼠,四者孰知正味? 猨猵狙以为雌,麋与鹿交,鳅与鱼游。毛嫱、西姬,人之所美也;鱼见之深入,鸟见之高飞,麋鹿见之决骤。四者孰知天下之正色哉? 自我观之,仁义之端,是非之涂,樊然殽乱,吾恶能知其辩!"①

　　王倪的话表达了庄子的心声。在庄子看来,啮缺与王倪关于知与不知的争论永远没有最终结果。王倪最后一段话表明,知只是自己的知,自己有自己的是非,自己的是非之知难以让他人赞同。不同的人和物都有自己的判断标准,因而也有不同的是非之论。故根本不存在最终的是非标准来裁定争论。庄子认为,这种执着于是非的做法本身乃是大道"亏损"以后的结果。② 化解是非之争,不在于给出定论,而在于不争辩是非。郭象也就此而说:"所同未必是,所异不独非,故彼我莫能相正,故无所用其知。"③这是一种很无奈的表达,双方的共识未必就是真理,同时也不能因为对方与己不同就断言其为非。因此,辩论是很难"辩出""辩明"真理的。职是之故,真正的"知(智)"是"不知"或"不去知",甚至如同郭象所言:"若自知其所不知,即为有知。"④

　　人不去知物,是否就意味着物物⑤之间没有了差别? 庄子强调不去知,强调物各有一是非乃是同,这似乎意味着物物之间已然存在差别。该问题涉及"齐物论"的前提及内涵。在进一步回答该问题前,有必要先考察学者对"齐物论"的分疏、定义。

　　关于"齐物论"的读法,分歧由来已久。据学者考察,左思、刘琨、刘勰等皆将"齐物"二字连读,早至战国时期的孟子便言"夫物之不齐,物之情也……";而宋以来,王应麟、王夫之、钟泰主张"物论"二字连读。⑥ 今人丁四新考察诸说,将"齐物论"的读法归

---

① 郭庆藩:《庄子集释》,第87—89页。
② 《齐物论》:"是非之彰也,道之所以亏也。"见郭庆藩《庄子集释》,第72页。
③ 郭庆藩:《庄子集释》,第87页。
④ 同上。
⑤ "物"是广义上的"万物",该"物"包括"人"在内,为了方便,以下不再一一注明。
⑥ 相关考察参陈少明《"齐物"三义——〈庄子·齐物论〉主题分析》,《中国哲学史》2001年第4期。

为四种："齐物—论""齐—物论""齐物、齐论",以及"齐物—论"和"齐—物论"二者兼而读之。丁四新指出,先秦秦汉传世古籍并无"物论"连读之例,而"齐物"连读之例则多见。《鹖冠子》的《能天》《王铁》二篇、《史记·货殖列传》、《汉书·律历志上》、《孟子·滕文公上》和《庄子》中的《天下》《秋水》二篇都作"齐物"之说,魏晋至隋唐时期,这一读法并无改变。①

陈少明在承认"齐'物论'"与"'齐物'论"二说的基础上,提出一个更深层次的理解——齐物我。陈少明认为,"齐物论"是对争论行为本身正当性的质疑;"齐万物"要求人们放弃以自我为中心的态度,看待万有的自然性与自足性;"齐物我"是对前二者的深入,是生存论问题,表现为生存论上的丧我与无为。② 这一新解未废弃"齐'物论'"与"'齐物'论"二说,并且采取了以二说为始基进而调和二说的方式,但其搁置题目、重构原文进而回扣题目给以生存论意涵使得题目中"齐物论"三字的分量显得单薄,不足以体现关于"我"的生存论内容。虽然陈少明先生强调"齐物论"可能是晚于庄子而后拟的题目,但即便如此也并不能认为"齐物论"的拟定出于随意,反倒是在"齐物论"的基础上增字、改字而解多少有些过度诠释的意味。

杨国荣认为,《齐物论》的内在宗旨、核心观念即"齐物"。但杨氏所言"齐物"不同于以往"齐'物论'"与"'齐物'论"中与"物论"相对的"齐物",而是包括三个方面的含义:第一,在本体论层面超越物与物之间的"分";第二,超越"物"和"我"之间的"分";第三,超越是非之"分"③。显然,第三种含义即常言"齐'物论'",亦即"物论"被纳入广义上的"物"的范畴。这一释义不仅可以起到统摄异见的作用,而且在以任何一种观点为始基立论时,都可以在广义的"齐物"的含义内"对号入座",不必预先排除掉其他的理解。

方勇、陆永品《庄子诠评》一书认为,既然庄子极端鄙视言辩论说,就不可能再添一论而与诸子百家相并列,因而不可能是"'齐物'论",而是齐同物论,即消除各派对天下万物所做的不同评论。④ 其说甚是。这一论述相较其他各说具有以下特点:第一,来自推理,而非用新视角做出的解读,因而较有公度性,可作为立论的起点;第

---

① 参丁四新《〈庄子·齐物论〉札记三则——"齐物论"解题、"不亡以待尽"与"吾待蛇蚹蜩翼邪"》,《西北师大学报(社会科学版)》2019 年第 3 期。

② 参陈少明《"齐物"三义——〈庄子·齐物论〉主题分析》,《中国哲学史》2001 年第 4 期。

③ 参杨国荣《〈齐物论〉释义》,《华东师范大学学报(哲学社会科学版)》2015 年第 3 期。

④ 参方勇、陆永品《庄子诠评》,成都:巴蜀书社,2007 年,第 37 页。

二,它不必面对"归纳法考察究竟在多大程度上涵盖文献"这样的问题,不必担心"特例"的突然出现以推翻归纳所得的结论,其逻辑上的自足可以直接作为哲学讨论的前提。

此外,闻一多曾将"齐物论"释为"齐物伦"①,但这一观点影响并不大,只可备为一说。

"'齐物'论"要把物抹平为绝对的"一"。这种抹平背后究竟是否承认物各有差别较难把握。表面看来,既然要"抹平",必然先有"不平",似乎万物之差别是本然的;但也绝不排除这样一种可能:庄子一开始就认为不管是道,还是万物,都是齐一的,物的本然状态就是无差别的齐一状态,差别是后来才出现的。因此从这种可能性来看,庄子讨论的焦点在于"物",它是一种状态性的、实然性的描述;"齐'物论'"针对的是"物论",它批判人们由于对物的不同认识而产生的是非之争。在这里,庄子要唤醒的是人。"'齐物'论"的目的在于"道同万物",揭示的是"物理",彰显的是本体;"齐'物论'"的目的在于"道通万物",批评的是"人事",强调的是修养。

对《齐物论》做通篇的考察不难发现,庄子是先把"道"置于万物之上的。这种在"道"与万物之间一开始就不平等的关系正是"道"得以通于万物的可能条件。若万物一开始就不存在差别、具有像"道"那样的未始有封的状态,那么庄子又为何命以"道"与"物"两个名字?② "道"与万物又为何在后来出现了分化? 所以,本然之状应是郭象所谓的"天下之彼我无穷,则是非之竟无常"③。亦即,差别是固有的,故容易引起争辩。但由于争辩是无休止的,也是触摸不到真理的,所以有必要在承认差别业已存在的前提下说明争辩的徒劳无效,达到"莫之辩而任其自是,然后荡然俱得"④。因而,用"齐'物论'"或许能更好地解释《庄子》的一些语句,它体现为庄子平息诸种观点之间争论的努力,而非取消万物之间的差别。

---

① 可参闻一多遗著《〈庄子〉章句(附校补)齐物论(伦)》,《东北师大学报(哲学社会科学版)》1981 年第 1 期。
② 杨国荣认为,"对庄子而言,似乎存在着两种世界图景:其一为未始有封的本然形态,其二则是分化的世界。从本体论上看,后者(分化的世界)往往未能展示存在的真实形态;在价值层面,后者(分化的世界)又对人之'在'形成了负面的制约"。杨国荣:《庄子的思想世界》,北京:生活·读书·新知三联书店,2017 年,第 49 页。
③ 郭庆藩:《庄子集释》,第 90—91 页。
④ 同上书,第 91 页。

二、从郭象的注释看《齐物论》中的彼此与
是非——兼论"寄言出意"

基于上述考察,笔者以"齐'物论'"作为《齐物论》的主旨,进而讨论郭象对"是亦彼也,彼亦是也。彼亦一是非,此亦一是非"的解释。

这段话有两个切入角度:一是句义分析,二是句子结构。如前文所言,从句义分析入手,就会有彼此之间是非差异凸显的困境,不符合《齐物论》主旨;从句子结构入手,亦即只在意句子形式结构的稳定性,只承认彼此双方各具是非之见这一事实本身是二者相同的,并不细究是非之见的具体内容,这样就会避免个别文段与全篇主旨的冲突。①

郭象显然是从句子结构的角度切入的。他的解释有一个明显的特点,即"寄言出意"②。他并不纠结于句子中的片段,而是更关注《庄子》的言外之意。这已不同于汉代的章句、训诂之学。郭象所处的年代,时值"言意之辨"盛行,"言能否尽意"构成了其时士人思维的一个重要向度,此一思维向度延伸至日用常行各个方面。从郭象的解释方法来看,他极可能已经意识到直接深入语句片段寻求字词的定义会破坏篇章的整体性意旨,即使对语句本身诸构成要素进行毫无遗漏的训释,也未必符合作者之大意。因而要揭示、获得作者的整体性意旨,并不在于从语句中摘取各部分分别解释进而予以连缀,而在于在解释语句的一开始便不拆分诸要素,在通观语句的基础上,舍其小者、求其大者。这需要文本的阅读、解释者具备"附会"的能力。

"附会"不同于今日所指生拉硬拽、指鹿为马式的牵强之举③,而是其时著文写作、

---

① 以语言分析见长的英国学者葛瑞汉(A. C. Graham)在他的《论道者:中国古代哲学论辩》一书中谈到《齐物论》中"物无非彼……故莫若以明"这段话时指出:"它不只依赖于你选取为'是'的二者择一的观点,它也是出于分别在哪与根本上是否进行分别的方便起见。"葛氏对庄子表述的理解较为肯綮,与郭象近似,其说可参。见葛瑞汉《论道者:中国古代哲学论辩》,张海晏译,北京:中国社会科学出版社,2003 年,第 209—210 页。

② 参看汤一介《论郭象注〈庄子〉的方法》,载《中国文化研究》1998 年春之卷(总第 19 期)。更详细的论述,参汤一介先生《郭象与魏晋玄学》,北京:北京大学出版社,2000 年,第 197—213 页。

③ 《现代汉语词典》释"附会":"把没有关系的事物说成有关系;把没有某种意义的事物说成有某种意义。"中国社会科学院语言研究所词典编辑室编:《现代汉语词典》(第 7 版),北京:商务印书馆,2016 年,第 408 页。

识读文本的一项基本要求。南朝刘勰《文心雕龙·附会》有云:"何谓附会? 谓总文理,统首位,定与夺,合涯际,弥纶一篇,使杂而不越者也。"①这要求读书作文者"务总纲领,驱万途于同归,贞百虑于一致。使众理虽繁,而无倒置之乖,群言虽多,而无棼丝之乱;扶阳而出条,顺阴而藏迹,首尾周密,表里一体"②。附会之术,表面看来是文法问题,更进一步说,应是言意问题。刘勰看到语言常常难以驾驭纷繁复杂的事理,执笔为文便容易拖沓支离,因而要辨清主次而又不破坏主次之间的衔接;而读者面对义理繁杂的文字,也应当具备从"众理"中得"一贯"的能力。"一贯"并不来自摘取,而是来自通篇之领会、准确之提炼。这就需要在阅读时摆脱字词的束缚,从纸上之言出至作者之意了。王弼曾阐扬庄子"鱼筌"之说而明言"得意忘象,得象忘言",郭象在此基础上进一步践行"寄言出意"的方法论。汤用彤先生指出,魏晋玄学言意之辨往往用以解释经籍,而解释的方法常常是在与自己理解相符合的地方"会通其旨略"③。从这一点来看,郭象也是如此。

　　问题在于,郭象别出心裁的解释是否是《庄子》文本的原意?"寄言出意"之"意"本属庄子还是郭象? 问题或有不同答案,但有一点可以确定:郭象并未完全抛开庄子的意旨而信马由缰。比如,郭象于《齐物论》题目之下释该篇大意:"夫自是而非彼,美己而恶人,物莫不皆然。然,故是非虽异而彼我均也。"④郭象对该篇主旨的把握十分明晰,与他对"彼此是非"文句的解释两相对照可见,部分严格地服从着整体。另外,上文引郭象"所同未必是,所异不独非,故彼我莫能相正,故无所用其知"⑤与《齐物论》临近结尾部分庄子对"我与若与人俱不能相知"⑥的论证几如出一辙,故郭象重申:"同故是之,未足信也。异故相非耳,亦不足据。"⑦由此可见,郭象的解释不是简单地随文作注,而是试图把原文和己意融合、贯通为一个整体。

　　职是之故,可以说郭象有明确的纲目意识、整体意识,无论他对题目的解释如何偏离,对部分的解释仍然受题目之义的约束。更何况,对题目的解释中已明显透露着他

① 刘勰原著、范文澜注:《文心雕龙注·附会》,北京:人民文学出版社,1958 年,第 650 页。
② 同上书,第 651 页。
③ 汤用彤:《魏晋玄学论稿·言意之辨》,《汤用彤学术论文集》,第 217—218 页。
④ 郭庆藩:《庄子集释》,第 44 页。
⑤ 同上书,第 87 页。
⑥ 同上书,第 101 页。
⑦ 同上书,第 102 页。

调和彼此是非之见、努力向庄子旨趣靠拢的倾向。据此,论者不必认为郭象之注全无《庄子》本意。

在"是亦彼也,彼亦是也。彼亦一是非,此亦一是非"之后,庄子又说:"果且有彼是乎哉? 果且无彼是乎哉? 彼是莫得其偶,谓之道极。"①从价值判断的角度看,这里的"彼"即是"非"。庄子强调,不管是还是非,都不要有一个相对的"偶"。庄子在意是否相对(偶),而非相对之物的内容是什么。如此看来,郭象要做的自然是要说明"是亦彼也,彼亦是也。彼亦一是非,此亦一是非"这段话对于取消"偶"起到直接揭示、论证的作用。郭象领会到了庄子的意思,所以强调人要对物保持"无心",不要有"对"(偶)——"彼是相对,而圣人两顺之。故无心者与物冥,而未尝有对于天下也"②。在《齐物论》中,这种态度显然指向儒墨之辩。庄子的目的正是要批评、阻止儒墨之间的争执不休,正是齐其"物论"而通至"道极"。而郭象"寄言出意"的解释方法正抓住了《齐物论》的要旨,使得彼与此在基本的结构上(一是一非)完全相同,以同具"是-非"结构还原世间之所同,遮盖各自观点、立场之所异。或许,这正是达到郭象所谓"犹能忘彼此之是非"③"忘爱释私,玄同彼我"④的理智途径。质言之,既然彼此之间的立场、观点拥有"结构"上的相同,那么原本对立的彼此之间便可以在"同"的遮盖下略其所异了。不仅争辩的基本前提——差异——被取消了,而且差异的基本构成方式——对待(偶)——也被否定了。

魏晋玄学家解释经典常常采用两种方法,一为"辩名析理",一为"寄言出意"。前者多用于厘清、分疏各个概念范畴,分别给以定义,使概念范畴的使用不至于未加考察、反思而模糊不明;后者常常针对名物度数、事迹典故,略其实情而求其义理。⑤ 郭象对"彼此是非"的注释虽寥寥数语,但已兼采上述二法。此外,关于郭象采用的"寄言出意"之法,汤用彤先生曾说:"按寄言之说郭注用以解书中不经处甚少。而用之以释绝

---

① 郭庆藩:《庄子集释》,第65页。
② 同上书,第66页。
③ 同上书,第73页。
④ 同上。
⑤ 相关论述可参汤一介《郭象与魏晋玄学》,第197—221页(按:汤一介先生认为郭象除了具有"辩名析理"与"寄言出意"两种方法外,还具有"否定的方法",但正如汤先生所言,老子是对该方法最早加以运用并运用得最为出色的人。因而,魏晋玄学虽也流行该方法,但在原创性上不比前两者,多为玄学家沿袭老子之法,故本文暂未引述"否定的方法"),以及周裕锴《中国古代阐释学研究》,上海:复旦大学出版社,2019年,第139页。

圣弃知处则其例甚多。"①庄子反对儒墨之辩,正是其绝圣弃知的表现,而郭象的注释不仅未违背《齐物论》意旨,而且疏通了文中难句,对庄子之意做了更为直白、简洁的解释,使"道通万物"之理进一步彰显。② 就此而言,郭象的解释是成功的。

三、迁就他人导致的尴尬——郭象的理论困境

站在庄子的角度,郭象的解释几近贴切。郭象的顺承一方面迁就了庄子,另一方面却给自身带来了困境。只要从《齐物论》中检视郭象的其他注释,便可发现一个颇为吊诡的现象:《齐物论》原文一气呵成、圆融一体,但解释《齐物论》的注却遭遇了自相矛盾。

考察郭象对《齐物论》的注释,可以看到这样一些颇具新意的语句:"物之生也,莫不块然而自生"③,"无既无矣,则不能生有,有之未生,又不能为生。然则生生者谁哉?块然而自生耳。自生耳,非我生也。我既不能生物,物亦不能生我,则我自然矣。自己而然,则谓之天然"④。

上引两段话较能反映郭象对物之生的看法:物是自生的。该观点以魏晋玄学"有无之辨"为背景。在此不妨略加条陈在郭象之前"贵有"与"贵无"两方的观点:若以"有"为万物之始源,将会无限倒推,最终走向神秘的造物者,这将回到汉代宇宙生成论(cosmology)的路数上。即便如此,一个实体化的"有"如何生出属性各异的万物、"有"自身具备何种存在样态等诸多问题也横亘于前。王弼所言"若温也则不能凉矣,宫也则不能商矣"⑤使得续谈"始源问题"而"贵有"者展露窘相,因此又不得不讨论"无"。"无"虽然可以克服"有"的上述缺陷,但王弼所谓"无"乃从本体论(ontology)意义上而

---

① 　汤用彤:《魏晋玄学论稿·向郭义之庄周与孔子》,《汤用彤学术论文集》,第285页。
② 　周裕锴先生说:"郭象时时提醒读者,应当注意《庄子》一书的寓言性质,因此不要纠缠于书中描写的故事真实与否,不要拘泥于书中语言文字的表面意义,也就是说,不要以一种知识主义(文字学、训诂学、博物学、历史学等)的态度去阅读理解《庄子》,重要的是从所'寄'之'言'中领会'逍遥游放'之意、'齐一之理'、'绝圣弃智之意'、'绝学之义'等。"笔者认为,这一概括同样适用于本文所讨论的"彼此是非"问题。引文见周裕锴《中国古代阐释学研究》,第130页。
③ 　郭庆藩:《庄子集释》,第47页。
④ 　同上书,第51页。
⑤ 　楼宇烈:《王弼集校释·老子指略》,北京:中华书局,1980年,第195页。

言的。若从宇宙生成论意义上看,一方面"无中生有"极为不可思议;另一方面,不管对"无"进行何种规定,由于言说便代表界定,界定便意味着有限,那么结果总是制造一个有限之"无",因而还是"有"①。因此王弼才会强调体用一如,于"有""无"对立之外开拓"有""无"互即不离的新视角,并强调"无"的非经验性,使"有""无"不再成为对子,揭示出作为本体的"无"超出万有而又尽在万有的运行之中。这也是魏晋玄学较汉代思想更加独到之处,即从宇宙生成论到本体论的转变。②

　　郭象的"自生"说首先是一个生成论的问题。"块然自生"显然是对生成状态的描述。因为"自生"乃是"自己而然",亦即"自然""天然","物皆自然,无物使然也"③,而"自然者,即我之自然,岂远之哉"④? 所以自生式的生成论加上郭象"自然""天然"的断语便使得郭象的本体论呼之欲出了。万物"自己而然"说明万物之间本毫无关联,并不共享生成之源头,其如此存在之理由只得归之于天,故郭氏本体隐然指向于天。对于郭象来说,"天"或者"天道"是强调万物各个分立、互不关涉的依据之来源,权威之保证,多少带有一点人力无可奈何的意味。据此,作为一个独化论者,郭象强调的"块然自生"只能使万物在世间缺乏统一性而自我存在着。在郭象这里,虽然"天"是"万物之总名"⑤,但它并不关乎万物的生成与存在,仅有固化分立的权威作用。

　　尤为甚者,郭象还认为,"凡物云云,皆自尔耳,非相为使也,故任之而理自至矣"⑥。这种由万物独立运行而彰显的"理"是人的一种性分,"物物有理,事事有宜"⑦,"物物自分,事事自别"⑧。"理""宜""分""别"的根据来自"道",只是这原本无

---

① 《三国志·魏志》卷二八《钟会传》注引何劭《王弼传》:"弼幼而察惠,年十余,好老氏,通辩能言……时裴徽为吏部郎,弼未弱冠,往造焉。徽一见而异之,问弼曰:'夫无者诚万物之所资也,然圣人莫肯致言,而老子申之无已者何?'弼曰:'圣人体无,无又不可以训,故不说也;老子是有者也,故恒言无所不足。'寻亦为傅嘏所知。"楼宇烈:《王弼集校释》后附,第639页。

② 详细论述可参汤用彤《魏晋玄学论稿·王弼大衍义略释》,《汤用彤学术论文集》,第245—253页。

③ 郭庆藩:《庄子集释》,第56页。

④ 同上。

⑤ 同上书,第51页。

⑥ 同上书,第56页。

⑦ 同上书,第81页。

⑧ 同上书,第82页。

封的"道"由于"万物得恣其分域"①而成为万物彼此互不干涉的依据了。既然"自尔"来得本然而合理，那么承认各自出生时的境况、顺其自然即是安分；相反，那些争执不休的是非之见恰恰源于人们把自己的"知"延伸到了不该延伸到的"性分之外"②。

郭象声称性各有分是为了让人各安其性、思不出位，由此泯灭是非之争。即"和之以自然之分，任其无极之化，寻斯以往，则是非之境自泯，而性命致自穷也"③。但是，缺乏一个统一体的人与人、物与物理各不同，性各不同，彼此间的差异被绝对化了，人人、物物之间也绝无更新身份的可能，甚至最基本的语言交流也潜伏着争辩不休的危险。郭象推出了如此结论以作为人的行动指南，显然已与庄子强调人自身的精神修养（比如坐忘、心斋）之旨大异其趣。今人庄耀郎指出，庄子重心，郭象重性，前者重主体实践，后者则主张非主观意志所能改变，只能成全、顺任、发展、实现之。④ 总之，如郭象这般强调安分只会固化彼此间的差异与对待。

从社会政治层面上看，固化彼此间的差异与对待正是郭象的本意。他曾说："臣妾之才，而不安臣妾之任，则失矣。故知君臣上下，手足外内，乃天理自然，岂真人之所为哉！"⑤郭象"物各自生"的思想落实在现实层面即要求人安于自己的社会角色，自觉服从生而禀赋的自然之理，阻止社会角色之间的流动。他的思想兼顾性命、政治二事⑥，这与庄子强调"齐'物论'"以使得"道通万物"已判然有别。郭象释《齐物论》"道通为一"："夫莛横而楹纵，厉丑而西施好。所谓齐者，岂必齐形状，同规矩哉！故举纵横好丑，恢诡谲怪（亦作'恢恑憰怪'），各然其所然，各可其所可，则理虽万殊而性同得，故曰道通为一也。"⑦在郭象看来，"道通为一"并非用某种普遍的法则来规整万物，因而所谓"齐"不是"齐形状，同规矩"，而是人人各适其性，各安其分，"然其所然，可其所可"，

①　郭庆藩：《庄子集释》，第 81 页。
② 　郭象："所不知者，皆性分之外也。故止于所知之内而至也。"郭庆藩：《庄子集释》，第 84 页。
③ 　郭庆藩：《庄子集释》，第 103 页。
④ 　参庄耀郎《郭象〈庄子注〉的性分论》，载洪汉鼎、傅永军主编《中国诠释学》（第五辑），济南：山东人民出版社，2008 年，第 163—182 页。
⑤ 　郭庆藩：《庄子集释》，第 58 页。
⑥ 　汤用彤先生说："《庄子注》之理想人格，合养性命、治天下为一事，以《逍遥游》《齐物论》与《应帝王》为一贯。于是自然名教乃相通而不相违。"参阅汤用彤《魏晋玄学论稿·向郭义之庄周与孔子》，《汤用彤学术论文集》，第 282 页。
⑦ 　郭庆藩：《庄子集释》，第 69 页。

如《逍遥游》中的蜩鸠大鹏，"小大虽殊，逍遥一也"①。所以，郭象理解的"道"是没有具体内容的，它指适性安分这一态度和行为本身。或者说，郭象所理解的得"道"不在于知其所以然，而在于"自因"行为本身，"不知所以因而自因耳，故谓之道也"②。"适性""自因"意味着人不必与自身之外的世界以"偶"的形式对立起来，人只须以"无心"③的方式在世界中听凭人人、物物"自用"，"物皆自用，则孰是孰非哉！"④。

郭象在养性命一端顺从庄子的"齐'物论'"思想，希望人们取消彼此的对待，克服成心，祛除争辩，导向一个冥然为一的和谐境界，这体现于他对"是亦彼也，彼亦是也。彼亦一是非，此亦一是非"的解释中；郭象的"独化论""性分论"固然也带有泯除是非之争的考量，意欲达到"天地万物各当其分，同于自得，而无是无非"⑤的境况，但最后导向的是一个彼此之间充满差异、对立的世界。不管是音乐上的宫商角徵羽⑥，还是伦理层面的君臣父子，既然要各当其分，便已经是划界而治，并且有了形而上的依据，更拥有天的保证，只能"知者守知以待终，而愚者抱愚以至死"⑦，因而人们没有任何正当的理由去缩小乃至抹平差异。这样明晰的划分不能不让人带有是非对待之心。

四、郭象困境的原因：出新意于注释中

郭象的困境之所以产生，根本原因在于他要通过解释他人文本来表达自己的思想，尤其是解释《庄子》内七篇这种篇章主题明显、不拘泥于语言细节的文本。⑧ 中国古代虽然早有注释的传统，但章句训诂之学有实证之追求以自律自期，义理演析之学可取材料为其所用，甚至公然寻章摘句、断章取义。相对而言，较为尴尬的是郭象这样

---

① 郭庆藩：《庄子集释》，第 10 页。
② 同上书，第 71 页。
③ 郭象："无心而无不顺。"郭庆藩：《庄子集释》，第 91 页。
④ 郭庆藩：《庄子集释》，第 76 页。
⑤ 同上书，第 68 页。
⑥ 郭象："夫声之宫商虽千变万化，唱和大小，莫不称其所受而各当其分。"郭庆藩：《庄子集释》，第 49 页。
⑦ 郭庆藩：《庄子集释》，第 59 页。
⑧ 刘笑敢称之为"异质性的文本"。参刘笑敢《从超越逍遥到足性逍遥之转化——兼论郭象〈庄子注〉之诠释方法》，《中国哲学史》2006 年第 3 期。

在他人文字的夹缝中试图创建新思想的行为。所以郭象的解释不免顾此失彼,难以左右逢源,掺杂着对原文的迁就与自我发挥。站在《庄子》的角度,郭象对个别原文的解释或许不离文本大意,可是从郭象自身来说,其实是不自觉地进入了自设的圈套中。该现象引出了一个关乎注释行为本身的话题,即注释学问题。下面,笔者将超出郭象《庄子注》的范围,对一般意义上的文本注释问题进行讨论,最后反观郭象的注释工作,以揭示经典注释工作包含的张力。

作为专门学问的注释学将其研究的对象和内容规定为点校、释词、释史实名物各个方面。① 这一规定是针对今日专门从事注释学研究的人而言的。但这也从另一个角度说明,从事实际的注释工作必然涉及点校、释词、释史实名物等方面。质言之,无论是文本注释者还是反思性地研究注释活动本身的学者,都要涉及点校、释词、释史实名物等。但也必须澄清,任何一个注释者面对文本时,首先是一个读者,因而理解文本"何所云"是第一要务。人们常有这样一种印象:对文本的准确理解是建立在对文中各个字词准确理解的基础之上的。清人戴震曾言:"经之至者道也,所以明道者其词也,所以成词者字也。由字以通其词,由词以通其道,必有渐。"②注释学教科书这样论述:"解释文章的义理是否正确,前提是对词义要有准确的理解。不能准确解释词义,就必然造成空言义理,或者说妄说义理。"③

但是,人在阅读时,对于文句的整体意义首先有一未现成化的源发的领会,首先发生的是对文句基调的整体性把握,而非分别认定个别字词的含义。海德格尔有一个形象的比喻可为本文所用:"我们从不也永不'首先'听到一团响动,我们首先听到辚辚行车,听到摩托车。我们听到行进的兵团、呼啸的北风、笃笃的啄木鸟、劈啪作响的火焰。"④同样,也可以说,我们从不也永不"首先"看到一串文字符号,我们在直面文字时总已经构成了意义。但以"尽量更好地理解文本"而自我要求者必然离不开对组成语句的字词做单独的考察,因而必然将"句中之字词"抽离出来做对象化的考索,然后将考索之义置入原句。故作为考察对象的字词之意涵不完全等同于处于语境或语脉中的字词的意涵,前者不免带有意义的盈余与板结。当把予以单独考察的字词重新置入

① 参汪耀楠《注释学纲要》,北京:语文出版社,1991年,第25页。
② 戴震:《戴震文集·与是仲明论学书》,赵玉新点校,北京:中华书局,1980年,第140页。
③ 汪耀楠:《注释学纲要》,第213页。
④ 海德格尔:《存在与时间》,陈嘉映、王庆节译,北京:生活·读书·新知三联书店,2012年,第191页。

语句中时,便需要将分散的字义进行紧密无缝地拼接以重构一个"客观的"意义,因而这离不开解释者的"酌情处理"。

拼接各个被重新置入语句中的字词意义时常常表现出:字词的意义越明确,拼接的难度越大,即重新阅读、理解的难度越大。这一现象表明,不计较、不纠结语言文字自身意义的"寄言出意"的解释方法能让读者更为顺畅地理解文本。它带来的不是字词的定义、达诂,而是言外之意。而言外之意常常是理解者顾着语脉阅读文本时当场生成的。因而"寄言出意"的解释方法是对理解者自身思考能力的承认与鼓励,体现了作为文本解释者的郭象对思想创新的诉求。

前文曾指出,郭象采用为经典作注的方式进行思想创新必然充满张力。这种方式决定了注释者需要依附在经典原文之上。无论是对经典原文进行整体性的疏解,还是对各个字词进行单独的训释,都将首先奠基于经典原文本身给予的基调中,亦即初读文本时的"源发之领会"决定了作为读者的注释者接下来的一切工作。无论注释者给予字词多么松散、模糊的解释,他势必进入、遵守经典文本自身的用语习惯与话题范围,因而不免因循经典。

学者早已注目于此。经典原文给注释者带来解读、阐发的限制已是公认的实情。因此,于注疏的方式之外另求一种能够表达读者新思想的方式也成为克服注疏体裁限制性的迫切之事。已有学者在注疏体之外,分析、讨论了历史上存在的另一种体裁,名为"语录体""诸子体"等①,名称虽异,但可以总括为一种口头式的讲说体。对于注疏体的限制性、讲说体的优越性,学者论述颇多,兹不赘述。但通观过往的诸多考察不难发现,学者讨论的范围多是儒家经典,实际上厘定的是注经与讲经的区别。但需指出:第一,"讲说"仅仅是从形式上而言的,而非在用途上一定要付诸讲说活动,阅读之后的心得、体会也完全可以通过该方式记录下来,但不必讲给他人听;第二,中国古代的经典断然不只是经学文献,因而只考察儒家经典不免囿于一种特殊性的传统与视野,其结论的普遍性不宜夸大。作为一部儒家之外的经典,《庄子》相比于经学文献至少有这样的特点:注疏者虽有疏通、解释原文的工作要求,但不必有"唯恐歪曲圣人之意"的

① 参看贾德讷(Daniel K. Gardner)《宋代的思维方式与言说方式——关于"语录"体的几点思考》,收入田浩(Hoyt Cleveland Tillman)主编《宋代思想史论》,北京:社会科学文献出版社,2003年,第394—425页;李畅然:《经注与诸子——不同著作在内容相关度上的两类关系及其诠释学意义》,载洪汉鼎、傅永军主编《中国诠释学》(第六辑),济南:山东人民出版社,2009年,第143—160页。

负担,注疏者不必预先将自身置入"圣人之意""至高真理"的"独断诠释学处境"①中。这更有利于研究者在一般意义上研讨经典注(诠)释问题。

郭象不是经师,注《庄子》没有注经时的沉重负担,但郭象仍未幸免迁就他人与自相矛盾的尴尬。这恰恰说明,超出儒家经典范围的一般注释活动仍然制约着注释者自身思想的发挥。正由于此,依附于经典以阐发己意的中国经典诠释传统会将各种异质的、多元的思想笼束于一个较为稳定的结构中,使诸多因子尽量接续传统,在传统经典的话语体系中阐发新说,难以完全旁出。

---

① 关于"独断诠释学"这一提法,参看路强、陈婷华《哲学诠释学的当代发展与前沿问题——洪汉鼎教授访谈录》,《晋阳学刊》2014 年第 4 期。又,金培懿在《祖述老庄? 以玄解经? 经学玄化? ——何晏〈论语集解〉的重新定位》一文中非常中肯地指出,注经行为的正当性须奠基在:相信经书乃圣人所作,经书内容充满指向伦常教化的微言大义,且具有普遍的适用效力等前提下;注经作乐的目的系在增补圣人本意,而非提出个人创见。金氏观点转引自刘柏宏《〈魏晋南北朝经学国际研讨会论文集〉导言》,"中研院"中国文哲研究所《中国文哲研究通讯》第 27 卷第 1 期,第 132 页。

程颐"春秋学"析论

吴迎龙[*]

摘　要： 在理学研究的视角下，人们对于理学家的经学关怀鲜有措意，程颐的"春秋学"就是其中一例。考虑到《春秋》作为宋学中尤为重要的一环，如果我们要打通经学与理学这一割裂的二重视角，着重强调宋代经学的思想内涵，那么对后来胡安国《春秋传》影响极大的程子的"春秋学"，就尤为值得我们关注。本文将从宏观和微观两个维度，以解经方法、经学理学化建构、天人关系为三个切入点，试图分析和讨论程颐"春秋学"的主要特色，并通过条比经传的方法，挖掘出程子解读《春秋》更深层次的意图和矛盾，借以窥探理学视域下的春秋学的特殊风貌。

关键词： 程颐；《春秋传》；经学；理学

一、引　言

现代学者对二程[①]的关注，往往较多着力于阐发其理学思想，将之理解为古代哲

* 作者信息：吴迎龙，男，1994 年 6 月生，安徽安庆人，复旦大学哲学学院中国哲学专业 2018 级硕士研究生。本文为国家社科基金重大项目"《春秋》三传学术通史"（19ZDA252）的阶段性成果。

① 虽然本文依据的核心文本是程颐的《春秋传》，但是《二程集》中也存在部分程颢关于"春秋学"的讨论，且与程颐的论述是可以相互参照的。此外宋儒李明复有《春秋集义》，辑程子《春秋》说三百余条，有少数与《二程集》相出入、补充，有属大程者，亦有属小程者，（转下页）

学思想的代表,但在笔者看来,二程在经学上的重要意义,更需要予以阐明。① 如徐洪兴先生在《思想的转型:理学发生过程研究》一书中所言:"有人认为,宋明时期的理学家只谈哲学不讲经学,那是缺乏历史常识的误解……经学不仅在当时的政治领域内仍占据着统治地位,而且依然在当时的思想和学术文化领域里居于主导的位置。"② 然而对于二程经学的讨论,大多集中于"四书"和《易》,对于"春秋学",学者着墨甚少。③ 这

(接上页)皆在笔者的采述之列(参黄觉弘《程颐〈春秋〉佚说考述》,《武汉理工大学学报(社会科学版)》2010 年第 6 期)。同时李明复也指出"(程颢)深于《春秋》者也。其弟颐传《春秋》,亦多用其说",可见二程之春秋学关联紧密,为了便于讨论,我们将二程的"春秋学"视作一个整体,下文中皆称"程子"。

① 相比于其理学,阐明其经学是个更为复杂的过程,但能帮我们更系统、真切地理解那个时代的思想面向。姜广辉先生就曾讨论过:"假如我们要以宋明时期的'经学思想'为研究课题,那这'经学思想'的灵魂就是理学……必须看到,写宋明经学思想史,其难度更大于写宋明理学史,因为写宋明理学史,可以寻着理学的理论逻辑写,从而避开经学的内容;而要写宋明经学思想史,若不弄清理学,就根本不会理解宋明儒者经典诠释意义之所在。"(姜广辉:《论宋明理学与经学的关系》,《湖南大学学报(社会科学版)》2004 年第 5 期)但就笔者鄙陋所见,关于二程经学方面的讨论,非常有限,专著仅有一部:姜海军《二程经学思想研究》,北京:北京师范大学出版社,2016 年 4 月。论文方面也较少见,有李明友《理的主题与二程的经学》(《浙江学刊》1991 年第 6 期),赵振《北宋疑经思潮与二程经学》(《兰州学刊》2007 年第 6 期),高明峰《二程经学与文学论略》(《理论月刊》2012 年第 10 期),程得中、翟志娟《二程的经学研究——以二程语录为中心的考察》(《儒藏论坛》第十一辑,2017 年),徐洪兴、陈华波《德性实践与德性之知——论二程经学诠释的转向》(《哲学研究》2017 年第 3 期)等,大多提纲挈领,概而论之,或者就某一特定之方向加以说明,并没有针对其具体经说展开深入的讨论。

② 徐洪兴:《思想的转型:理学发生过程研究》,上海:上海人民出版社,2016 年,第 67 页。

③ 这个问题不仅仅出在二程这里,尽管北宋的"春秋学"极为发达,但是在理学的视域下,"五经"中的《诗》《书》《礼》《易》都有相应的阐发,唯独《春秋》在理学中一直处于缺位的状态。尽管有自程颐《春秋传》到胡安国的《春秋传》的传承,但是它们的思想内涵却与理学的核心义理多有乖离。在理学的代表人物中,也唯有程颐这残缺的《春秋传》能够为我们将《春秋》纳入理学视域中,提供一些思路和可能性。关于二程的春秋学,除了通史类著作如赵伯雄的《春秋学史》,曾亦、郭晓东的《春秋公羊学史》中的专章外,也偶见部分学者的讨论,如曾亦《经史之别:程颐与朱熹春秋学之歧义》(《社会科学辑刊》2019 年第 1 期)从程子与朱熹的对比视角来理解两宋春秋学的发展变化,还涉及对胡安国春秋学的一些讨论,很有启发;黄觉弘《程颐〈春秋〉佚说考述》(《武汉理工大学学报[社会科学版]》2010 年第 6 期)从李明复的《春秋集义》中辑录出部分不见于《二程集》的佚说,在文献搜集上极有价值。高瑞杰的《从管、魏异同之争论看宋儒的道义观——以程颐〈春秋〉学为视角》(《鹅湖月刊》第四十卷第三期)从微观的案例出发,由春秋学的具体问题而提升至对道义观的讨论,对本文具体的讨论方法提供了有益的借鉴。但仅仅就程子的春秋学而言,以往的讨论仍不够系统全面。

当然有其客观的原因，二程唯一的"春秋学"论著《春秋传》仅完成了不到十分之一①，且相关的讨论散见各处，难见一个系统的脉络，故而被大多数学者忽视。但如徐洪兴先生所言："在理学的发生时期，为学者所普遍重视的儒家经典，无疑当推《周易》和《春秋》二经。"②当时的学者孙复就有这样的议论："尽孔子之心者，大《易》；尽孔子之用者，《春秋》。是二大经，圣人之极笔也，治世之大法也。"③且邵雍也有《春秋》尽性之书"的说法，对于极力推崇"圣人之道"和"性理"的二程来说，《春秋》必然会成为他们构建思想时重要的经典依据。故而本文意图连缀贯通程子散见于各处的"春秋学"言论，并尝试构建一个观察其"春秋学"的系统视角。

程子的《春秋传》作于晚年，这也是他未能尽笔的原因。据陈亮所跋："伊川先生之序此书也，盖年七十有一矣，四年而先生没。今其书之可见者，才二十年，世咸惜其缺也。"④但这并不是说程子直到晚年才开始重视《春秋》，如果对《二程集》稍加留意，就会发现程子包括程门弟子，关于《春秋》的讨论非常多。而之所以程子一直到晚年才动笔作《春秋传》，《程氏外书》卷十二中所说甚明：

> 昔刘质夫作《春秋传》，未成。每有人问伊川，必对曰："已令刘绚作之，自不须某费工夫也。"《刘传》既成，未呈伊川，门人请观。伊川曰："却须著某亲作。"竟不以《刘传》示人。伊川没后，方得见今世传解至闵公者。⑤

又有

---

① 春秋自隐公即位至哀公获麟，前后共二百四十二年，程颐的《春秋传》仅作到桓公九年，共二十年，不足十分之一。
② 徐洪兴：《思想的转型：理学发生过程研究》，第 68 页。
③ 石介：《泰山书院记》，《徂徕集》卷十九，北京：中华书局，1984 年，第 223 页。
④ 陈亮：《书伊川先生春秋传后》，《陈亮集》卷之二十五"题跋"，北京：中华书局，1987 年，第 284 页。
⑤ 程颢、程颐：《二程集》，王孝鱼点校，北京：中华书局，1981 年，第 432 页。本文所引《二程集》原文，皆据此书，未免繁复，后文仅标明页码，不复注明出版信息。需要注意的是，此条为尹焞所言，谓程传至闵公，与世所传仅至桓公九年的版本有所不同。尹焞作为程颐晚年高足，或许见过另一个更为丰富的版本亦未可知，但显然这个版本并没有得到很好的流传，很快就佚失了。

> 先生(尹和靖)尝问伊川《春秋解》,伊川每曰:"已令刘绚去编集,俟其来。"一日刘集成,呈于伊川,先生复请之。伊川曰:"当须自做也。"自涪陵归,方下笔,竟不能成书,刘集终亦不出。①

从门人弟子的关切程度可以看出,程子关于《春秋》颇有见解,亦多有阐发申明之处,只是他一直寄希望于弟子刘绚。刘绚其人,据《宋元学案》所载:"少通《春秋》,祖于程氏,专以孔孟之言断经意,作传未就。"谢良佐的说法也佐证了这一判断:"向见程先生言,须要广见诸家之说,其门人惟刘质夫得先生旨意最多。"②可惜刘绚成书之后,并不能让程子满意,这才促使他在古稀之年,执笔重撰《春秋传》。③ 由此可知,程子的《春秋传》虽作于晚年,但其实积淀已久,其心中实已形成一套成熟的解经思路,否则也不至于见刘绚之书后,还说"当须自做也"。后世常笼统的据程子重视四书,而认定其解《春秋》也必是据以孔孟之言,但若《宋元学案》所说不假,则刘绚在"专以孔孟之言断经意"上已经做得很好,若程子与其思路切近,则完全没有推翻重作之必要。可知程子于《春秋》,自有大义相托,只可惜《春秋传》仅存二十年的内容,使我们不得见程子大义之全貌。只好据《二程集》所载关于《春秋》之讨论,比类条贯,略微探求一下程子"春秋学"的特色。

二、方法论的难题:孔子作《春秋》与"尊王"之辨

要想说明程子对《春秋》宏观之理解,需要从两个问题出发:其一是"孔子为何作《春秋》",亦即《春秋》的性质问题;其二是"《春秋传》在程子的思想体系中处于什么位置",亦即《春秋》的地位问题。对孔子作《春秋》性质的理解不同,会根本性地影响整个"春秋学"的取向,譬如左氏学者就认为孔子作《春秋》乃是据史书以褒贬善恶,进而

---

① 第436页。
② 黄宗羲原著、全祖望补修:《宋元学案》,陈金生、梁运华点校,北京:中华书局,1986年,第1065—1066页。
③ 据《二程集》诸家的说法,"不以刘《传》示人""刘集终亦不出",人皆引以为憾。但据《直斋书录解题》卷三,有刘绚撰《春秋传》十二卷,陈振孙云:"二程门人,其师亟称之,所解明正简切。"《郡斋读书志》又有刘质夫《春秋》五卷,可见其书在当时亦有流传,至于后来为何复失,则未知其由。

使"乱臣贼子惧",成为周天子的"卫道夫"。欧阳修的见解就堪称代表:"仲尼以为,周平虽始衰之王,而正统在周也,乃作《春秋》,自平王以下,常以推尊周室,明正统之所在……刺讥褒贬,一以周法,凡其用意,无不在于尊周。"①虽然程子读《春秋》以《左传》为主②,但当别人问及"《左传》可信否?"时,他又说:"不可全信,信其可信者耳。某年二十时看《春秋》,黄赘隅问某如何看,答之曰:'有两句法云:以传考经之事迹,以经别传之真伪。'"③可见程子的理解就与《左传》的义理系统并不全同。事实上,由左氏学者所促发的以《春秋》为史的观点,就在《春秋传序》中为程子明确批评:"后世以史视《春秋》,谓褒善贬恶而已,至于经世之大法,则不知也。《春秋》大义数十,其义虽大,炳如日星,乃易见也。"④因为《春秋》承载着孔子的数十大义,故而孔子作《春秋》,自然有道德审判之外切实的政治抱负。"夫子当周之末,以圣人不复作也,顺天应时之治不复有也,于是作《春秋》,为百王不易之大法。所谓考诸三王而不谬,建诸天地而不悖,质诸鬼神而无疑,百世以俟圣人而不惑者也。"⑤立"百王不易之大法",这才符合程子对《春秋》大义的期待。具体而言,程子则以董仲舒文质损益的观点来理解《春秋》之作,"上古之时,自伏羲、尧、舜,历夏商以至于周,或文或质,因袭损益,其变既极,其法既详,于是孔子参酌其宜,以为百王法度之中制。此其所以《春秋》作也……大抵圣人以道不得用,故考古验今,参取百王之中制,断之以义也"⑥。又有《程氏粹言卷一·论书篇》载刘绚问:"孔子何谓作《春秋》?"程子曰:"由尧舜至于周,文质损益,其变极矣,其法详矣。仲尼参酌其宜,以为万世王制之所折中焉,此作《春秋》之本意也。观其告颜子为邦之道,可见矣。"⑦

因他对董仲舒观点的吸收,也就使得程子对《春秋》性质的理解与公羊学"新周、故宋,以《春秋》当新王""制《春秋》之义以俟后圣"的说法颇有相彰之处。事实上,程子对公羊学的吸收远不止此一处,"如忠质文之所尚,子丑寅之所建,岁三月为一时之理……孔子知是理,其志不欲为一王之法,欲为百王之通法,如语颜渊为邦是也,其法

① 欧阳修:《欧阳修全集》,北京:中国书店,1986年,第453页。
② 程颐被问及"《公》《榖》如何"时,他回答说:"又次于《左氏》。"(第266页)
③ 第266页。
④ 第583页。
⑤ 第583页。
⑥ 第245页。
⑦ 第1200页。

度又一寓之《春秋》"①。这里又吸收了董仲舒"夏忠、殷质、周文"这一通三统的说法。如果按照《公羊传》的理解,虽然《传》文明有"拨乱世反诸正,莫近诸《春秋》"②之说,但和《左传》的理解不同,孔子作《春秋》,绝非是要"挽狂澜于既倒,扶大厦之将倾","新周、故宋,以《春秋》当新王"是要在"桀纣失其道而汤武作,周失其道而《春秋》作"③的前提下才产生的,正如刘向所引:"孔子曰:'夏道不亡,商德不作;商道不亡,周德不作;周道不亡,《春秋》不作。'"④显然,程子出于对大义("百王不易之大法")的追求,在对孔子作《春秋》的理解上,更贴近于重义不重事的公羊家法。在《南庙试策五道》"第二道"中,就有"《春秋》何为而作哉? 其王道之不行乎! 孟子有言曰:'《春秋》,天子之事。'是也"⑤。又有"《春秋》之书,百王不易之法。三王以后,相因既备,周道衰,而圣人虑后世圣人不作,大道遂坠,故作此一书……此书乃文质之中,宽猛之宜,是非之公也"⑥。"大道遂坠,故作此一书",与公羊家的论述几乎如出一辙。

　　但如果我们只谈到这里,似乎就只是说明了程子在解《春秋》时杂采三传的学术径路,这一点自中唐啖助、陆淳肇端以来,早已不是什么特殊的方法。可我们还需稍加深入,才会发现问题没有这么简单。若我们认可程子在大义上采纳和吸收了公羊学的诸多立场,那他就不得不要面对这一立场之下必然产生的"尊周"与"王鲁"的对立。顺着公羊学的思路推演,"王鲁"必然会和"尊周"产生矛盾。《春秋》作于周道之衰,恰如孟子所说:"王者之迹熄而《诗》亡,《诗》亡然后《春秋》作。"⑦故而在公羊视域下的《春秋》,对于衰周的天子,是有一个暧昧的态度的。从礼的角度来说,孔子不得不维护其作为天子的尊严,但另一方面,在道的层面,孔子已经不再认可周天子的合法性,所以才有新周、故宋,也就是黜商、周为二王后,对于"王者"的缺失,则以鲁来顶替,故而有了"王鲁"之说。在这个意义上,才有孟子所谓的"《春秋》,天子之事也",其背后正暗含了对衰周天子的否定。

---

① 第 62 页。

② 徐彦:《春秋公羊注疏》,《十三经注疏》,北京:北京大学出版社,2000 年,第 719 页。本文所引《十三经注疏》皆出自此版本。

③ 司马迁:《史记·太史公自序》,《点校本二十四史》,北京:中华书局,1959 年,第 3288 页。

④ 刘向撰、向宗鲁校正:《说苑校证》,《君道篇》,北京:中华书局,1987 年,第 31 页。

⑤ 第 466 页。

⑥ 第 132 页。

⑦ 孙奭:《孟子注疏》,《十三经注疏》,第 267 页。

然而这个看法在推崇"君父大义"的宋儒那里，绝对不可接受。从苏轼的看法中就可见一斑：

> 三家之《传》，迂诞奇怪之说，《公羊》为多，而何休又从而附成之。后之言《春秋》者，黜周王鲁之学，与夫谶纬之书者，皆祖《公羊》。《公羊》无明文，何休因其近似而附成之。愚以为，何休，《公羊》之罪人也。①

自孙复作《春秋尊王发微》以来，"尊王""攘夷"之说就一直是北宋春秋学的主流。② 受之影响的程子自然不出其外，"君父大义"是程子在解读《春秋》时必须秉持的重要原则。例如《春秋》中"蒯辄拒父"事件，《公羊传》解为"不以父命辞王父命，以王父命辞父命，是父之行乎子也。不以家事辞王，以王事辞家事，是上之行乎下也"③，于义甚畅。但这样就导致事实上仍存在着以子拒父的情况，这对以"君父大义"为立足点的程子来说自然难以接受，"蒯聩得罪于父，不得复立；辄亦不得背其父而不与其国"④。程子的出发点固然大义凛然，但他也能意识到这在事实上无益于矛盾的真正解决，还会使卫国出现无君的窘态，所以程子又补充说，蒯辄应当"委于所可立，使不失先君之社稷，而身从父，则义矣"⑤。这在表面上似乎弥合了矛盾，其实却只是将问题的重心转移开了而已。⑥ 又比如隐公七年，"齐侯使其弟年来聘"，《公羊传》解为"母弟称弟，母兄称兄"⑦，程子认为："《公羊》说春秋，书弟谓母弟，此大害义。禽兽则知母不知父，人必知

① 苏轼：《论春秋变周之文》，《苏轼全集（上）》，北京：中国文史出版社，1999 年，第 477 页。
② 相关讨论可参考牟润孙《两宋春秋学的主流》，见《注史斋丛稿》，北京：中华书局，1987 年，第 140—161 页。
③ 徐彦：《春秋公羊注疏》，《十三经注疏》，第 683 页。
④ 第 402 页。
⑤ 第 402 页。
⑥ 这里事实上反映出程子在道义追求和事功评判上的某种张力，正如高瑞杰在《从管、魏异同之争论看宋儒的道义观——以程颐〈春秋〉学为视角》一文中所论："程颐所反对的正是不顾天理之正而仅凭事功效用去评骘人物的做法……需认清道义坚守和功利认同是完全歧异的两种价值取向，它们应限定在主观动机和原则的选择上，是以长远的具有稳定性的道义原则为行为动机，还是以当前的短期性的功利目标为行动指南，二者有根本区别。"（《鹅湖月刊》第四十卷第三期，第 33 页）
⑦ 徐彦：《春秋公羊注疏》，《十三经注疏》，第 67 页。

本,岂论同母与不同母乎?"①《公羊》之义只是着重在嫡庶长幼,而程子的解释则偏重于对"君父之道"的执着,消解了"母"的意义,这反而在客观上消解了嫡庶,得不偿失。②

对于不尊君父,程子就已如此不能接受,至有"王鲁"之说,更是程子批评的重点。隐公五年,"考仲子之宫,初献六羽",这条三传皆以鲁据周公之德,得行天子之礼为解,这也确实符合当时的实际情况,《礼记·礼运》中就记录孔子所言:"我欲观夏道,是故之杞,而不足征也,吾得《夏时》焉;我欲观殷道,是故之宋,而不足征也,吾得《坤乾》焉……呜呼哀哉! 我观周道,幽、厉伤之,吾舍鲁何适矣?"③又《礼记·明堂位》可见:"季夏六月,以禘礼祀周公于太庙……纳蛮夷之乐于太庙,言广鲁于天下也。"④又有"凡四代之服器官,鲁兼用之。是故鲁王礼也,天下传之久矣,君臣未尝相弑也,礼乐、刑法、政俗未尝相变也。天下以为有道之国,是故天下资礼乐焉"⑤,可见征诸典籍,鲁行王礼既非虚构,亦非不合礼。但是因为周公始终为周天子之臣,以臣行王礼,这又让程子无法接受,"仲尼以鲁之郊禘为周公之道衰,用天子之礼祀周公,成王之过也。周公之道功固大矣,然臣子之分所当为也,安得独用天子之礼乎? 其因袭之弊,遂使季氏僭八佾,三家僭雍彻,故仲尼论而非之。"⑥程子认为以天子礼祭周公,是从周成王那里就已经开始犯下的错误,这个错误一直没有被厘清,以至于才有了后世"季氏僭八佾,三家僭雍彻"的恶果。

以上讨论作为一个侧面,可以让我们意识到,程子一方面希望吸收三传中各自彰明的大义,另一方面却又不能放弃自己对道义的理解追求。这就导致程子在解读《春秋》时,存在一个内在的冲突,那就是杂采三传或者以义解经的方法,在具体解读条例上的不适恰。所谓以义解经,其实"义"的层面并不如二程所认为的那样具有绝对时空的超越性,在我们今天看来,它具有很强的时代性。而三传在解经上虽然各有偏颇,但

---

① 第 402 页。
② 需要说明的是,这里对程子解读的批评并非要以比较之态度判分三传与程传解读的优劣,仅从义理层面看,三传与程传各有偏重,无所谓高下。此处笔者所欲强调的,是程子在解经方法上的内在矛盾,程子试图兼采诸家之长,则必然也会受到各家义理相应方面的牵制,这就使得程子不得不对这其中的割裂加以弥缝。
③ 孔颖达:《礼记正义》,《十三经注疏》,第 806 页。
④ 同上书,第 1088 页。
⑤ 同上书,第 1010 页。
⑥ 第 71 页。

是经历了自孔子到东汉几十代经师的打磨,其义理内部,基本上都能够做到圆融自洽。程子想兼得其长,并去其短,既想如《公羊》一般阐发《春秋》垂宪之大义,又不想放弃左氏在尊王上的立场优势,必然就使得其在具体条例的讨论上出现割裂,这一割裂并不是程子一个人的不足,而是所有试图以义解经的学者都将面临的窘境。

三、经学理学化建构:"穷理之要"与 "先须识义理,方始看得经"

(一)"穷理之要"

但程子之所以要以义解经,除了和他对孔子作《春秋》的看法有关,同时也和他如何理解《春秋》的地位有关。这里首先需要强调的是,在程子看来,《春秋》具有极为重要的价值:

> 圣人之道,如河图、洛书,其始止于画上便出义。后之人既重卦,又系辞,求之未必得其例。只如《春秋》,是其所是,非其所非,不过只是当年数人而已。学者不观他书,只观《春秋》,亦可尽道。①

"只观《春秋》,亦可尽道",已可见程子对于《春秋》极高的推崇。但问题在于对此处"道"的理解,前文中我们已经指出,方法和立场不同,对于"道"的理解自然就有差异,程子既然提倡以义解经②,那自然会强调《春秋》中超越方法、立场的绝对价值,而这也恰好就是二程自家体贴出来的"天理"二字。故而他认为:"《春秋》是是非非,因人之行事,不过当年数人而已,穷理之要也。学者不必他求,学《春秋》可以尽道矣。"可见在

---

① 第 157 页。

② 对于这一点,从程颐对陆淳的推崇就可见诸一二,"开元秘书言《春秋》者,盖七百余家矣。然圣人之法,得者至寡,至于弃经任传,杂以符纬,胶固不通,使圣人之心,郁而不显。吁,可痛也! ……独唐陆淳得啖先生、赵夫子而师之,讲求其学,积三十年,始大光莹,绝出于诸家外,虽未能尽圣作之蕴,然其攘异端,开正途,功亦大矣……旨义之众,莫可历数。要其归,以圣人之道公,不以已得他见而立异,故其所造也远,而所得也深。噫! 圣门之学,吾不得而见焉,幸而见其几者矣。则子厚之愿扫其门,宜乎!"(第 466—467 页)

程子这里,"道"这个传统的言说方式,已经被替换为"理"这个更为二程化的全新表达①,从这一步开始,一个经学理学化的框架事实上就已被建立起来,在这个框架中,"理"成为了解读《春秋》的钥匙,而程子所要追求的孔子"大义数十",也正是这个"理","如忠质文之所尚,子丑寅之所建,岁三月为一时之理……孔子知是理,其志不欲为一王之法,欲为百王之通法,如语颜渊为邦是也,其法度又一寓之《春秋》。"②隐公三年"王二月,己巳,日有食之",程子解曰:"盖有事则道在事,无事则存天时。天时备则岁功成,王道存则人理立,《春秋》之大义也。"③而一旦所谓"《春秋》之大义""王道"与"理"关联起来,那程子就可以任意地将所有孔子作《春秋》的大义,解构为理之所存,当弟子问到:"桓四年无秋冬,如何?"程子答曰:"圣人作经备四时也。如桓不道,背逆天理,故不书秋冬。《春秋》只有两处如此,皆言其无天理也。"④又如桓公二年"宋督弑其君与夷及其大夫孔父",程子解曰:"桓公无王,而书王正月,正宋督之罪也。弑逆之罪,不以王法正之,天理灭矣。督虽无王,而天理未尝亡也。人臣死君难,书'及'以著其节。"⑤再如桓公五年"蔡人、卫人、陈人从王伐郑",程子曰:"王师于诸侯不书败,诸侯不可敌王也;于夷狄不书战,夷狄不能抗王也。此理也。其敌其抗,王道之失也。"⑥又桓公三年"有年",程子解曰:"书'有年',记异也。人事顺于下,则天气和于上。桓弑君而立,逆天理,乱人伦,天地之气为之缪戾,水旱凶灾乃其宜也。今乃有年,故书其异。"⑦此段若仅以"逆天理"解"灾异",本颇为通透,却以"记异"来牵出"逆天理"之说,则略显牵强,导致整条的解读颇费周折,于理不甚通畅。这也不难理解,和原生于解经需求的三传系统相比,程子试图以"理"解构《春秋》之大义,本就是以新的系统消化旧的材料,自然难以处处妥帖。

　　无论具体的适洽情况如何,在程子所建构的经学理学化的框架中,《春秋》的核心地位是显见的,"学《春秋》亦善,一句是一事,是非便见于此,此亦穷理之要。然他经岂

①　"明道尝曰:吾学虽有所受,天理二字却是自家体贴出来。"(第424页)

②　第62页。

③　第1091页。

④　第298页。

⑤　第1101页。

⑥　第1104页。

⑦　第1103页。

不可穷？但他经论其义，《春秋》因其行事，是非较著，故穷理为要"①。需要注意的是，《春秋》作为"百王不易之大法"的价值，只是在对《春秋》性质的根本理解上作为大义，在具体的条例上，程子转而更看重春秋"因其行事，是非较著"的价值。而这一点，恰恰是《春秋》和"理"所能贯通之处。程子谓"凡一物上有一理，须是穷致其理……或论古今人物，别其是非……皆穷理也"②。但问题恰如我们前文所论，程子"理"的新系统要消化《春秋》的旧材料，必然不能处处妥帖。而理解在理学体系的建构中被程子所极力推崇的"四书"，和经学理学化过程中被程子所极力推崇的《春秋》之间的关系，是我们进一步体察这一问题的前提。

（二）"先须识义理，方始看得经"

程子解《春秋》，舍弃三传、以义解经（或者说以理解经）的方法，虽远肇于中唐的啖助、陆淳，但真正产生普遍的风气还是在宋仁宗庆历年间，这本质上是对宋初拘泥注疏以取士的风气的反动，如孙复就说：

> 多士较艺之际，一有违戾于注说者，即皆驳放而斥逐之……噫！专主王弼、韩康伯之说而求之于大《易》，吾未见其能尽于大《易》者也；专守左氏、公羊、穀梁、杜预、何休、范宁之说而求之于《春秋》，吾未见其能尽于《春秋》者也……彼数子之说，既不能尽于圣人之经，而可藏于太学，形于天下哉？又后之作疏者，无所发明，但委曲踵于旧之注说而已。③

但这一反动却渐渐地衍生为一股新的学术风潮④，其后石介也论道："左氏、公羊氏、穀梁氏，或亲孔子，或去孔子未远，亦不能尽得圣人之意。至汉大儒董仲舒、刘向，晋杜

---

① 第 164 页。

② 第 188 页。

③ 孙复：《孙明复小集·寄范天章书二》，影印文渊阁《四库全书》，第 1090 册，第 172 页。

④ 宋神宗熙宁二年，司马光上疏《论风俗札子》，其中提到："新进后生，未知臧否，口传耳剽，翕然成风。至有读《易》未识卦爻，已谓《十翼》非孔子之言；读《礼》未知篇数，已谓《周官》为战国之书；读《诗》未尽《周南》《召南》，已谓毛、郑为章句之学；读《春秋》未知十二公，已谓三传可束之高阁。循守注疏者，谓之腐儒；穿凿臆说者，谓之精义。"可见此风潮对于当时学术思想界之影响。

预,唐孔颖达,虽探讨甚勤,终亦不能至《春秋》之蕴。"①欧阳修的看法颇能作为其中典型:"经之所书,予所信也。经所不书,予不知也。"②这一风气对于程子的"春秋学"影响显著,在被问及《左传》作者的问题时,"左氏即是丘明否?"程子就回答说:"传中无丘明字,不可考。"③这一风潮虽然颇能彰显理性主义的光辉,却为他们自己解读《春秋》埋下了隐患,如果说连去圣未远的先师们都不能"得圣人之义",那程子乃至北宋诸儒又何以能有自信,可以超越董仲舒、杜预,乃至超越得孔子口传微言的三传,以至于达到对孔子大义的真实理解呢? 当然,在欧阳修那里,就曾给过一个简单的回应,亦即"大儒君子之于学也,理达而已矣"。但是对于程子来说,这样的说法显然过于简单,什么是"理"? 又如何能够"达理"? 程子需要接着这个思路做更为详尽的阐发。

首先,他将孔子的六经分为"载道之文"和"圣人之用"这两个层次,如"《诗》《书》载道之文,《春秋》圣人之用。《诗》《书》如药方,《春秋》如用药治疾,圣人之用全在此书,所谓'不如载之行事深切著明'者也。"④又有"夫子删《诗》、赞《易》、叙《书》,皆是载圣人之道,然未见圣人之用,故作《春秋》。《春秋》圣人之用也"⑤。这样他就将经学划分为体和用这两个层面,《诗》《书》《易》,是对义理之体的直接呈现,故而被视为"载道之文"。但这样问题就随之而来,既然孔子已经通过《诗》《书》《易》将大道义理阐明了,那又有何必要通过《春秋》再借事明义一次呢? 程子以为"《诗》《书》《易》,言圣人之道备矣,何以复作《春秋》? 盖《春秋》圣人之用也。《诗》《书》《易》如律,《春秋》如断案;《诗》《书》《易》如药方,《春秋》如治法"⑥。也就是说,在程子看来,《诗》《书》《易》与《春秋》的关系,是理论与实践的关系,故而虽然程子称《春秋》为"穷理之要",但这并不意味着学者只须读《春秋》就能在"穷理"之路上一蹴而就,仍需要循序渐进地加以栽培("学者识得仁体,实有诸己,只要义理栽培。如求经义,皆栽培之意"⑦),就像法官断案之前需要先明律法,医生救人之前要先熟悉药方一样,学者在通过《春秋》"穷理"之前,仍需要首先理解"载道之文"。故而程子在称赞《春秋》是是非非,因人

---

① 　石介:《徂徕集》,北京:中华书局,1984 年,第 164 页。

② 　欧阳修:《欧阳修全集》,北京:中国书店,1986 年,第 286 页。

③ 　第 266 页。

④ 　第 19 页。

⑤ 　第 305 页。

⑥ 　第 401 页。

⑦ 　第 15 页。

之行事,不过当年数人而已,穷理之要也。学者不必他求,学《春秋》可以尽道矣"之后,马上又接了一句"然以通《语》《孟》为先"①。又见他说:"尝语学者,且先读《论语》《孟子》,更读一经,然后看《春秋》。先识得个义理,方可看《春秋》。"②先识义理,再看《春秋》,这是程子对《春秋》为学次第的基本说明,也是他对经学研究的基本态度,

> 同伯温见先生,先生曰:"从来觉有所得否? 学者要自得。《六经》浩渺,乍来难尽晓,且见得路径后,各自立得一个门庭,归而求之可矣。"伯温问:"如何可以自得?"曰:"思……须是于思虑间得之,大抵只是一个明理。"③

考其深义,程子以为:"古之学者,皆有传授。如圣人作经,本欲明道。今人若不先明义理,不可治经,盖不得传授之意云尔。如《系辞》本欲明《易》,若不先求卦义,则看《系辞》不得。"④又有"古之学者,先由经以识义理。盖始学时,尽是传授。后之学者,却先须识义理,方始看得经"⑤。

　　回到最初的问题,既然去圣未远的古人都是由经以识义理,那后世的学者又怎么能先识理,再看得经呢? 程子其实已经点出了答案,那就是先读《论语》和《孟子》,在《论语》《孟子》中先识得圣人的义理。这并不奇怪,虽然"四书"是通过朱子才获得了媲美"五经"的地位,但在北宋的理学家那里,就早已显出推崇"四书"的端倪。程子就将《春秋》之大义推附到《中庸》之上,"《春秋》何以为准? 无如《中庸》,欲知《中庸》,无如权,须是时而为中……何物为权? 义也"⑥。以"权"和"义"作为贯通两书的桥梁,在这样的巧妙安排下,虽然《春秋》作为"穷理之要""圣人之用",具有最终的目的性,但它显得重要而不紧要,在这之前,需先借由《论语》《孟子》《中庸》等书达到对圣人义理的理解。这样一来,就巧妙地化解了我们的质疑——何以二程包括北宋诸儒有自信能够超迈传注而达到对圣人本义的理解? 这是因为他们认定自己找到了一条通往孔圣更为便通的捷径,亦即,借由"四书"穷本溯源,直接体会孔子的义理大道,再转而以

---

① 第 1200 页。
② 第 164 页。
③ 第 296 页。
④ 第 13 页。
⑤ 第 164 页。
⑥ 第 164 页。

此大道验之于诸经,毕竟如孔子所言,"吾道一以贯之"。

如此,程子就已妥善地将《春秋》安置在自己的思想体系中,看起来《春秋》有着"穷理之要"的重要地位,却又被悄悄地解构了其在为学之路上的迫切性。虽然《春秋》被尊为"圣人之用",但如果都还没能成为"圣人",又如何能用呢?程子在"圣人"之前铺设了一条长长的成圣之路("四书"),就相当于将《春秋》悬置起来,使之成为被仰望和追求的对象,却不再是一个需要被迫切遵行和实践的大道。

四、天人相与——"王与天同大,人道立矣"

宏观的理解之外,我们不妨再以一个微观的视角来体会程子解读《春秋》的精思。《春秋》的第一句"元年,春,王正月"对解读整个《春秋》颇有奠基定调的意义。《公羊传》就于此十分重视,何休《解诂》:"春秋以元之气正天之端,以天之端正王之政,以王之政正诸侯之即位,以诸侯之即位正竟内之治。"①此条着重阐明了《春秋》中的"天人关系",亦即"王道""治法",其合理性和合法性的来源都出自天,天在《春秋》中堪称根源性的存在,"天"是最大的。故而何休又称:"王者受命……明受之于天,不受之于人。"②但问题在于,《公羊》建构起这样的天人关系,只是为了解决合法性来源的问题,"天"高高在上,与人道、王化自然不能完全混同,于是"天"就被搁置开去,以后的大义则以"王道""礼义"作为依据。但程子则是完全不同的思路,程子说:"书'春王正月',示人君当上奉天时,下承王正。明此义,则知王与天同大,人道立矣。"③王者上奉天时自然不错,但天也并不是高高在上的合法性来源,天道、天理,就在王法、人道之中,故而有"王与天同大"之论。这样一来,天与人之间的距离就被消弭,天人的关系也被打通,天人不再是二物,而直接成为一体之两面,天理即人理,天道即人道。这一点也是程子理学体系中尤为核心的义理,所谓"自理言之谓之天,自禀受言之谓之性,自存诸人言之谓之心"④。再举前文桓公二年"宋督弑其君与夷及其大夫孔父"的例子,程子说:"桓公无王,而书王正月,正宋督之罪也。弑逆之罪,不以王法正之,天理灭矣。"⑤

---

① 徐彦:《春秋公羊注疏》,《十三经注疏》,第 12 页。
② 同上书,第 10 页。
③ 第 1086 页。
④ 第 296—297 页。
⑤ 第 1101 页。

则可知"王法"与"天理"已经被建立起紧密的关联。再如桓公四年"天王使宰渠伯纠来聘"的例子，《公羊》解"天王"在隐公元年"天王使宰咺来归惠公仲子之赗"①，何休《解诂》曰："言天王者，时吴楚上僭称王，王者不能正，而上自系于天也。"②可见称"天王"的意义，乃在于当合法性变得模糊或者受到挑战时，才需要借天以明。但程子不以为然，程子认为称"天王"是因为桓公不能奉天，故而"人道"缺，人道缺就会进而导致"天道乖"。

> 桓公弑君而立，天子不能治，天下莫能讨，而王使其宰聘之，示加尊宠，天理灭矣，人道无矣。书天王，言当奉天也，而其为如此。名纠，尊卑贵贱之义亡也。人理既灭，天运乖矣；阴阳失序，岁功不能成矣。故不具四时。③

"天理灭矣"则"人道无矣"，但"人理既灭"也会导致"天运乖矣"，天人关系不再是单向度的天对人施加影响，同时人也能反向影响天道，天人关系在程子这里，已经完全被打通。

打通天人关系，最大的影响在于，对《春秋》灾异的理解就会有所不同。按照汉儒如董仲舒的理解，天人相应，是天垂象以示人，故而汉代公羊学家对于灾异格外关注，就是以之为天象，作为人君政治实践的重要参照。但程子认为汉儒解法过犹不及，弟子问："汉儒谈《春秋》灾异，如何？"程子答曰："自汉以来，无人知此。董仲舒说天人相与之际，亦略见些模样，只被汉儒推得太过。亦何必说某事有某应？"④但是程子也并非不重视灾异，他打通了天人关系，自然认为灾异有"天"示意于"人"的意义，"《春秋》书灾异，盖非偶然。不云霜陨，而云陨霜，不云夷伯之庙震，而云震博夷之庙，分明是有意于人也。天人之理，自有相合。"⑤又有"大抵春秋所书灾异，皆天人响应，有致之之道。如石陨于宋而言'陨石'，夷伯之庙震而言'震夷伯之庙'，

---

① 程子于此条的解读为"王者奉若天道，故称天王，其命曰天命，其讨曰天讨。尽此道者，王道也"（第 1087 页），但如果顺着这个角度理解，则所有天子都应当以"天王"解之，那"王"就失去了被解释的空间。

② 徐彦：《春秋公羊注疏》，《十三经注疏》，第 27 页。

③ 第 1103 页。

④ 第 304 页。

⑤ 第 374 页。

此天应之也。但人以浅狭之见,以为无应,其实皆应之。然汉儒言灾异,皆牵合不足信,儒者见之,因尽废之"①。但他认为并非所有灾害都有警示意义,且最终是否成其为害,还是在于人道的操持。

> 人事胜,则天不为灾;人事不胜,则天为灾。人事常随天理,天变非应人事。如祁寒暑雨,天之常理,然人气壮,则不为疾;气羸弱,则必有疾。非天固欲为害,人事德不胜也。如汉儒之学,皆牵合附会,不可信。②

显然在二程这里人行为的意义被放大,天垂示的意义被缩小,天人关系由单向度的影响变为双向度的互动。这里显然寄托了程子的政治关怀,对于人道的推崇,具有劝谏君王的重要意义。但这种劝谏不再是如汉儒般借"天道"以威胁"人君",而是更多地想提高"人君"行为的积极性和自主性,借诸人君的道德良知来促进政治的和谐。

> 《春秋》书陨石、陨霜,何故不言石陨、霜陨?此便见得天人一处。昔常对哲宗说:"天人之间甚可畏。"作善则千里之外应之,作恶则千里之外违之。昔子陵与汉光武同寝,太史奏客星侵帝座甚急。子陵匹夫,天应如此。况一人之尊,举措用心,可不戒慎!③

"举措用心,可不戒慎",可见二程在劝谏君主上的用心所在,不是在天面前摆样作秀,而是要发诸内心之诚,以"戒慎"之心行"王道"之政。故而程子在《春秋传序》中称:"天之生民,必有出类之才,起而君长之,治之而争夺息,导之而生养遂,教之而伦理明,然后人道立,天道成,地道平。"④

这里仍需要注意的是,程子对天人的打通,是于体的层面而言的,但具体到现实的用的层面,天人关系尚不至于浑作一体,前文曾引述"人事顺于下,则天气和于上"的说法,"顺"与"和"即可看出在用的层面上,天人仍是有分。但显然,程子就是要着意打通

---

① 第 159 页。
② 第 374 页。
③ 第 309 页。
④ 第 584 页。

由人而天的径路,为人争取一个能动的价值。这并不是一个强调主观改造客观的过程,相反,程子并不执着于"天"的客观存在,对于客观世界(即"天"),他巧妙地做了一个道德化的处理,如其弟子吕大临在《中庸解》中所强调的"圣人诚一于天,天即圣人,圣人即天"①。又或者说,程颐的体用论根本上是由德性伦理扩充而来的,程子解《无妄》卦,即说:"无妄者至诚也,至诚者天之道也。天之化育万物,生生不穷,各正性命,乃无妄也。"②所以打通由人而天的径路,其实就是在强调由人而圣的径路,只有放在修身成德的角度上考量,程子的说法才能彰显其价值。而这个所谓由人而天的径路,事实上也就是"诚"字而已,"诚即天道也","诚之者,以人求天者也"③。故而所谓"举措用心",都只是从"诚"这个出发点而来,而由"诚"这个出发点起步,才有可能进而有所谓修齐治平,"诚"既是程子打通天人的手段,也根本上是他的目的。

《春秋》本就是传统的"外王"之学,在程子这里,"外王"唯有基于"内圣"才能开出。所以他摒弃了汉儒"警示""垂象"的解法,用《春秋》之灾异,打通由天而人的径路,进而使"诚"的价值得以自我呈现。这固然是高明之处,却也尤显隐微。事实上,程子也有直借《春秋》之事以达劝谏之用心的,例如隐公七年"城中丘",程子解曰:

> 为民立君,所以养之也。养民之道,在爱其力。民力足则生养遂,生养遂则教化行而风俗美,故为政以民力为重也。《春秋》凡用民力必书。其所兴作,不时害义,固为罪也;虽时且义,必书,见劳民为重事也。后之人君知此义,则知慎重于用民力矣。④

《春秋》是否有"用民力必书"的书例,三传皆无明文,显然程子此处是要借《春秋》"用民力必书"的例子来申发其"爱民力"的政治主张,但问题在于,《春秋》中又明确有很多用民力而不书的情况,程子只好再做额外的申发:

> 然有用民力之大而不书者,为教之意深矣。僖公修泮公,复閟宫,非不用民力

---

① 第 1158 页。
② 第 822 页。
③ 第 1158 页。
④ 第 1095 页。

也,然而不书,二者复古兴废之大事,为国之先务,如是而用民力,乃所当用也。人君知此义,则知为政之先后轻重矣。①

前文明说"虽时且义,必书",此处又有"所当用"之辩,颇可见程子自相矛盾之处。但此处的问题不在于程子解《春秋》是否圆融,而在于我们要能见程子借《春秋》之事以诉诸"外王"的用心。

综上而论,我们已从宏观和微观两个维度对程子的"春秋学"做了一番析论,从解经方法上看,程子对《春秋》大义的理解,自有其独特的视角和立场,不乏善见;而程子对《春秋》文本的注解,在细节上却也不无割裂、曲说之处。程子的《春秋传》相对于《公羊》《穀梁》《左氏》三家而言,在解经的圆融自洽上,恐怕稍逊一筹。虽然程子在《序》中说:"是《传》也,虽未能极圣人之蕴奥,庶几学者得其门而入矣。"②但可惜的是,我们也很难说《春秋传》是理解《春秋》的一个好的读本。这也许和程子致力于作传的时间太短,年岁太大有一点关系。可如果考虑到程子所寄托于《春秋传》的种种"大义",虽然这些大义加深了文本内在逻辑的矛盾,且大多带有鲜明的时代特征,却又是程子真切想要传达的大义,那么我们就仍然不能忽视程子《春秋传》在理解二程思想上的重要意义。尤其是他们在经学理学化的建构中对《春秋》的巧妙安排,就更能见出《春秋传》不是一部严格意义上的经学著作,而是一个打通经学与理学视角的重要桥梁,而所谓"内圣开出外王"的理路,也只有基于这个重要的桥梁才能够被略窥一斑。从这些角度来说,它的意义就显然比普通的解经作品更为宏大,甚至比起解读《春秋》的三传,也更多了一些学术史的价值。

---

① 第 1096 页。
② 第 584 页。

先秦哲学研究

《周易》卦爻辞中有关武王克商的叙事

何益鑫[*]

摘　要：武王克商是商周之变的核心事件,也是《周易》历史叙事的重点。《同人》《需》《革》三卦,系统叙述了武王伐商的过程。基于卦爻辞的解读,并与传世文献相对照,可以澄清这一事件的诸多关节,包括：武王确曾两次征伐；洛邑曾在武王伐商的过程中发挥重要作用；武王行军途中曾多次下雨,是后人进一步演绎灾异的原型；师渡盟津前后,军中流言四起,武王作了三次大誓(古《泰誓》三篇)；牧野之战"血流漂杵",确有其事；武王克商后,以客礼待前朝。此外,《师》《离》《晋》等卦,将武王克商作为文王事业的延续来叙述,突出了文、武在志业上的连续性。

关键词：《同人》；《需》；《革》；武王克商

顾颉刚曾专门指出,《周易》卦爻辞中没有"汤武革命"的故事。^①这一点,不同于传统的主张。《革卦·象传》曰："天地革而四时成,汤武革命,顺乎天而应乎人,革之时大矣哉!"这是从"革"字之义,推明汤武革命的道理。又如,《明夷》九三："明夷于南狩,

---

* 作者信息：何益鑫,男,1986 年生,浙江绍兴人,哲学博士,复旦大学哲学学院副教授。

① 顾颉刚说："六十四卦中,如《师》,如《同人》,如《谦》,如《豫》,如《晋》……都说到行师攻伐,但汤、武征诛的故事没有引用过一次。《既济》和《未济》只说高宗伐鬼方,也不提起汤、武的故事。这还不奇,最奇怪的,《革》卦也不提一字。'汤、武革命',不是说明《革》的卦象的最适当的例子吗?"(顾颉刚：《周易卦爻辞中的故事》,载顾潮编《中国近代思想家文库·顾颉刚卷》,北京：中国人民大学出版社,2014 年,第 210 页)

得其大首,不可疾贞。"伊川云:"斯义也,其汤、武之事乎?"①后来杨万里、来知德等,也都判定这一爻说的是武王之事。② 但这些主要是从义理来说的。

那么,《周易》卦爻辞是否包含"汤武革命"的历史记载呢? 我们认为是有的。根据我们的研究,《周易》卦爻辞是文、武、周公时代的历史叙事,完整记录了商周之变的过程。③ 其中,关于战争的事件,包含了文王早期跟从商王伐鬼方的叙事④,也包含了文王晚年征伐的详尽叙事。⑤ 而"武王克商"作为商周之变的核心事件,更是卦爻辞历史叙事的重点之一。《周易》卦爻辞对武王克商的叙事,可以深化我们对这一事件的了解。

一、历史记载

关于"武王克商",传世文献有很多的记载。较早、较完整的记载,保留在《尚书》和《史记》中。此外,《逸周书》的《世俘解》《克殷解》《商誓解》《度邑解》等篇,虽然不被传统学者承认,但从今天的观点看,对于还原当时的情形具有重要的意义。⑥

据《周本纪》,武王伐商有两个阶段:九年,盟津观兵;十一年,正式伐商。文王殁于七年。为了体现天命的延续性,武王继位没有改元。故这里的"九年",指文王受命的第九年;"十一年",指文王受命的第十一年。盟津,即孟津。盖因武王曾在此会盟诸侯,故以"盟"为渡口之名。⑦ 关于九年盟津之会,杨宽说:"这次武王'东观兵至于盟

---

① 程颢、程颐:《二程集》,第 881 页。

② 参见杨万里《诚斋易传》,北京:九州出版社,2008 年,第 128—129 页;来知德:《周易集注》,北京:九州出版社,2004 年,第 413 页。

③ 笔者近年来追寻卦爻辞的叙事本义,做了比较多的探究工作,本文是具体的解释实践之一。

④ 参见何益鑫《〈周易〉所见"伐鬼方"的历史叙事》,《人文杂志》2019 年第 4 期。

⑤ 参见何益鑫《〈周易〉所见文王征伐的历史叙事》,《思想与文化》2019 年第 1 期。

⑥ 杨宽认为:《逸周书》所收辑的西周文献,正是儒家《尚书》选本以外的篇章,确是事实,这该是儒家以外另一家的'书'的选本。"又说:"这就是兵家的《周书》选本。"并指出,《世俘解》《克殷解》《商誓解》《度邑解》四篇,对于了解武王克商具有重要的意义(参见杨宽《西周史》,上海:上海人民出版社,2016 年,第 514—520 页)。黄怀信认为:"其书所记,多确实可信。尤以《世俘》《商誓》《度邑》《皇门》《尝麦》《祭公》《芮良夫》等篇,当属西周作品。"(黄怀信:《逸周书校补注释·逸周书提要》,西安:西北大学出版社,1996 年,第 Ⅳ 页)

⑦ 《逸周书·商誓解》记武王有"昔我盟津,帝休"之语,童书业指出:"是为'孟津'原作'盟津'之确证。以此处之'盟'字系动词。"(童书业:《春秋左传研究》第一卷第 117 条"孟津",上海:上海人民出版社,1980 年,第 246 页)

津'，有两个重要目的，一是带有演习性质，熟悉路程和地形，并预先做好布置，以便此后大军渡河北伐。二是约定与诸侯在此会盟，以便约定日期，今后在此会合誓师，共同渡河北伐。"①这一分析，至少部分符合实情。此外，他指出："《史记》此后有关这方面的记载，都是依据西汉时发现的《泰誓》，并不可信。"②所谓"不可信"，如《周本纪》"武王渡河，中流，白鱼跃入王舟中，武王俯取以祭。既渡，有火自上复于下，至于王屋，流为乌，其色赤，其声魄云"的记载，按杨宽的判断，"当是战国时代阴阳五行说广泛流行以后的作品"③。又如，"诸侯不期而会盟津者八百诸侯"的记载，杨宽认为，参与会盟的未必有那么多，更不可能是没有预先约定的"不期而会"。

两年之后（十一年），商纣王杀了比干、囚了箕子，太师、少师抱器奔周。武王见时机成熟，于是兴师伐商。《周本纪》关于武王伐商的记载，在时间上或有疏误。④ 据王国维《生霸死霸考》的推算，一月癸巳（二十六日），武王自周兴师；二月戊午（二十一日），师渡盟津；二月甲子（二十七日），牧野之战。⑤ 此后的战事，《周本纪》没有记载。牧野之战是武王伐商的关键一战。《吕氏春秋·古乐》云："六师未至，以锐兵克之于牧野。"《离》上九："王用出征，有嘉折首。"这都是擒贼擒王之意。但牧野之战不是全部。接下来，武王还进行了一系列的战争，追击商纣王的恶臣，征服黄河以南的商朝属国。这些战事，也是武王伐商的重要环节。

在此，我们可以给出牧野之战后的几个重要节点。据《世俘解》载："戊辰，王遂祡，循追祀文王。时日，王立政。"据此，三月戊辰（初二）⑥，武王进行了柴祭，祭祀文王，颁布了王令。⑦ 此前，《周本纪》记武王盟津观兵，"为文王木主，载以车中军，武王自称太子发，言奉文王以伐，不敢自专"，这同样适合于武王正式伐商的情形，只是为了简省文

---

① 杨宽：《西周史》，第 94 页。

② 杨宽：《西周史》，第 93—94 页。又说："但是用木主载车中之说，不见别书所引西汉《泰誓》，可能另有所据。"（第 94 页）"当别有所据，是可信的。"（第 525 页）按：所谓"西汉《泰誓》"，乃河内女子所献，马融等疑是伪作，所以没有流传下来。今所见《泰誓》三篇是梅赜所献的伪古文，既非先秦《泰誓》，也不是西汉《泰誓》。

③ 杨宽：《西周史》，第 520 页。

④ 参见杨宽《西周史》，第 96 页。

⑤ 王国维：《观堂集林》，北京：中华书局，1959 年，第 25 页。

⑥ 日期参照杨宽《假定的武王克商日程表》（杨宽：《西周史》，第 112 页），下同。

⑦ 立政，王引之曰："谓建立长官也。"（王引之：《经义述闻》，上海：上海古籍出版社，2016 年，第 195 页）

辞,以"遵文王"三字代替。牧野之战后不久,武王便祭祀文王,前后就形成了呼应。又据《世俘解》,四月辛亥(十五日),征伐南国胜利之后,武王建造了"牧室"(牧野之室),举行了连续五天的告捷礼,内容包括:祭祀太王、泰伯、王季、仲雍、文王、伯邑考等六人;确定诸侯之长("正国伯")及诸侯("正邦君");举行荐俘礼;向先祖报告征伐殷商的经过等。又据《克殷解》,武王还在朝歌举行了社祭;《周本纪》《齐世家》引用了这一记载。而据《礼记·大传》所说:"牧之野,武王之大事也。既事而退,柴于上帝,祈于社,设奠于牧室。"可知,社祭在柴祭之后、牧室告捷礼之前。① 此后,据《世俘解》,武王于六月十二日回到周国②,在周庙举行了献俘礼。杨宽指出:"在牧野举行的告捷礼和在国都举行的献俘礼,不仅用来庆祝克商的胜利,更是为了表示周的'革殷'出于天命,因此具有开国大典的性质。"③至此,武王克商就告一段落了。《礼记·乐记》记载:"且夫《武》,始而北出,再成而灭商,三成而南,四成而南国是疆,五成而分周公左、召公右,六成复缀,以崇天子。"可见,《大武》乐一成、二成北伐灭商,三成、四成征服南国,五成、六成而天下定,与历史发生的顺序是一致的。

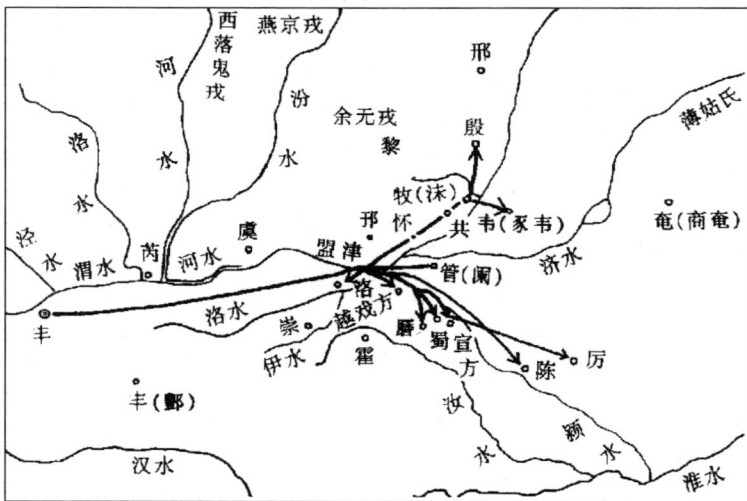

武王克商路线图④

① 陈汉章云:"期日丙午。"(黄怀信、张懋镕、田旭东撰,黄怀信修订:《逸周书汇校集注》[修订本],上海:上海古籍出版社,2007年,第349页)不知何据。丙午,则是四月初十。

② 王国维认为《世俘解》的"四月"当为"六月"之误。

③ 杨宽:《西周史》,第122页。

④ 同上书,第97页。

二、《同人》的叙事

在《周易》中,有些卦专门叙述了武王伐商的具体过程。《同人》就是其中之一。

[同人]:同人于野,亨,利涉大川,利君子贞。

初九:同人于门,无咎。

六二:同人于宗,吝。

九三:伏戎于莽,升其高陵,三岁不兴。

九四:乘其墉,弗克攻,吉。

九五:同人,先号咷,而后笑。大师克,相遇。

上九:同人于郊,无悔。

关于《同人》之名,历史上有多种理解。其一,从卦象看,《同人》上乾下离,乾为天,离为火。故《大象》曰:"天与火,'同人'。"至于"天与火"之所以为"同人",又有不同的解释。荀爽曰:"乾舍于离,相与同居。"《九家易》云:"乾舍于离,同而为日。天日同明,故曰同人。"①所谓"天与火",是"天与日"同居、同明的意思。而王弼曰:"天体在上,而火炎上,同人之义也。"②则是从火性来说,包含了趋向和运动的意思,多为后人所采用。其二,从卦体说,六二与九五相应。故《象传》曰:"柔得位、得中,而应乎乾,曰'同人'。"意思是说,二、五两爻得位、得中且相应,故曰"同人"。与之相似,还有从一阴与五阳之关系说"同人"的。荀爽曰:"上下众阳,皆欲与二为同。"③伊川曰:"卦唯一阴,众阳所同欲,亦同人之义也。"④朱子曰:"卦唯一阴而五阳同与之,故为同人。"⑤一阴五阳,众阳都想争取与独阴相应,故曰"同人"。这是以"欲同"说"同"。其三,《系辞上》引子曰:"君子之道,或出或处,或默或语,二人同心,其利断金。同心之言,其臭如兰。"从同心同德的角度了解"同人",与《象传》"唯君子为能通向下之志"相通。

---

① 尚秉和:《周易尚氏学》,北京:光明日版出版社,2006年,第60页。

② 王弼注、孔颖达疏:《周易正义》,北京:北京大学出版社,2000年,第87页。

③ 李鼎祚:《周易集解》,成都:巴蜀书社,2004年,第58页。

④ 程颢、程颐:《二程集》,第763页。

⑤ 朱熹:《周易本义》,北京:中华书局,2009年,第79页。

现代学者又提出了不同的理解。李镜池说："同，聚。《诗·七月》：'二之日其同，载缵武功。'同即聚众。武功指打猎，打猎属军事范围。同人，也是聚众。人，主要指农民而言。"①高亨也有相同的主张。② 这样一来，"同人于野""同人于门""同人于宗""同人于郊"，分别就是统治者"聚众于野""聚众于门""聚众于宗庙""聚众于郊"的意思。这一说法，突出了卦爻辞的叙事特征。在此基础之上，他们试图从卦爻辞中讲出战争的故事。③ 在我看来，《同人》不是一个普通的战争故事，而是关于武王克商的历史叙事。

初九："同人于门，无咎。"门，宫门。字面是说，在宫门口集合，没有咎害。"门"字意味着所聚之众，乃是门内之人，马其昶所谓"门内盖家人也"④。推而言之，则可以指周人。在宫门前集合，实际上是为了伐商之事。此时，周廷内部上下一心，故曰"无咎"。

六二："同人于宗，吝。"宗，孔颖达曰："宗族。"⑤朱子曰："宗党。"⑥高亨曰："宗庙。"⑦这些说法是相通的。从"同人于某"的句式看，"宗"字应是指一个处所。古者用兵，必先在宗庙举行祭祀。如《左传·庄公八年》所谓："治兵于庙，礼也。"故此爻字面的意思是，在宗庙集合。但这不一定是实写。若从象征的角度说，"同人于宗"似可以

① 李镜池：《周易通义》，北京：中华书局，1988 年，第 29 页。
② 高亨：《周易大传今注》，济南：齐鲁书社，1998 年，第 125 页。
③ 如李镜池认为，《同人》卦从头到尾叙述了一个战争的故事。卦辞是说在郊外聚众征兵；初爻是说在王门外训告；二爻是说到宗庙卜祷；三爻是说武装隐蔽在密林里，控制了制高点，却也不能取胜；四爻是说围攻敌人、登上城墙，还是不能攻进去；五爻是说先头部队溃不成军，主力赶到而转败而胜；六爻是说班师致祭(参见李镜池《周易通义》，第 29—31 页)。李零的解法与之大致相同(参见李零《死生有命　富贵在天：〈周易〉的自然哲学》，北京：生活·读书·新知三联书店，2013 年，第 119—121 页)。他们试图把卦、爻辞综合在一起，作一完整的战争叙述，这一点在《同人》诠释史上具有突破性。但我们认为，仅仅这样还不够。古人的叙事，往往以实事为依据，道理就在历史事件中得到体现。若按李镜池等的说法，则卦、爻辞的作者在这里似乎是在设想一个抽象的战争故事，为的是在这个故事中表达作者关于战争的知识。所谓："卦爻辞按战前准备、战争情况和战后班师等次序叙述。重点在分析几种战况。足见作者具有相当的军事知识。"(李镜池：《周易通义》，第 31 页)便是这个意思。就此而言，李镜池所说的战争故事，还算不上一个真正的历史叙事。
④ 转引自马振彪《周易学说》，广州：花城出版社，2002 年，第 143 页。
⑤ 王弼注、孔颖达疏：《周易正义》，第 87 页。
⑥ 朱熹：《周易本义》，第 80 页。
⑦ 高亨：《周易大传今注》，第 127 页。

指同宗同姓诸侯的聚会和商议。《孔子家语·曲礼子贡问》云："同姓为宗,有合族之义。"且《大雅·皇矣》云："帝谓文王,询尔仇方,同尔兄弟,以尔钩援,与尔临冲,以伐崇墉。"意思是说,文王伐崇之前,依照上天的意思,征询了兄弟友邦的意见。伐崇尚且如此,伐商更须寻求友邦,特别是同姓诸侯的大力支持。但"吝"字表明,诸侯还没有就此达成一致的意见。在文王去世,局势并不明朗的形势下,这种审慎的态度是可以理解的。我们认为,武王九年的盟津观兵,便有"询尔仇方,同尔兄弟"的性质;而武王最终以"女未知天命"(《周本纪》)而罢兵,则可能是爻辞"吝"的具体所指。

九三:"伏戎于莽,升其高陵,三岁不兴。"伏,隐伏。戎,兵。莽,草莽。升,登。陵,《尔雅》:"大阜曰陵。"此爻字面的意思是,在草莽中暗自伏兵,登上高陵刺探敌情,三年之内没有兴师。我们认为,"九三"描写的是盟津观兵之后周人的动向。从九年盟津观兵,到十一年兴师伐商,算首尾恰合"三岁"之数。武王见时机尚不成熟,只能暗下伏兵,时时刺探敌情。值得注意的是,若"升其高陵"确为戒候、刺探之意;则所谓"高陵",必是去殷商不远。

九四:"乘其墉,弗克攻,吉。"乘,登。墉,高大城墙。爻辞是说,登上高大的城墙,无法攻克。之前学者往往从攻城的角度来理解。但李零认为,这一爻反而应该从守城的角度看。① 其说是也。爻辞意思是说,我方占据了高大的城墙,有很好的屏障,敌方无法攻克,对我方很有利。从历史叙事的角度说,"九四"与"九三"相似,都是三年之内的情形。"九三"是针对殷商伏兵布局、监视敌情;"九四"则是占据高墙,戒备敌方。值得注意的是,据《礼记·乐记》记载:"宾牟贾侍坐于孔子,孔子与之言及乐,曰:'夫《武》之备戒之已久,何也?'对曰:'病不得众也。'"郑玄曰:"备戒,击鼓警众。"② 这是艺术对历史事件的表现。这表明,武王在伐商之前,曾有很长时间的戒备期。这与《同人》"九三""九四"的叙述是一致的。

九五:"同人,先号咷,而后笑。大师克,相遇。"号咷,大哭之状。这是记录武王伐商的核心过程。"先号咷",说明开始的时候形势不如人意。造成这种情况,可能有多方面的原因。其一,武王行师途中一路的灾变,动摇了军心。关于武王出师,后世有许多记载。《荀子·儒效》谓:"武王之诛纣也,行之日以兵忌,东面而迎太岁,至泛而泛,

---

① 李零说:"旧注都以为是讲我攻敌城,我想,这是理解反了。"(李零:《死生有命　富贵在天:〈周易〉的自然哲学》,第120页)按:言守者,卦爻辞中仅此一例。

② 郑玄注、孔颖达疏:《礼记正义》,上海:上海古籍出版社,2008年,第1540页。

至怀而坏,至共头而山隧。"《通典》谓:"时逆太岁,龟灼言凶,卜筮不吉,星变为灾。"这些描述,未必完全符合当时的实情,但也会有一定的依据。其二,牧野对阵,纣王集结了远甚于周方的兵力。《大雅·大明》云:"殷商之旅,其会如林。矢于牧野,维予侯兴。上帝临女,无贰尔心。"《周本纪》载:"帝纣闻武王来,亦发兵七十万人距武王。"《周本纪》所说三千虎贲对七十万之众,大概不太可信。但从《大明》的句诗看,商军人数众多,也是事实。为此,武王多次誓众,以振军心。师渡盟津的前后,武王作了《泰誓》三篇,申明伐纣是奉天命、顺民意,纣必伐、我必胜;又于牧野,发表《牧誓》以诫勉将士,用"上帝临女,无贰尔心"鼓舞士气。① 从结果看,武王的誓师,确实发挥了作用。"而后笑",指军心大振。

大师,指太师吕尚。《尚书·牧誓》称"我友邦冢君、御事、司徒、司马、司空,亚旅、师氏,千夫长、百夫长",其中的"师氏"之职,高于千夫长、百夫长,乃为一师之长。《吕氏春秋·古乐》谓"以六师伐殷",师氏便是这六师之长。据《世俘解》,即指吕他、侯来、百弇、陈本、百韦、新荒六人。而"大师",则是师氏之长,相当于全军统帅。当时是指吕尚。关于牧野之战的经过,《逸周书·克殷解》记载:"周车三百五十乘,陈于牧野,帝辛从。武王使尚父与伯夫(百夫长)致师。王既誓,以虎贲戎车驰商师,商师大崩。"牧野之战,吕尚作为统帅,以单车挑战,致其必战之志。所载与《周本纪》同。《大雅·大明》亦云:"牧野洋洋,檀车煌煌,驷騵彭彭。维师尚父,时维鹰扬,凉彼武王,肆伐大商。会朝清明。"同样铺陈了吕尚的功劳。故"大师克",指的是在吕尚的统帅下,周师

① 《鲁颂·閟宫》:"致天之届,于牧之野。无贰无虞,上帝临女。"与《大明》此句相类。郑玄以"女"为王,则"上帝临女,无贰尔心"是众人劝勉武王的话。这样解释有一个好处,就是突出了众人的决心,反衬武王深得人心(参见毛亨传、郑玄笺、孔颖达疏《毛诗注疏》,上海:上海古籍出版社,2013 年,第 1400 页;朱熹:《诗集传》,南京:凤凰出版社,2007 年,第 208 页)。但这种解释毕竟与常情难符。唯大人者有大格局,而小人则往往囿于当下的处境。见敌人声阵浩大便心生疑悔,是为小人之态,而非大人之量。且,众人对于商王仍多有忌惮,故武王伐纣多次誓师,正有鼓舞士气之意。又,其信心的依据是上帝,直接的来源则是文王。文王德孚于众,晚年又受天命。故武王伐纣,即以文王之名(此《史记》"奉文王木主"之义也)。伪古文《泰誓下》:"惟我文考若日月之照临,光于四方,显于西土。惟我有周诞受多方。予克受,非予武,惟朕文考无罪;受克予,非朕文考有罪,惟予小子无良。"因而,"上帝临女,无贰尔心"之辞,也是武王用以劝勉将士之语:"上帝临女",意即上帝照临着你,站在你这边;"无贰尔心",意即你要一心一意,完成上帝的意志。马瑞辰以为,"上帝临女,无贰尔心",是"诗人取武王誓词以为诗"(马瑞辰:《毛诗传笺通释》,北京:中华书局,1989 年,第 809 页),其说是也。

取得了牧野之战的胜利。至于"相遇",或指战后武王与大师的会合,或指军队在大战之后的集合。

商朝的溃败,除了受东夷的牵制而国力大耗之外,离心离德是一个重要的原因。《左传·昭公二十四年》引古本《泰誓》:"纣有亿兆夷人,亦有离德。"不过,后世对牧野之战有两种不同的说法。孟子曰:"吾于《武成》,取二三策而已矣。仁人无敌于天下。以至仁伐至不仁,而何其血之流杵也?"(《孟子·尽心下》)这说明,孟子所见的《武城》,确有"血流漂杵"的记载。与之相对,又有商师阵前倒戈,为周人开道的说法。如《荀子·儒效》谓:"纣卒易乡。"《周本纪》载:"倒兵以战,以开武王。"而伪古文尚书《武城》云:"罔有敌于我师,前徒倒戈,攻于后以北,血流漂杵。"杨宽指出,既是倒戈,又是血流漂杵,放在一起是自相矛盾。① 其实,这两种记载未必没有统一的可能。客观地说,商人中向来有亲周与厌周两派。实际情形可能是,倒戈的人是有的,拼死抵抗的人也会有。② 倒戈的商朝兵士,与周师一起,转攻商纣王的死党。故战事非常惨烈。牧野之战持续了一天,以武王的战胜而告终。

上九:"同人于郊,无悔。"郊,国之外、野之内。据《克殷解》,牧野之战当天,"商庶百姓咸俟于郊"。《周本纪》亦云:"武王至商国,商国百姓咸待于郊。"故"同人于郊"是指,武王行至商国郊外,与已在郊外等待的商国百姓相聚。故曰"无悔"。

卦辞:"同人于野,亨,利涉大川,利君子贞。"野,指牧野。"同人于野",重现了武王于牧野陈兵的情况。大川,指黄河。涉渡黄河,所以往商也。故"利涉大川",在这里相当于利于伐商。"利君子贞",利于君子贞问,是武王贞问得吉的意思。卦辞以一个"亨"、两个"利",对武王克商下了一个总的判定。

以上就是我们对《同人》卦爻辞的历史叙事的了解。

此外,还有一个问题留待解决,即:"九三"的"莽""陵","九四"的"墉"具体何指?我们认为,它们都指"洛师"而言,原因如下:

其一,"九三"有伏兵、戒候之意,故"莽""陵"必然处于周的前线,而不会是岐周,或丰、镐。

其二,武王九年盟津观兵,不是一次专程的会盟。对于这一事件,《周本纪》记载:

---

① 参见杨宽《西周史》,第537页。黄怀信认为,"纣兵倒戈"之说不可信(黄怀信:《纣兵未"倒戈"考辨》,《中国史研究》1992年第2期)。

② 比如,殷将"恶来"之徒,必与商纣共存亡。

"武王上祭于毕,东观兵,至于盟津……武王自称太子发,言奉文王以伐,不敢自专。"《齐太公世家》记载:"九年,欲修文王业,东伐以观诸侯集否。"《鲁周公世家》载:"武王九年,东伐至盟津。"根据这些记录,所谓的东观兵至于盟津,不是纯粹的行军至此,而是一直沿途征伐到了盟津。

其三,从地图上看,洛师位于崇国与盟津之间,是中原地带的战略要塞。从毕出发,沿着黄河南岸走,必然经过洛师。故杨宽指出:"盟津正介于洛邑和管邑中间的黄河沿岸,武王要在盟津会合诸侯的联军,大规模地渡河北上进军牧野,必须先攻占洛邑和管邑,在此驻屯重兵,作为支援大军渡河的基地,并防止殷的南疆诸侯从背后袭击。从地理形势看,洛邑比管邑更为重要。"①的确,从军事战略来讲,如果洛师仍然是商的重要军事据点,武王在盟津会师北渡,必有后顾之忧。故最晚在武王正式伐商之时,洛师已经成了周人的军事堡垒。而其占领的时间,很可能就在武王九年东伐至于盟津的时候。从形势看,文王已经攻克了崇国,武王想要再往前推进一步,应该不是太难的事情。

其四,武王克商之后,坐镇洛师,统一发布政令、征伐南国。据《度邑解》,武王说:"呜呼,旦! 我图夷兹殷,其惟依天室,其有宪命,求兹无远,天有求绎,相我不难。"所谓"天室",杨宽认为指明堂②,黄怀信认为指嵩山③。杨向奎指出:"'天'或'太'(大)即太岳或四岳,乃指嵩山。姜姓源于太岳(四岳),故姜尚又称太公望,简称'天亡'。"④我们认为,其说可从。"天""太"古通用。后来,嵩山东峰称"太室山",或由"天室"一词而来。"天室",即嵩山之室。《礼记·大传》"牧室",指武王在牧野临时搭建的祭祀行礼之所。放此,则所谓"天室",亦当指武王在嵩山的祭祀行礼之所。武王时期的《天亡簋》记载:"乙亥,王又(有)大丰,王凡(风)三方。王祀于天室,降,天亡又(佑)王,衣(殷)祀于王不(丕)显考文王,事喜(熹)上帝。"衣、依通用,郭沫若云:"'衣祀',孙诒让、王国维均读为'五年而再殷祀'之殷祀。"⑤我们认为,《天亡簋》的"祀于天室",即《度邑解》的"依天室"。而"依天室"的时间,即《天亡簋》的"乙亥"(三月初九),也就是牧野战后的第十一天。据《度邑解》,武王又说:"旦! 予克致天之明命,定天保,依天

---

① 杨宽:《西周史》,第 539 页。
② 同上书,第 119、564 页。
③ 黄怀信:《逸周书校补注译》,西安:西北大学出版社,1996 年,第 234 页。
④ 杨向奎:《宗周社会与礼乐文明》,北京:人民出版社,1992 年,第 121 页。
⑤ 郭沫若:《周代金文图录及释文》第三册,台北:大通书局,1971 年,第 1 页。

室,志我其恶,俾从殷王纣。"这一句同样难得善解。杨宽认为:"'保''堡'古通用。'天保'即是天都之意,'定天保'是说确定顺从天意的国都。"①《小雅》有《天保》一诗。我们以为,"天保"即"牧",亦称"沫",即《康诰》所说的"妹邦"、《酒诰》所说的"妹土",春秋以后称"朝歌"。"定天保",是指武王牧野之战平定了朝歌。② 如此一来,《度邑解》的文意就可以顺下来了。武王说:"我(当时)大定殷商③,殷祀于'天室',(那个地方)宣布政令不远,天若有所求,助我也不难。"又说:"我当时奉天之命,牧野之战平定了朝歌,殷祀于'天室',进一步征讨南国,使他们随商王纣一同灭亡。"值得注意的是,"衣天室"之后的内容,都与发布政令、征伐南国有关。可见,武王在嵩山祭祀之后,即坐镇于附近的某个地方,指挥了征伐南国的后续战争。

武王坐镇的具体地点,并不清楚。但武王伐商坐镇洛师的传说,在先秦广为流传。故《周本纪》末段,太史公曰:"学者皆称周伐纣,居洛邑,综其实不然。"司马迁认为,此说不可信。但在我们看来,这些传说很可能就是当时的实情。成王时期的《小臣单觯》载:"王后反克商,才(在)成自。"武王第一次观兵盟津而退,后二年渡盟津而克商,故曰"王后反克商"④。自,即"师"。杨向奎指出:"'成自'多见,即后来之成周。"又说:"我以为成自即后来之成周,未克商前,固已为军事要区,武王早有意经营。"⑤其说是也。若以上推断尽皆事实,则武王从三月初九"祀于天室"之后,到四月中旬回牧野、朝歌之前,可能一度坐镇成自,发布征伐南国的政令。南国平定之后,才回到朝歌,并于四月十五至十九日在牧室举行了告捷礼(此前还有社祭)。故《礼记·乐记》有"克殷反商"之说。⑥ 正是这番经历,使武王认识到了成自战略位置的重要性,钦定于此建造都邑,即后来的"洛邑"。至于"成自"与"洛自",两者是别名的关系。与后来,"洛邑"又名"成

---

① 杨宽:《西周史》,第 137 页。

② 据《小臣谜簋》,伯懋父(康叔之子)统帅殷八师出征东夷胜利归来,就驻扎在牧。

③ 原文中的"图",或为"大"义(参见刘起釪《尚书研究要论》,济南:齐鲁书社,2007 年,第 533 页)。此句是武王回忆当时大定殷商的情境。

④ "后反"之义,参见郭沫若《周代金文图录及释文》第三册,第 2 页。

⑤ 杨向奎:《宗周社会与礼乐文明》,第 122 页。

⑥ 《礼记·乐记》载:"且女独未闻牧野之语乎? 武王克殷反商。未及下车而封黄帝之后于蓟,封帝尧之后于祝,封帝舜之后于陈。下车而封夏后氏之后于杞,投殷之后于宋。封王子比干之墓,释箕子之囚,使之行商容而复其位。"其中,"克殷反商"一句,说者皆以为"反"当作"及"。其实原文不误。武王以平定南国为伐商的结束,故"克殷"指平定战事,"反商"指返回商国。这是"周伐商,居洛邑"的又一佐证。

周"一样。

此外，武王时期的《利簋》载："武王征商，隹（唯）甲子朝，岁鼎（贞），克昏夙又（有）商，辛未，王才（在）阑自。"辛未（三月初五），是牧野之战后的第七天，"王立政"后的第三天。"阑"这个地名，多见于商代铜器铭文。学者释为"阑"，读为"管"。① 据此，则武王立政之后，旋即经"管"地，到了嵩山"天室"举行祭祀，而后在"成自"坐镇指挥。

其五，洛师有"莽""陵""墉"的条件。据《度邑解》，武王曰："自洛汭延于伊汭，居易无固，其有夏之居。我南望过于三涂，我北望过于岳鄙，顾瞻过于有河，宛瞻延于伊洛，无远天室。"意思是说，从洛水入河处到伊水入河处，地势平易无险固，将是有夏（我周）建都之处；我向南望超过三涂山，向北望超过太行山附近的都邑，回顾超过黄河，坐看能看到伊水洛水，与天室不远。② 这是顺着上引"相我不难"一句，进一步指出洛师的位置。从地理位置看，伊洛交汇之处是一块平原，周边以山陵为主，可以远眺太行山下的城邑。这些都是武王回忆之前在洛师附近考察的所见。后来的邑址，或许与原来的洛师并不重合。故《洛诰》称"新邑"、《多士》称"新邑洛"、《康诰》称"作新大邑于东国洛"，都强调"新作"。成王时期的《何尊》载："唯武王既克大邑商，则廷告于天，曰：余其宅兹中国，自兹乂民。""中国"，即《召诰》的"土中"（中土），指洛邑为四方的中心。可见，经营洛邑，确为武王既定的政策。《周本纪》引了《度邑解》的记载，进而说："营周居于洛邑而后去。"则在武王的时候，已经在选址附近有基本的经营。③ 到了成王作《洛诰》之时，召公先去"相宅"（勘察选址）、"卜宅"（占卜选址），则是进一步确定新邑的具体选址。

洛师既有平原草莽，附近又有山丘高陵的自然条件，恰能符合《同人》九三"伏戎于莽，升其高陵"的描述。故我们认为，《同人》九三是说，武王九年东征至于盟津之后，以洛师为据点伏兵布局，时时刺探殷商情势；九四"乘其墉，弗克攻"是说，洛师凭借高大的城墙，可以作为渡河伐商的桥头堡，进可攻、退可守。既然有洛师为据点，则武王十一年自周兴兵，可能会在此处暂时集结休整，以便进一步渡盟津而北上。

值得注意的是，此卦以"同人"为名，有双关的语义。《左传·昭公二十四年》引古

---

① 杨宽认为："管邑该和牧邑一样，原是商的别都，所以建有大城，设有宗庙，商王常到此对臣下进行赏赐。原来是个战略要地，所以驻屯有重兵，建有牢固城墙。当周师从盟津渡河进攻牧野时，估计此地已成为驻屯重兵的后方。"（《西周史》，第538页）

② 此处翻译主要依据杨宽（《西周史》，第540页）。

③ 杨宽说："周居就是周天子的宫殿以及官署所在。"（《西周史》，第564页）

本《太誓》云："纣有亿兆夷人,亦有离德。余有乱臣十人,同心同德。"伪古文尚书《泰誓中》云："受有亿兆夷人,离心离德。予有乱臣十人,同心同德。虽有周亲,不如仁人。"记载大致相似,都强调了同心同德的重要性。《系辞上》引孔子曰："二人同心,其利断金。同心之言,其臭如兰。"可谓点到了"同人"的关键。在武王伐纣的过程中,正是与吕尚等贤人,及庸、蜀、羌、髳、微、纑、彭、濮人等族的同心协力,才最终在各个战场一举推翻了商纣的统治。"小邦周"之所以能克"大国商",就是凭借"同人"的精神。此外,武王伐纣,也是饱受暴政摧残的殷商百姓的普遍意志。故武王誓师,也多从民意的角度来论证伐纣的正当性。如古本《太誓》曰："民之所欲,天必从之。"(《左传》襄公三十一年、昭公元年等引)又曰："天视自我民视,天听自我民听。"(《孟子·万章上》引)天的意志,通过民众的意志而表现。武王伐纣,解民于倒悬,就是替天行道。故武王伐商杀纣,不仅仅是革命同人的意志,也是商纣统治下的民众的意愿。革命的成功,意味着"同人"在最大范围内的实现。故《象传》曰："唯君子为能通天下之志。"这一句话,揭示了《同人》的终极旨趣。这或许是《周易》作者以"同人"为线索,叙述武王克商事件的一个重要考虑。

三、《需》的叙事

除了《同人》卦,《需》卦也是对武王克商的历史叙事。不过,相对于前者,《需》的卦爻辞过于隐晦,很难让人将它与征伐联系起来。

　　需:有孚,光亨,贞吉,利涉大川。

　　初九:需于郊,利用恒,无咎。

　　九二:需于沙,小有言,终吉。

　　九三:需于泥,致寇至。

　　六四:需于血,出自穴。

　　九五:需于酒食,贞吉。

　　上六:入于穴,有不速之客三人来,敬之,终吉。

前五爻句式整齐,都以"需于×"开头。《象传》曰："需,须也。"须,是须待、等待的意思。《大象》曰："君子以饮食宴乐。"同时,《序卦》云："需者,饮食之道也。"为此,伊川曰:"卦之大义,须待之义,《序卦》取所须之大者耳。"①伊川之说有一定的道理。但《易传》所谓"饮食之道",显然是从九五"需于酒食"一句而来。若作为本卦的主旨,则不可取。传统上,学者根据远近、时位的分析,抽象地指明"须待"本身的义理。而我们认为,此爻的"须待",是武王伐商的具体阶段。

初九:"需于郊,利用恒,无咎。"郊,国之外,野之内。伊川、朱子皆曰:"旷远之地。"②这主要是为了突出初爻"远离于难"的意思。而所谓"难",来自上体的坎。这种说法过于迂曲。"需于郊",字面意思是,在郊外须待。从历史叙事来说,指周师在郊外集合,准备开拔。"利用恒",李零说:"耐心等待。"③或许,出师之前,周师已经在郊外集结、驻扎了一段时日,等待最后开拔的时间。因在自己境内,即便长久驻扎也没有危险,故曰"无咎"。若把"利用恒,无咎",与《革》六二"征吉,无咎"(详后)联系起来看,则"利用恒"也可能即"征吉",是出师顺利的意思。

九二:"需于沙,小有言,终吉。"沙,沙地。孔颖达曰:"沙是水旁之地。"④"有言",在《周易》中出现了六次。如《明夷》初九"主人有言"、《震》上六"婚媾有言"等。现代学者多解作"谴责"。这一读法大致是正确的,但也应根据语境不同而稍有变化。此爻的"有言",我们认为,是有怨言、有流言的意思。从历史叙事的角度说,这一爻对应于师渡盟津的前后。所谓"沙",即指盟津地区黄河岸边的沙地。周师在行军途中遇到了凶灾,以致到了渡河的时候,流言四起,军心浮动。为此,武王在渡津前后三度誓师(古《泰誓》三篇),最终稳定了军心,故曰"终吉"。

据《荀子·儒效》载:"武王之诛纣也,行之日以兵忌,东面而迎太岁,至泛而泛,至怀而坏,至共头而山隧。"其中提到的这些地点,都在黄河以北,则这些凶兆发生在渡过盟津之后。而《通典》则说:"武王伐纣,师至泛水牛头山,风甚雷疾,鼓旗毁折,王之骖乘惶震而死……(太公)乃焚龟折蓍,援枹而鼓,率众先涉河,武王从之,遂灭纣。"则这些事发生在师渡盟津之前。两说不同。从《需》九二的叙事,至少可以确定,师渡盟津之前已有凶兆。"需"字,可以读"濡"。故此处的"需于沙",有双关的语义。

九三:"需于泥,致寇至。"孔颖达曰:"泥者,水傍之地,泥溺之处,逼近于难。"⑤伊

①   程颢、程颐:《二程集》,第 723 页。
②   同上书,第 724 页。
③   李零:《死生有命　富贵在天:〈周易〉的自然哲学》,第 89 页。
④   王弼注、孔颖达疏:《周易正义》,第 51 页。
⑤   同上书,第 52 页。

川曰："逼于水也。"①这些说法是迁就爻位关系而来的。事实上,有些水边是沙,有些水边是泥,不可一概而论。但若是沙,从岸上到水中都是沙;若是泥,从岸上到水中都是泥。从沙到泥,并不是由远及近的关系。其实,就地理样貌来说,泥,即一般的平地或草莽。从历史叙事的角度说,这里的"泥",可能特指牧野。寇,敌兵。武王于甲子日陈兵牧野,商纣王发兵拒之。这就是"需于泥,致寇至"的所指。值得一提的是,《国语·周语下》载:"(武)王以二月癸亥夜陈,未毕而雨。"武王在甲子前夜排兵布阵,还没有布好,就下起了雨。这样一来,泥更有泥淖、泥沼的意思。而"需于泥"与"需于沙"一样,也具有了双关的语义。

六四:"需于血,出自穴。"血,血泊。朱子曰:"血者,杀伤之地。"②"需于血",字面意思是,"停驻于血泊之中"③。从历史叙事的角度讲,"血"指战后的牧野。前引孟子从"仁者无敌"的角度反驳先秦《武城》的记载,这是从思想出发的规范性批判。而从事实说,牧野之战"血流漂杵"的说法,十有八九是真的。但一般来说,无论战事如何惨烈,也不会形成"血流漂杵"的效果。原因有二:其一,血液在空气中会自然凝固;其二,泥土具有很好的吸水性,血液流入泥土,马上会被吸收。除非这片泥地本来已经水分饱和,不再能吸收血液中的水分;或者,地上已经有了积水,则不但不吸收反而可以稀释血液,使其不凝固。巧的是,根据前引《国语》的材料,牧野之战的前夜,确实下了雨。这样一来,关于牧野之战"血流漂杵"的传说,就可以得到恰当的理解了。红色的血液流下去,与地上的积水混合在一起,确可以让木杵漂浮起来。④ 此外,《坤》上六:"龙战于野,其血玄黄。"意思是,两条龙相斗,血液渗入泥土,呈现青黄相杂的颜色。在我们看来,这也是描绘牧野之战的情形。这种青黄相杂的颜色,应当是血液、积水、草木、泥土相混杂的效果。战胜之后,武王的大部队可能仍然驻扎在牧野,故曰"需于血"。后来又在牧野筑室行告捷礼,可以为证。

穴,指洞穴。伊川曰:"穴,物之所安也。"⑤穴字在《周易》中共出现三次。除了《需》卦两次之外,还有《小过》六五:"公弋取彼在穴。"穴是动物的居处。先民也曾有

---

① 程颢、程颐:《二程集》,第 725 页。
② 朱熹:《周易本义》,第 58 页。
③ 高亨:《周易大传今注》,第 83 页。
④ 关于"血流漂杵"的问题,也可以参看白立超《论"血流漂杵"的历史真相》,《西北大学学报(哲学社会科学版)》2017 年第 2 期。
⑤ 程颢、程颐:《二程集》,第 726 页。

穴处的时候,故可以指人的宫室。① 此处的"穴",指商纣之宫,引申指朝歌。"出自穴",即从朝歌出来。出来的人,不是商纣王。牧野之战,纣王已自燔于鹿台。据《逸周书·克殷解》,牧野之战后,"商庶百姓咸俟于郊,群宾金进,曰:'上天降休。'再拜稽首,武王答拜"。《周本纪》的记载与之相似,"武王至商国,商国百姓咸待于郊。于是武王使群臣告语商百姓曰:'上天降休!'商人皆再拜稽首,武王亦答拜"。庶,庶民。百姓,百官、贵族。故而,"出自穴",指的就是商朝百官、贵族、庶民从朝歌出来,到郊外迎候武王的情形。

九五:"需于酒食,贞吉。"酒食,指宴饮之乐。孔颖达曰:"需待酒食以递相宴乐。"②从历史叙事的角度说,这一爻指牧野之战后的庆功宴。古人战胜之后,都有这一环节。出土清华简《耆夜》就记载了武王戡黎之后夜宴的情景:"武王八年征伐耆,大戡之。还,乃饮至于文太室。毕公高为客,召公保奭为夹,周公叔旦为主,辛公諒甲为位,作策逸为东堂之客,吕尚父命为司正,监饮酒。"文太室,指祭祀文王的太室。"饮至",《左传·桓公二年》云:"凡公行,告于宗庙。反行,饮至、舍爵、策勋焉,礼也。"杨伯峻注:"祭告后,合群臣饮酒,谓之饮至。"③可见,战争完成,告于宗庙之后,有饮至礼。九五"需于酒食",显然还是在朝歌或牧野举行。据史籍记载,武王于牧野筑有太室(牧室)。故这次饮宴,很可能是在牧室中进行的。其时间,应在平定殷商王畿(三月初一,吕尚追击殷将恶来,归来献孚)之后。以戊辰日(三月初二),武王在牧野之室"立政"当天举行宴饮的可能性最大。

上六:"入于穴,有不速之客三人来,敬之,终吉。"入于穴,如我们的分析,指武王进入商纣宫中。"不速之客",孔颖达曰:"速,召也。不须召唤之客有三人自来。"④传统上认为,"三人"是指下体的三个阳爻。这当然不是爻辞本义。但这"三人"到底指谁,确实是一个问题。这三人没有召唤而自来,武王又以之为宾客而礼敬之。据《宋微子世家》记载:"周武王伐纣克殷,微子乃持其祭器造于军门,肉袒面缚,左牵羊,右把茅,膝行而前以告。于是武王乃释微子,复其位如故。武王封纣子武庚禄父以续殷祀,使管叔、蔡叔傅相之。"又《周本纪》载:"封商纣子禄父殷之余民。武王为殷初定未集,乃

---

① 如《史记·龟策列传》:"人民莫知辨也,与禽兽相若。谷居而穴处,不知田作。"
② 王弼注、孔颖达疏:《周易正义》,第53页。
③ 杨伯峻:《春秋左传注》,北京:中华书局,1981年,第91页。
④ 王弼注、孔颖达疏:《周易正义》,第53页。

使其弟管叔鲜、蔡叔度相禄父治殷。已而命召公释箕子之囚。"武王克商之后，微子以这种特殊的方式自来向武王请罪，可能就是"不速"的意思。且微子、箕子与武庚，恰合"三人"之数。

客，相对于"臣"来说。称"客"，有尊敬之意。"不速之客"表明，武王不臣前朝，乃以客礼待之，敬之如宾。后世《孟子》有"不召之臣"的说法。①援引孟子的"不召"，以理解此处的"不速"，未尝不是一种合理的说法。后来，武王向箕子求教，箕子授之以《洪范》，也确实能体现"客""敬"之意。

这里的"三人"，还有另一种可能。武王封先代之后，有所谓"三恪"。恪，是敬的意思。至于"三恪"之所指，则有不同说法。《春秋左传·襄公二十五年》杜预注："周得天下，封夏、殷二王后，又封舜后，谓之恪。并二王后为三国。其礼转降，示敬而已，故曰三恪。"②以舜后、夏后、殷后为"三恪"。而《礼记·乐记》云："武王克殷反商，未及下车而封黄帝之后于蓟，封帝尧之后于祝，封帝舜之后于陈。下车而封夏后氏之后于杞，投殷之后于宋。"以黄帝之后、尧帝之后、舜帝之后为一组；夏后、殷后为一组。故《礼记·郊特牲》疏引《古春秋左氏说》曰："周家封夏、殷二王之后以为上公，封黄帝、尧、舜之后为三恪。"③两说不同。武王封先代之后为三恪，有"兴灭国，继绝世"的意味，也利于巩固周朝的根基。

最后，看一下卦辞："有孚，光亨，贞吉，利涉大川。"孚，信孚。具体的含义，与《革》"巳日乃孚"（详后）一致，指取得共识、准备开拔。光亨，即大亨。"利涉大川"，与《同人》卦辞同，指渡河伐商。

四、《革》的叙事

《周易》六十四卦之中，《革》卦最容易使人想到汤武革命。而事实上，《革》的卦爻辞，正是武王革命的历史叙事。

---

① 孟子曰："故将大有为之君，必有所不召之臣。欲有谋焉，则就之。其尊德乐道，不如是不足与有为也。故汤之于伊尹，学焉而后臣之，故不劳而王；桓公之于管仲，学焉而后臣之，故不劳而霸。今天下地丑德齐，莫能相尚。无他，好臣其所教，而不好臣其所受教。汤之于伊尹，桓公之于管仲，则不敢召。管仲且犹不可召，而况不为管仲者乎？"（《孟子·公孙丑下》）

② 杜预注、孔颖达疏：《春秋左传正义》，北京：北京大学出版社，2000 年，第 1174 页。

③ 郑玄注、孔颖达疏：《礼记正义》，第 1049 页。

革：巳日乃孚，元亨，利贞，悔亡。

初九：巩用黄牛之革。

六二：巳日乃革之，征吉，无咎。

九三：征凶，贞厉。革言三就，有孚。

九四：悔亡，有孚，改命，吉。

九五：大人虎变，未占有孚。

上六：君子豹变，小人革面，征凶，居贞吉。

孔颖达曰："革者，改变之名也。此卦明改制革命，故名'革'也。"①关于《革》的宗旨，《彖传》曰："天地革而四时成，汤武革命，顺乎天而应乎人，革之时大矣哉！"以四时更替言天之革，以汤武革命言人之革。人事代有变革，之所以专提汤武革命，"盖尧舜禅让，犹或因循，汤武干戈，极其损益，故取相变甚者以明人革也。"②值得注意的是，传统解释提到了汤武革命，但它们是作为《革》之义理在人事方面的例子。这与我们从历史叙事的角度，认为《革》的卦爻辞直接就是武王革命的历史叙事，是根本不同的。

初九："巩用黄牛之革。"巩，束缚、巩固。革，指牛皮。此爻字面意思是，用黄牛皮革系缚。传统都认为，这是自固不用的象征。如孔颖达曰："用牛皮以自固，未肯造次以从变者也。"③伊川曰："巩用黄牛之革，谓以中顺之道自固，不妄动也。"④"以中顺之道"一句，来自传统对"黄"（黄，中也）的解读。与此爻相似，《遯》六二："执之用黄牛之革，莫之胜说。"字面是说，用牛皮绳子捆绑，无法解脱。这是商王执囚文王之象。此爻"巩用黄牛之革"，则是自我约束之象。从历史叙事的角度看，初九是说武王按兵不动的情形，相当于《同人》九三："伏戎于莽，升其高陵，三岁不兴。"

六二："巳日乃革之，征吉，无咎。""巳日"，亦见于卦辞："巳日乃孚。"显然，"巳日"对于此卦的理解非常关键。但传统上未得善解。对于卦辞，王弼曰："革之为道，即日不孚，巳日乃孚也。"⑤对于六二，王弼曰："阴之为物，不能先唱，顺从者也。不能自革，

---

① 王弼注、孔颖达疏：《周易正义》，第236—237页。

② 同上书，第238页。

③ 同上。

④ 程颢、程颐：《二程集》，第953页。

⑤ 王弼注、孔颖达疏：《周易正义》，第236页。

革已乃能从之。"①可见，王弼把"巳"读为"已"。后世多从之。如伊川曰："事之变革，人心岂能便信？必终日而后孚。"②不过，也有另外的解释。虞翻曰："离为日。"③这是用了纳甲筮法的"离为己"之说，故清儒多读"巳"为天干的"己"，而加以引申发挥。如朱震曰："当读作'戊己'之'己'。十日至庚而更。更，革也。"④顾炎武曰："天地之化，过中则变。日中则昃，月盈则食，故《易》所贵者中。十干则'戊己'为中，至于'己'则过中而将变之时矣，故受之以庚。庚者，更也。"⑤不过，"巳""已""己"三个字，虽然现在的写法相似，但从古文看，唯"巳""已"相同，"己"则完全不同。"巳"误写成"己"的可能性不大。李零从上博本《周易》作"改日"⑥，但也很难让人信服。

我们认为，"巳日"即"癸巳日"的省语，是武王兴师伐商的日子。从地支来讲，"巳"处于中间，是上半程之末，再往后便是下半程之始（午）。故可以有变革的意义。古人行大事，时间的选择非常讲究。牧野之战，定在甲子日。新作洛邑，也在甲子日动工。因此，武王出师有这方面的考虑，很容易理解。至于"征吉，无咎"是说，一开始行军很顺利相当于《需》初九"需于郊，利用恒，无咎"。

九三："征凶，贞厉。革言三就，有孚。"征，行军。武王行师，遇到了灾异的天气。又进行了占卜，结果不好，即《通典》所说"龟灼言凶，卜筮不吉"。造成的直接后果，就是流言四起、军心浮动，即《需》九二"小有言"。为此，武王在渡津前后进行了三次大誓，即古本《泰誓》三篇。"革言三就"，伊川曰："革言，谓当革之论。就，成也，合也。"⑦其实，"革言三就"即指武王所作的三次大誓。武王的大誓，说服了大家，稳定了军心，鼓舞了士气，故曰"有孚"，相当于《需》九二"终吉"。

九四："悔亡，有孚，改命，吉。"悔亡，先有悔而后亡之。从叙事角度看，悔亡，指牧野之战的胜利。孚，信孚。改命，更改天命。武王平定殷商及南国之后，举行了社祭，表明周已经取代殷，获得了天命。据《克殷解》，在社祭时，武王曰："膺受大命革殷，受天明命。"《周本纪》记为："膺更大命革殷，受天明命。"其中，所谓"命"有两种含义。其

① 王弼注、孔颖达疏：《周易正义》，第 239 页。
② 程颢、程颐：《二程集》，第 951 页。
③ 李鼎祚：《周易集解》，第 158 页。
④ 朱震：《汉上易传》，《儒藏》精华编第三册，北京：北京大学出版社，2009 年，第 212 页。
⑤ 顾炎武著、黄汝成集释：《日知录集释》，上海：上海古籍出版社，2006 年，第 28—29 页。
⑥ 李零：《死生有命　富贵在天：〈周易〉的自然哲学》，第 249 页。
⑦ 程颢、程颐：《二程集》，第 954 页。

一,指天帝下达给文王的伐商之命。如《商誓解》云:"(帝)乃命朕文考曰:殪商之多罪纣。"又云:"肆上帝曰:必伐之。"又云:"肆上帝命我小国曰:革商国。"意即,上天向文王下达了伐商的命令。所谓"膺受大命革殷""膺更大命革殷",就是指文王武王接受了上天的这一革殷之命。其二,指周国获得了天命,代替商朝成立了周朝。所谓"受天明命",即指周人拥有了天命。与之相对,商人的天命就被革除了。据《西伯戡黎》载,商纣王曾坚信天命在身,曰:"呜呼!我生不有命在天?"但随着牧野之战武王平定了朝歌,并进一步征伐了南国,对周人来说,天命事实上已经发生了转移。天命从商到周的转移,即爻辞所谓的"改命"。至此,武王伐商的战争就基本上完成了。

九五:"大人虎变,未占有孚。"王弼曰:"九五居中处尊,以大人之德为革之主,损益前王,创制立法,有文章之美,焕然可观,有似虎变,其文彪炳。"①王弼从大人创制、文章的角度说,顺承了《小象》"其文炳也"之义。伊川曰:"以大人之道,革天下之事,无不当也,无不时也,所过变化,事理炳著,如虎之文采,故云虎变。龙虎,大人之象也。"②也是据《小象》而说。不过,虎之为虎,主要在于它在动物中所拥有绝对的威信。故马融曰:"'大人虎变',虎变威德,折冲万里,望风而信。比喻舜干羽,而有苗自服,周公修文德,越裳献雉,故曰'未占有孚'矣。"③马融所举的例子,不是这一爻的事实。但他对此爻义理的理解,可谓得当。《周易》非常强调王者(诸侯)的威信。《大有》六五:"厥孚交如,威如,吉。"《家人》上九:"有孚威如,终吉。"都是说威信之吉。顺此,"大人虎变",就是大人变而为虎,拥有了虎一般的威德。"大人"一词,在《周易》中很常见,意义也比较固定,指文王或武王。从历史叙事的角度说,这一爻的"大人虎变",指武王平定天下之后,具有了极高的威信,就如百兽之王一样。当时武王的威信,我们只要读一读《商誓解》中的武王对商人恩威并施的训话,就可以明白。由于这种威信,爻辞说"未占有孚"。古人确定一事,往往通过占卜。而"未占有孚"是说,不待占卜,就可以确认武王获得了大众的拥戴。这是威信昭著的表现。与之相似,《益》九五:"有孚惠心,勿问元吉,有孚惠我德。""勿问元吉",不待贞问,就知道大吉。这是文王克崇、迁丰之后达到的盛德昭著的境界。两者在表达方式上相同。可以说,武王"未占有孚",是继文王之后,周人再次"天下归心"的表征。

---

①　王弼注、孔颖达疏:《周易正义》,第240页。

②　程颢、程颐:《二程集》,第955页。

③　李鼎祚:《周易集解》,第161页。

上六："君子豹变，小人革面，征凶，居贞吉。"此爻君子与小人对举。关于"君子豹变"，伊川曰："君子谓善人，良善则己从革而变，其著见，若豹之彬蔚也。"①也是顺着《小象》"其文蔚也"来说的。其实，与"大人虎变"类似，"君子豹变"，也应从威信的角度来理解。这里的"君子"，指周朝新命的大臣、诸侯之类。干宝曰："君子，大贤次圣之人，谓若太公、周、召之徒也。"②这一说法，大致成立。这些"君子"，由于卓越的功勋，也在新的政治格局中，拥有了相当的威信，故曰"君子豹变"。接下来，干宝曰："圣君贤臣，殷之顽民，皆改志从化，故曰'小人革面'。天下既定，必'倒载干戈，包之以虎皮，将卒之士，使为诸侯'。故曰'贞凶，居贞吉'。"③干宝对此爻史实的判断，较为准确，只是对"小人革面"过于乐观，反不如《小象》贴切。《小象》曰："顺以从君也。"孔颖达曰："但能变其颜面，容色顺上而已。"④小人在天下大势面前，总能见风使舵。武王既已平定天下，小人就会改变容貌，表示臣服，但其内心未必如此。

"征凶，居贞吉"，字面意思是说，进一步征伐会有凶险，安居就可以获得吉祥。商纣王的灭亡，很大一个原因是重用小人。周人平定天下之后，对小人的本性有深刻的认识，时时提醒自己。《师》上六："大君有命，开国承家，小人勿用。"开国的时候，切忌不要任用小人，就是周人对自己的告诫。既然如此，武王为何不能一举清除所有"小人"，一劳永逸地解决问题呢？关于这个问题，我们可以从两个方面来看。一方面，殷商的小人与顽民，势力仍然很强大，若想赶尽杀绝，将会引起更大的动荡。这种情况下，区别对待才是最好的方法。杨宽指出，武王称纣为"独夫纣""一夫纣"，又说"商之百姓无罪"（《商誓解》），"这种集中打击一人而对其余宽大的政策，是瓦解敌人抵抗力量的一种重要策略"⑤。另一方面，文王曾对武王谆谆告诫，要宽宥商人。在清华简《程寤》中，文王曰："惟容内（纳）棘，意（亿）亡，勿用，不忍。思（使）卑柔和顺，眚（生）民不灾，怀允。""棘"是商廷小人的象征。文王劝诫武王，要容纳这些人，但是不要重用，要让他们顺服，以避免生民受灾。而在清华简《保训》中，文王又以商人先祖上甲微向有易复仇，"有易服厥罪，微无害"的例子，劝诫武王要行中道。后来，武王果然放弃了进一步的战争。据《礼记·乐记》载："马散之华山之阳，而弗复乘。牛散之桃林之

---

① 程颢、程颐：《二程集》，第 955 页。
② 李鼎祚：《周易集解》，第 161 页。
③ 同上书，第 161—162 页。
④ 王弼注、孔颖达疏：《周易正义》，第 240 页。
⑤ 杨宽：《西周史》，第 525 页。

野,而弗复服。车甲衅而藏之府库,而弗复用。倒载干戈,包之以虎皮。将帅之士,使为诸侯。名之曰建櫜。然后知武王之不复用兵也。"《周本纪》亦载:"纵马于华山之阳,放牛于桃林之虚;偃干戈,振兵释旅:示天下不复用也。"意思是一样的。武王的做法,既是审时度势,也是文王遗命的贯彻。此即爻辞"征凶,居贞吉"之义。伊川曰:"以尧舜为君,以圣继圣百有余年,天下被化,可谓深且久矣,而有苗、有象,其来格悆义,盖亦革面而已。小人既革其外,革道可以为成也。苟更从而深治之,则为已甚,已甚非道也。"①伊川对此爻义理的发挥,可谓切矣。

卦辞:"巳日乃孚,元亨,利贞,悔亡。""巳日",与六二一致,指癸巳日。"巳日乃孚",字面意思是说,癸巳之日,获得了信孚。引申一步,就是说周集团一致选定于癸巳之日出师伐商。"元亨,利贞,悔亡",是对武王伐商的判定。"悔亡",同于九四。

五、小　结

除了《同人》《需》《革》三卦专门叙述武王伐商之外,《周易》还有一些卦把武王克商事件,放置在更大的历史跨度中加以叙述。比如,《师》前四爻叙述了文王征伐,至作丰而止。接下来,其六五:"田有禽,利执言,无咎。长子帅师,弟子舆尸,贞凶。"以田野有禽兽出没、利于狩猎,比喻伐商的时机已到。"长子",指武王。太姒十子,姬发排名第二。伯邑考先卒,故以姬发为长。"帅师",统帅全军。"弟子",周公等。"尸",指先祖的神主。"弟子舆尸",即《周本纪》"为文王木主,载以车中军"(或"乃遵文王")。"贞凶",是说武王克商,过程中很多凶险。其上六:"大君有命,开国承家,小人勿用。"则是说,武王发布命令,分封诸侯及功臣,自诫不要任用小人。又如,《离》前五爻叙述了文王称王、征伐之事,至文王之殁而止。接下来,其上九:"王用出征,有嘉折首,获匪其丑,无咎。""王用出征",指武王伐商。"有嘉折首",指有嘉美之功,斩杀了商纣。"丑",类也。"获匪其丑",指抓到了商王的从恶,即《度邑解》"志我其恶,俾从殷王纣"。后来,武王在牧野举行告捷礼,在周庙举行献俘礼,就是用这些俘虏来献祭。又如,《晋》前五爻叙述了文王一生的主要经历,至文王征伐而止。接下来,其上九:"晋其角,维用伐邑,厉,吉,无咎,贞吝。"以动物前抵其角,象征了武王伐商。"维用伐邑",也是指武王伐商。又如,《涣》卦后四爻,亦皆叙武王克商之事。

①　程颢、程颐:《二程集》,第955页。

　　《周易》有关"武王克商"的历史叙事,确证了《周易》卦爻辞中有"汤武革命"的故事。而且,"武王革命"是《周易》卦爻辞最为重要的叙事内容之一。从上举《师》《离》《晋》的例子,我们可以看到,《周易》将武王克商与文王的事迹放在一起叙述,是将武王克商作为文王事业的自然延续,作为周人翦商事业的有机环节。这也从一个侧面证实了《逸周书·祭公解》"惟文王受之,维武王大克之,咸茂厥功"的说法。

　　《周易》的历史叙事,在许多方面增加,乃至更新了我们对"武王克商"事件的认识。

　　其一,洛师在武王克商的过程中具有重要的地位。武王九年,东伐观兵至于盟津。结合《同人》九三、九四的叙事,我们可以推测,这次东伐已经占据了黄河以南一个重要的桥头堡,即当时的洛师(成师)。这个军事重地,是周人戒备和探查的前哨,是武王伐商的据点和后盾,也是征伐南国的指挥所。因为洛师的战略地位,武王选定在此经营都邑。这一决策,在成王时代得以完成。据此,司马迁所谓"学者皆称周伐纣,居洛邑,综其实不然"(《周本纪》)的判定,或可以重新商榷。"学者"的传闻,应是符合历史实情的。太史公着重提出并探讨这个问题,想来是因为,当时他所见的历史材料,很多都显示了洛师在武王克商过程中的作用。只是太史公根据洛邑成于成王时这一点,摒弃这些材料而不用,甚为可惜。

　　其二,武王曾两次征伐,《周本纪》所载不误。杨宽指出,所谓"盟津观兵"不具有征伐的性质,而是会盟的意思。且从先秦所引的古《泰誓》看,"这是一篇武王与诸侯在盟津这个地方会盟的时候,所作的誓辞,具有盟誓的性质,所以这篇《太誓》又称为《大明》"[1]。又说,"因为原本《太誓》失传,后人发生误解,误认为武王先后两次誓师北伐,第一次因'天命未可'而'还师归'"[2]。这里的"后人"指司马迁。若说武王两次"伐商",的确过于严重。更可能的情形是,第一次征伐至于盟津,武王只是一路征伐诸侯国,并未直接打着"伐商"的名号。到了盟津之会,或也曾有过奇袭伐商的想法(或者当时有人如此提出),但因宗族(同盟)内部没有达成一致意见而作罢。故《同人》六二:"同人于宗,吝。"从这个意义上,武王"女未知天命,未可也"之语,是实有所指。成王时期的《小臣单觯》载:"王后反克商。"也指明了武王第二次征商。至于传说中的《泰誓》三篇,据《革》九三"革言三就",确实是武王正式伐商之时,为了稳定军心而作的誓辞,而不是第一次盟津之会的盟辞。

---

① 　杨宽:《西周史》,第523页。
② 　同上书,第548页。

其三,行军的途中曾多次下雨,这是后人进一步演绎灾异的原型。关于武王伐商途中的灾异,历史上有许多传说和演绎,大部与雨水有关。如《荀子·儒效》载:"至泛而泛,至怀而坏,至共头而山隧。"《吕氏春秋·贵因》载:"天雨,日夜不休。"《通典》载"师至泛水牛头山,风甚雷疾,鼓旗毁折,王之骖乘惶震而死"等,都与行军途中的暴雨有关。又《国语·周语下》载"(武)王以二月癸亥夜陈,未毕而雨"则说明,牧野之战的前夜还下了雨。这些传说,通过《需》卦的分析,可以获得佐证。"需"是"濡"的本字,意义可以相通。"需"一方面有须待、驻扎的意思;一方面又有沾湿、淋雨的意思。《周易》作者借"需"来叙事,是为了让某些爻辞具有双关的意义,如九二"需于沙"(渡盟津前后)、九三"需于泥"(牧野前夜)。行军途中的"灾异",引起了不小的恐慌,军中开始流言四起。武王《泰誓》三篇,即为此而发。考虑了雨水的因素,古本《武成》"血流漂杵"及《坤卦》上六"其血玄黄",也都可以得到合理的解释。

其四,武王克商后,以客礼待前朝。这一点,体现于《需》上六:"入于穴,有不速之客三人来,敬之,终吉。"武王将微子、箕子、武庚三人作为不速之客,以宾礼相待。这一做法,成了后来礼制的重要内容,体现了古人"兴亡继绝"的政治理想。《论语·尧曰》云:"兴灭国,继绝世,举逸民,天下之民归心焉。"此之谓也。

管仲"变形"论

——臆说诸子(四)

聂保平*

摘　要：如何评价管仲,是古代中国精英的思想取向与价值判断的折射。本文梳理了历史上对管仲的七种评价,认为这些评价都各有所偏,使得管仲在历史的长河中严重"变形"。管仲的批评者以道德理想主义作为批评的根据,这使得他们走向美好专制的深渊。笔者认为,管仲并非"器小",他"知礼""守礼",是大一统帝国政治-经济模版的奠定者,也是中国最具行动力的战略政治家。

关键词：管仲;道德理想主义;器小论

梁任公云:"齐国者,管子之舞台也。"[1]

齐桓公-管仲的君臣组合,"通轻重之权,徼山海之业,以朝诸侯,用区区之齐显成霸业"[2]。正是他们成就的"霸业",为后世的一统国家奠定了运作与治理的初始机制,而在舞台上角色分明的两个主角,在后世越来越多的评论述说里,却变得模糊不清了。

就文本而言,《管子》一书无论是形成原委还是其内容本身,都是诸子文本中最为复杂的。这使得《管子》本身变成中国思想和文化史上最复杂的"疑案",直到如今,从

* 作者信息:聂保平,男,1971 年生,安徽庐江人,自号三耳呆子,哲学博士,上海科技大学人文科学研究院研究员。

① 陈引驰编:《梁启超学术论著集》(传记卷),上海:华东师范大学出版社,1998 年,第 11 页。

② 司马迁:《史记》(第二版)卷三十《平准书》,北京:中华书局,1982 年。本文所引"二十四史"之书,皆为这个版次系列的点校本,不复作注。

文本组成到思想质地,都无定论。①

　　就管仲这个人而言,他比《管子》文本要复杂得多。这个复杂,一方面是指作为政治家的管仲,一直被后世论者撕扯,从孔子到梁启超,不同的权威人士对他的评价往往截然不同。另一方面,与管仲这个人密切相关的"故事",一直为后世所称道,比如,他和桓公的关系,被后世论者视为君臣关系的范例;又如他和鲍叔牙的友情和协同工作,既是后世"知音"的典范,也是成就事功的榜样。

　　表面看来,这样的复杂本身可视为"文献不足征"的历史问题使然,但是,仔细追究这些复杂问题自身的基本内容,则不仅文献可足征,而且还会折射出:(1)管仲首先是政治-道德镜像里的人,即他首先被政治化和道德化了;(2)管仲一直被模仿甚至被崇拜,同时也一直被否定、被批评;(3)管仲不是被清晰,而是一直在前两者的意义上被强化,以致他被深度曲解或误解了。

　　笔者以为,这样的管仲可视为中式事功人物的典型遭遇:被脸谱化的同时,也被矛盾化地理解;被矛盾化理解的同时,又被道德化地批评;被道德化批评的同时,又要散发救世典范的光芒。于是,在这样的进程中,管仲被吊诡化了——历史长河中的管仲一直在变形。

　　本篇依然遵循"臆说诸子"的基本方法——知人论世,尝试梳理管仲在后世人那里(以刘向为下限)如何被"吊诡"式评论,并说明"圣化"的道德主义是造成管仲"变形"的主要根源。

一、"器小"与"如其仁"

　　如何评价管仲,是古代中国精英的思想取向与价值判断的折射,其源头与《论语》中的评论有关。这里需要说明的是,本节有关《论语》诸章的辨析,笔者都以可能的情境化还原作为理解背景,再对相应的问题进行辨析。

　　仅就文本而言,《论语》中对管仲的评价是相互矛盾的,但深究其意的话,则可见孔子之论极具历史感和超越性。先看《论语》中管仲"器小"之说:

　　　　子曰:"管仲之器小哉!"或曰:"管仲俭乎?"曰:"管氏有三归,官事不摄,焉得

---

① 本文对《管子》文本引用,基本都视之为管子后学的编纂结果。

俭?""然则管仲知礼乎?"曰:"邦君树塞门,管氏亦树塞门;邦君为两君之好,有反坫,管氏亦有反坫。管氏而知礼,孰不知礼?"①

此处的器小论,为后世儒者不断发挥。后文将详论。

考虑到齐、鲁是近邻,两国的信息流通相对于其他诸侯国而言,应该更为便捷和丰富。对那个作成《春秋》的孔子来说,他所看到的史料中,有关管仲的部分也应该是丰富而翔实的。以此作为理解此章的背景,就文本内涵而论,此处的"器小"之说,应是孔门师徒结合具体材料讨论管仲后的结论之说。后面的有关管仲是否"俭"与"知礼"的问答,很可能也是这个讨论中的具体内容。

笔者以为,这里的"器小"是对"人"的判断,俭与礼是针对事而言。重要的是,管仲之不俭与不知礼,并非是其真不知,而是有其他原因的。按照相关记载,管仲的奢越是他处理君臣关系的策略,也是他树立自己权威的策略。② 管仲自己深知这种策略与人性的底里密切相关,故《管子》中有很多此类记载。③

正是对人性底里的深切认知,管仲对不法权贵的处置才会合法合理合情,以至被处理的人"没齿无怨言"。《论语·宪问》如是记载:

> 或问子产。子曰:"惠人也。"问子西。曰:"彼哉! 彼哉!"问管仲。曰:"人也。夺伯氏骈邑三百,饭疏食,没齿无怨言。"

此章涉及的是同类比较评判,即子产、子西、管仲都是那个时候的权臣,联系《论语》中的其他篇章,在孔子的判断意味里,子产与管仲有可比性,子西根本没法跟子产、管仲相比。

---

① 《论语·八佾》。

② 《韩非子·外储说·说五》记载了管仲说明自己为何要讲排场的原由——管仲相齐,曰:"臣贵矣,然而臣贫。"桓公曰:"使子有三归之家。"曰:"臣富矣,然而臣卑。"桓公使立于高、国之上。曰:"臣尊矣,然而臣疏。"乃立为仲父。孔子闻而非之曰:"泰侈逼上。"韩非对此也持批评立场。

③ 《管子·权修》载:"人情不二,故民情可得而御也。审其所好恶,则其长短可知也;观其交游,则其贤不肖可察也。二者不失,则民能可得而官也。"《管子·国蓄》载:"夫民者亲信而死利,海内皆然。民予则喜,夺则怒,民情皆然。先王知其然,故见予之形,不见夺之理。故民爱可洽于上也。租籍者,所以强求也;租税者,所虑而请也。王霸之君去其所以强求,废其所虑而请,故天下乐从也。"

虽然历代注疏者对"人也"这个判断的文本本身有争议,但无论是"人"即"仁",还是"人"即"仁人"的理解,都无损孔子评判中的意味:管仲处理伯氏的问题,使得伯氏不再享有食邑等特权,伯氏心服口服。笔者要申述的是,以社会人常情而论,对权势的恐惧一定会滋生出怨言,而伯氏的"没齿无怨言"跟管仲的地位和权力没有必然关系,因为它不是出自恐惧权势;相反,伯氏的"无怨言"应是源自管仲处置的合理合法合情,而使得伯氏无由生怨。

君臣关系是《论语》中的焦点问题,在如何看待管仲与故主公子纠的问题上,孔门师徒的识见判然有别。《论语·宪问》有两个相关联的记载:

> 子路曰:"桓公杀公子纠,召忽死之,管仲不死。曰:未仁乎?"子曰:"桓公九合诸侯,不以兵车,管仲之力也。如其仁!如其仁!"

> 子贡曰:"管仲非仁者与?桓公杀公子纠,不能死,又相之。"子曰:"管仲相桓公,霸诸侯,一匡天下,民到于今受其赐。微管仲,吾其被发左衽矣!岂若匹夫匹妇之为谅也,自经于沟渎而莫之知也。"

这两章是不同弟子对同一事件的不同向度的理解,在子路那里,由于召忽为主而死,而管仲不为故主尽忠,故有疑问。在子贡那里,同一问题被推进了一层,他不仅质疑管仲不为故主死,还质疑管仲为杀死故主的桓公效力的合理性。孔子对两者的回答也很不一样。对子路的问题,孔子没有针对问题本身作答,而是以结果为导向,对活下来的管仲及其事功进行效果评估,这个评估的核心是"不以兵车"。孔子从桓-管所成就的霸业中提炼出这个核心内容,是身处战国乱境中的孔子自己思想的折射——以和平方式获取权力与确立权威,是值得称道的。另一面,针对子贡对管仲的进一步责难,孔子依然从效果论出发为管仲辩护。在孔子看来,长时段的文明与历史里,管仲所发挥的作用远远甚于他践履君臣伦理的意义,而这个道理是那些只顾眼前的利益与伦理教条者所难以明白的。对此,钱穆先生评论说:

> "子路、子贡所疑,徒见其小,而孔子之言,实树万世之大教,非为管仲一人辩白也。盖子贡专以管仲对子纠言,孔子乃以管仲对天下后世言。"①

---

①　钱穆:《论语新解》,北京:生活·读书·新知三联书店,2002 年,第 268 页。

此论确为卓见。

综合《论语》孔门师徒对管仲的理解,在弟子那里,有一个共通性是明显的,即弟子的视野是"匹夫匹妇"式的,其背后的根据是世俗伦理,而且,他们无意中把自己所依据的那些伦理原则绝对化了,比如他们对君死臣辱的君臣伦理的过度强调。另一方面,作《春秋》的孔子极具历史感,这种历史感赋予孔子超越的视野。然而,孔子也有他的定见,在对待具体的问题上,他过度重视礼的意义,这限制了他对自身局限的认知与克服。

另外,孔门对答有两个吊诡处,一是"器小"之"器"在各类《论语》注疏中有未洽处,按照《论语》中的说法,"器"并非如钱穆所认为的"器量""识见"义,更多情境里,《论语》中的"器"作"工具""物器"义更为妥帖,如"君子不器"的说法,或者,以"才器"解,如"瑚琏"之答。无论哪一种,对照齐桓-管仲组合对于齐国的作用,都会产生这样的问题:管仲所成就的功业,绝非"器小"者所能成就。而以"器小"去定论管仲,岂非罔顾真实,歪曲管仲了?另一个吊诡处是,"器小"之说本身与"如其仁"等评论有抵牾处,即,孔子对管仲的评论本身有抵牾。

平实说来,由于我们无法切实知晓"器小"论产生的话语情境,故"器小"之所指是针对作为政治家与思想家合一的管仲,还是仅仅指某个局部事件或情境中的管仲,已不可考。至于其他评论,孔子都给出了理由或依据,其评判指向非常确定。

与孔子评判管仲的吊诡性相比,后世依据那个其实并不明晰的"器小"作为批评管仲的依据,以及单向道强化孔子所批评的奢侈和不知礼,则是另一层吊诡的变形了。其中最应注意和辨析的是,到了孟荀那里,被孔子所否定的问题,成为孟荀立论的起点。故他们开始论说时,常以"仲尼之门,五尺之竖子,言羞称乎五伯"发问。

二、"功臣"与"次忠"

以孔子继承人自居的孟子,在《孟子·公孙丑上》中连连慨叹:"自生民以来,未有夫子也","自生民以来,未有盛于孔子也"。然而,除了所谓圣王外,在《论语》中被孔子赞扬的人物,几乎都被孟子批评,如孔子说殷有三仁的伯夷叔齐,孟子认为"伯夷隘、柳下惠不恭",被孔子批评也被盛赞的管仲,在孟子那里几乎就是一个捡事功的人。在《孟子·公孙丑上》开篇,孟子满脸轻蔑地论说管仲:

公孙丑问曰:"夫子当路于齐,管仲、晏子之功,可复许乎?"孟子曰:"子诚齐人也,知管仲、晏子而已矣。或问乎曾西曰:'吾子与子路孰贤?'曾西蹴然曰:'吾先子之所畏也。'曰:'然则吾子与管仲孰贤?'曾西艴然不悦曰:'尔何曾比予于管仲?管仲得君如彼其专也,行乎国政如彼其久也,功烈如彼其卑也。尔何曾比予于是!'"曰:"管仲,曾西之所不为也,而子为我愿之乎?"曰:"管仲以其君霸,晏子以其君显,管仲、晏子犹不足为与?"曰:"以齐王由反手也。"

　　按照孟子的意思,他根本看不上管仲,懒得跟管仲比,更不愿成为管仲那样的人。在孟子看来,桓公那么信任管仲,管仲专权那么久,但他所成就的事功却那么微不足道,在齐国以及桓公的支持下成就的事功,易如反掌而已。

　　孟子执着于王道,否定齐桓-管仲组合成就的霸道,在他那里不仅是理论意义的对立,更是道德意义上的居高临下。然而,孟子对于王道实践的可行性并未给出确定的路径。相反,他强调概念的优先性为王道实践的先导,比如他对于仁政的无限强调。但在实践中,孟子自己对此却无相应的行动表达。同样是在《孟子·公孙丑上》中,他认为当时的世界是施行王道的最佳情境,可当公孙丑问他是否愿意致力于相应的实践时,他又给予否定的回答。

　　另一方面,当孟子把王道实践的主动权和动力源都定位在君主那里,这使得他的王道理论面临一个绕不过的理论和实践的双重陷阱,即,王道由圣王成,也由圣王发动,故任何臣子的作为只能是有助于王道实践,而不是成就王道。以此,他对管仲的看法,其实只是他自己理论悖论的折射而已。

　　与孟子几乎彻底否认管仲不同,荀子认为,从"臣道"的角度看,管仲是"功臣",其政治伦理可谓"次忠"。在《荀子·臣道》中,荀子认为:

　　　　齐之苏秦,楚之州侯,秦之张仪,可谓态臣者也。韩之张去疾,赵之奉阳,齐之孟尝,可谓篡臣也。齐之管仲,晋之咎犯,楚之孙叔敖,可谓功臣矣。殷之伊尹,周之太公,可谓圣臣矣。是人臣之论也,吉凶贤不肖之极也。必谨志之!

荀子严明于事功之道,在他看来,苏、张的纵横之术,"巧敏佞说,善取宠乎上",于内是"百姓不亲",于外是"诸侯不信"。而管仲、孙叔敖等人,"内足使以一民,外足使以距难,民亲之,士信之,上忠乎君,下爱百姓而不倦,是功臣者也"[1]。荀子的这个理解,与

---

[1]　《荀子·臣道》。

孔子对管仲事功的评价有相通处。但是，在对管仲如何成就其事功的问题上，荀子是接着孟子的路子走的，即管仲遇到的是齐桓公，才能成就霸业。荀子认为：

> 夫齐桓公有天下之大节焉，夫孰能亡之？倓然见管仲之能足以托国也，是天下之大知也。安忘其怒，出忘其雠，遂立为仲父，是天下之大决也。立以为仲父，而贵戚莫之敢妒也；与之高国之位，而本朝之臣莫之敢恶也；与之书社三百，而富人莫之敢距也；贵贱长少，秩秩焉，莫不从桓公而贵敬之，是天下之大节也。诸侯有一节如是，则莫之能亡也；桓公兼此数节者而尽有之，夫又何可亡也！其霸也，宜哉！非幸也，数也。

荀子这里的分析比孟子更有条理，也更符合人性与社会运作的道理。对齐国霸业而言，齐桓公对管仲的信任是管仲能够施展才能的根基要素，这也是管仲自己清晰明了的道理。（详后文。管仲之所以要分谤，主要是要维护桓公对自己的信任。失去信任的君臣关系，事实上是国家失控的开始。）也正是这样的道理，在荀子的理解里，管仲对桓公的君臣义是仅次于周公之于成王的“次忠”。荀子的评判理由和序列是这样的：

> 有大忠者，有次忠者，有下忠者，有国贼者：以德覆君而化之，大忠也；以德调君而辅之，次忠也；以是谏非而怒之，下忠也；不恤君之荣辱，不恤国之臧否，偷合苟容以持禄养交而已耳，国贼也。若周公之于成王也，可谓大忠矣；若管仲之于桓公，可谓次忠矣；若子胥之于夫差，可谓下忠矣；若曹触龙之于纣者，可谓国贼矣。

“以德调君而辅之”，这是荀子对管仲的政治伦理的评判，这个评判比孔子的历史感和超越性，比孟子的道德理想主义，都来得真切与实在。综合桓公-管仲组合的整体情况，稍作追究即可发现，荀子所论的背后有一个隐而未显的逻辑：管仲对桓公的尽心竭力，首先是对桓公信任的回报，成就霸业是这个回报的持续性结果。另一方面，管仲与桓公的君臣关系，更多的是类似懂得“无为”要义的董事长与精明能干的CEO（首席执行官）的关系，熟悉《管子》中的《大匡》《中匡》《小匡》内容的人会知道[1]，管仲如何全

---

[1] “三匡”的内容成于何时已难考实，总览其内容，其分大、中、小三类对管仲辅佐桓公成霸的言行做出梳理，应是后人为管仲辩护使然。这从侧面印证后人重视管仲言行的意义所在。

方位地妙喻治理的要义,以帮助桓公避免决策失误的。

有一点值得注意,荀子对管仲的评价远远高于对桓公的评价。荀子认为,桓公是"小人之杰",难登"大君子之门"。在这个意义上,辅佐桓公成霸业的管仲,终究是没法抵达圣域的。故在《荀子·大略》中,荀子给出了与《论语》中的"器小"论相匹合的评论:"管仲之为人,力功不力义,力知不力仁,野人也,不可为天子大夫。"可是,春秋以来,谁又能担得起"天子大夫"之名之实呢?

在《荀子·仲尼篇》中,荀子以"仲尼之门,五尺之竖子,言羞称五伯,是何也"发问。这个"羞称"说法,即已显现孔门后学对桓公的鄙视。但荀子之后,秦汉以来,几乎每一次帝国危机或王朝重建的时刻,"管夷吾"却成为诸多君主、大臣口中的追慕之名。

三、"暗而不知术"

韩非虽出自荀子之门,但他对管仲的理解,与老师可谓迥然有异。韩非论管仲的基点是君权权威,不利于这个权威的,即便贤能如管仲,在韩非那里也会被批评。

从《韩非子》中涉及对管仲评论的篇章看,韩非是以对具体事件的论难分析的方式去得出结论的,这与孔、孟、荀的评价理路不同。比如对那段历史上被反复提及的管仲"遗言",《韩非子·难一》中如是辨析:

> 管仲有病,桓公往问之,曰:"仲父病,不幸卒于大命,将奚以告寡人?"管仲曰:"微君言,臣故将谒之。愿君去竖刁,除易牙,远卫公子开方。易牙为君主,惟人肉未尝,易牙烝其子首而进之。夫人唯情莫不爱其子,今弗爱其子,安能爱君?君妒外而好内,竖刁自宫以治内。人情莫不爱其身,身且不爱,安能爱君?闻开方事君十五年,齐卫之间不容数日行,弃其母久宦不归。其母不爱,安能爱君?臣闻之'矜伪不长,盖虚不久',愿君久去此三子者也。"管仲卒死,桓公弗行。及桓公死,虫出尸,不葬。
>
> 或曰:管仲所以见告桓公者,非有度者之言也。所以去竖刁、易牙者,以不爱其身适君之欲也。曰:"不爱其身安能爱君?"然则臣有尽死力以为其主者,管仲将弗用也。曰:"不爱其死力,安能爱君?"是君去忠臣也。且以不爱其身,度其不爱其君,是将以管仲之不能死公子纠度其不死桓公也,是管仲亦在所去之域矣。

韩非以管仲的"度"的逻辑反管仲,这个论难看起来很有冲击力。但韩非并没辨析的是,同一逻辑的体现载体不同,结果会有不一样。竖刁、易牙、开方与管仲是不同质地的人,前三者做的,管仲不会做,管仲做的,前三者不能做。管仲爱其身,所以不死公子纠,管仲孝其母,所以会败逃,管仲有成霸业之志,所以忍辱效力桓公。进一步地,韩非这里把逻辑上的或然性当作必然性了,即,按照那个"度"的逻辑,竖刁他们那样,管仲也必然那样。

不过,韩非辩难的目的是要显现作为国家治理枢纽的齐相管仲,其选人机制的逻辑所暗含的悖论。韩非认为"明主"是治理的前提,而主术、赏罚机制是治理的关键,故紧接上文,韩非是这么论说的:

> 明主之道不然,设民所欲以求其功,故为爵禄以劝之;设民所恶以禁其奸,故为刑罚以威之。庆赏信而刑罚必,故君举功于臣而奸不用于上,虽有竖刁其奈君何?且臣尽死力以与君市,君垂爵禄以与臣市。君臣之际非父子之亲也,计数之所出也。君有道,则臣尽力而奸不生;无道,则臣上塞主明而下成私。管仲非明此度数于桓公也,使去竖刁,一竖刁又至,非绝奸之道也。

韩非明确批评管仲不知赏罚是治理要义,这是从个别推延到全部,犯了以偏盖全的错误。就治理道理而言,《管子》中的论说,比《韩非子》更具理论性,也更具中正性。此处韩非的辩难主题,被北宋的苏洵继承,苏洵在《管仲论》中认为,管仲不知进贤之道,是其不知本的表现,而进贤是绝奸的正道。苏洵有一个很切实的理解,他认为世间的贤人从未消失,贤是否进入政治领域担负公共责任去改良社会,其根本原因是看有没有明君,没有如桓公那样的明君,有了管仲之人,也不会有管仲或称霸之功。这又回到韩非的立足点上了——明主是治理和秩序化的前提。

其实,韩非他们认定君主是治理和秩序化的前提,是因为他们都有一个美好专制的逻辑,即明主能辨贤臣,贤臣能佐明主。在韩非那里,桓公是个"暗主",管仲也没有把治理的原则跟桓公说清楚("明此度数于桓公"),而管仲行事本身,也是不合于"法"的。针对管仲有"三归"、号"仲父"的情形,韩非批评说:

> 故行之而法者,虽巷伯信乎卿相;行之而非法者,虽大吏诎乎民萌。今管仲不务尊主明法,而事增宠益爵,是非管仲贪欲富贵,必暗而不知术也。故曰:管仲有失行,霄略有过誉。

韩非对于管仲的否定,源自他对"明主"和"法"的信念,也源自他对"主术"的迷信。

四、"无问其小节"

与韩非以君臣关系为枢纽对管仲进行负面评价不同,秦汉帝国的士人们对管仲的评价别有意味。《吕氏春秋》多从事功层面去理解,《淮南子》多从人性和事功本身去观照。

先看《吕氏春秋》如何评价管仲的。对管仲危机处理之术的赞赏,是彼时士人的一个兴趣所在。《吕氏春秋·顺说》载:

> 管子得于鲁,鲁束缚而槛之,使役人载而送之齐,皆讴歌而引。管子恐鲁之止而杀己也,欲速至齐,因谓役人曰:"我为汝唱,汝为我和。"其所唱适宜走,役人不倦,而取道甚速。管子可谓能因矣。役人得其所欲,己亦得其所欲,以此术也。是用万乘之国,其霸犹少,桓公则难与往也。

吕氏门下人对管仲的才能颇为赞赏,认为齐桓公匹配不上管仲。"其霸犹少",意即以当时齐国的条件,管仲可以做得更多更好。作《吕氏春秋》的士人对管子做出这种评价,可视为秦强大之术的自我坦白。但有一个细微处,即,吕不韦门下人把管仲应对危机的权宜,理解成管仲利用人而成私利的术,把危机时刻的权宜处置窄化为把人当作工具,这是他们工具理性的体现,而正是这种工具理性的过度运用,引发了秦之失败。或者说,工具理性可以成事,但无法立国。

与执掌上升期强秦权柄的吕不韦不同,心里想着入继皇统的淮南王刘安及其宾客们对齐桓-管仲的霸业颇为艳羡。一方面,淮南王门下士人对当时自利、享乐和伪善的风气颇有不满①,另一面,他们对自身成就《淮南子》一书又满怀壮志。《淮南子·要略》载:

---

① 《淮南子·泰族训》说:"当今之世,丑必托善以自为解,邪必蒙正以自为辟。游不论国,仕不择官,行不辟污,曰'伊尹之道也';分别争财,亲戚兄弟构怨,骨肉相贼,曰'周公之义也';行无廉耻,辱而不死,曰'管子之趋也';行货赂,趣势门,立私废公,比周而取容,曰'孔子之术也'。此使君子小人纷然淆乱,莫知其是非者也。"

齐桓公之时,天子卑弱,诸侯力征,南夷北狄,交伐中国,中国之不绝如线。齐国之地,东负海而北障河,地狭田少,而民多智巧。桓公忧中国之患,苦夷狄之乱,欲以存亡继绝,崇天子之位,广文、武之业,故《管子》之书生焉。①

淮南王府诸士,深知齐桓-管仲霸业的意义,也深知权威与文化对治世的基础性,故提炼桓公-管仲之志、所处之境、所行之法、所成之业,以作为《管子》之书所以行世的基本理由,而这个理由,正是管子及其功业的价值所在,桓公-管仲的组合因此也成为后世君臣贤士建功立业所效仿的榜样。

与孟、荀、韩对管仲的君臣伦理与政治取向的"吹毛求疵"不同,淮南王府诸士对管仲的诸般"耻"事都做了反向的赞扬。《淮南子·泛论训》载:

> 管仲辅公子纠而不能遂,不可谓智;遁逃奔走,不死其难,不可谓勇;束缚桎梏,不讳其耻,不可谓贞。当此三行者,布衣弗友,人君弗臣。然而管仲免于累绁之中,立齐国之政,九合诸侯,一匡天下。使管仲出死捐躯,不顾后图,岂有此霸功哉! 今人君论其臣也,不计其大功,总其略行,而求其小善,则失贤之数也。故人有厚德,无问其小节;而有大誉,无疵其小故。

对管仲"自我保护"的诸般行事,这里都赋予了智、勇、贞的德性内涵,并对道德理想主义的美好专制提出批评。在淮南王府的士人看来,正是不拘小节、不疵小故,才是管仲可以成就"霸功"的前提所在。后世论人取士,多以此为经典依据,如曹操的《唯才是举令》,其质地与此相通。

综合来看,相较于儒法人士对管仲的"苛求",秦汉转变之际的权臣和诸侯王对管仲的理解,都没有否定管仲功业本身的意义。但是,当儒家在汉帝国获取话语权后,在儒家巨子董仲舒那里,管仲事功本身又被消解乃至否定了,管仲再次被"变形"。笔者认为,造成这个"变形"的主要原因在于,在春秋大一统者的视野里,仁义等德性伦理超越事功,成为品评人的通用标准。然而,这个标准本身不足以成为衡量所有人和所有情境中人的标准。因为,这个标准事实上发生作用时,品评者往往

---

① 这段文字后半段之义,在《淮南子·泰族训》中是这样表述的:"管子忧周室之卑,诸侯之力征,夷狄伐中国,民不得宁处,故蒙耻辱而不死,将欲以忧夷狄之患,平夷狄之乱也。"

只注重德性形式本身,淡漠甚至罔顾不同情境中的德性事实往往是随境变化的,即品评者往往会不自觉地否定具体的德性言行会有变量的存在,以"德"杀人也因此成为后世儒者的通病。

五、"比于仁贤,何贤之有?"

董仲舒的学问、德行皆是一流,他对管仲的品评,强化了前述《论语》中"器小"论的同时,也强化了他自己所秉持的仁义标准。在《春秋繁露·精华》中,他对"器小"论做了论证:

> 齐桓挟贤相之能,用大国之资,即位五年,不能致一诸侯,于柯之盟,见其大信,一年,而近国之君毕至,鄄幽之会是也。其后二十年之间,亦久矣,尚未能大合诸侯也,至于救邢卫之事,见存亡继绝之义,而明年,远国之君毕至,贯泽、阳谷之会是也。故曰:亲近者不以言,召远者不以使,此其效也。其后矜功,振而自足,而不修德,故楚人灭弦而志弗忧,江黄伐陈而不往救,损人之国,而执其大夫,不救陈之患,而责陈不纳,不复安郑,而必欲迫之以兵,功未良成,而志已满矣。故曰:管仲之器小哉!此之谓也。自是日衰,九国叛矣。

董氏以自己所列举的事实,论定管仲"器小",貌似证据确凿。但更明显的是,董氏之论,纯以理想化功业衡量现实政治,以一统国家的政治与外交去衡量春秋分裂之大势,且又以从未实现的王道伦理陵越霸道政治。董氏的这个理解,与《淮南子》的理解有相对处。《淮南子》以大势论管仲,董氏纯以功业之果,以证其志之不大。问题是,缺乏才能的志大者往往疏于事,且多以大志框人,结果往往是大志成虚言,行事多乖张,遑论其功业如何?

董氏对桓公-管仲的批评,过于执着美好构想(仁圣)的同时,还对德性本身的理解过于崇高。他延续荀子对齐桓公的够不上"大君子之门"的批评,否定了齐桓-管仲之业具有"贤"的质地。他说:

> 仁人者,正其道不谋其利,修其理不急其功,致无为而习俗大化,可谓仁圣矣,三王是也;春秋之义,贵信而贱轴,轴人而胜之,虽有功,君子弗为也,是以仲尼之

门,五尺童子言羞称五伯,为其轴以成功,苟为而已也,故不足称于大君子之门,五伯者比于他诸侯为贤者,比于仁贤,何贤之有?①

　　综合上引"器小"之论来看,董氏此论暗含了以下问题:其一,以儒家仁义为根底,且认为仁义本身必可完满实现。但事实是,这个实现本身并无止境。其二,以所谓功业本身为文明之末。故无论功业如何,其价值都无法与那个他们认定了的仁义内涵相比。而事实情形是,一流的功业必然会为仁义的践履提供文明基础,一流的功业本身也必然含蕴着仁义的质地。其三,董氏所认定的仁贤之人,是所谓圣王或处士,这两者其实都与管仲了无干系,以了无干系的身份去强行观照管仲,不仅违反逻辑,事实上也罔顾了真实。由于身份限制,按照儒家或董仲舒所秉持或强化的君臣伦理,管仲不能也无法废侯自立,更不可能代周而王,否则,管仲自己就会成为诛灭的对象。管仲之所以历劫难而不死,首先是因为他的身份和智慧,然后才是他的贤能。因此,以所谓王的身份去要求一个不可能成为王的人,去成就圣王之事,不仅荒谬,其要求本身还暗含了一种道德或理想化的专制,我们也可称之为美好的一厢情愿。

　　进一步地,管仲也非处士,即,管仲若以处士立于世,则其言行与霸业不会有深切的关联,历史上的处士从来没有像管仲那样长在庙堂以行事,更何况,处士的仁贤并不是所有仁贤的标准,把处士型的仁贤推而广之地作为仁贤标准,是道德主义者往往犯的另一种美好专制。最为重要的是,春秋学所提倡并努力维护的尊王,正是管仲的功业所实际达成的事实,《淮南子》等皆有所论。董氏罔顾这一基本事实,转而以理想化的道德主义视野框照管仲,这个定格化的框照本身,成为后世儒者论人的模板。

六、"天子之佐,诸侯之相也!"

　　与董仲舒的道德化评判相反,深味历史的司马迁对管仲不吝赞词,在《史记·管晏列传》中,史公以桓公、管仲皆为贤者,并对"器小"论提出推测:"管仲世所谓贤臣,然孔子小之。岂以为周道衰微,桓公既贤,而不勉之至王,乃称霸哉?"这是史公的敏锐。以历史大势推论孔子的"器小"论缘起,既不诬管仲,也未做误导。相反,

————————————————

① 《春秋繁露·对胶西王越大夫不得为仁》。

"而不勉之至王"的推测本身,是对事功者的一种历史警示,即有更好的可为方向时,不应止于当下。

史公之后,汉家宗室刘向,以其博学与深思,编辑《说苑》之书,以备后世博览。下面这则记载清晰明了,刘向应有所本,其内容可作为《论语》相关说法的对照与补充。

> 子路问于孔子曰:"管仲何如人也?"子曰:"大人也。"子路曰:"昔者管子说襄公,襄公不说,是不辩也;欲立公子纠而不能,是无能也;家残于齐而无忧色,是不慈也;桎梏而居槛车中无惭色,是无愧也;事所射之君,是不贞也;召忽死之,管仲不死,是无仁也。夫子何以大之?"子曰:"管仲说襄公,襄公不说,管仲非不辩也,襄公不知说也;欲立公子纠而不能,非无能也,不遇时也;家残于齐而无忧色,非不慈也,知命也;桎梏居槛车而无惭色,非无愧也,自裁也;事所射之君,非不贞也,知权也;召忽死之,管仲不死,非无仁也。召忽者,人臣之材也,不死则三军之虏也;死之则名闻天下,夫何为不死哉? 管仲者,天子之佐,诸侯之相也,死之则不免为沟中之瘠;不死则功复用于天下,夫何为死之哉? 由! 汝不知也。"①

考虑到《说苑》之书的编辑意味和整体取向,刘向选编的这段对话,可视为他对管仲的评价。"管仲者,天子之佐,诸侯之相也。"大概算是刘向对管仲的定位。但考虑到资料来源不能确定,这段对话也可视为战国时人对管仲的辩白,很可能也是那些游士对自己各种"不"的辩护。这段记载与前述《淮南子·泛论训》的理解路向相近,结论相通。在这段对话里,借孔子之口,子路那种世俗伦理视野中管仲的各种非伦理之事,都变成了一个智慧人的应时而变的举措了。

稍作辨析的是,子路的问题是先有固定的判断或价值体系,然后直接以这个体系判断事件本身,而不论造成事件的相关因素。表面看来,这是一种典型的就事论事,颇有诘问力。但是任何一事从来不是事本身那么简单,或者说,一个结果为何出现,是很难仅以这个结果本身所能清晰解释的。古人讲求知人论世,即是基于对"A→B"这类直接因果关系的警惕与纠正,孔子明白这点,故为子路挨个儿解释。

另外,子路的说法是典型的大众化思维,这种思维习惯于寻求简单有效的判断体系,以期快速形成结论。此类寻求,是哲学和思想本身的敌人,而且是赶不走抹不去的

---

① 《说苑》卷十一。

敌人。唯有通过教育,让这样的"敌人"自己放弃那样的寻求,此类判断造成的荒谬或伤害,或可减少到最低。

同样是在《说苑》中,刘向选编了另一则与《论语》中"不知礼"的批评截然相反的说法:

> 齐桓公使管仲治国,管仲对曰:"贱不能临贵。"桓公以为上卿而国不治,桓公曰何故? 管仲对曰:"贫不能使富。"桓公赐之齐国市租一年而国不治,桓公曰:"何故?"对曰:"疏不能制亲。"桓公立以为仲父。齐国大安,而遂霸天下。孔子曰:"管仲之贤,不得此三权者,亦不能使其君南面而霸矣。"①

这则材料颇有时间感,在《论语》《韩非子》中都没有先后顺序的任职、食租(其他典籍中多为"三归")、敬以"仲父"的事件,在这里变成顺次递进了。颇为意外的是,这里的孔子评判却是肯定的,起码肯定了管仲行使权宜之计是霸业的前提。笔者依然认为,这样的评判可视为刘向对管仲的所谓"不知礼"的反向理解。唯有在此意义上,在刘向的理解里,孟子所鄙视的齐桓晋文之事,孟子所瞧不上的管仲功业,才会变成"救中国""尊周室""强中国""显周室"的政治与伦理伟业了。②

七、"守礼"的管仲

前引《论语·宪问》中孔子对管仲僭越而不知礼的批评,影响深远,如《礼记·礼器》记载:"管仲镂簋朱纮,山节藻棁,君子以为滥矣。"但考诸其他典籍,则可知孔子的批评,只是针对其奢靡僭越本身有效,而对作为思想家和政治家的管仲这个人而言,则并非确然的定论。本节略举几则记载,以见管仲"知礼""守礼"。

先看《左传》中的记载:

---

① 《说苑》卷八。

② 《说苑》卷八记载:"春秋之时,天子微弱,诸侯力政,皆叛不朝;众暴寡,强劫弱,南夷与北狄交侵,中国之不绝若线。桓公于是用管仲、鲍叔、隰朋、宾胥无、宁戚,三存亡国,一继绝世,救中国,攘戎狄,卒胁荆蛮,以尊周室,霸诸侯。晋文公用咎犯、先轸、阳处父,强中国,败强楚,合诸侯,朝天子,以显周室。"

> （僖公七年）秋，盟于宁母，谋郑故也。管仲言于齐侯曰："臣闻之：招携以礼，怀远以德。德、礼不易，无人不怀。"齐侯修礼于诸侯，诸侯官受方物。①

在实际政治运作中，管仲对礼及其效用的理解，与儒家所论并无二致，而且，作为治理权威的管仲，在外交实践中也能践礼以取信于诸侯。下面的记载，从另一面说明管仲对礼的深切理解：

> （僖公七年）郑伯使太子华听命于会，言于齐侯曰："泄氏、孔氏、子人氏三族实违君命。君若去之以为成，我以郑为内臣，君亦无所不利焉。"齐侯将许之。管仲曰："君以礼与信属诸侯，而以奸终之，无乃不可乎？子父不奸之谓礼，守命共时之谓信，违此二者，奸莫大焉。"

信与礼是《左传》中特别重视的两个内容，笔者以为其可信度颇高。除了上述两则管仲劝诫齐桓公必须守礼外，《左传》中的另一则记载，几乎完美体现了管仲的责任伦理和守礼精神。

> （僖公十二年）冬，齐侯使管夷吾平戎于王，使隰朋平戎于晋。王以上卿之礼飨管仲。管仲辞曰："臣，贱有司也。有天子之二守国、高在，若节春秋来承王命，何以礼焉？陪臣敢辞。"王曰："舅氏！余嘉乃勋！应乃懿德，谓督不忘。往践乃职，无逆朕命！"管仲受下卿之礼而还。君子曰："管氏之世祀也宜哉！让不忘其上。《诗》曰：'恺悌君子，神所劳矣。'"

如今我们难以考究孔子是否知晓管仲此类守礼实践。但如前文推测，作《春秋》的孔子是可以知道管仲此类守礼外交事件的。此外，管仲对周天子的守礼而还，也可视为管仲的低调与自律。

管仲的守礼，自然源自他知礼，桓公-管仲治下的齐国之所以能强大并取信于周天子和诸侯，很大程度上即源自管仲对礼的深切理解和忠实遵守。且以《管子》中的几个

---

① 《左传·僖公七年》。

关键论说佐证之。①

第一，《管子·牧民》中即有著名的"国有四维"之说②，礼居其首。

第二，《管子·心术上》中，对礼的理解，比后来的荀子更为中正简明。其文曰：

> 礼者，因人之情，缘义之理，而为之节文者也，故礼者谓有理也。理也者，明分以谕义之意也。故礼出乎义，义出乎理，理因乎宜者也。法者所以同出，不得不然者也，故杀僇禁诛以一之也。故事督乎法，法出乎权，权出于道。

"理"为万事万物所固有，固有之理之间自有分际，且各"理"的适用性也是随境的，这是"宜"。管子的这种识见，看似普通，实为深刻。这样理解本身，确立了法的根基，同时，又为法的适用性开辟了理解路向。

第三，《管子·枢言》中对礼的理解，与《管子·心术上》的理解是一贯的，但它被导向对于"治"的强调。其文曰：

> 人故相憎也，人之心悍，故为之法。法出于礼，礼出于治。治，礼道也。万物待治礼而后定。

很显然，在管仲看来，社会人的真实状态需要被规制，这个规制的需要本身，是礼必须被制定的根源。用现代的话说，秩序化（"治"）是礼的根本。故在《五辅》中有礼有"八经"的说法。所谓"八经"，即"上下有义，贵贱有分，长幼有等，贫富有度。凡此八者，礼之经也"。这样的秩序化理解，涉及了社会的各个基本面，即在管仲的视野里，礼绝非仅仅是伦理的、仪式的，礼更是治理之道。故《管子·中匡》中有这样的记载：

> （桓）公曰："请问为国。"对曰："远举贤人，慈爱百姓，外存亡国，继绝世，起诸孤；薄税敛，轻刑罚，此为国之大礼也。"

------

① 《管子》文本的来源复杂，其所载有关"礼"的论说，并不见得一定全为管仲所言，但在一些关键篇章中，皆有"礼"论，我们恐怕也很难说那些全是后人编入。比如，《君臣下》之篇，论礼尤详，即应是管仲治理理论中的应有之义。

② 其文曰："何谓四维？一曰礼，二曰义，三曰廉，四曰耻。礼不逾节，义不自进，廉不蔽恶、耻不从枉。故不逾节则上位安，不自进则民无巧诈，不蔽恶则行自全，不从枉则邪事不生。"

"为国之大礼",亦可理解为"为国之大治"。管仲及其后学的这个理解,可视为对单向的伦理或德性之礼的超越,也可视为对作为秩序化之礼的拓展运用。以此而言,管仲对礼的理解,才更合拍于文明的演进,也更合乎他自身的定位。

《管子·七法》中说:"成功立事,必顺于礼义。"结合上述管仲守礼的论说,则《管子·七法》中的这个说法,岂不就是管仲的"夫子自道"了?

八、余　论

《管子》中有《大匡》《中匡》《小匡》三篇,其内容大致是对桓公-管仲霸业的回顾性总结。其中,《大匡》开篇即是齐之三贤(管夷吾、召忽、鲍叔牙)对话,其内容可视为三人的君子协定(鲍叔牙奉小白即桓公为主,召忽、管仲奉公子纠为主),三人对各自的责任和可能的遭遇都有认知。管仲从社会人性的角度深切认知当时齐国的情势,推定小白是未来齐国之主,且自信地说:"小白之为人无小智,惕而有大虑,非夷吾莫容小白。"那意思是,只有我管夷吾才能辅佐好小白。对谈中,涉及君臣伦理和责任伦理时,管仲非常清晰自己的志向、选择和责任,他说:

> 夷吾之为君臣也,将承君命,奉社稷,以持宗庙,岂死一纠哉?夷吾之所死者,社稷破,宗庙灭,祭祀绝,则夷吾死之;非此三者,则夷吾生。夷吾生,则齐国利;夷吾死,则齐国不利。①

这样的对话内容,非亲历者记录,他人不会知晓。笔者认为,这样的记载应是当时涉事者的记录史料,后被选编进《管子》。管仲的此段"自白"合乎一个战略政治家的自我定位,他的政治伦理超越了狭隘的君臣关系,而上升至"国民-国家"的关系,管仲认定的献身对象是国家(社稷)、国统(宗庙)和文化(祭祀),而非单向君臣关系中的主公,故说"社稷破,宗庙灭,祭祀绝,则夷吾死之"。管仲的这个定位没有私心和私利,简直就是"以身许国"了,这应是他能赢得"仲父"地位的潜在原因之一。管夷吾对小白知根知底,后来的桓公对管仲也了然于心。这种状态,以当今的话说,即是桓公与管仲之间有足够的政治互信和要素互补。信任管仲的桓公"无为而治",对管仲言听计从,故

---

① 《管子·大匡》。

遇事则"以告仲父",做甩手掌柜,以至"一则仲父,二则仲父,易哉为君!"①。受桓公信任的"仲父"则"将欲霸王,夷吾在此"②,他以"利出一孔"为施政枢纽③,"俗之所欲,因而予之;俗之所否,因而去之",又"善因祸而为福,转败而为功;贵轻重,慎权衡"④。于是,桓公-管仲组合成为齐国霸业的基石。很大程度上,可以这么说,桓公的"无为"成就了管仲的"贤治",而这样的模式,其实也成为后世一统帝国士人论政的潜在镜像。或许,中国古代政治的奥妙,即潜隐在齐国的霸业之中。只不过,当儒家政治、伦理话语占取主流之后,被荀子降格为不入"大君子之门"的桓公和被孔子评为"器小"的管仲,只能成为道德理想主义的陪衬,同时,也成为"美好专制"的话语祭品。

然而,自秦昭王对范雎说:"昔者,齐公得管仲,时以为仲父;今吾得子,亦以为父。"⑤此后,大一统帝国那些戮力求治的君臣,就频繁以桓公-管仲组合模式作为成就大业的榜样,尤其对君主和士大夫而言,他们对"管夷吾"式人物的期待和渴望,总是那么执着而热切。比如,晋室南渡之后,王导被朝廷人士称为"仲父",被温峤等大名士视为"江左管夷吾"⑥。在唐太宗李世民那里,他大舅子长孙无忌辞让司空的"三公"名位时,太宗诏答:"齐桓得管仲,为五伯长;朕得公,遂定天下。公其无让!"⑦

笔者以为,管仲之所以被如此关注,是因为他的与众不同里展现了一种全新的现实,即司马迁明确觉察到的:"论卑而易行,俗之所欲,因而予之;俗之所否,因而去之。"⑧这种对待方式,是基于社会人的理性自利而采取的治理策略,这是一种现实主义策略,它与那种完美的道德理想主义或所谓的圣化构想,截然不同。

管仲深知物质对于国家、社会和人的意义,故他强调要"利出一孔",把资源的分配

---

① 《吕氏春秋·任数》。

② 《韩非子·外储说》。

③ 《管子·国蓄》云:"利出一孔者,其国无敌……出四孔者,其国必亡。先王知其然,故塞民之羡,隘其利途。故予之在君,夺之在君,贫之在君,富之在君。故民之戴上如日月,亲君若父母。"如此,则"凡将为国,不通于轻重,不可为笼以守民;不能调通民利,不可以语制为大治"。管仲的这个理解,事实上成为后世一统帝国的政治-经济模板:朝廷紧紧掌握基础资源的分配权,匹以三公九卿(后为三省六部)制和察举制(后为科举制),中央集权的大一统机制因此得以稳固运作。

④ 《史记》卷六十二《管晏列传》。

⑤ 张清常、王延栋:《战国策笺注》卷五《秦三》,天津:南开大学出版社,1993年。

⑥ 事见《晋书》卷六十五《王导传》、卷六十七《温峤传》。

⑦ 事见《新唐书》卷一一八《长孙无忌传》。

⑧ 《史记》卷六十二《管晏列传》。

权牢牢地嵌入权力机制中,他同样知道物质丰富的利弊,所以他说"仓廪实而知礼节"①,他要主张"四维"。换言之,管仲之所以成为"仲父",是因为他很现实也很妥帖地处理了最高权力与物质丰富的冲突,机智地处理他自己与两种最高权力(周天子和桓公)的关系;他洞悉了现实中权威作用的奥妙,他深切知道如何树立自己权威的同时而不损伤最高权力的权威,故他毫不犹豫地"自黑"②。

如果我们把《管子》一书视为管仲思想和经验的精华集结的话,则从《管子》的内容看,管仲几乎理解一切,同时也能善用一切。而理解一切成为他从容善用的前提。

管仲不拒绝物质的丰富,但物质对于他只是资源或手段,不是目的,他知道物质世界和精神世界的差异,但他更洞悉保持两个世界的共存和平等是一种智慧,而对他人而言,那两个世界往往是对立的、不相容的。这也是他人误解管仲的根源之一。

也许,我们可以这样说,历史上那么多评论管仲的人,已经失去理解管仲的现实情境,失去管仲式的视野,也失去管仲式的雄心与智慧。这样的人,对整体意义的管仲的评价,不可能是一种真实呈现,而更可能是 N 种曲解或误解了。

后世对孔子的"器小"的发挥解读,都集中在管仲没有促勉桓公行王道、成仁贤,这可谓是对管仲最大的误解了。正如司马迁对孔子的"器小"之论所置疑的:"岂以为周道衰微,桓公既贤,而不勉之至王,乃称霸哉?"③正是这个"勉之至王",是后世对管仲的臆想化要求。④ 然而,按照前述古人品评管仲的潜在逻辑——可否成就王业的最终权力和权威都在诸侯(君主)那里,无论臣子如何贤明,其所能成就的也至多是辅佐而已,则齐桓-管仲的组合没能成就王业,根本就不是管仲的错了。

---

① 《管子·牧民》。

② "自黑"是古代权臣避免君主猜忌的常用方式,管仲的"三归"等一般都被视为他为桓公"分谤",一统帝国的"自黑"事件,最著名的就是萧何买地置产以自污。事见《史记》卷五十三《萧相国世家》。

③ 《史记》卷六十二《管晏列传》。

④ 其实,《管子·小问》中的一段对答,已经很充分地解释了桓公何以能霸不能"王"的问题,其文曰:"桓公问管仲曰:'寡人欲霸,以二三子之功,既得霸矣。今吾有欲王,其可乎?'管仲对曰:'公当召叔牙而问焉。'鲍叔至,公又问焉。鲍叔对曰:'公当召宾胥无而问焉。'宾胥无趋而进,公又问焉。宾胥无对曰:'古之王者,其君丰,其臣杀。今君之臣丰。'公遁,缪然远立。三子遂徐行而进。公曰:'昔者大王贤,王季贤,文王贤,武王贤;武王伐殷克之,七年而崩,周公旦辅成王而治天下,仅能制于四海之内矣。今寡人之子不若寡人,寡人不若二三子。以此观之,则吾不王必矣。'"

在此意义上,古人评论管仲的立足点或基本根据,既没有逻辑上的自洽,也显现出一种美好专制。王道主义者把理想意义上的可能性作为现实中可以呈现的内容,这只是一种美好愿望。而以美好愿望作为衡量人的参照系或标准,所有被衡量的人都将是有重大缺憾的。

重要的是,在美好愿望的所有愿望中,其最美好的内容其实是从未实现的,而且也不会被实现——正如"王道"从未实现一样。然而,也正是这种极致愿望,成为一种极具诱惑力的道德话语的核心,也成为一种道德利器。而这样的利器随着信息传播技术的发达与易用,如今正在快速地被大众随意使用。

《晏子春秋》学派归属问题考辨

袁　青*

摘　要：关于《晏子春秋》学派归属问题，主要有"儒家说""墨家说""道家说""自成一派说""史部传记类""小说家说"等几种看法，其中以"儒家说"和"墨家说"影响最大，通过对这些说法的仔细考察以及对《晏子春秋》文本的分析，我们认为《晏子春秋》当视为儒墨思想融合的产物，有点类似于《汉书·艺文志》的"杂家"，不过此"杂家"是综合派而非折中派，或许《晏子春秋》是杂家的先驱，可视为以儒为主的"杂家"。

关键词：《晏子春秋》；学派归属；儒家；墨家

关于《晏子春秋》的学派归属问题，前人的看法不一，争议很大。笔者拟在总结前人观点的基础上，对《晏子春秋》的学派归属提出一点自己的看法。

一、关于《晏子春秋》归属儒家或墨家的争议

现存文献中，最早论述《晏子春秋》学派归属问题的是刘向《晏子叙录》："其书六篇，皆忠谏其君，文章可观，义理可法，皆合《六经》之义。"刘向将《晏子春秋》视为儒家著作。其后《汉书·艺文志》将《晏子春秋》著录于"诸子略"儒家之首，《汉书·艺文

---

* 作者信息：袁青，男，1987年生，江西吉水人，哲学博士，中山大学哲学系(珠海校区)副教授。
本文是国家社科基金青年项目"最新黄老学出土文献学研究"(18CZX024)的阶段性成果。

志》是删刘歆《七略》而来，而刘歆《七略》又是在刘向《别录》的基础上完成的，因而《汉书·艺文志》这种看法当是承刘向而来。《隋书·经籍志》也承袭了这种观点，将《晏子春秋》著录于子部儒家之中。

但也有学者将晏婴视为墨家代表人物，如扬雄就说："墨、晏俭而废礼。"（《法言·五百》）《列子·杨朱篇》张湛注："晏婴，墨者也，自以俭省治身，动遵法度。"这种观点将晏婴视为墨家人物，虽没有提出《晏子春秋》的归属问题，但隐含《晏子春秋》为墨家著作的结论。至唐代柳宗元作《辩晏子春秋》，明确质疑《晏子春秋》归于儒家这种看法，他说："司马迁读《晏子春秋》，高之，而莫知其所以为书。或曰晏子为之，而人接焉；或曰晏子之后为之，皆非也。吾疑其墨子之徒有齐人者为之。墨好俭，晏子以俭名于世，故墨子之徒尊著其事，以增高为己术者。且其旨多尚同、兼爱、非乐、节用、非厚葬久丧者，是皆出墨子。又非孔子，好言鬼事，非儒、明鬼，又出墨子。其言问枣及古冶子等，尤怪诞；又往往言墨子闻其道而称之，此其显白者。自刘向、歆、班彪①、固父子，皆录之儒家中，甚矣！数子之不详也。盖非齐人不能具其事，非墨子之徒，则其言不若是。后之录诸子书者，宜列之墨家，非晏子为墨也，为是书者，墨之道也。"②柳宗元怀疑《晏子》是"墨子之徒有齐人者为之"，并认为此书与墨家学说相吻合，应归属于墨家。

柳宗元看到了《晏子》与墨家的联系，这个说法影响巨大，其追随者甚多，如晁公武《郡斋读书志》、马端临《文献通考·经籍考》皆从其说，将《晏子》改入墨家。柳宗元之后，围绕着《晏子春秋》到底归属于墨家还是儒家，学者们有很大的争议。

有学者发展了柳宗元的观点，认为《晏子春秋》当属墨家。如宋人薛季宣说："柳子厚辨《晏子春秋》，以为墨者，齐人尊著晏子之事，以增高为己术者，其言信典且当矣，虽圣人有不易。走见而喜其辨，谓其所自见诚有大过人者。晚得《孔丛子》读之，至于《诘墨》，怪其于《墨子》无见，皆《晏子春秋》语也，乃知子厚之辨有自而起。"③项安世④、焦

---

① 《汉志》乃是班固据《七略》删减而成，班彪并未参与，此处柳宗元行文失考。——引者注。
② 柳宗元：《柳宗元集》第一册，北京：中华书局，1979 年，第 113—114 页。
③ 薛季宣：《浪语集》，见《景印文渊阁四库全书·集部九八·别集类》，台北：台湾商务印书馆，1986 年，第 417 页。
④ 项安世：《项氏家说》，北京：中华书局，1985 年，第 99 页。

竑①、凌扬藻②、尹桐阳③、陈朝爵④等人均同意此说。日人古贺侗菴更是详细辨明《史记》《晏子》等所载晏子沮孔子事乃出于《墨子·非儒篇》,而非事实,更进一步他认为《晏子》并非出于墨子弟子之手,而是后来主张墨家者为之。⑤ 法国著名汉学家马伯乐(Henri Maspero)也说:"(《晏子春秋》的)作者似乎是公元4世纪齐国的学者,其哲学倾向与《管子》相反,似乎倾向于墨家而非儒家。"⑥

　　但也有一大批学者坚持《汉书·艺文志》的看法,认为《晏子春秋》当归于儒家。清人孙星衍批驳了柳宗元的观点,他认为:"柳宗元文人无学,谓墨氏之徒为之,《郡斋读书志》《文献通考》承其误,可谓无识。晏子尚俭,礼所谓国奢则示之以俭,其居晏桓子之丧尽礼,亦与墨异。《孔丛》云:'察传记晏子之所行,未有以异于儒焉。'儒之道甚大,孔子言'儒行有过失,可微辨而不可面数',故公伯寮愬子路而同列圣门;晏子尼谿之阻,何害为儒? 且古人书外篇半由依托,又刘向所谓疑后世辨士所为者,恶得以此病晏子!"⑦孙星衍指出柳宗元文人无识,没有看到晏子与墨家在根本上是不同的,而与儒家是相通的。

　　其后,清人王鸣盛⑧、谭献⑨、刘师培等均同意孙说。其中以刘师培所作的《晏子非墨家辨》说理最为透彻,他说:"晏子立言之旨,《淮南·要略》所述至详,其第八一篇,刘向谓似非晏子言,其识至精。至唐代柳宗元始谓墨氏之徒所为,宋代晁氏、马氏辑书目,均循其说。近孙星衍以无识讥之,其说允矣,然意有未尽。夫墨子之学,出于清庙之守,以敬天明鬼为宗,其徒缠子、胡非子、随巢子书虽不存,然考其佚文,亦均敬天明

① 焦竑:《国史经籍志》,上海:商务印书馆,1939年,第177页。

② 凌扬藻:《蠡勺编》(卷二十),见《清代学术笔记丛刊》(35),北京:学苑出版社,2005年,第183—184页。

③ 吴则虞:《晏子春秋集释》,北京:中华书局,1962年,607页。

④ 陈朝爵:《汉书艺文志约说》,见王承略、刘心明主编《二十五史艺文经籍志考补萃编(第五卷)》,北京:清华大学出版社,2012年,第109页。

⑤ 吴则虞:《晏子春秋集释》,第632—635页。

⑥ Maspero H. China in Antiquity. *Kierman F A. (tr.)*. Amherst:The University of Massachusetts Press,1978:pp. 359 - 360.

⑦ 孙星衍校:《晏子春秋》,北京:中华书局,1985年,第2—3页。

⑧ 王鸣盛说:"柳子厚谓《晏子春秋》非婴著,墨氏之徒勦合而成。今观《汉志》儒家首列《晏子春秋》,柳说恐未是。"(见王鸣盛《蛾术编》,北京:商务印书馆,1958年,第215页)

⑨ 谭献《复堂日记》卷四云:"校《晏子春秋》,固宜从《汉志》入儒家,柳子厚之言不足依据。"(见谭献著《复堂日记》,范旭仑、牟晓明整理,石家庄:河北教育出版社,2001年,第98页)

鬼。惟《晏子》书则不然，如《谏篇上》谏诛史祝、谏信楚巫、谏祠灵山河伯、谏禳彗星荧惑；《问篇上》谏以祝干福；《杂篇下》言徒祭不可益寿。均异墨氏所言。又《谏篇上》言乐亡而礼从之，礼亡而政从之，亦与非乐旨殊，不惟居丧尽礼志于《杂篇上》，异于墨子短丧也。使其书出于墨氏之徒，则旨与墨殊，必不并存其说，故特辨之。"①刘师培指出墨子之学以敬天明鬼为其宗旨，而《晏子》一书中有大量的证据表明它是反对敬天明鬼的；并且，墨子非礼乐，而《晏子》重礼乐，与墨子也不一样。所以《晏子》不当归属于墨家，而应从《汉志》归为儒家。吕思勉也说："今观全书，称引孔子之言甚多……引墨子之言者仅两条；……诋毁孔子者，惟外篇不合经术者一至四四章耳。陈义亦多同儒家，而与墨异，以入墨家者非也。"②现代学者王更生也认为《晏子春秋》当属儒家。③

我们认为柳宗元等人仅据一些语句或片段（如《晏子春秋》中二处"墨子曰"）就断定《晏子春秋》归于墨家，似乎有些武断。柳宗元等人将儒家、墨家绝对对立起来，认为两者思想毫无兼容之处，而根据相关学者的研究，"十论"（兼爱、非攻、尚贤、尚同、天志、明鬼、非乐、非命、节用、节葬等）中一些命题其实并非墨家思想所独有④，而且正如刘师培所说，《晏子春秋》还有许多思想与墨家思想相抵牾，故而将《晏子春秋》归为墨家恐怕是有问题的。至于《晏子春秋》中两处"墨子曰"就更不足为据了，因为《晏子春秋》中有九处"孔子曰"。

那么是不是说《晏子春秋》当归于儒家呢？我们知道，"《晏子春秋》儒家说"起于刘向，他在《晏子叙录》中说："又有颇不合经术，似非晏子言，疑后世辩士所为者，故亦不敢失，复以为一篇。"这也就是说，刘向按照正统儒学的标准，已经发现《晏子春秋》中有不符合儒家思想的篇章，今本《晏子春秋》之《外篇不合经术第八》第一至五章都是诋毁孔子之言，而《韩非子·显学篇》说："孔、墨之后，儒分为八，墨离为三，取舍相反不同，而皆自谓真孔、墨。"不管儒、墨在孔子、墨子之后如何有分歧，但都"自谓真孔、墨"，因此不管八儒、三墨分歧如何大，但都不至于会诋毁孔子和墨子。美国著名汉学家鲁

① 刘师培：《晏子非墨家辨》，见《左盦集》卷七，宁武：南氏校印本，1936 年。
② 吕思勉：《经子解题》，上海：商务印书馆，1929 年，第 130 页。
③ 王更生：《晏子春秋研究》，台北：文史哲出版社，1976 年，第 112—118 页。
④ 如比利时鲁汶大学戴卡琳（Carine Defoort）教授就认为我们习惯称之为墨家思想最主要的代表思想——"兼爱"并非墨家所独有。参见戴卡琳撰，袁青、李庭绵译《墨家"十论"是否代表墨翟的思想——早期子书中的"十论"》，《文史哲》2014 年第 5 期。而"尚贤""非攻""节用"等思想也并非墨家所独有，至少儒家也有类似的主张，而道家也同意"非攻""节用"等主张。

威仪也说："要想成为一个学派就必须有个先师(Master),而有个先师就意味着一个学派的成立。"①儒家的先师显然是孔子,若《晏子春秋》属于儒家,也定然不会批判孔子。因此,仅从《晏子春秋》有诋毁孔子之言来看,《晏子春秋》也不能归于儒家。而且,《晏子春秋》中被刘向归为"不合经术者"的篇章出现时间较早,李学勤就指出:"银雀山简《晏子》虽仅有十六章,却含有今传本'不合经术者'中的两章,即第一章和第十八章,看来《晏子》原书并不那么合于汉人推崇的道德标准。"②故而将《晏子春秋》归于儒家也是不妥当的。

二、关于《晏子春秋》性质的其他看法及其异议

围绕着《晏子》的学派归属问题,随着研究的深入,又出现了不同的观点。

有学者另辟蹊径,认为《晏子》归属于道家,如明代凌澄初在《凌刻本题识》中说:"博雅自六经外,侈谈子史,子首老、庄、管、晏、申、韩六家之指,同出于道,各有本领。老氏以清净无为为主,而漆园之要本归之;管氏《牧民》《山高》《乘马》《轻重》《九府》,而晏子之节俭力行继之。一以道,一以术,其比辅一也。"③从这个论述看,凌澄初认为老庄与管晏,一个论述"道",一个论述"术",而其旨皆归于道家。今人张季平则认为《晏子》可能是稷下学宫道家中老子一派人物所作:"因为这个学派倡论'少私寡欲'。很注意同情别人,过节俭的生活。《老子》六十七章中有'我恒有三宝,持而宝之:一曰慈;二曰俭;三曰不敢为天下先',这和晏婴的思想德操非常契合,因此,《晏子春秋》可以说是稷下学宫中道家学派先后编写汇集的。"④《百子全书》则将《晏子春秋》归于法家。凌澄初和《百子全书》都将《管子》与《晏子春秋》相提并论,认为二书性质相似,而《汉书·艺文志》将《管子》列为"诸子略"道家类,《隋书·经籍志》改列为子部法家类,故而一个将《晏子春秋》相应地列入道家类,一个将《晏子春秋》列入法家类。但《管

---

① Lewis M E. *Writing and Authority in Early China*. Albany: State University of New York Press, 1999: 55-56.

② 李学勤:《〈晏子〉研究二题》,王振民主编:《晏子研究文集》,济南:齐鲁书社,1998年,第9页。

③ 吴则虞:《晏子春秋集释》,第639页。

④ 张季平:《晏子和〈晏子春秋〉》,《管子学刊》1987年第2期。

子》通常被认为是稷下学者的作品，是田齐变法的时代产物①，而笔者已经证明《晏子春秋》并非成于稷下学者之手②，两者性质并不一样，并且《晏子春秋》的成书时代当早于《管子》。凌澄初和《百子全书》所以作如此论说，大概是因为晏婴和管仲都是齐国名相，齐人对二人极其敬重，故而将托名于二人之书也相提并论。而张氏只抓住《老子》中一句提倡节俭的思想就认为《晏子春秋》归于道家，实在太过于武断，因为先秦儒家、道家、墨家都提倡节俭。③

《四库全书总目提要》则认为："《晏子》一书，由后人摭其轶事为之。虽无传记之名，实传记之祖也。旧列《子部》，今移入于此。"《四库全书简明目录》则说："《晏子春秋》八卷，撰人名氏无考，旧题晏婴撰者，误也。书中皆述婴遗事，实《魏征谏录》《李绛论事集》之流，与著书立说者迥别，列之儒家，于宗旨固非，列之墨家，于体裁亦未允，改隶传记，庶得其真。"《四库提要》将《晏子》由子部移至史部，认为它是传记之祖，此说得到梁启超等人的支持，梁启超说："其书寻摭成篇，虽先秦遗文间借以保存，然无宗旨、无系统，《汉志》以列儒家故不类，晁、马因子厚之言改隶墨家，尤为无取。《四库》入史部传记，尚较适耳。"④

但将《晏子春秋》归入史部传记类也遭到一些学者的反对，如张舜徽说："前代著录之书，皆入儒家。独柳宗元有《辨晏子春秋》，始谓为墨氏之徒有齐人者为之。盖以墨好俭，晏子以俭名于世也。不悟儒墨同遵俭约，墨固背周道而用夏政，儒亦推崇禹德。仲尼尝云：'禹，吾无间然矣！菲饮食，而致孝乎鬼神；恶衣服，而致美乎黻冕；卑宫室，而尽力乎沟洫。禹，吾无间然矣！'（见《论语·泰伯》）至其平日论事，则言'礼，与其奢宁俭'（见《论语·八佾》）；'以约失之者鲜矣'（见《论语·里仁》）；皆可见儒墨相衡，有同有异，强本节用之说，则其所同也。且观《晏子》书中，称引孔子之言独多，援用墨子之言甚少；陈说义理，亦多同于儒而与墨异。柳宗元谓其书出于墨氏之徒，非也。其后晁公武《郡斋读书志》、马端临《文献通考·经籍考》，皆从其说，改入墨家。《四库全

---

① 胡家聪：《管子新探》，北京：中国社会科学出版社，2003 年，第 9—24 页。

② 袁青：《〈晏子春秋〉是稷下学者所作吗？——兼与赵逵夫等先生商榷》，《学术界》2015 年第 8 期。

③ 如墨家"十论"中就有"节用"，而孔子也说："奢则不孙，俭则固。与其不孙，宁固。"（《论语·述而篇》）

④ 梁启超：《汉书艺文志诸子略考释》，见《饮冰室专集之八十四》，上海：中华书局，1936 年，第 6—7 页。

书总目提要》又改入史部传记类,悉失之。此书虽非晏婴自著,而其言论行事,多在其中。"①现代学者王更生对《四库提要》关于《晏子春秋》入史部的说法,从子书之成因、《晏子春秋》之命名、书中文义等几个方面进行了批判。②

　　我们认为若将《晏子春秋》归入史部传记类,则《晏子春秋》当为记载晏婴生平的信史。但我们发现,事实并非如此,《晏子春秋》所载史实是大成问题的。如《晏子春秋·内篇谏上第一·景公游公阜一日有三过言晏子谏》记载晏子谏"古而无死"、晏子论和同、晏子谏景公禳彗星三事,最后景公说:"夫子一日而三责我。"《晏子春秋》记载三件事发生在同一日。而《左传》也记载了这三件事,其中晏子谏"古而无死"、晏子论和同都发生在鲁昭公二十年(公元前 522 年),晏子谏景公禳彗星发生在鲁昭公二十六年(公元前 516 年),这三件事根本不发生在同一年,更何况同一日呢?类似的例子还有许多,不一一列举,从中可以看出《晏子春秋》所记晏婴事迹多有讹误,又如何能归入史部传记类呢? 美国汉学家杜润德(Stephen W. Durrant)就说:"在严格的意义上来说,《晏子春秋》不能被当作传记,因为其中关于晏子的事迹与劝谏甚至都没有编年。"③

　　值得注意的是,清人洪亮吉认为晏子独成一家,他说:"晏子不可云墨家,盖晏子在墨子之先也。前人以之入儒家,亦非是。今观《史记·孔子世家》载晏子对景公之言曰‘夫儒者滑稽而不可轨法,倨傲自顺不可以为下,崇丧遂哀,破产厚葬,不可以为俗,游说乞贷,不可以为国’云云,是明与儒者为难矣。其生平行事,亦皆与儒者背驰。愚以为《管子》《晏子》皆自成一家,前史《艺文志》入之儒家既非,唐柳宗元以为墨氏之徒亦前后倒置,特其学与墨氏相近耳。吾友孙兵备星衍校刊《晏子》,亦深以宗元之说为非,谓晏子忠君爱国,自当入之儒家。是又不然,试思墨子重趼救宋,独非忠君爱国者乎? 若必据此为儒墨之分,则又一偏之见。《汉书·艺文志》墨子在孔子后,距晏子更远,即如宗元之意,亦当云开墨氏之先,不得云墨氏之徒也。"④在此,洪亮吉认为《晏子》既非

① 张舜徽:《广校雠略·汉书艺文志通释》,武汉:华中师范大学出版社,2004 年,第 257 页。

② 王更生:《晏子春秋研究》,第 106—112 页。

③ Durrant S. W. Yen tzu ch'un ch'iu: Early Chinese Texts//Loewe M. *A Bibliography Guide*. Berkeley: The Society for the Study of Early China and Institute of East Asian Studies, University of California, Berkeley, 1993: 487.

④ 洪亮吉:《晓读书斋初录》,见《清代学术笔记丛刊》(33),北京:学苑出版社,2005 年,第 71 页。

墨家,也非儒家,而是与《管子》自成一家。此观点得到一些学者的响应。① 不过显然洪亮吉等论说晏子独成一家,将晏子与《晏子春秋》混同起来,这种观点实际上立足于《晏子春秋》是关于晏子本人的如实记载的基础之上的,这种大前提本身就不能成立。而且,还将《管子》与《晏子春秋》相提并论,我们在上文已论说过,两者的性质其实是不同的。因此,这种观点也是有问题的。

有鉴于《晏子春秋》所载晏婴事迹并不全符合史实,故而又有人主张《晏子春秋》为先秦小说,近人罗焌说:"《晏子》一书,所载行事及谏诤之言,大抵淳于髡、优孟、优旃之流,故当时称为天下之辩士(《韩诗外传》卷十),拟之唐魏郑公、李相国,殊未当也。……今以诸子十家衡之,当属徘优小说一流。非晏子为小说家也,辑是书者小说家数也。"②罗焌认为应将晏子和《晏子春秋》区分开来,晏子本人可以算作儒家,但《晏子春秋》既不属于儒家也不属于墨家,当然也非史部传记类,而是子部小说家类,《晏子春秋》是徘优小说集。而《汉书·艺文志》说:"小说家者流,盖出于稗官。街谈巷论,道听途说者之所造也。孔子曰:'虽小道,必可观者焉,致远恐泥,是以君子弗为也。'然亦弗灭也。闾里小知者之所及,亦使缀而忘。如或一言可采,此亦刍荛狂夫之议也。"对此,袁行霈解释说:"以《汉志》为代表的正统的小说观念,认为小说是采自民间的街谈巷语,浅薄不中义理的小道,丛残小语的短书。此所谓小说,并不是一种纯文艺的体裁,它可以没有人物形象,也不一定要具备故事情节,更无须乎虚构和想象。这同今天的小说观念相比,实在相去太远了。"③既然汉代小说是指"采自民间的街谈巷语,浅薄不中义理的小道,丛残小语的短书",而显然《晏子春秋》不属于此类,否则班固当会将其列入小说家,故而此说也不确。吴则虞也认为《晏子春秋》是一部古典短篇小说集,但他同时认为今天文学上的小说与《汉志》中的"小说家"并非同一概念,将《晏子春秋》看成一部小说集是可以的,如归入《汉志》的"小说家"又显得不伦不类。因而他认为晏婴的思想没有形成一种独立的学派,他的思想也不属于某一学派。④ 董

① 如毛曦、李仙娥认为"《晏子春秋》一书已综合了诸子学说,它既不属于儒家学派,也不属于墨家学派,而是兼采儒墨等各家学说之长,具有超越儒墨的倾向"。见氏著《〈晏子春秋〉的成书时间与思想特征》,《人文杂志》1997 年第 6 期。
② 罗焌:《诸子学述》,上海:华东师范大学出版社,2008 年,第 251—252 页。
③ 袁行霈:《〈汉书艺文志〉小说家考辨》,《文史》第七辑,北京:中华书局,1979 年,第 187 页。
④ 吴则虞:《晏子春秋集释》,第 30 页。

治安则认为《晏子春秋》是一部接近历史小说的散文作品。① 这种说法相对而言更为公允，但正如吕思勉所言："诸子中之记事，十之七八为寓言；即或实有其事，人名地名及年代等，亦不可据；彼其意，固亦当作寓言用也。"②诸子之记事，大多为寓言，若照此标准，则大多诸子之书都可视为历史小说或小说集，因此这种归类实在太笼统了。而且，此书大多记载晏婴如何劝谏齐景公为政，从根本上说这是一部"见道"之作，作者借晏婴的事迹(实际的或虚构的)来阐发其思想，类似于《庄子》一书中的"重言"或"寓言"，因此将其单纯归入今天我们所说的历史小说也有些不够允当。

三、《晏子春秋》应视为儒墨融合思想下的产物

以上我们论述了前人关于《晏子春秋》学派归属的各种观点，同时也指出各个观点的不足之处。那么我们应该如何定位《晏子春秋》的性质呢？

其一，我们应明确的是，《晏子春秋》是子书，而非史部传记类，《晏子春秋》虽专门记载晏婴的事迹，有后世所谓为晏婴立传的意味，但其书多与史籍记载不合，想必其中当有许多造作故事，作者也似乎在托晏子以尊其言。③

其二，我们应将晏婴本人与《晏子春秋》区分开来，晏婴其人略年长于孔子，他在世时诸子百家尚未兴起，因而可以将晏婴当作一个前诸子人物，而且从《左传》等书所载晏婴事迹看，晏婴似乎可以算作一个前儒家人物。④ 而《晏子春秋》成书于公元前310年—前255年之间⑤，当时诸子已兴起，《晏子春秋》肯定会打上时代的烙印，具有诸子分立时的特点，因此说《晏子春秋》完全没有学派倾向也是不当的。

其三，我们还要注意的是，先秦时期学派立场并不明显。现在通行的先秦"六家"为司马谈所分，而"九流十家"则出于刘向、刘歆父子，胡适甚至说："我不承认古

---

① 董治安：《说"晏子春秋"》，《山东大学学报》1959 年第 4 期。

② 吕思勉：《经子解题》，第 101 页。

③ 余嘉锡对于古书多有造作故事有详细阐述，参见氏著《目录学发微·古书通例》，北京：中华书局，2009 年第 2 版，第 252—264 页。

④ 如章太炎就将晏子视为周公与孔子之间的儒家代表人物，见《章太炎讲国学》，长春：吉林人民出版社，2008 年，第 7 页。

⑤ 袁青：《〈晏子春秋〉研究》，博士学位论文，清华大学，2015 年，第 30—35 页。

代有什么'道家''名家''法家'的名称。"①胡适根本反对对于先秦诸子的学派划分。
美国著名汉学家桂思卓(Sarah A. Queen)教授也指出《论六家要旨》《汉书·艺文志》
对先秦诸子的划分都带有各自的学术倾向以及政治观点的痕迹,他们都试图统一天下
学术以结束"道术将为天下裂"的状态,但《论六家要旨》将统一的任务归于诸如司马谈
本人之类的政府官员,而《汉书·艺文志》将其归于"圣王及开明君主"(sagely-ruler and
enlightened king)。而且,她还指出"家"这个概念本身就带有争议性而缺乏人们普遍认
同的含义。② 美国著名汉学家柯马丁(Martin Kern)在这方面走得更远,他径直指出:
"我们应该重新考虑秦朝及汉朝早期不同思潮之间的界限。正如许多学者经常指出的
那样,在东周时期只有儒墨才能被列为明显的以及具有自我意识(self-conscious)的学
派,而司马谈为区分不同诸子所使用的'家'概念根本不表示学派,我们最好将其理解
为论证的'学术线索'(scholastic lines)。"③既然关于先秦诸子"六家"或"九家"的划分
本身就存在争议,而且很难有个统一的标准,那么将《晏子春秋》强行归于儒墨或其他
某一家肯定也会引起争议。但是否说我们要彻底抛弃"家"的概念,或认为《晏子春秋》
独立成一家呢? 我们认为,作为研究的工具,作为先秦学派标志的"家"仍有其意义,通
过学派划分可以更好地看清先秦学术发展的脉络,而如果认为《晏子春秋》独立成一家
则是没有意义的,因为先秦诸子各自的主张其实都有差别,如同作为儒家的孟子和荀
子其实差别就很大,若照此标准,则先秦诸子各自都能独立成一家。美国著名汉学家
鲁威仪说:"虽然学派(school)这个词包含一些不太确切的成分,诸如'文本传统'
(textual tradition)这样的词可能更为合适,但我仍然要使用学派来指代忠于其先师与其
文本的这样一个群体。"④同样,虽然先秦的学派意识并不像后世那么强烈,但我们仍
然有将其归派的必要,正如曹峰所说:"先秦没有明确的六家概念,没有明确的门派意
识。然而,如果为此而有意识地、彻底地放弃'学派'等概念的使用,则又是走向了极

---

① 胡适:《中国古代哲学史·台北版自记》,见欧阳哲生编《胡适选集》,长春:吉林人民出版
　　社,2008 年,第 7 页。

② Queen S A. Inventories of the Past: Rethinking the "School" Affiliation of the "Huainanzi". *Asia
　　Major*, 2001(14): 51 - 72.

③ Kern M. *The Stele Inscription of Ch'in Shih - Huang: Text and Ritual in Early Chinese Imperial
　　Representation*. New Heaven: American Oriental Society, 2000: 164.

④ Lewis M E. *Writing and Authority in Early China*. Albany: State University of New York Press,
　　1999: 55.

端。作为一种分析、归类的手段,'学派'等概念依然具有工具性的意义。……有效地使用'学派'概念又是为了更好地区别梳理各种不同的思想倾向。"①所以,我们仍然有弄清《晏子春秋》学派归属的必要。

其四,我们上文已经说过,《晏子春秋》不当归入儒家或墨家,更不能归入道家或法家,《晏子春秋》成书于公元前310—前255年之间,期间正是儒墨之学兴盛时期②,而齐国具备发达的文化传统,又与文化繁荣的鲁国是邻国,齐鲁两国交流也很频繁,同时齐国经济又是很发达的,"世为强国"(《盐铁论·轻重》),为当时诸侯国中最为富裕的国家之一,这就为儒墨之学在齐国的传播创造了良好的条件。而且,儒家创始人孔子曾"适齐",并在齐国受齐景公的重视,得以传播其"君君臣臣、父父子子"的政治理念。(《史记·孔子世家》)更重要的是,孔子弟子如子贡曾在齐国发挥重要的政治作用,子贡后来也是卒于齐国的,而"子贡结驷连骑,束帛之币以聘享诸侯,所至,国君无不分庭与之抗礼。夫使孔子名布扬于天下者,子贡先后之也"(《史记·货殖列传》),孔子还有一些弟子如公冶长、公皙哀等人本就是齐人(《史记·仲尼弟子列传》),有了这些弟子的宣传,再加上齐鲁两国相邻,孔子及其儒学在齐国当十分知名。墨学也一样,据《墨子·鲁问篇》载,齐将伐鲁,墨子就到齐国成功地劝谏项子牛和齐太王不要伐鲁。③ 墨子弟子如高石子、高何、胜绰、田鸠等要么为齐人,要么在齐国从政④,据《鲁问篇》记载墨子使其弟子胜绰事齐项子牛,由于胜绰没有劝阻项子牛侵鲁而受到墨子的批评,可见墨子有意使其弟子传播墨学思想,有了墨子本人的活动加上其弟子的努力,墨学也当为齐人所知。因而儒墨之学在齐国比较兴盛,《晏子春秋》成书于此时,当受到儒墨之学的双重影响,这也就是为何我们在《晏子春秋》既能找到儒学的影子,也能发现墨学的影响,《晏子春秋》可视为儒墨融合思潮的产物,或许《晏子春秋》的作者本身就是一个兼治儒墨思想的学者,这一点还可以从《晏子春秋》中只引用了孔子和墨子的话这一事实中看出来。齐国兼治儒墨之学的人应该不少,如后来与孟子辩论的告子,赵岐说他就是一个"兼治儒墨之

---

① 曹峰:《出土文献与思想史研究方法论刍议》,《社会科学》2012年第11期。

② 其时,儒家七十子宣扬孔子之说,墨子及其弟子奔走天下宣告自己的学说。

③ 孙诒让认为此处的齐太王为齐太公田和(孙诒让:《墨子间诂》,北京:中华书局,2001年,第467页),钱穆认为当为齐康公(钱穆:《先秦诸子系年》,北京:九州出版社,2011年,第176—177页)。

④ 孙诒让:《墨子间诂》,第706—722页。

道者"①。不过,显然《晏子春秋》中的儒家色彩更重,这大概也就是为何《汉书·艺文志》将其列为子部儒家之首。

其五,《晏子春秋》融合儒墨思想的倾向有点类似于《汉书·艺文志》中所说的"杂家"。关于杂家,我们有必要做点说明,《汉书·艺文志》说:"杂家者流,盖出于议官,兼儒、墨,合名、法,知国体之有此,见王治之无不贯,此其所长也。及荡者为之,则漫羡而无所归心。"《隋书·经籍志》说:"杂者,兼儒墨之道,通众家之意,以见王者之化,无所不冠者也。古者,司史历记前言往行,祸福存亡之道。然则杂者,盖出史官之职也。放者为之,不求其本,材少而多学,言非而博,是以杂错漫羡而无所指归。"可见,杂家并不是将各家思想简单地杂糅在一起,真正的杂家是"兼儒墨,合名法,知国体之有此,见王治之无不贯"或"兼儒墨之道,通众家之意,以见王者之化,无所不冠者也",是为了"见王治之无不贯"这个目的而兼收各家意旨,而"漫羡而无所归心"或"杂错漫羡而无所指归"即简单地将各家思想杂糅在一起乃"放者为之",并不能算是真正的杂家。② 因此在这个意义上,英文中大多将杂家翻译为"Eclectics"("折中派")③是不准确的,应该翻译为"Comprehensive School"("综合派"),杂家有兼综各派思想优点并将其贯通起来的特点。《晏子春秋》正符合"兼儒墨"的特征,而且书中也主要借晏子之口阐述施政理念,与杂家特征相符,或许《晏子春秋》正是杂家的先驱,可视为以儒为主的"杂家"。

顺便还要说一下,《汉书·艺文志》将《管子》列为道家类作品,《隋书·经籍志》则将其列入法家,其实《管子》也属于"通众家之意"的杂家作品,只不过《管子》属于以黄老学为主的杂家。《晏子春秋》和《管子》都有杂家倾向,可能跟齐国的实用主义传统有关。《史记·齐太公世家》载:"太公至国,修政,因其俗,简其礼,通商工之业,便鱼盐之利。"齐太公始封齐国时,治国就有实用主义倾向,兼收并蓄,这种传统与杂家"兼儒

---

① 焦循:《孟子正义》,北京:中华书局,1987年,第731页。

② 一般理解的杂家就是"杂错漫羡而无所指归"的,如傅斯年在评价杂家时就说:"这样著书法在诸子的精神上是一种腐化,因为儒家果然可兼,名法果然可合,诸子果无不可贯的话,则诸子固已'挫其锐,解其纷,和其光,同其尘'了。"以杂家代表《吕氏春秋》和《淮南子》为例,他评价说:"《吕氏》《淮南》两书,自身都没有什么内容价值。"(傅斯年:《战国子家叙论·史学方法导论·史记研究》,上海:上海古籍出版社,2012年,第68—69页)这种评价是有失偏颇的。

③ 如桂思卓(Sarah A. Queen)在《关于古代的目录:〈淮南子〉学派归属重探》一文中就是如此翻译的。

墨"、一切以王治为目的的特征十分相似。被《汉书·艺文志》列入杂家的《吕氏春秋》应该也受到齐国杂家思想的影响,因为秦国文化主要承袭齐国文化而来。①

综上所述,《晏子春秋》为儒墨思想融合的产物,可视为杂家的先驱,不过此杂家并非折中派,而是综合派。

---

① 关于这一点,王葆玹先生有详细阐述,参看氏著《今古文经学新论(增订本)》,北京:中国社会科学出版社,1997年,第19—27页。

孔、老"性"论异同离合及其意义

张记忠*

摘　要：老子"性"论重在发现纯粹灵魂的自我本体,其修治方法为"寡欲",强调纯粹自我对"道"的获得、万物本质的认识过程中的重要性,表明自我可以修治精神——素朴之性自见,圣人难为;孔子之"性"论"从心所欲",重视自我与万物相发而融合下的真知的获得,心安于外物而真理自在其中。二者都有张扬个性精神自由的期望,追求真理作为其人生的使命所在,故二者之"性"论同中有异,异中有同。由于个体与社会如何相处的取舍差异,后人之于孔、老之论有"离"有"合"。"合"的意义在于个体精神独立于社会家庭,"离"的意义在于对个体精神的钳制而奴化于圣人君主观念。

关键词："道";"性";异同;离合

关于孔、老儒道两家的"性"论,大概有如下看法:一些学者如张立文等以为"性"论主要与儒家有关,与道家则关系不大,其《中国哲学范畴精粹丛书——性》介绍先秦时期之"性"时,孔子以下儒家详列孟、荀、《易传》诸家,道家则只言庄子一人,这种看法越来越不合时宜。也有学者把孟、庄"心性"之学并举,说明庄子理论的重要作用,或专以儒道"性"及"性命"之学为研究对象。他们的主张不甚相同:专于某一家的性论过于强调仁义道德的修养或者精神的绝对自由,且难于会通,如陈鼓应、郑开等专以庄子

---

*　作者信息:张记忠,男,1977 年生,河南中牟县人,阿坝师范学院讲师,主要研究方向为先秦、北宋的思想与文学等。

或道家性论为论①,似矫枉过正;李生龙则认为庄子"心性"的审美与艺术和孟子的道德境界相互会通。② 儒道性论在对前辈时彦的回望之下,更需要秉承"五四"以来的"民主""科学"的精神,使传统思想获得现代的生命力。笔者以为:孔、老二人"性"论的相同之处在于把对真理真知的追求视为人生的使命所在,在现世中也就没有任何人可以成为圣人,并成为可以号令他人的人,虽然每个人都必须反求诸身修治纯粹心灵的自我;不同之处则在于孔子尊重人们的欲望,并看到了它与真知之间的关系,而老子则对欲望充满了防范,少私寡欲,才可获得纯粹灵魂的自我,并可窥得绝对原初给予的真知之直观。后世诸人融合二者思想的程度不同,显示出时代的变化以及各人的旨趣差异,他们未能把先秦时期理性、民主的思想再向前推动一步,困于法家上下尊卑君主专制的阴影之下(特别是秦汉以后),在民族自由的思想之外加上了紧箍咒,心灵逐渐枯萎。

一、孔、老"性"论之异同

(一)二者"性"论的相异处

老子"性"论以限制个体欲望为入处,对心灵如何修养至素朴制定了诸多规则,个体从而有可能接近最原初的真知,这就是人的理性精神,真知理性自见,即道的感悟必然通过素朴自我的感知却并非由自我定义,"我"低头于此先天之真理,此真理即是"圣",个体必然不会成为圣人;孔子则以依顺个体达到一般素朴精神境界后之欲望为入处,此欲望与主体精神密切相关却不受其控制,"从心所欲",个体与山水相接之时不期然而至的愉悦是知山水为山水的契机,我为我,山水为山水,每个个体都独立自在,圣人化育百姓是为虚假命题,其对个体精神独立于社会家庭充满了期待。

---

① 如其《庄子人性论》:"以孟、庄为代表的儒道两家,皆专注于主体修心、养性、持志、养气的工夫实践。但在工夫修为上,孟子所呈现的伦理特色与庄子所呈现的艺术精神,正反映出儒道两者在'道德境界'与'天地境界'的不同。"(陈鼓应:《庄子人性论》,北京:中华书局,2017年,第7页)

② 见其《儒学语境下士人对〈庄子〉的撷取与会通》:"孟子的心性其实也可以通向审美与艺术(其浩然之气常通向豪壮雄健之美),而庄子之心性也常常展现或可转化为一种人格精神与道德境界。"(李生龙:《儒学语境下士人对〈庄子〉的撷取与会通》,《衡阳师范学院学报》2017年第1期)

1. "不完美" 与 "完美"

孔子认为个体是不可能成为完美意义上的能够化育万物百姓的 "圣人";而老子则把 "圣" 内化于和身体相融为一的自我之神却又独立存在,圣自见于我,我不会成为 "圣" 人。我们来看,《汤诰》《武成》《商颂》《周颂》等都在鼓吹君主神权天授,"曰古文王初。……上帝降懿德大聘。……宪圣成王"(《墙盘》),"圣人" 就是承天命而治理百姓者,他们的德行如天命一般可以化育百姓,使百姓弃恶从善,"惇信明义,崇德报功。垂拱而天下治"(《武成》),朝代的更迭是天命归依于有道。而孔子犹豫于尧舜是否可为圣人,其言 "则天之尧" 却未必能 "博施济众",表现出孔子对以尧舜为楷模而化育天下百姓观念的怀疑。孔子教弟子为仁在于 "由己",不在 "为人",表明不可学他人为仁,而圣人又在仁者之上,则可知为圣人更应该为己,自然不可学他人。既然如此,怎么可以期望以及确定圣人能够化育百姓呢。孔子由 "为己" 入手,解构了君主之神权至高无上的地位,他也就不得不承认个体精神应当独立。老子则认为每个人都可以发挥自我的极限,体悟先天所赋予的道为何,达到精神境界的素朴。笔者以为老子把 "圣" 观念内化于和肉体相互独立的个体精神,且不受主观观念的控制,精神与万物相接而知万物之本质之时可感知到此 "圣" 的存在,这个 "圣" 也就是老子所谓的 "道"。这种个体精神也就与《老子》中的 "圣人" 观念不一致。那个 "圣人" 即是君主,不管这个 "圣人" 如何 "无为" "生而不有" "自然",都和老子所谓吾不知其名的道似是而非,也可以说在《老子》中那个 "道生一,一生二,二生三,三生万物" 的 "道" 和 "非常道" 中的那个 "道" 是不同的,以后我们会在其他地方专门论说,那种圣人君主观念的本质依然是上下尊卑的必然合理性。二人在不同方面对圣人观念进行了解构,孔子的目的在于教导每个人认识到应该 "为己",而不是帮助某位君主治理百姓,满足他的私欲,老子则使人明白 "圣" 只有在自我精神达至素朴才可知,非己所能造作。

孔子说 "为己",却没有只是 "为己"。其言道是 "一以贯之" 的,是先天地赋予了我们每个人,没有厚薄多寡的区别,并且每个人的秉性各有特点,人人皆可为 "我",我们要敬畏这个 "天命"。"道" 并没有也绝对不可能只钟情于某个人,如所谓 "天禄" "天命" 皆非真言,天下也就没有理由成为某家某姓之私有,不管是以什么名义,"普天之下,莫非王土" 只是帝王的自我神权化。所以,每个人都天然拥有私有财产的权利,在此基础之上才可能有国家。每个个体有了这样一个确定的物质权利的保障,也使所谓的 "为己" 之精神独立成为可能。这就是所谓的 "为己" 的原因所在,这也是曾子解释为"忠"这个概念的原因。"为己"主要解决的问题是消解历代所宣扬的教化百姓的君主的合理性,然而,孔子并不是只希望为己的所悟不是悟道的终点,而是更希望这个由为己所悟出的具有普遍意义的真知可以与他人的真知相互通融。宋儒讲要推己及人,本质上的确超出孟子"仁亲"观念,更接近孔子本意。至于说孔子是如何与他人融合的,我们大概能够从《论语》中孔子与他的弟子辩论管仲能不能称为"仁"窥得一二。因此,孔子论定"为己",目的应该是让每个个体都认识到现实世界中不存在由某个人定义的所谓放之四海而皆准的真理。真理是什么,"为己"是唯一的可能。

如何为己,孔子似乎有意说得不多,像"四毋""四非"等都是结论性的表达,老子则在每个个体如何成为精神境界素朴纯粹的人这个方面进行了令人信服的论证。老子言"为一""无疵"都是在说我们最终所能达到的某种纯粹的精神境界。王弼解释"载营魄抱一,能无离乎"为"载,犹处也。营魄,人之常居处也。一,人之真也。言人能处常居之宅,抱一清神能常无离乎,则万物自宾也"①,即一个个体最真实的部分是一个人的精神,精神也可以说就是一个人的本质。如何达至此一本质,老子认为"五色""五味""五音"以及权力、金钱甚至各种已有知识和道德规则都会让我们远离自我的灵魂,只有摆脱外物甚至是自己身体的困扰,人才可能接近"道"。所以,人需要修持"少私寡欲"的精神境界。孔子认为艰苦的环境能够考验人性修为的深浅,君子小人于此可见,却未必是在强调修持心性的必然环境与条件,其所谓的君子固"穷"以及颜渊之乐、曾点气象都并非希望君子当长居困约之中,方可有所悟"道",虽然的确有助益,却无必然的因果关系。笔者认为孔子也是在表现摆脱物欲限制的境界。而后儒把孔子的"性"论限定在"仁、义、忠、信"之内,"由己"而来的自由精神也就被人为地戴上了"紧箍咒",制定规则而规定他人不是孔子"为己"的目的。笔者认为个体修持"少私寡欲"而可达到"见素抱朴"精神境界,在这个境界中无是无非、无善无恶。老子更希望求道之人不要被动服从此一准则而限制自我之私欲,而是要认识"道"并由此自觉地克服此私欲,方可达"道"。他把"少私寡欲"看作了悟"道"的途径,达至"无欲"才可现出"欲",这个欲即是孔子所谓的欲望。孔子修持心性并抱守之,触处而为乐,老子以"道"自持,

---

① 楼宇烈:《老子道德经注校释》,北京:中华书局,2008 年,第 22 页。(本文所引《道德经》及王注原文,皆引自楼宇烈《老子道德经注校释》,北京:中华书局,2008 年。以下仅列书篇名,略去出版信息,以免繁芜)

抱元归一,寡欲于物,知足于心,"知足""常乐"也就成了后世诸人希冀达到的理性境界。而知足、常乐即是孔、老对欲望的不同态度。

2. 从欲和寡欲

孔子和老子对欲望都非常重视,却走向了"从心所欲不逾矩"和"少私寡欲"两个不同的方向。"欲"或生来即有之,各家称谓不同,所表示的意思大同小异,如告子称之为"性",所谓的"食色,性也",孟子或称之为"命"或称之为"欲";或生以后而有的,如权力和金钱等,孔子说"富与贵,人之所欲也"大概就是这个意思,"贫与贱"也可以看作是后天而有的,与功名利禄相伴而生的是成为圣贤忠孝之人,并以此为他人的楷模。也就是说,有较为明确定义的并在一定范围内形成共识的欲望就是我们经常所说的欲望。老子所言的"少私寡欲"与此欲望关系密切,孔子则否。

老子以"少私寡欲"为入处,希冀自我精神达到纯粹朴素的境地。老子认为世人不应该对功名利禄过于贪婪,他并无意否定一切欲望。并且,笔者以为老子以"少私寡欲"为入处之意更在于此朴素精神可知万物之"常",即真知。我们来看,王弼注《老子·十六章》云:"言致虚,物之极笃;守静,物之真正也。动作生长,以虚静观其反复。凡有起于虚,动起于静,故万物虽并动作,卒复归于虚静,是物之极笃也。……常之为物,不偏不彰,无曒昧之状,温凉之象,故曰'知常曰明'也。唯此复,乃能包通万物,无所不容。失此以往,则邪入于分,则物离其分,故曰不知常则妄作凶也。"①即是我在"看"万物之时,万物呈现出了原初给予的本质,"我"意识到了原初给予的直观,这个直观是万物的原初给予,我们在看山水之时,有一个山的意象不断重复出现,我的目光也有意识地转向这个"山",当"山"逐渐明朗清楚,我们就直观地把握住了这个山,这个"山"是实实在在存在于山之中的,却无法把它画出来照出来让我们实实在在地看到,就如我们的灵魂实实在在地存在于我们的身体之中一样,这是万物的本体,老子称之为"无"。所以,万物是自为确定自我,"我"只是一个感知者,而不是一个定义者。"我"既然无法定义万物,我对万物的贪婪执念可稍稍消解。我不可据万物为己有,则万物为万物,他人为他人,我只是我而已。当素朴之精神境界与万物交接之时,此境界中自在地呈现出了我的精神以及万物的本质。当我意识到这个我的时候,我才具有精神的意味,我开始成为一个新鲜的"我",是为"婴儿"。然后,持守这个精神修至纯粹,成为我。此一刻,我们可谓是虚静的,归根知常才可静,才可短暂地进入某种空无一物

---

① 《老子道德经注校释》,第35—36页。

的虚的状态。① 于此虚静之中,老子探讨:"载营魄抱一,能无离乎。""我"感知到精神的存在,即认识到自我的本质是精神,在与万物相接的过程中,万物自我确立自我,无时无处不是如此,如功名利禄等我对世间万物的欲望逐渐消失,我的精神检视我对万物的欲望,渐至于无执无着的境地;老子说"涤除玄览,能无疵乎",王弼解之为:"玄,物之极也。言能涤除邪饰,至于极览,能不以物介其明。"②是然。

　　而孔子所谓的欲望包括老子少私寡欲之中的欲望,也进而包含着老子所论的虚静无欲的精神境界中与万物相接的一刹那表现出来的某种欲望或冲动,并相伴着无法言明的愉悦的心理感受,即愉悦冲动。这个欲望内在于人的感知、认知以及经验知识,再到对道之认识以及德之获得的过程中,类似于希腊语"逻各斯"(或译作"逻辑")兼有"理念"和"感觉"(钱锺书言为"理"和"言",或者解为"理性"和"感性")两种意义,康德《纯粹理性批判》也在研究这两种意义之间的融合,《礼记·乐记》云:"人生而静,天之性也,感于物而动,性之欲也。"③可以为此注脚。用孔子的话说就是"从心所欲不逾矩",简言之,可谓"从欲"。我们可从三个层面来看孔子的"从欲":"己欲达而达人,己欲立而立人","己所不欲,勿施于人","克己复礼"。第一层,"己欲达而达人,己欲立而立人"。孔子说"知者乐山,仁者乐水",孙奇逢《四书近指》解释为:"山水无情之物也,而仁知登临则欣然向之。盖活泼宁谧之体,触目会心,故其受享无穷,此深造自得之学。""仁知"可谓是素朴的精神境界,具有此境界之我与物相接之时突然涌起欣然的欲望,这种愉悦冲动与"真"的山水有关,由感官感知到理性获得,这就是纯粹知识是如何获得的,既是认识论,也是方法论。文艺家也有相通的言说,如刘勰言:"思理为妙,神与物游。……登山则情满于山,观海则意溢于海。"④自我精神与万物互触发,万物之中有突然令我心情愉悦之者。第二层"己所不欲,勿施于人"。我的素朴精神愉悦冲动于万物之时,则此知识为真知,真知才具有普遍性,可以达之于他人;而无此愉悦冲动之时,则必不可以达之于他人。由上可知,每个人修至素朴精神境界并愉悦欲望于万

①　"至虚极,守静笃"之虚静笔者认为可能当在知常之后。从文理上看,老子把这句话放在章首应该是对下面文句的总结,而不是把它作为先在的状态,即进入虚静之境界然后再体悟万物的本质,因为悟得万物本质即"归根"才能够静,所谓"归根曰静";荀子所言"虚一而静"和孟子的"持志养气"之论大概都与此虚静有关,此处无法具论。

②　《老子道德经注校释》,第 23 页。

③　郑玄注、孔颖达疏:《礼记正义》,北京:北京大学出版社,1999 年,第 1083 页。

④　范文澜:《文心雕龙注》,北京:人民文学出版社,1958 年(1998 年印),第 493—494 页。

物只有一种可能,即"由己",那么,我们就没有理由确信可以把一个人的思想强加到另一个人的思想之上,这也是孔子所谓的自由。第三层"克己复礼"。由某一点或者某个范围的真知逐步扩展到最大范围的真知,可能就接近"道"了,孔子的"礼"是以"仁"为内涵,而仁又来自"理",所以,"礼"即是"理",王阳明在解释"约理"的时候说"'礼'字即是'理'字。'理'之发见者谓之'文','文'之隐微不可见者谓之'理':只是一物。'约理'只是要此心纯是一个天理"①,理大概接近真理。如何获得真理,不离"视、听、言、动",又在心之所愉悦,孔子说"于汝安乎",心安而"理得",真知与是非相关,是非与善恶相关。

3. 有善恶与无善恶

老子认为在"我"的精神达到素朴境界的时候,"我"的这个精神是无法言说定义的,此时我们处在无善无恶的境地;而以孔子的感于万物的愉悦冲动言之,则愉悦为善,否则为恶,即"心安"则为善,"安"则为恶。

老子认为所有规定的善恶都是有问题的,本是无善无恶。老子认为当我们在指明某一个善的时候,也同时否定了与之相反的事物,那就是恶,所以,善恶同源,离开了其中任何一方都无法定义另一方,这就是类比方法的悖谬之处。甚至,世人都认为某种现象是善的,"天下皆知美之为美",这个社会就出现了极大的问题。道从来无法实实在在地被定义,只能用我们的灵魂去感知,善也是同样的道理。当我们把某一个如此感知到的先天给予的本质直观用文字概括其名的时候,用善来名"善"的时候,歧义也必然随之而来,往往让我们失去其本质的意义所在,钱锺书认为:"老子亦不仅知美则别有恶在,知善则别有不善在;且谓知美、'斯'即是恶,知善、'斯'即非善,欲息弃美善之知,大而化之。"②老子认为在"我"的精神与外物未尝接触之时,是无善无恶的,善恶于此时未尝显现。老子认为要把握住自我的灵魂使之纯粹,不是任意境界的主体感知的都可以称之为理性,谬误之处也有待此灵魂把握,且此灵魂感知到的是万物这个客体逐渐一再显现出来原初给予的直观,这个本质是独立于主观的又必然经验纯粹自我感知的原初设定,这即是道之所在、真理之所在。获得了真理,即获得了自由。笔者认

① 吴光、钱明、董平、姚延福:《王阳明全集》,上海:上海古籍出版社,2011年,第7页。本文所引《王阳明全集》皆为此版本。
② 钱锺书:《管锥编》,北京:生活·读书·新知三联书店,2001年,第642页。(本文所引《管锥编》原文,皆引自钱锺书《管锥编》,北京:生活·读书·新知三联书店,2001年。以下仅列书篇名,略去出版信息,以免繁芜)

为,既然在老子看来纯粹灵魂的境地为无善无恶,那么,《老子》中的"上善若水"可能不是持守此"无善无恶"观念的老子的观念。"利万物而不争","处众人之所恶",这种定义化的善恶即是在明善恶,"无善无恶"从理论上来看大概是处于某种混沌的状态,是无法用语言进行描述的,更不要说进行明确的定义;另外,进行定义也在说明我们掌握了善恶,而就笔者前文所分析的,善恶是非存在的内在原因是道或者理性,我们必然无法掌握使我们得以存在的那个原因;最后,以人格化的事物而不是水之为水的本质属性对善进行解释,根本上来说只可以看作自我主观观念的表达,准此以言,则陷入相对主义的泥潭。泯灭一切善恶是非绝非老子以及道家思想的倾向,因为老子希望每个人都获得精神上的纯粹,此时只是未显现出善恶,对世上的善恶是非充耳不闻,只舒舒服服地过自己的日子,或如鸵鸟一般对人世间的一切都不关心,并把这种不关心视为得道者的表现,否认人生的价值在于追求理性、获得纯粹灵魂,泯灭善恶也就只是他们借助老子而逃避责任的借口。所以,钱锺书先生认为"盖老子于昭昭察察于闷闷昏昏,固有拈有舍,未尝漫无甄选,一视同仁"①,当我们达到纯朴精神的境界,自然没有善恶的标准,世人所谓"善者""不善者"我们也就知道其罔,而此纯朴与外在事物相接之时,善恶显现,前论为老子无善恶的善恶观,后论为孔子。

当此精神与万物相互触发,无善无恶则有善有恶,是为孔子的善恶观;孔子的善恶观演变的歧路是善恶分明,如孟子"性善"、荀子的"性恶",此不待言。我们可以用孔子和宰我的一篇著名的对话来理解"欲"和"不欲"。宰我以为守丧期年就可以了,自然万物已经循环了一个周期,如果非要三年的话,那么,就要礼崩乐坏了;孔子却没有继续以宰我所谓的自然之理而推向人伦,而是反问宰我,"汝安乎",孔子虽然在宰我走后也用母之爱子推向子之爱母的当然,却在此提出了一个重要问题,即不要只论道理概念,而是要用内心感知这个概念与现实之间的联系。孔子希望宰我反问内心,在最初的那一刻你心里的感觉是什么,是舒服的还是不舒服的,安则是善,不安即是不善。孟子强调"不忍""恻隐之心"即是在解释这个"不安"。孔子的有善有恶是在与事物相交接之时的"非我"的心灵感知为行为的标准,随生遂息,我们就不能把某种确定的善恶加诸他人身上,以令他人,此中之分别特别需要注意。当然,把"欲""不欲"的感知作为善恶评价的标准,不管是对孔子还是后世孟子诸人,都有简单化的倾向,即便是荀子也不能如此。所以,善恶是先在的,普遍存在的只是善恶

---

① 《管锥编》,第 644 页。

这个概念,虽然这个概念与万物相感而发,却不在"我"的控制范围之内,我们也就无法定义善恶。谁的心都可以感知到这个善恶,所以,"我"与他人先天平等独立。如果非要给善一个定义的话,笔者认为大概可以这样说,即在素朴的无善无恶的精神境界中与万物相接之时没有目的的愉悦者,可以称之为善。我们悟得的善与某种社会行为相关,此为社会行为准则的一个真正的组成部分,众人的善融和在一起,大概可以看作是社会行为的基本法则。所以,这个现实世界中谁都可以感知到他自己的那个善,每个人的善都是善这个概念不可或缺的组成部分,我们都有这个责任把这个善补充至最完美,无有懈怠推辞之理。

(二)二人"性"论相通处

孔子和老子身处君主专制思想萌芽上下尊卑日渐桎梏世人身心之时,且奴隶的地位正在为更多的世人所接受,并深深地融入他们的心灵之中,奴性成为当时及至以后中华民族挥之不去的心灵魅影,如何唤醒人性,确立理性,使个体精神独立于他人,拥有自由的思想,是二位贤者毕生追求所在。他们的共同之处在于,确立理性至高无上的地位,否定圣人,追求真知,向往道德,希冀个体精神独立自由。

他们的"性"论都以道为最终目的,道即是理性,他们要确立理性至高无上的地位。笔者在前文已经分析过,老子认为"我"能够通过甚至说只能通过以"少私寡欲"为入处而修为成纯粹素朴的真我,这样,老子就消解了他的"道生万物"观念,"我"是自生的;孔子则以"从欲"为入处使我们懂得"我"之获得真知在为己,有道德善恶也在为己,这样,孔子就消解了君主至善德行化育天下百姓的合法性。他们所追求的都是理性。而儒家回归三代大同世界的理想只能看作是由孔子早年的君臣观念引发,并经由孟子塑造出禅让制度的理想之后广泛流传,甚至反对其性善论思想的荀子也是一脉相承,《中庸》"天地位而化育万物"的极高明之论其实是极权的尊君思想换了一套马甲之后混入儒家思想中的极为危险的思想,董仲舒的"天人合一"只不过是《中庸》思想的阐释,程朱对君主存在的必然更上升到了天理的境地,真可谓天理昭昭而是非不分。知识分子自愿为君主专制思想服务,这是一个值得我们严肃思考并必须试图加以解答的一个问题。

孔子和老子必然都要否定圣人观念。老子所言为"绝圣"。我们可以借"天地不仁"而论之,王弼认为:"天地任自然,无为无造,万物自相治理,故不仁也。仁者必造立施化,有恩有为。造立施化,则物失其真。有恩有为,则物不具存……无为于万物而万物各适其所用,则莫不赡矣。若慧由己树,未足任也。"①圣人什么也做不了,他对万物而言只是与其共同生长且明白这种情形的人,万物是自相治理而得以生长的,不是靠着谁的指导、指示才成长得如此完美,任何的指导和指示都会戕害其成长,使其早夭。更进一步说,前面我们已经分析论证,自我在素朴的精神境界中与万物相交接的某一瞬间,万物之本质与自我之精神自现,此时我们大概感知到使其自现的某个原因,这个原因必然不受自我主观观念、自我精神以及万物本质的限制,而是使它们本质成为本质的原因,这个东西老子言之为道,其实也是其否定圣而见本质之圣的"圣"。所以,没有人可以拥有、把握、掌控这个"圣","圣"人不存在。至于说圣人找到一条或者几条亘古不变的所谓"真理"去指导他人的行为,那更是骗人的鬼话,所以陶渊明隐逸大概是因为在俯身拜督邮之时明白了我自为我,不在他人,这可以和孔子的善恶观相参。孔子更不会希望成为君主的帮凶,满足其私欲,维护其偶像,"民可使由之,不可使知之"大概是其早期思想的遗留。所以,任何一个统治者也包括尧舜都必然要接受否定,而不是维护,从未有那么一位道德高尚的君主,更不可将其奉之为恩人、父母官、舵手。

在他们看来,获得真知才可以拥抱自由。孔子对知识的获得前述已较为详细,这里主要说一下长久以来老子身上的一个标签问题,即"反智"。万物的本质来自道的先天赋予,我们在看万物之时,万物呈现于纯粹自我面前的一种原初给予的直观即是事物的本质,也就是真知对于我们主体的表现。此真知因为只能是个体直观所得,我们也只能描述获得真知的方法和途径,即这个直观。但是我们知道我们无法认识全部的真理。虽然这个偶然的、个体的、特殊的概念因为呈现于个体精神之中而成为普遍性的真知,从而使抽象的概念成为真正意义上的实在客体,但是这个概念也只是真理的一部分。前代的文献至多能够描述出来那个原初给予的直观和获得道的方法,谁也无法把道给描述出来,如庄子所谓的"轮扁斫轮"之论。那么,悟道之事只能自我感知,谁也无法代替你,这也是人生的乐趣所在,其他皆为皮相。如果只相信文献,那永远也不会获得真知,学习文献只是辅助的作用。所以,老子肯定不是反智的,他追求真知,孔子亦然。

老子的道德观是无善恶,孔子是有善恶,无善恶即有善恶,二者是合一的。笔者认为这一点可以用王阳明的"四句教"作为支撑的材料进行论说。王阳明"无善无恶是心

---

① 《老子道德经注校释》,第 13 页。

之体,有善有恶是意之动,知善知恶是良知,为善去恶是格物"①这四句教确立的宗旨是要依人的秉性而施教,他说:"利根之人直从本源上悟入。人心本体原是明莹无滞的,原是个未发之中。利根之人一悟本体,即是功夫,人已内外一齐俱透了。其次不免有习心在,本体受蔽,故且教在意念上实落为善去恶。功夫熟后,渣滓去得尽时,本体亦明尽了。汝中之见,是我这里接利根人的;德洪之见,是我这里为其次立法的。"②所谓汝中(王畿)之见,即"若说心体是无善无恶,意亦是无善无恶的意,知亦是无善无恶的知,物是无善无恶的物矣。若说意有善恶,毕竟心体还有善恶在"。钱德洪所见为"心体是天命之性,原是无善无恶的。但人有习心,意念上见有善恶在,格致诚正,修此正是复那性体功夫。若原无善恶功夫,亦不消说矣"③。关于这四句教的争议很大,像刘宗周、黄宗羲、王夫之等人是极力批评的,而激赏者也不在少数。笔者认为王阳明所谓的"无善无恶是心之体"可以看作是老子所达至的素朴精神境界,此时无善无恶而有善有恶,这个真我应事接物之时愉悦者为善,反之为恶,此为知善知恶的良知,老子的无善恶与孔子的有善恶是融而为一的,是一个整体。

二、后世孔、老"性"论的离合及其意义

(一) 孔、老性论的"合"处及其意义

孔子和老子性论的"合"处有道、墨家之合,也有儒家之合。道、墨家之合在于质朴之性与愉悦冲动的欲望合一,个体精神与万物相通为一,真知的获得使自我得到进一步确立;儒家之合在于以道——实质是礼乐——重新定义性的内涵,将个体的精神独立消融在社会伦理之中,强调心不役于物,却生活在依附顺从君主的精神枷锁中。

1. 道、墨家的合及其意义

列子在很大程度上发展了个体对天道的反思。天地万物是如何出生的,天地与"我"之间的关系如何,这个世界的"道"是什么,生死为何等都在列子的自我反思之内。其言:"生物者不生,化武者不化。自生自化,自形自色,自智自力,自消自息。谓之生化、形色、智力、消息者,非也。……昔者圣人因阴阳以统天地。夫有形者生于无形,则

---

① 吴光、钱明、董平、姚延福:《王阳明全集》,第133页。
② 同上。
③ 同上。

天地安从生？故曰：有太易，有太初，有太始，有太素。太易者，未见气也；太初者，气之始也；太始者，形之始也；太素者，质之始也。气形质具而未相离，故曰浑沦。浑沦者，言万物相浑沦而未相离也。视之不见，听之不闻，循之不得，故曰易也。易无形埒，易变而为一，一变而为七，七变而为九。九变者，穷也，乃复变而为一。一者，形变之始也。清轻者上为天，浊重者下为地，冲和气者为人；故天地含精，万物化生。"①列子在文子之后，却与文子主要以解释《老子》思想的理路不同，他把世界的生成分为四个阶段，即太易—太初—太始—太素，它们就不是"天下万物生于有，有生于无"那样形而上的解释，显得较为具体，并显示出时间和阶段的差异变化；"万物自生"在理论层面上指出了万物生来平等的理性认知，且这种认知来自个人对世界的反思，而不是"谁"的权威说法。从这个意义上来看，个体在精神和肉体上都是独立于家庭社会的。类似的论述还有："恒先无有，朴、清、虚。朴，大朴；清，大清；虚，大虚。自厌不自忍，或作。有或焉有气，有气焉有有，有有焉有始，有始焉有往者。未有天地，未有作、行、出、生，虚清为一，若寂寂梦梦，清同而未或明，未或滋生。气是自生，恒莫生气。气是自生自作。恒气之生，不独有与也，或恒焉，生或者同焉。"(《恒先》)这些论述虽然在细节上和列子不大相同，强调了"气"在万物生成中的地位，但是主旨相近，大抵都在"自生"这一点上，后世的文学作品如《西游记》中也不乏此类思想。这个时期的自我反思大多是由自然转至社会国家依然不尽融合，即以"自生"的意义来看，社会存在和个体精神独立应该如何和谐存在，他们并没有进一步的反思。列子等人在论述社会的时候首先是承认君主统治，而不反思我们为什么生来就要受到其统治，既然我们生来就是平等的。他们继承老子的"淳朴"人性的观念，"其民无嗜欲，自然而已。不知乐生，不知恶死，故无夭殇；不知亲己，不知疏物，故无爱憎；不知背逆，不知向顺，故无利害"②，而显稍过，只是无善无恶而已，毕竟老子的无善无恶中还能生发出有善恶。

列子与庄子之间，我们谈一谈墨子和宋子。墨子在一定程度上阐明了个体的精神自由，虽然在上下观念上并没有太多突破。墨子以为君主需要在全国范围内推选，而不是世袭。在墨子的观念里，人依然有贤与不贤的区别，而不是各有其独特之处，这要到庄子的思想中才反思得最为彻底。不过，墨子显然弱化了尊卑观念，并提出了比同时代以及后世诸子更为高远的社会制度，即"公选"——"夫明乎天下之所以乱者，生于

①　张湛：《列子注(卷一)》，上海：扫叶山房书局，1925年，第2—3页。
②　同上书，第2页。

无政长。是故选天下之贤可者,立以为天子。天子立,以其力为未足,又选天下之贤可者,置立之以为三公。天子、三公既以立,以天下为博大,远国异土之民,是非利害之辩,不可一二而明知,故画分万国,立诸侯国君。诸侯国君既已立,以其力为未足,又选择其国之贤可者,置立之以为正长。"①虽然墨子没有抹去君主头顶那一点神圣的光彩——依然称之为"天子",但是这个天子是在天下范围内进行选择的,这个选择就要比世袭公平得多,虽然诸侯国君还是指定的,然而令人疑惑的是墨子的这种制度设计从未见行于中国。与之相对应的是"兼爱","若使天下兼相爱,爱人若爱其身,犹有不孝者乎? 视父兄与君若其身,恶施不孝? 犹有不慈者乎? 视弟子与臣若其身,恶施不慈? 故不孝不慈亡有。犹有盗贼乎? 故视人之室若其室,谁窃? 视人身若其身,谁贼? 故盗贼亡有。犹有大夫之相乱家、诸侯之相攻国者乎? 视人家若其家,谁乱? 视人国若其国,谁攻? 故大夫之相乱家、诸侯之相攻国者亡有。若使天下兼相爱,国与国不相攻,家与家不相乱,盗贼无有,君臣父子皆能孝慈,若此,则天下治"②。这大概可以看作是老子"爱身"思想的演绎,墨子把君臣、自己与他人以及己国与他国相互对等的观念融入臣忠子孝的思想中,有所突破却没有完全说破。宋子提倡个体精神独立于社会的道德评价,却还没有把这种观念推广至整个社会。庄子说他"举世誉之而不加劝,举世非之而不加沮。定乎内外之分,辩乎荣辱之境",大概就是指宋子强调对个体精神独立的认知,郭象云:"内我外物,荣己而侮人。足于身故间于世。"③他看到世人以他人所标举的道德为自己行为的标准,而不去反思自己的内在道德,以己为当而笑标举道德者失己而不自知;却还没有达到自然天道的地步,只是远离社会,隐于自我,更没有以天道融合社会。荀子却以为他"见侮之不辱,使人不斗"大概是指宋子试图把个体独立道德评价推广至整个社会国家的过程中出现的矛盾问题,他虽然认识到了自我道德的独特性,却不自觉地以这个去限制世人,去除一个标准却又树立了另一个。

　　庄子认为万物的本质为精神,皆为自生。在《庄子》一书中很少见到关于天地万物如何生成的论述,郭象却每每以"自生"来解释《庄子》,如他解释"无"也是自生的,这大概是符合庄子思想的。庄子对天地万物的反思,即"天地与我共生,万物与我为一",

①　孙怡让:《墨子间诂》,上海:商务印书馆,1935 年,第 47 页。

②　同上书,第 65 页。

③　郭象注、成玄英疏:《南华真经注疏》,北京:中华书局,1998 年,第 8 页。(本文所引《南华真经注疏》原文,皆引自郭注成疏《南华真经注疏》,北京:中华书局,1998 年,以下仅列书篇名,略去出版信息,以免繁芜)

"气"为天地万物和"我"生死共有之,天地万物和"我"就没有什么高低贵贱的区别。那么,君主就是平常人,并无特别之处。尧让天下于许由,许由在尧的治理之下,并没有成为"志弱骨强"的人,反而是比尧更具有治理国家的才能,这和老子的愚民思想是根本不同的,许由也没有自以为臣子,"子治天下"中的"子"没有尊卑之别,而是一种平等的表现;申徒嘉与子产之间的故事也是在说明尊卑之别的无理。庄子申明此意,旨在表明以个体的精神自由独立于社会的这种精神观照社会政治制度,可知在正常的社会国家,个体的精神应该是独立的,是为自由的本质。这种观照有着内在紧密的逻辑关系,较老、列、墨为尚。为"散木"之人苟活于乱世并不是其人生理想,在庄子看来,人生首要的目的大概是要反思"苶然疲役"的归处,目的在于催发个体对其内在精神的认知的原动力。所以,庄子更加看中个体精神所能达到的高度,不管是梓庆为镰,还是捕蝉的那个驼背老头。那么,个体会不会像孟子说的那样自觉自修而成为尧舜呢?庄子以为不会成为尧舜,而是成为他们自己,梓庆自为梓庆,庖丁自为庖丁,梓庆不可为庖丁明矣。使个体实现精神与肉体融而为一并实现自由是社会国家存在的原因所在,个体的欲望也就不用人为的增加或者减少。这样的社会就是"至德之世":"夫至德之世,同与禽兽居,族与万物并。恶乎知君子小人哉?同乎无知,其德不离;同乎无欲,是谓素朴。素朴而民性得矣。及至圣人,蹩躠为仁,踶跂为义,而天下始疑矣。"(《庄子·外篇·马蹄》)以个体所禀赋的道而不是仁义为反思的目的所在,此为知识而"无知",不以他人所标榜附加的欲望加害己身,是为"无欲",把老子的"少私寡欲"和社会相融,没有了"愚"民这个扞格的瑕疵。尊重自然神性,使个体"不适人之适而自适其适","任其性命之情"[1],国家的本质就在于此,也只在于此。

庄子在纯粹自我主体如何直观到万物的原初给予的形式这个层面上做了更进一步的发挥。庄子给我们讲了一个故事:"梓庆销木为镰,镰成,见者惊犹鬼神。……将为镰,未尝敢以耗气也,必斋以静心。斋三日,而不敢怀庆赏爵禄;斋五日,不敢怀非誉巧拙;斋七日,辄然忘吾有四枝形体也。当是时也,无公朝;其巧专而外滑消。然后入山林,观天性形躯,至矣,然后成见镰,然后加手焉,不然则已。则以天合天,器之所以疑神者,其是与。""以天合天"中的第一个"天"是梓庆的纯粹灵魂,如何获得庄子讲得很清楚,"心斋""坐忘","佝偻承蜩""庖丁解牛"等都是在说这个问题,第二个"天"是那个"镰"自己呈现于自我主体的原初给予的直观,显得很恍惚。成玄英认为:"外事既

---

① 《南华真经注疏》,第 191 页。

除,内心虚静,于是入山林,观看天性好木,形容躯貌,至精妙而成事,堪为镶者,然后就手加工焉。……机变虽加人工,木性常因自然,故以合天也。……所以镶之微妙疑似鬼神者,只是因于天性,顺其自然,故得如此。"①这个镶是人为地根据木性的自然天性而加工的,是模拟自然的所为,所以见的人惊叹而犹如见鬼神,说的是艺术臻于自然而不露痕迹。这样说却忽略了"成见镶"的重要性,宣颖所言"恍乎一成镶在目"可能更接近庄子的意思。笔者认为这个"镶"是自己显露出来的,可以看作是镶的原初给予的直观,是镶的本体。

魏晋时期的嵇康、阮籍诸人彰显个性,"越名教而任自然",更加强调个体的独立,趋向隐逸,陶渊明在山水之中"此中有真意,欲辨已忘言",体悟万物的先天直观,应在陶弘景"欲界之先都"的境界之上,也比"池塘生春草,园柳变鸣禽"更接近自然的本质。唐代诸贤诗境空灵,可见诗人纯粹的灵魂,"一片冰心在玉壶";宋代诗人则有悟得万物本然之象,更接近真知;明代士人作诗为文多求其"真",也多可见以上诸人的精神。

2. 儒家的合及其意义

儒家的合或在于将尊君德性为核心的仁义忠孝思想揉进人性之中,个体潜移默化地承认其合理性,从而使精神与肉体难以独立于社会;或在于将君臣上下思想揉进天道之中,使之成为天理,限制个体精神的自由发展。

孟子把孔子提出的"仁义礼智"一并放进了人的内心,人为地排除掉了这四个方面以外的包括食色之性的部分,追求"人"性道德的纯粹化,锻造出圣人尧舜。其言"四端"为每个人所有,人性锻炼的目的所在即扩充此四端,达于四体,充盈于天地之间。同时他又从人性出发去解释"孝"的合理性,即便是他的弟子也有所怀疑。把社会人伦内在合理化,个体成为整个社会的一部分,从而在一定程度上否定了人的精神在社会中独立的本质。并且,孝的强化也在一定程度上规避了他们所谓的君主所应担负的责任和义务,如扶幼、养老、教育等各方面的问题,其实即便是他们所敬重的文王也是很重视养老等社会责任和义务的。他们宣传父亲要慈爱、儿女要孝顺、母亲要教育儿女,这样,家庭为国家承担了全部的责任和义务;而且还从内心去改造百姓,君主只需要修身养性选贤任能就可以了。也只能说他们为皇帝设计的太好了,只是苦了他们自己以及天下百姓,他们何必如此作茧自缚。

孟子前后的一些儒家,把阴阳观念悄无声息地融入天道之中,把上下尊卑观念深

---

① 《南华真经注疏》,第378页。

深刻在了人的内心之中。这种变化应该和黄老法家思想的搅入有一定的关系,如"恒先之初,迥同太虚。虚同为一,恒一而止。……天地阴阳,(四)时日月,星辰云气规猱行侥(蛲)重动,戴根之徒,皆取生,道弗为益少;皆反焉,道弗为益多"①,他们的本意是借助阴阳解释天地万物的生成,而阴阳即是尊卑观念,并在社会治理方面提出"上无为而下有为",可以看作是后世上下尊卑观念的滥觞。如"太一生水。水反辅太一,是以成天。天反辅太一,是以成地。天地复相辅也,是以成神明。神明复相辅也,是以成阴阳"②,粗略地去看,似乎是对老子天道思想的发挥,所谓的"一"是老子常用的概念,与道为一,然而细细体会,其中所言的"阴阳"却是在引导我们走向上下尊卑的合"理"化。《易传》于此阐述更为确定,"天尊地卑,乾坤定矣。卑高以陈,贵贱位矣。……一阴一阳之谓道。继之者善也,成之者性也。仁者见之谓之仁,知者见之谓之知。百姓日用而不知,故君子之道鲜矣"③,天地本无尊卑之理而后儒以己意为之,孔颖达疏曰:"天以刚阳为尊,地以柔阴为卑。乾健与天阳同,坤顺与地阴同,故得乾坤定矣。"④天地本自生却被人为地改造为天尊地卑,阳健的只能是天子的表现,臣只能是卑顺的,人尊于禽兽,君主也就尊于百姓。周敦颐把阴阳二义揉进"无极而太极"之中,也是上追先秦诸儒,朱熹把君臣父子上下尊卑归之于天理,这种人为改造过的"天道"会使大多数士人反思其性的时候难以逾越,即便是极具反思精神者。中国自汉代儒术天下为尊以至今日,上下尊卑观念已经融进了我们的血液之中,几为"天理"。这种天理的"理所应当"极大地限制了人的精神自由,使个体陷于社会之中而不知"天道"之所在,虽然他们又极为倡导个体精神之自由。天尊地卑其实是经不起推敲的,然而,这种观念与孟子对君主德性至善的期望融合在一起,却会使士人愿意相信君主有天下,其德性必然是可以被教导为善的。

　　荀子则将礼乐合于天道,从人人都"有"的欲望入手,推导出礼乐存在的合"理"性。他先言人性"恶",生而"好利""疾恶""好声色",否定人性自我完善的可能,即便他也知道"性朴"以及君主的私欲膨胀是百姓的欲望膨胀的原因和导向,天下性恶的其实是君主而不是其他人。他又认为欲望应该得到满足而不是限制,"礼起于何也? 曰:'人

①　陈鼓应:《黄帝四经今注今译》,北京:商务印书馆,2007 年,第 399 页。
②　《郭店楚墓竹简·太一生水、鲁穆公问子思》,北京:文物出版社,2002 年,第 23 页。
③　王弼注、孔颖达疏:《周易正义》,北京:北京大学出版社,1999 年,第 257—270 页。
④　同上书,第 257 页。

生而有欲,欲而不得,则不能无求,求而无度量分界,则不能不争,争则乱,乱则穷。先
王恶其乱也,故治礼义以分之,以养人之欲,给人以求。使欲必不穷乎物,物必不屈于
欲。两者相持而长,是礼之所起也。"①人的欲望需要用礼给养,人的欲望得到满足则这
个社会就会趋于稳定,这是他最本旨的追求。他认为人性中的善就在于"正理平治",
恶在于"偏险悖乱",《大学》"治国,平天下"以及张载所谓"为天下开太平"也有相类
处。显然这不是自我反思的结果,而是为其既定的某种思想寻找理由或借口。最后荀
子强行地将"礼"和"道"合二为一,"天地以合,日月以明;四时以序,星辰以行;江河以
流,万物以昌;好恶以节,喜怒以当。以为下则顺,以为上则明,万物变而不乱,贰之则
丧也。理岂不至矣哉"②,荀子以为天地之间是有秩序的,这个秩序是天地得以存在的
基础——他看中的是"存在",以结果解释原因的合理性,他自动地封闭了自己的反思
精神——先圣仿照他所谓的天道创造出来了"礼",这就基本上完成了"礼"的合理化,
礼变成了"道"的代名词。荀子打折了士人的脊柱,完全否定个体独立的精神自由,自
愿受"制"于君主,虽然他也提出了心勿为外物所役,并对心学的发展提供了一些基础。
《礼记·礼运》更直接点明礼所本在于天道,"夫礼必本于太一,分而为天地,转而为阴
阳,变而为四时,列而为鬼神"③,郑玄注"转而为阴阳"云:"天地二形既分,而天之气运
转为阳,地之气运转为阴。贵左以象阳,贵右以象阴。又因阳时以行赏,因阴时以行罚
也。"④可见,后世诸儒以"礼"合道,人为地改变了自然天道的内容,构筑了一整套的天
地人合一的系统的"礼"道思想,对人的精神限制不可谓不周密。

　　儒家诸人之影响在于使个体"自觉"融为社会的一部分,且"自愿"地为君主承担社
会责任和义务,上下尊卑观念深植人心;道家诸人的影响在于使个体意识到个体的精
神与肉体是独立于社会国家的,并引申出国家的责任和义务存在的目的就在于此,并
无天然的上下尊卑观念。

(二) 孔、老性论"离"处及其意义

　　孔、老性论的"离"主要在于儒家之"离"和道、法家之"离"。儒家之"离"在于个体

---

①　王先谦:《荀子集解》,北京:中华书局,2006年,第289页。
②　同上书,第236页。
③　郑玄注、孔颖达疏:《礼记正义》,第706页。
④　同上书,第707页。

精神与自然天道的"离"以及理性与神性的"离",自我的仁义道德就是于天道内涵;道、法之"离"在于天道与仁义道德的分离,天道之中少有人情。

1. 儒家之"离"及其意义

修持心性本是发现真理的方法所在,从而获得个体精神上的独立和解放,却被孟、荀搀入功利的目的,他们希望士人更加顺从君主而不是天道。后世儒家之修持心性多从"寡欲",他们却只是希望士人不要有欲天下为一己之私有的欲望,永远甘心做臣下,他们绝不像庄子希望的那样,能够在忘掉一切功名、声色和认知的虚静的境界中反思天道。孟子认为修性之要在"寡欲",其言"养心者莫善于寡欲,其为人也寡欲,虽有不存焉者寡矣"①,这个"欲"包含有欲天下为一己之私有的欲望,锻造尧舜即是在肯定君主神权的合理性,没有了这个欲望,士人们自然不会心生反叛之心,个体只能成为依附于社会的一分子。孟子让"仁义""诸德"根植到了人的内心,"广土众民,君子欲之,所乐不存焉。中天下而立,定四海之民,君子乐之,所性不存焉。君子所性,虽大行不加焉,虽穷居不损焉,分定故也。君子所性,仁义礼智根于心,其生色也睟然,见于面,盎于背,施于四体,四体不言而喻"②;士人要服从于君臣父子之"义","仁之于父子也,义之于君臣也,礼之于宾主也,知之于贤者也,圣人之于天道也,命也,有性焉,君子不谓命也"③。父子之仁不可推论至君臣之义,孟子却将我们本性中的父子之仁和本性之外的君臣合一,这个"仁爱"也就不同于孔子之"仁"通达天道的内涵,被其人为地赋予上下尊卑的观念;并强调服从,即便是其所谓不待文王而后兴的豪壮之语也是以其"仁义"为内核的。荀子则将人"心"限制在"礼",顺从之义更为突出。后世张载言"气质之性",强调人生来所秉之气不同,圣人所秉之气清而他人为浊,他是为现世的依从寻找天道的缘由,而不是从天道反思现世是否合理。朱熹更从"理"上去规定君有君的理,臣有臣的理,富贵贫贱也是天理所定,这个"天理"后来又演变为"命运"或者"命定"之论,影响极为深远,其实这也可以从他与程颢、罗从彦的修性方法的不同上看出端倪。而王阳明所谓的"此心无私欲之弊,即是天理,不须在外添一分"④之所论,这里所谓的"私欲"指的大概是"仁义礼智"以外所有的欲望,更是在强调人对君主的顺从。

---

① 朱熹:《四书章句集注·孟子集注》,上海:商务印书馆,1935 年,第 205 页。

② 同上书,第 185 页。

③ 同上书,第 201 页。

④ 吴光、钱明、董平、姚延福:《王阳明全集》,第 3 页。

孟子及其以后的儒家学者主要看到的是顺从,不管其中如何张扬自我。

儒家心性之所悟得的核心是经过人为改造过的仁义道德,而不是自然天道,个体精神逐渐远离天道,理性精神也在失去神性。孟子把圣人与常人之间的距离拉得更大了,他说"人人皆可为尧舜",而世上这种人五百年才会出现一位,文王以后能达到这个水平的也就只有孔子和他自己了,这就和孔子所谓的为"仁"不是难事意义不同。孟子所谓的圣人要能够"尽其心者,知其性也。知其性,则知天矣。存其心,养其性,所以事天也"①,修养"四端"而达到充乎天地之间的境界,达到一种道德的绝对高度。这不是在尘垢秕糠而为尧舜,而是在个体精神境界方面人为地设置标准,个体没有各自独特的精神,个体也不能拥有各自独特的精神,只有这一个准则,且根本不属于绝大多数的人。这种人被孟子等人赋予更多的"神性",并逐渐成为这个世间"独一无为"的君王。荀子就一直在等待这个"王"。孟子的修身观念中越来越少人与人之间生来平等之观念——如其所谓的"爱"是"老吾老以及人之老",是由对自己父母的爱推向对民众的爱,对墨学后人所传的"兼爱"——所有的人应该是平等的,"如保赤子"——他驳之为"无君",这个道德评价的内在核心依然是"上下尊卑",只不过显得没有那么强势。《中庸》所谓的道也与"仁"关系密切,"天命之谓性,率性之谓道"②,他们以为反思天所赋予自我的性就能够发现道是什么,这个"道"指向的就是"诚","自诚明,谓之性;自明诚,谓之教。诚则明矣;明则诚矣。……诚者,物之终始。不诚无物。是故君子诚之为贵。诚者,非自成己而已也。所以成物也,成己仁也"③,只要是把天道归于仁义道德,就是暗指上下尊卑观念。儒家在这一点是需要实实在在进行否定的,世上绝对不需要"圣人",更不要说什么君主,代这些圣人立言的人也要否定之。仁义道德与天道的内在分离,在于上下尊卑这种观念取代了人人生来平等的观念,圣人也就成了外在的天道的表率,此为训政的基础所在。

亚里士多德以为:"他必使一切尽成'关系'——使一切相关于意见与感觉而后已,这样就没有一个已存在或将生成的事物能脱离某些人的意想之如是或如彼而自行存立。但事物之已存在或将生成者,显然并不一律有赖于人们的意想。……思想于事物

----

① 朱熹:《四书章句集注·孟子集注》,第 179 页。

② 朱熹:《四书章句集注·中庸章句》,北京:中华书局,1983 年,第 1 页。

③ 同上书,第 19—21 页。

的人与被思想着的事物如果相同,人将不是那思想者而将合一于那被思想着的事物。"①个体如果失去自我思想的可能,必将如行尸走肉。

2. 道、法家之"离"及其意义

道、法家站在"上无为而下有为"的准则之下,重法而少情。老子把"仁义礼信"置于天道之内,并不是把诸德完全抛弃,而是在天道范围内改造诸德,"绝仁""无仁"也可以看作老子在"复命"的心境之下对"道"与"仁"之间关系的一种观照。而之后发展起来的黄老道家和法家用"无为而无不为"的道创造"法",不顾天道与人情之间的关系,以一种远离人之性情的姿态,否定法与人情之间的内在联系,更缺少人人生来平等的天道内涵。《黄帝四经·经法》云:"道生法。法者,引得失以绳,而明曲直者(也)。口执道者,生法而弗敢犯(也),法立而弗敢废(也)。"②由道而生法,这是逻辑推理的过程,这个过程有思维的参与,却没有个体的主体性情的参与,这种推论而来的法在某些方面是极有道理的,人们多引为格言,可是他们忽略了老子治国的另外一层含义——见素抱朴,而把儒家维持国家稳定暗设为他们的目标,却完全背离个体精神独立这个道家所论定的国家本质。他们使臣以"法"而不用情,"天地有恒常,万民有恒事,贵贱有恒位,畜臣有恒道,使民有恒度"③,此处"畜",许慎解为"田畜也"。在他们眼中,臣下就像君上家中干体力活的长工,甚至如畜生一样,被君主蓄积起来,为君主排忧解难,当感恩戴德,何谈独立。他们在道法的层面上强调了君主的崇高地位,慎倒以为:"法制礼籍,所以立公义也。凡立公,所以弃私也。明君动事分功必由慧,定赏分财必由法,行德制中必由礼。故欲不得干时,爱不得犯法,贵不得踰亲,禄不得踰位,士不得兼官,工不得兼事。以能受事,以事受利,若是者,上无羡赏,下无羡财。"④"公义"是法制的核心所在,他们却没有反躬自省,体悟何为"公义",公义已经成为一个缺少内涵的概念,"无为"亦然,如同这一时期的"仁义"一样。黄老道家所谓的公义之中含有尊卑观念,"古者,立天子而贵之者,非以利一人也。曰:天下无一贵,则理无由通,通理以为天下也。故立天子以为天下,非立天下以为天子也;立国君以为国,非立国以为君也;立官长以为官,非立官以为长也。法虽不善,犹愈於无法"⑤。春秋战国时期自称

① 亚里士多德:《形而上学》,吴寿彭译,北京:商务印书馆,2016 年,第 89 页。
② 陈鼓应:《黄帝四经今注今译》,北京:商务印书馆,2007 年,第 2 页。
③ 同上书,第 25 页。
④ 钱熙祚校:《诸子集成·第五册·慎子》,北京:中华书局,1954 年,第 3 页。
⑤ 同上书,第 3 页。

“寡人”的那些君主被黄老家尊为理所当然的“贵重”之人,真是天下大势所趋所致,实难令人信服。而韩非子更是说到了嬴政的心窝里,他们不是在限制那些每个人都有且君主更甚的欲天下为一己之私有的私欲之心,反而是扩而充之,使之达于天地之间,“万物莫如身之至贵也,位之至尊也,主威之重,主势之隆也。此四美者,不求诸外,不请于人,议之而得之矣。故曰:人主不能用其富,则终于外也。此君人者之所识也”①。他们所谓的“公”其实是最大的私,“私”是最大的公,唯君主马首是瞻,哪里还会有是非。

相较于法家的重道而绝情,庄子的“无情”则是把情从道分离出来,赋予了它独特的价值。他所谓的“无情”即是个体达到纯粹灵魂之时的情的表现,并具有艺术的精神。惠子问他“人故无情”吗,庄子说他说的无情不是惠子所说的无情,“是非吾所谓情者,吾所谓无情者,言人之不以好恶内伤其身,常因自然而不益生也”,郭象注曰:“以是非为情则无是无非无好无恶者,虽有形貌,直是人尔,情将安寄。任当而直前者,非情也。”②郭象所解在获得实在意义的是非并由此是非而引发的情才可谓情,而在以他人之是非为是非的状态下的喜怒哀乐之情并不是情,并且,情不是个体行为的第一要义,只是道的外在表现。成玄英认为:“庄子所谓无情者,非土木其怀也。止言不以好恶缘虑分外,遂成性而内理其身者也。何则?蕴虚照之智,无情之情也。”不能以他人之是非作为自我行为的标准,只有在虚静的境界之中悟得真知,才可见你真正的情为何,“因任自然之理,以此为常;止于所秉之涯,不知生分”③,真情与真知真理是融合在一起的,情感判断是以真理为目的但更侧重主体性的无确定目的的价值判断,是与人的纯粹灵魂融合一体的人之为人的表现。道德伦理与法是相通的,人情与法也必然不是乖离的。魏晋的文学评论家独具慧眼,拈出“性情”而为批评文学的圭臬,艺术与哲学是相互融通的。只有真情,才能动人,阮籍母丧,其饮酒之中的悲痛嵇康能够感知,真情具有普遍性,真知具有普遍性。但是,能够确切定义的绝对不是真知真理,要想获得独立的精神,只有“做你的事情”。

三、结　语

老子在天道之中观照人性,力图引导个体发现自我之灵魂,从而能够明白个体有

---

①　王先谦:《诸子集成·第五册·韩非子集解》,北京:中华书局,1954 年,第 16 页。

②　《南华真经注疏》,第 127 页。

③　同上。

机会修治精神至纯粹素朴，并以此否定其社会治理方面圣人无为而治的理念；孔子以"从欲"为入处，指出自我素朴精神交接事物的愉悦冲动是获得真知和道德的重要心理表现，这样，他所追求的是个体精神的独立，而非某时的依顺君主。二人都以欲望为着手处，探析如何获得真知真理和道德，虽然方法各自不同。后世儒家、道家、黄老道家、法家以及墨家有分有离，儒家心性趋向准则，"有爱"成了他们的标签，墨家更推而广之而言"兼爱"，而道家则无所谓准则，且不以某一特定外在之情感束缚自我之真性情，善恶是非实在其中。孟子把"仁义"内融于心，以其为天道之主要内涵，推而广之成为检验圣人君子的一个准则，逐渐使其失去平等精神内涵而演变为一个君臣上下观念的空壳，道、法家亦使"公义"概念化，少有人情而多有尊卑。而庄子的"无情"融合人的性情与天道，成为这一时期以及后世士人大夫渡厄的精神港湾，显得弥足珍贵。而关于真知的追求，孟子言"反身而诚"却内涵模糊，真知让位于德行，庄子则融合孔子和老子的思想为一，在对真知的求索中达到了一定的高度和深度，后人往往对此视而不见，只以其性论为处世的法则。

宋明哲学研究

王阳明《答周道通书》解读

朱　承*

摘　要：该书主要论及为学工夫、为学态度以及性气之辨。在为学工夫上，王阳明主张立志与自作主宰，强调在事上磨炼，在应对千头万绪的纷繁事务中时刻涵养本心、挺立良知；在为学态度上，强调关注自家是非而莫论他人是非，将他人的批评当成砥砺自己的契机。这些观点，对于个体来说，具有振奋精神意志、强化责任意识以及开阔精神气象的意义。在性气之辨上，王阳明主张性气相即，把人性之知（性）放到日常生活实践（气）中去理解，致知（论性）体现在格物（论气）的过程中，格物实践是本性之知的具体展开和表现，强调二者不能截然分开。

关键词：工夫；气象；性；气

【1】吴、曾两生至，备道道通恳切为道之意，殊慰相念。若道通，真可谓笃信好学者矣。忧病中会，不能与两生细论，然两生亦自有志向、肯用功者，每见辄觉有进，在区区诚不能无负于两生之远来，在两生则亦庶几无负其远来之意矣。临别以此册致道通意，请书数语。荒愦无可言者，辄以道通来书中所问数节，略下转语奉酬。草草殊不详细，两生当亦自能口悉也。

来书云："日用工夫只是立志，近来于先生诲言时时体验，愈益明白。然于朋友不能一时相离。若得朋友讲习，则此志才精健阔大，才有生意。若三五日不得朋友相讲，便觉微弱，遇事便会困，亦时会忘。乃今无朋友相讲之日，还只静坐，或看书，或游衍经

* 作者信息：朱承，男，1977年生，安徽人，哲学博士，华东师范大学哲学系教授。

行,凡寓目措身,悉取以培养志,颇觉意思和适。然终不如朋友讲聚,精神流动,生意更多也。离群索居之人,当更有何法以处之?"

此段足验道通日用工夫所得,工夫大略亦只是如此用,只要无间断,到得纯熟后,意思又自不同矣。大抵吾人为学紧要大头脑,只是立志,所谓困忘之病,亦只是志欠真切。今好色之人未尝病于困忘,只是一真切耳。自家痛痒,自家须会知得,自家须会搔摩得。既自知得痛痒,自家须不能不搔摩得。佛家谓之"方便法门",须是自家调停斟酌,他人总难与力,亦更无别法可设也。

【解读】王阳明和周道通是师生关系,因而书信开头有一段寒暄话语。大意是说,吴、曾二生从周道通那里来,现在他们要回去了,王阳明让他们带一封回信给周道通。通过吴、曾二生的转述,王阳明知道周道通"恳切为道",非常欣慰,并称赞他为"笃信好学者"。当时王阳明正在家中为父守孝三年,故而有"忧病"一说。王阳明称因为其在丁忧期间,故而没有和吴、曾二生详细论学,但二人都是有志向、肯用功的为学者,来学以后长进不少,他们没有辜负远来问学的志向,自己也没有辜负他们求学的诚意。在二人回去之际,王阳明就周道通上次来书提到的若干问题进行说明,希望吴、曾二生回去也能口头上补充说明。以上数语,寒暄之际,也交代了这封答信的背景。

周道通在来信中说他以立志来践行日用工夫,是受到王阳明的影响,且有很大收获。但是,周道通认为如果能和朋友一同讲习,为学之志才会精健阔大、生机盎然。反过来,如果没有朋友一同讲习,便会困惑,甚至遗忘。周道通认为,虽然自己静坐、看书、游历也能培养此志,但还是不如朋友之间的切磋砥砺。由此,周道通请教王阳明,对于离群索居、独自为学的人来说,如何才能更好地培养为学之志?

王阳明首先肯定了周道通对这一问题的思考,认为他在日常工夫中已有所反思、有所收益,并指出,只要不断反思,为学工夫就会不断醇熟,到了一定的时候,一定会豁然贯通。王阳明强调,立志是为学的头脑,就此而言,所谓的困惑、遗忘,从根本上来说是为学之志还欠真切。志向如何实现真切,须要自己努力。这好比自己身上的痛痒须要自己感知,"自家痛痒自家知"也只有自己去搔挠才会解除痛痒,而且自己身上的痛痒也不可能不去搔挠。这种自我的感知与解决,类似佛教里的"明心见性",必须依赖自己的了悟,须要自己的调停斟酌,这就是所谓的"方便法门",他人是不能替本人感知和解决各自身上存在的问题的。王阳明讲"自家痛痒"和"方便法门"的比喻,是为了提醒周道通,朋友之间的讲习不能从根本上解决立志不真切的问题,立志是否真切在于自己的存天理、去人欲工夫是否醇熟,这一点,他人无论如何也替代不了自己。王阳明的言外之意在于,周道通期望更多的与朋友讲习并以此砥砺志向,这种想法存在缺陷,志向问题只在自我的磨炼而不在外力的襄助,所谓"自做主宰,不假外求"。

【2】来书云:"上蔡尝问'天下何思何虑',伊川云:'有此理,只是发得太早。'在学者工夫,固是'必有事焉而勿忘',然亦须识得'何思何虑'底气象,一并看为是。若不识得这气象,便有正与助长之病。若认得'何思何虑',而忘'必有事焉'工夫,恐人堕于无也。须是不滞于有,不堕于无。然乎否也?"

所论亦相去不远矣,只是契悟未尽。上蔡之问,与伊川之答,亦只是上蔡、伊川之意,与孔子《系辞》原旨稍有不同。《系》言"何思何虑",是言所思所虑只是一个天理,更无别思别虑耳,非谓无思无虑也。故曰:"同归而殊途,一致而百虑,天下何思何虑。"云殊途,云百虑,则岂谓无思无虑邪?心之本体即是天理。天理只是一个,更有何可思虑得?天理原自寂然不动,原自感而遂通,学者用功,虽千思万虑,只是要复他本来体用而已,不是以私意去安排思索出来。故明道云:"君子之学,莫若廓然而大公,物来而顺应。"若以私意去安排思索便是用智自私矣。"何思何虑"正是工夫。在圣人分上,便是自然的。在学者分上,便是勉然的。伊川却是把作效验看了,所以有"发得太早"之说。既而云"却好用功",则已自觉其前言之有未尽矣。濂溪主静之论亦是此意。今道通之言,虽已不为无见,然亦未免尚有两事也。

【解读】"天下何思何虑"是《易传·系辞下》里所言,二程兄弟门人谢良佐(因其是河南上蔡人,故世称"上蔡先生")曾以此语和程颐对谈,"二十年前往见伊川。伊川曰:'近日事如何?'某对曰:'天下何思何虑?'伊川曰:'是则是有此理,贤却发得太早在。'伊川直是会锻炼得人,说了又道,恰好著工夫也。"[1]程颐问谢良佐最近为学事务如何,谢良佐以《易传》之"天下何思何虑"应答之,意思是说无须思虑具体事务,只领会得天地气象即可,程颐说的确是应该领会天地气象,但对于谢良佐来说发之过早,为学还应该先从具体工夫处入手。对程颐与谢良佐的对答,周道通发表了看法。他认为,一方面学者应该如孟子所说:"必有事焉而勿正,心勿忘,勿助长也。"(《孟子·公孙丑上》)即要心有所系、有所向,但另一方面也要有"何思何虑"的天地气象,即无所思虑。

---

① 程颢、程颐:《二程先生外书》,《二程集》第2册,第426页。

通俗地说,一方面要力担当,同时也要善摆脱。如果没有无思无虑的气象,就可能会如同孟子所言助长功利念头;但反过来,如果只是无思无虑,而忘了心有所系,恐怕又会堕入虚无。这样看来,理想的做法是"不滞于有,不堕于无",也就是既不牵滞于具体,也不茫荡于虚无。周道通将他的这一心得求教于王阳明。

王阳明肯定了周道通的认识,但觉得还可以更进一步思考。他认为,程颐和谢良佐谈话中对"天下何思何虑"的理解,与《系辞》里原旨不尽一致。《系辞》里的意思是说除了天理之外,无须再有思虑,不是讲彻底的无思无虑的空虚气象,"同归而殊途,一致而百虑,天下何思何虑"。其中的"殊途""百虑",不可能是无思无虑,只是在强调所思所虑"只是一个天理"。天理是心之本体,具有唯一性,且寂然不动,不须多加思虑,其呈现的是感而遂通。学者千思万虑的为学工夫,只是要还原天理的本然状态,而不是用自己的意见去安排思索出来的。换言之,对于天理,学者的思虑是为了更好地还原之,而不是揣度之,不能用智自私,将自己的私意附加在对天理的理解上,王阳明认为程颢的"君子之学,莫若廓然而大公,物来而顺应"①讲的就是这个顺应天理、不假思索的意思。由此看来,谢良佐提到的无思无虑就是一种对待天理的工夫,这对于圣人来说,是自然而然的,但对于学者来说,则是勉强如此的;程颐却将无思无虑当作境界和效验来看,所以才认为谢良佐"发得太早"。后面程颐说"却好用功"(恰好著工夫),也是意识到自己所说有未周全之处。王阳明认为周敦颐的"主静"说,也是以"静"来顺应天理之意。

在这一段的结尾,王阳明认为周道通的所见有一定道理,但也有所蔽,所蔽就在于把为学工夫看作两事,而实际上只有呈现内心的天理一事而已。

【3】来书云:"凡学者才晓得做工夫,便要识得圣人气象。盖认得圣人气象,把做准的,乃就实地做工夫去,才不会差,才是作圣工夫。未知是否?"

先认圣人气象,昔人尝有是言矣,然亦欠有头脑,圣人气象自是圣人的,我从何处识认?若不就自己良知上真切体认,如以无星之称而权轻重,未开之镜而照妍媸,真所谓以小人之腹而度君子之心矣。圣人气象何由认得?自己良知原与圣人一般,若体认得自己良知明白,则圣人气象不在圣人而在我矣。程子尝云:"觑著尧,学他行事,无他许多聪明睿智,安能如彼之动容周旋中礼?"又云:"心通于道,然后能辨是非。"今且说

---

① 程颢:《答横渠张子厚先生书》,《二程集》第2册,第460页。

通于道在何处？聪明睿智从何处出来？

【解读】由上述"不滞于有，不堕于无"的观点出发，周道通继续请教为学而成圣的问题，他提出要以"圣人气象"为方向，以"实地工夫"为抓手，从而实现"为圣"的理想。

王阳明指出，"先认圣人气象"一说，的确为程颐曾提倡之，"凡看文字，非只要理会语言，要识圣贤气象"①，"学者须要理会得圣贤气象"②。但是，王阳明认为这个论断还是没有触及最为核心的地方。他认为，圣人气象是往圣先贤所具有的，我们如何去体认呢？我们还是要从自己心上真切的良知去体认，如果不这样做，就如同用没有度量标识的秤去衡量轻重，用没有开光的镜子去映照美丑。不从自家良知出发去思量圣人的气象，正是印证了"以小人之腹而度君子之心"那句话，哪里能体认到圣人的气象呢？本着圣人、凡人都具有相同的良知这一基本信念，王阳明认为与其去揣摩圣人气象，还不如反过来体认自己的良知，因为我们与圣人一样具有良知，故而是否能够成为圣人全在自己的一念之良知，在这个意义上，"圣人气象"就在我们自身所具备的良知和天理上。程颢曾说："只是觑却尧学他行事，无尧许多聪明睿智，怎生得如他动容周旋中礼？"③又说："心通乎道，然后能辨是非。"④人们去学尧行事，但是没有尧的聪明睿智，如何学得他的行迹呢？只有以心通道（天理），才能彻底地如同圣人那样处世。也就是说，每个人都有自己的聪明睿智之处，每个人也都有良知，只有每个人体认良知，彰显本心天理，无须模仿往圣先贤的行迹，就能明辨是非、从容中道，成为"圣人"。

这一段，王阳明对周道通提到的"识得圣人气象"的观点进行了指正。周道通讲的"识得圣人气象"有向外求知的倾向，王阳明敏锐地觉察到这一点，他指出我们有着和圣人一样的良知，因而完全可以从体认良知的角度来实现与圣人的沟通，不必陷入处处揣度圣人行迹的被动局面，而是专心地"致良知"，自然就可以体认圣人气象，所谓"圣人气象不在圣人而在我矣"这段论述，强调个体自识良知对于成就自我的重要性，展现了心学重视个体意志的精神气质。

【4】来书云："事上磨炼，一日之内，不管有事无事，只一意培养本原。若遇事来

---

① 程颢、程颐：《河南程氏遗书》卷二十二上，《二程集》第 1 册，王孝鱼点校，第 284 页。
② 同上书，第 284 页。
③ 同上书，第 187 页。
④ 程颢、程颐：《河南程氏文集》卷九，《二程集》第 2 册，王孝鱼点校，第 601 页。

感,或自己有感,心上既有觉,安可谓无事? 但因事凝心一会,大段觉得事理当如此,只如无事处之,尽吾心而已。然乃有处得善与未善,何也? 又或事来得多,须要次第与处,每因才力不足,辄为所困,虽极力扶起而精神已觉衰弱。遇此未免要十分退省,宁不了事,不可不加培养。如何?"

　　所说工夫,就道通分上也只是如此用,然未免有出入在。凡人为学,终身只为这一事,自少至老,自朝至暮,不论有事无事,只是做得这一件,所谓"必有事焉"者也。若说"宁不了事,不可不加培养",却是尚为两事也。"必有事焉而勿忘勿助",事物之来,但尽吾心之良知以应之,所谓"忠恕违道不远"矣。凡处得有善有未善及有困顿失次之患者,皆是牵于毁誉得丧,不能实致其良知耳。若能实致其良知,然后见得平日所谓善者未必是善,所谓未善者却恐正是牵于毁誉得丧,自贼其良知者也。

　　【解读】王阳明经常对弟子门人强调"事上磨炼",周道通在此谈了他自己的体会。周道通说,在日常生活中,无论有事无事,都要专心地去涵养心体本原,也即体认良知。但有事无事的状态,实际上是相通的。内心感应事务,或者只是自己内心体悟,心上都已有所觉,看上去表面是无事,但实际上也是有事的状态。反过来,遇事的时候凝心体会,大概也会觉得天下事务理当如此,只要按照本心良知来处理就是了,因此也就当成无事来应对。可见,有事、无事实际上是一体的,都只是意味着尽心致良知而已。然而,生活中毕竟还是有处理得好与处理得不好之分,这是为什么呢? 原因大概在于事务太多,在应对时要区分轻重缓急,而才力有限,故而可能为事所困,虽然勉力应对但可能会因精神不济而效果不佳。这时候,人不免要退而反省,宁可放弃处理事务,也要去培养心体本原,在心上做工夫。针对"事上磨炼"一说,周道通的意思是说,如果应事不力,还是要培养本原,故而"事上磨炼"不成的时候,还是要去反省体悟。这是周道通对于"事上磨炼"的认识。

　　王阳明认为,周道通的工夫实践就他个人而言也只能如此了,但理想的状况并非如此。为学之人,自少至老,自朝至暮,一辈子都应该在存养本心、扩充良知,不管要不要处理现实事务,都应该如此要求自己,这就是孟子讲的"必有事焉"(《孟子·公孙丑上》)。但是你说宁可放弃现实事务,也要去反省体悟,就是把存养本心、扩充良知与处理现实事务分成两件事了。孟子讲"必有事焉而勿忘勿助",指的在应对事务中存养本心、扩充良知,不要遗忘本心也不要加以私意助长,只要在事务中致良知而已,所谓"忠恕违道不远"(《中庸》),只要尽自己的本心良知就不会偏离大道。那为什么还会出现处理得好与不好的情况呢? 为什么会出现困顿、混乱的状况呢? 王阳明认为,这是因为人们为毁誉得失所牵绊了,太在乎外在的成败和名利,却不能真切地推致良知。如果能真切地推致良知,那么就会领会到,世俗的好未必是真正的好;世俗的不好,也只是计较毁誉得失而损害良知的后果了。

通过对周道通相关观点的剖析,王阳明再次强调"事上磨炼"的本义所在,指的是个人在应对事务中存养本心、扩充良知,而不计较世俗的得失成败,只管按照自己的良知行事。而周道通的认识,从根本上说,还是把存养本心、扩充良知与应对事务当成两回事了,而从本质上说,存养本心、扩充良知就是发生在应对事务的过程中。换言之,理想的人生应该在应对千头万绪的纷繁事务中时刻涵养本心、挺立良知。

【5】来书云:"致知之说,春间再承诲益,已颇知用力,觉得比旧尤为简易。但鄙心则谓与初学言之,还须带格物意思,使之知下手处。本来致知格物一并下,但在初学未知下手用功,还说与格物,方晓得致知。"云云。

格物是致知功夫,知得致知便已知得格物。若是未知格物,则是致知工夫亦未尝知也。近有一书与友人论此颇悉,今往一通,细观之,当自见矣。

【解读】周道通认为,王阳明的致知说主张在应对事务中扩充良知,强调致知与格物的一体化,较之朱子学说,简易直接,但是他依然觉得,对于初学者而言,应该还是要提醒一下朱子的"格物"工夫,让他们明白为学的下手处,而避免茫荡悬空的空虚为学。周道通的看法代表了当时人们对于王阳明格物说的普遍性质疑。

格物、致知是王阳明讲学中的老话题,对于周道通的提问,他这里也只是一笔带过。他再次强调,应对事物,就是致良知的工夫,知道致良知就已经理解了如何应对事物。如果说还有人不知道应对事物,那实际上他对致良知也无所知。质言之,致良知发生在格物的过程中,无须格物先行才能致知。良知先天本有,在应对事物的过程中,良知得以呈现,由此"格物是致知工夫",而非先行格物才能致知。实际上,王阳明反复提到这个观点,他在这里也说,他曾在一封给友人的书信①中对此有所详述,请周道通仔细去看,自然明白。

【6】来书云:"今之为朱、陆之辨者尚未已。每对朋友言,正学不明已久,且不须枉

---

① 按陈荣捷先生考证,这里提到的书信或为《答顾东桥书》或《答罗整庵少宰书》。参见陈荣捷《〈传习录〉详注集评》,上海:华东师范大学出版社,2009 年,第 123 页。

费心力为朱、陆争是非,只依先生'立志'二字点化人。若其人果能辨得此志来,决意要知此学,已是大段明白了。朱、陆虽不辨,彼自能觉得。又常见朋友中见有人议先生之言者,辄为动气。昔在朱、陆二先生所以遗后世纷纷之议者,亦见二先生工夫有未纯熟,分明亦有动气之病,若明道则无此矣。观其与吴涉礼论介甫之学云:'为我尽达诸介甫,不有益于他,必有益于我也。'气象何等从容! 常见先生与人书中亦引此言,愿朋友皆如此,如何?"

此节议论得极是极是,愿道通遍以告于同志,各自且论自己是非,莫论朱、陆是非也。以言语谤人,其谤浅,若自己不能身体实践,而徒入耳出口,呶呶度日,是以身谤也,其谤深矣。凡今天下之论议我者,苟能取以为善,皆是砥砺切磋我也,则在我无非警惕修省进德之地矣。昔人谓"攻吾之短者是吾师",师又可恶乎?

【解读】周道通发表对于为学精神气质的看法,他从朱熹和陆九渊之争说起。他指出,现在学界对朱、陆二人的"道问学"与"尊德性"之争辩依然津津乐道,他自己对学界朋友常常说,儒家正学不明日久,没有必要枉费心力纠结于朱、陆之争。基于此,他经常以王阳明的"立志"说来启发学人,王阳明曾说:"只念念要存天理,即是立志。"(《传习录》上第 16 条),"立志"在心学的意义上就是存养本心、发明良知。周道通认为,如果学人真的要决意圣人之学,明白了"立志"说,不用纠缠于朱、陆之辩,也就大体上知晓了为学工夫。另外,周道通还提到,有些王学门人看到有人指摘王阳明言论,就容易动气,他觉得这种"动气"毫无必要。周道通认为,朱熹、陆九渊之所以让后学议论纷纷,正是因为二先生工夫不够醇熟,也有"动气"之病。而程颢就没有这种容易"动气"的问题,气象更为开阔从容,程颢与王安石政见、学说不同,却不与王安石"动气"争议高下,在和时人吴涉(师)礼的通信中,程颢说:"为我尽达诸介甫,我亦未敢自以为是。如有说,愿往复。此天下公理,无彼我。果能明辨,不有益于他,必有益于我。"①程颢的意思是说,即使有人认为他比王安石高明,他也不敢自以为是,但是愿意和王安石辩论,天下公理不是某个人私有的,如果能辩说清晰,那么自然于他有益。周道通说这段话王阳明也曾引用过,显示了程颢将学术当成天下公理、不纠结于孰是孰非的宏大气象,希望为学之人都能有如此胸襟。

通观《传习录》,王阳明在与弟子门人和朋友对答时,很少完全赞同他人的意见,此处他却用"极是极是"来表示对周道通此论的肯定。王阳明还希望周道通将这个意思

---

① 程颢、程颐:《河南程氏遗书》卷一,《二程集》第 1 册,第 9 页。

告诉所有学友们,个人只要关心自己学问上的是非问题,不要妄议包括朱、陆在内的是非。王阳明认为,以言语来非议别人是一种肤浅的行为,没有什么意义。如果自己在为学上不能身体力行、躬行良知,只从事口耳之学,每天夸夸其谈,这就是让自己陷入谤议的泥潭而不能自拔了,这种毒害更深。正是认识到这一点,王阳明把那些对心学不能认同的言论都当作砥砺切磋,促使自己警惕、修省、进德。荀子说:"故非我而当者,吾师也(攻吾之短者是吾师)。"(《荀子·修身》)既然是"吾师",又怎么能交恶呢?

在这一段中,周道通认为为学精神气质应该是开放的,而不是互相攻讦,动辄"动气",应该将学术当成天下公理,互相砥砺激发,而不纠结于是非短长,要把别人的批评当成自己思想完善的契机。王阳明对此表示非常赞同。

【7】来书云:"有引程子'人生而静以上不容说,才说性便已不是性'。何故不容说?何故不是性?晦庵答云:'不容说者,未有性之可言;不是性者,已不能无气质之杂矣。'二先生之言皆未能晓,每看书至此,辄为一惑,请问。"

"生之谓性",生字即是气字,犹言气即是性也。气即是性,"人生而静以上不容说",才说"气即是性",即已落在一边,不是性之本原矣。孟子性善,是从本原上说。然性善之端,须在气上始见得,若无气亦无可见矣。恻隐、羞恶、辞让、是非即是气。程子谓:"论性不论气,不备;论气不论性,不明。"亦是为学者各认一边,只得如此说。若见得自性明白时,气即是性,性即是气,原无性、气之可分也。

【解读】这段是周道通向王阳明请教一个具体问题。朱子所编《近思录》上引程颢的语录:"'生之谓性',性即气,气即性,生之谓也……盖'生之谓性''人生而静'以上不容说,才说性时便已不是性也。"(《近思录》卷一)意思是说,"生之谓性""人生而静"的状况无须言说讨论,到了言说的层面已经不是"性"了。为何如此?朱子对此的解释大意是,所谓"不容说者",是指人物未生之前的性之本体;而"不是性者",则是人物已生之后气质就夹杂于其间,故而不是纯粹的天地之性了。周道通对程颢、朱熹所说不能完全领会,希望得到王阳明的指引。

人、物禀受于天的,即是所谓"性",而"性"流行展开于具体的人、物之上,就是"气"。对于性气之辨,王阳明解释道,"生之谓性",指气就是性,无气则无性可言,所以"人生而静"以上不容说,就是说没有气禀就无本性,一说"气"就可言"性"。当然,这是从"气"这个角度来说"性"之展现的,具有形而下的意义,不是"性之本原"。孟子的性善论是从先验的本原上说的,但是性善的本原也要通过具体事务才能显现出来。若无具有"气"意义上的具体事务,则无法展现善的本性。具体的恻隐、羞恶、辞让、是非等伦理行为,就具有"气"的意义。王阳明这一解释,把性与气合起来考虑,主张性是本原但要展现于气,由此性不能离气,他引用程颢所言"论性不论气,不备;论气不论性,不明"①,并认为程颢是因为有人往往只单独论性或者单独论气,故而将二者结合起来。同样,王阳明也强调,如果能够体认内心蕴含天理的本性,就自然会理解气即是性、性即是气,二者不可分。

周道通对程颢、朱熹的性气之辨不能明白领会,王阳明的性气相即说则和他的知行合一说相关,把人性之知(性)放到日常人、物行动(气)中去理解,致知(论性)体现在格物(论气)的过程中,格物(论气)是致知(论性)的展开和表现,强调二者不能截然分开而言。概而言之,抽象的本性要在日常的生活实践中展现并主宰着实践的方向,即致良知在格物中呈现并赋予了格物以德性成就的意义。

这封书信论及为学工夫、为学态度以及性气之辨,虽然很多观点是王阳明所常说之论,但结合了不同的语境、文献予以了新的阐发。特别是在为学工夫和态度上,王阳明主张的"圣人气象不在圣人而在我""事物之来,但尽吾心之良知以应之""各自且论自己是非,莫论朱、陆是非也"等重要观点,对于个体来说,具有振奋精神意志、强化责任意识以及扩大思想气象的作用。同时,书信结尾处提到的"性气之辨",对于我们理解宋明理学的理念之辨、心物之辨,也具有着启发性的意义。就此而言,这封书信在阳明心学思想体系中也有着独特的地位。

---

① 程颢、程颐:《河南程氏遗书》卷六,《二程集》第1册,第81页。

论邱浚《大学衍义补》的经济思想

夏福英　许轩诚[*]

摘　要：《大学衍义补》一书在学术界的影响，主要在于其中的经济思想。本文从"总论理财之道、贡赋之常、市籴之令、铜楮之币、漕挽之宜"五方面论述邱浚的经济思想。邱浚的经济思想有两个显著特点：其一，他始终将经济与民众的生活、国家的稳定联系在一起，表现出强烈的经世济民色彩；其二，他敢于打破传统观念，发出与世俗不同的声音，其"海运思想"，就表现出超前的智慧与胆略。

关键词：大学衍义补；治国用；邱浚

邱浚（1420—1495），字仲深，号深菴，生于海南琼山，由科举入仕途，是明代岭南人物在朝廷中最有影响的一位，也是中国古代海南历任职位最高的文官，官至礼部尚书、户部尚书、内阁大学士（相当于宰相）。同时，他也是一位非常优秀的儒者，一生著述颇丰，主要著作有《家礼仪节》《朱子学的》《重编琼台稿》《大学衍义补》等，而他投入心力最多的，便是《大学衍义补》一书。

邱浚本人十分推崇《大学》，他在《大学衍义补序》中说："《大学》一书，儒者全体大用之学也。原于一人之心，该夫万事之理，而关系乎亿兆人民之生，其本在乎身也，其则在乎家也，其功用极于天下之大也。圣人立之以为教，人君本之以为治，士子业之以

---

*　作者信息：夏福英，女，1982年生，湖南人，湖南大学马克思主义学院副教授；许轩诚，男，1992年生，广西大学马克思主义学院硕士研究生。

为学,而用以辅君。是盖六经之总要,万世之大典,二帝三王以来,传心经世之遗法也。"《大学》在宋代受到特别重视,成为纲领性文献。朱熹曾说:"今且熟读《大学》作间架,却以他书填补去。"①真德秀所著《大学衍义》以《大学》"八条目"中的前"六条目"作为理论框架和逻辑顺序,"填补"的内容是七十几部儒家经典,可以说是对朱熹所作构想的一种实践。邱浚晚年谓真德秀《大学衍义》尚缺"治国、平天下"二目,而从治理国家的实用意义上看,这一节又是必不可少的,于是搜集经、传、子、史有关"治国、平天下"的材料,并系统总结历代王朝兴衰成败的历史经验与教训,附以己见,作《大学衍义补》160卷,旨在为当朝君主提供资治方案与对策。

"治国用"是《大学衍义补》的重要内容之一,《大学衍义补》在学术界产生的影响,也主要在于其中的经济思想。邱浚具体列"总论理财之道、贡赋之常、经制之义、市籴之令、铜楮之币、山泽之利、征榷之课、傅算之籍、鬻算之失、漕挽之宜、屯营之田"十一细目进行论述。邱浚的经济思想有两个显著特点:其一,他始终将经济与民众的生活、国家的稳定相联系,表现出强烈的经世济民色彩。其二,他敢于打破传统观念,发出与世俗不同的声音,比如他提出的海运思想,就表现出超前的智慧和胆略。下面就"总论理财之道、贡赋之常、市籴之令、铜楮之币、漕挽之宜"五方面论之。

一、总论理财之道

邱浚《大学衍义补》"治国用"的中心在于"理财","理财"关系国计民生,是国家存亡兴衰之根本。民以食为天,民众吃饭穿衣,生活用度,皆需钱财。国家要推行各项举措,兴办事业,也需钱财。故官府要善理财,以保财富充足、国泰民安。"理财"一词,最早出现于《周易·系辞下》"理财正辞"②,孔颖达为之作疏说:"言圣人治理其财,用之有节;正定号令之辞,出之以理。"③意思是说,治理财物,要用之有方,端正言辞,要发之以理。关于"理财",邱浚提出如下原则:

---

① 朱杰人、严佐之、刘永翔主编:《朱子全书·朱子语类》第14册,上海:上海古籍出版社,合肥:安徽教育出版社,2002年,第420页。
② 王弼:《周易注》,北京:中华书局,2011年,第362页。
③ 《周易注疏》卷十二,王弼、韩康伯注,孔颖达疏,四库全书影印本。

（一）先为民理财，次为国理财

《尚书·洪范》"八政"，"一曰'食'，二曰'货'"①，以食与货为首，便是要先解决民众的衣食问题。人不可一日无财，邱浚认为，"财"即是谷与货，谷供民众所食，货物供民众所用，民众有了生养之具，便能安居。邱浚赞同大禹所说的"懋迁有无，化居"②（懋，勉也，意为劝勉民众互通有无，调剂余缺），并认为这是万世理财之法。在邱浚看来，理财便是"为民而理，理民之财"，他反对"敛民之食用，以贮于官而为君用度"的做法，认为只要理好民财，民众富裕了，君王的用度自然足够，正所谓"善于富国者，必先理民之财，而为国理财者次之"③。

（二）量入为出，年有节余

邱浚认为，官府有了赋税收入，每年年终有关部门便要对一年的收入进行统计，然后根据收入情况做来年的开支预算，量入为出。他将收入分成四等分，其中三分做用度，一分做储积。一年余一分，三年便余三分，以三十年为一周期，三十年便余下十年储积。为何要量入为出，年有节余呢？邱浚认为："国家之所最急者，财用也。财生于地而成于天，所以致其用者，人也。天地岁岁有所生，人生岁岁有所用。岁用之数不可少，而岁生之物或不给。苟非岁岁为之制，先期而计其数，先事而为之备，至于临事而后为之措置，则有弗及者矣。"④民众有剩余之粮，国家有足够的物资储备，则祸乱不作，风俗淳厚，治教休明。

（三）以德为先，生财有道

《礼记·大学》说："君子先慎乎德，有德此有人，有人此有土，有土此有财，有财此有用。德者，本也；财者，末也。外本内末，争民施夺。是故财聚则民散，财散则民聚。"⑤这是儒家的"德本财末"思想，崇德而抑财，重精神而轻物质。儒家提倡藏富于

---

① 《尚书正义》，孔安国传、孔颖达正义，上海：上海古籍出版社，2007年，第456页。
② 同上书，第162页。
③ 邱浚：《大学衍义补》，林冠群、周济夫校点，北京：京华出版社，1999年，第197页。下文凡引此书，皆只注明书名与页码。
④ 《大学衍义补》，第198页。
⑤ 杨天宇：《礼记译注》，上海：上海古籍出版社，2004年，第807—808页。

民,反对聚敛。如果执政者将民众的财富聚积在自己手中,则无异于教民以劫夺之道,激起民众争夺财富,民众必然散而至于四方。反之,如果将财物散予民众,则民众必然聚集而归向国君。邱浚非常认同儒家"德本财末"的思想,认为执政者应"惟德之是谨,兢兢焉以自守,业业焉以自持"①,所取都应公正并合乎天理,而非人情之欲,不仅要做到以德为先,还要做到"生财有道"。邱浚所谓的"生财有道",即《礼记·大学》中所说的"生之者众,食之者寡,为之者疾,用之者舒,则财恒足矣"②,意思是说,生产财富要有正确的途径,生产的人多,消费的人少;生产的速度快,消费的速度慢。如此,财富才会保持充足。这是一个重要的经济原则,即只有生产量超过消费量,国家才会富足。所以,国家要重视生产,节省用度。

(四)节俭用度,去除"三冗"

《周易·节卦·象传》说:"节以制度,不伤财,不害民。"③国家一旦奢侈,则伤财,而伤财又必然害民。故《论语》说:"节用而爱人。"④邱浚认为:"帝王为治之道,不出乎孔子此言。爱之一言,万世治民之本。节之一言,万世理财之要。"⑤国家财政收入是有限度的,因此朝廷必须节制用度,若不加节制,奢靡浪费,必将导致财政危机。邱浚指出,是否节制,是直接检验君主德行的标准,也是生民休戚与国家治乱的根本。若统治者不注意节俭用度,生活奢靡,大肆挥霍,便只能强取于民,使民众陷于贫穷之中,从而导致祸乱。宋代苏辙认为,造成朝廷财政危机的主要因素是"三冗",即冗吏、冗兵、冗费。⑥ 邱浚赞同苏辙之言,并认为"三冗"之中,"冗费"之害最大,可权衡其轻重缓急将之去除,不将财耗于无用之事、无用之地与无功之人。

二、论贡赋之常

贡与赋是两个不同概念。邱浚说:"凡赋,诸侯以供其国用者也;凡贡,诸侯以献于

---

① 《大学衍义补》,第 200 页。
② 杨天宇:《礼记译注》,第 808 页。
③ 王弼:《周易注》,北京:中华书局,2011 年,第 315 页。
④ 刘宝楠:《论语正义》,北京:中华书局,1990 年,第 16 页。
⑤ 《大学衍义补》,第 204 页。
⑥ 苏辙:《栾城集》卷二十一,四库全书影印本。

天子者也。"①贡与赋，虽然其获得的方式不同，所供献的对象不同，但皆取自于民。贡赋之事可谓关系国计民生的大事，邱浚说："治国者，不能不取于民，亦不可过取于民。不取乎民，则难乎其为国；过取乎民，则难乎其为民。是以善于治国保邦者，必立经常之法，以为养民足国之定制。"②赋税的征收，既要根据国家的需要，又要照顾民众的利益，如何将二者统一起来呢？邱浚认为，"薄赋敛、去摊税、勿索取"是必要的措施。

（一）薄赋敛

《论语·颜渊》载鲁哀公与孔子弟子有若之间的对话，哀公问有若："年成歉收，国家用度不足，该怎么办？"有若回答说："何不按十取一的比率收取田税呢？"哀公说："十取其二，我还不足，怎能十取其一呢？"有若回答说："百姓足够，您怎么会不够？百姓不够，您又怎么会够？"③鲁哀公问政于孔子，孔子回答："减少赋敛，则民众富。"哀公说："若是这样，我就贫穷了。"孔子回答："品德高尚的君子，就像民众的父母一般，没有见过孩子富了而父母穷的。"④邱浚主张薄取于民，高度赞赏有若与孔子之言，认为二人所言，最为"亲切著明"，足以垂教万世子孙。他批评魏文侯明知赋税多会害于民，仍用度颇多；又批判秦国"舍地而税人"，竭尽天下资财以奉其政，而秦二世继续仿效，所以海内溃叛。他赞扬汉高祖减轻民众田租，汉文帝下诏将民租减半，且之后十余年不收民众赋税。邱浚将赋税与人心向背、国家治乱兴亡联系起来，他指出："秦汉之际，其所以兴亡者，非止一端，大要在得民心与失民心而已。秦取民大半之赋，汉则十五而取一，其后乃尽除之焉。盖财者，民之心，得其财则失其心。苟得民心，吾虽不得其财，而其所得者，乃万倍于财焉。"⑤作为君主，切不能聚敛财富，更不能与民众争利。君主聚敛财富，民心便会失散，若君主散财于民，民心便会聚集在一起。

（二）去摊税

所谓"摊税"，就是政府为不减少赋税收入，将因交不起赋税或其他原因而逃离本地的居户所应缴纳的赋税分摊给该地其他居户。如某地有居户百户，某年该地逃离十

---

①　《大学衍义补》，第 210 页。

②　同上书，第 219 页。

③　刘宝楠：《论语正义》，第 494 页。

④　《孔子家语·贤君》，四库全书影印本。

⑤　《大学衍义补》，第 213 页。

户,这十户的赋税便分摊给留下来的九十户。某年该地又逃离二十户,这二十户的赋税便分摊给留下来的七十户,依此类推。随着逃离居户的增多,留下来的居户的赋税负担愈发沉重,由于不堪重负,相继逃离。邱浚反对摊税的做法,将分摊比喻为竭泽而渔①,他说:"盖以取税于民,如取鱼于泽也。泽以养鱼,必常有所养,斯常有所生。苟取具目前,竭取所养之所,空其所生之物,则一取尽矣。后何所继乎? 后世取民大率似此。而摊税之害尤毒,非徒一竭而已,且交竭之,至再至三而无已焉,不致水脉枯而鱼种绝不止也。"②如果将水脉与鱼种竭尽,后世又如何为继? 中国古人在此方面的思想是值得后人借鉴的。孔子说"钓而不纲,弋不射宿"③,以钓竿钓鱼而非以大绳系网绝流捕鱼,以系着丝绳的箭射鸟而不射栖息于巢中的鸟,方能使鱼鸟生生不息。孟子说:"斧斤以时入森林,林木不可胜用也。"④砍伐林木按照时令,林木方能取之不尽。邱浚痛恨摊税之制,认为这样将使民众无以为生,更甚者国将不国。为纠正这种做法,他建议官府派遣官员到各地核准该地逃户数、新迁入户数,知悉各逃户的财产何在,各应缴纳的赋税数。若该逃户的财产由新迁入户所使用,则该逃户的赋税由该新迁入户承担,以所收补所除,就其产以求其税。若逃户的财产已无法清算,便免除赋税。若能推行此策,则民生自安,国用亦足。

(三)勿索取

邱浚反对索取于民。《周礼》载:"太宰以九贡致邦国之用。"⑤杨时赞扬太宰"以九贡致邦国之用,则理财真宰相之职也"⑥,邱浚认为,"致"是自愿献上,而不是有意而求,与后世人主向下强行索取是不同的。《春秋·桓公十五年》载:"天王使家父来求车。"⑦《春秋左传》评论说:"求车,非礼也。诸侯不贡车服,天子不求私财。"⑧《春秋穀梁传》也批评说:"古者,诸侯时献于天子,以其国之所有,故有辞让,而无征求。求车,

① 《吕氏春秋》说:"竭泽而渔,岂不得鱼,明年无鱼。"
② 《大学衍义补》,第 215 页。
③ 刘宝楠:《论语正义》,北京:中华书局,1990 年,第 276 页。
④ 焦循:《孟子正义》,北京:中华书局,2017 年,第 45 页。
⑤ 杨天宇:《周礼译注》,第 24 页。
⑥ 杨时:《龟山集》卷六,四库全书影印本。
⑦ 李梦生:《左传译注》,上海:上海古籍出版社,2004 年,第 91 页。
⑧ 同上书,第 92 页。

非礼也。"①邱浚评论道:"遣使需索之谓求。求者,下之乞于上,不足者资于有余之谓也。巍巍天子,居九重之上,有四海之富,乃遣使需求于人,则是示贪风于天下,开贿道于方国。其失自上,岂小故哉!"②隋炀帝巡视江都,前来求见的官员,礼厚者则"超迁",礼薄者则"停解"。江都郡丞王世充献上铜镜、屏风,升迁为通守,历阳郡丞赵元楷献上异味,升迁为江都郡丞。对此,邱浚切齿感叹:"由是郡县竞务刻剥,以充贡献,民外为盗贼所掠,内为郡县所赋,生计无遗。炀帝之为'炀'也,宜哉!"③当然,中国古代历史上也不乏做得好的国君,如:汉文帝下诏拒受千里马,汉光武帝下诏拒受异味,汉和帝下诏拒受荔枝、龙眼。邱浚赞赏三位君主有爱民之实,并可为万世楷模。他也赞赏唐制"异物、滋味、名马、鹰犬,非有诏不献"。他对五代周太祖下诏罢四方贡献珍美食物,宋朝诸帝罢贡献之举尤为提倡,认为善于治国者,应为之立法,"治国者,不能不取于民,亦不可过取于民。不取乎民,则难乎其为国;过取乎民,则难乎其为民。是以善于制治保邦者,必立经常之法,以为养民足国之定制"④。

三、市籴之令

中国古代很早就有了市场,《周易·系辞下》载:"日中为市,致天下之民,聚天下之货,交易而退,各得其所。"⑤中国古人以物换物,互通有无的交换活动,邱浚认为是后世市场的开始。贸易与市场在人们生活中起着十分重要的作用,通过市场,人们互通有无,获得各种物质资料,以满足生活所需。随着生产力的发展,社会产品的日益丰富,人们与贸易、市场的联系愈发密切,贸易、市场对人们的生活显得日益重要。邱浚肯定市场、贸易互通有无和调剂余缺的重要作用。他说:"人各持其所有于市中而相交易焉,以其所有,易其所无,各求得其所欲,而后退,则人无不足之用。民用具足,是国用有余也。"⑥市场与贸易不仅有利民生,而且有利国用,故应当加以培育与保护,并使其繁荣。邱浚从明代社会现实生活的实际需要出发,提出了一系列关于贸易、市场的主张。

---

① 承载《春秋穀梁传译注》,上海:上海古籍出版社,2004 年,第 92 页。
② 《大学衍义补》,第 216 页。
③ 同上书,第 217 页。
④ 同上书,第 219 页。
⑤ 王弼:《周易注》,第 363 页。
⑥ 《大学衍义补》,第 237 页。

（一）主张政府设官，管理市场

邱浚主张设官管理市场，以平抑物价，保障公平交易，维护正常秩序，打击违法犯罪等，保证贸易活动的良性开展。据《周礼》载，周代有市场管理机构，设官周详，各司其职，有专门负责评定物价之职、负责维持秩序之职、负责稽查走私之职等，形成了一个严密的市场管理系统，从而强化了对市场活动的干预与监督。对此，邱浚评论道："《周官》于市肆一事，设官如此之详，所以便民，懋迁有无也。有者得以售，无者得以济，斯民之各遂其所欲，是亦王政之一端也。"①邱浚将市场管理提到"王政"的高度，足见其对此之重视。市场上各种商品的数量有多有寡，人们对商品的需要程度也有急有缓，数量多、不急需的商品，便会出现滞销状况。对此邱浚认为，市场管理机构应出钱收购滞销商品，待民众需要之时按原价卖出去，以"厚民生"。而针对民众暂时无钱购买急需商品的情况，邱浚主张市场管理机构建立赊贷机制，将货物赊给或贷给民众，以"济民之急"。如此种种，也彰显了他"以民为本"的思想。

（二）反对官府夺民之利，主张民自为市

周厉王与民争利，终致国人暴动。邱浚反对皇室与官府假借各种名目破坏市场供求关系，残害百姓。他抨击唐代皇室贵族假借宫市之名掠夺百姓的行为与盗贼白日行劫无异。并指出，皇室和官府所需之物，不必设官专买，可以遣廉洁谨慎之人，携钱随时价进行两平交易。他指责宋代的"和买"政策"亦是州郡于民常赋之外，敛钱收买，以应官司之求"，百姓所得，不能补偿所消耗之费。他一针见血地指出："上之取下，有常赋，有定制。凡于常赋定制之外，有所建请，必是欲行己私。"②邱浚之言，表达了他对官府鱼肉百姓行为的愤恨之情，同时，也否定了皇室贵族在市场供求关系上的特权，这在当时的皇权社会，表现出过人的胆识。邱浚反对官府直接插手市场，提倡民自为市，认为"民自为市，则物之良恶，钱之多少，易以通融，准折取舍。官与民为市，物必以其良，价必有定数，又有私心诡计，百出其间，而欲行之有利而无弊，难矣。政不若不为之愈也"。因此政府不应直接插手市场，政府的责任，应是"省力役，薄赋敛，平物价，使富者

---

① 《大学衍义补》，第238页。
② 同上书，第242页。

安其富,贫者不至于贫,各安其分,止其所得矣"①。市场之事,应顺其自然,让民自由为之,官府只做宏观调控,不必干预过多。干预过多,反而有害。邱浚之言,道出了市场活动的客观规律。

(三) 主张适当保护商人利益

中国古代以小农经济为主,因此有"士农工商"的说法,商人"卑之曰市井,贱之曰市侩,不得与士大夫伍",《史记·平准书》说:"孝惠、高后时,为天下初定,复弛商贾之律,然市井之子孙,亦不得仕宦为吏。"②这说明商人的社会地位在中国古代相当长时期的困况。因为商人并不直接进行生产,而是在商品的流通和交易中发挥作用。然而,邱浚充分肯定商人在贸易活动中的重要作用,认为商人通过市场调节,可以满足人们的生活需求。他说:"钱以权百物,而所以流通之者,商贾也。故商贾阜盛货贿,而后泉布得行。当夫凶荒札丧之际,商贾毕聚,而食货阜盛,亦得以济其乏,舒其困矣。"③为保障贸易繁荣,邱浚主张适当保护商贾的利益,并反对官府争商贾之利,认为抑制商贾,居货待价之谋不可取,他说:"贫,吾民也;富,亦吾民也。彼之所有,孰非吾之所有哉?况物货居之既多,则虽甚乏,其价自然不至甚贵也哉。"④这也表明,邱浚对经济活动中商业利润的促进作用已经有一定认识,因此,他对商人的囤积居奇的行为也表示理解与宽容。

(四) 主张开放海禁

明太祖朱元璋为稳固政权,防止海内外反对势力勾结,以"海疆不靖"和"四方诸夷皆限山隔水,僻在一隅"⑤为理由实行严厉的海禁,并将海禁政策设为"祖训"来要求后世子孙。他禁止国人擅自驾船至海外贸易,海外之国若要来中国贸易,需派遣使者附载方物入明进行"朝贡"。邱浚认为,实行海禁是不明智之举,因为从打击走私来说,海禁并不能禁民走私。而从防止海上各国之患来说,自古以来,并无海上之国成为中国

---

① 《大学衍义补》,第 242 页。
② 司马迁:《史记》,长沙:岳麓书社,1993 年,第 228 页。
③ 《大学衍义补》,第 249 页。
④ 同上书,第 247 页。
⑤ 朱元璋:《皇明祖训》,转引自《中庸衍义》卷十二,四库全书影印本。

的敌害,如暹罗、爪哇等国,隔越涨海①,地势不接。唯有号为"倭奴"的日本一国屡次侵犯东南沿海地区,不与之相通便是。故邱浚主张开放海禁,但为了沿海地区的安全和防范走私起见,他建议,朝廷在滨海地区发布文告,如有赴海外贸易的商贩,先向管理海外贸易的机构——市舶司提出申请。申请应写明自造航船的数量,收购、贩卖商品的种类、途经哪些国家或地区,于哪年哪月回航,保证不带违禁物品等。经市舶司审查、勘验,然后方能实施。回航之后,须经官府封存、检查等之后,所余部分方能买卖。邱浚认为,这样做,"不扰中国之民,而得外邦之助,是亦足国用之一端也"②。邱浚开放海禁的主张,有利于国际间的经济交流,顺应商品经济发展的趋势。他将对外贸易作为富国利民的途径,表现了对外开放的超前胆识。在西方资本主义还未开始对外扩张,争夺海外市场的前两个多世纪,这种思想应值得重视。尤其在中国君主专制的传统的抑商观念笼罩之下,能如此独申己见,更应予以高度评价。邱浚所提出的海外贸易管理机构——市舶司,相当于现在的海关。

四、铜楮之币

货币是商品经济发展到一定阶段的产物,邱浚在重视市场和贸易的同时,也注意到了货币的作用。据《管子》载,商汤曾以庄山之金铸币,赎人之子;大禹曾用历山之金铸币,救济穷人。邱浚认为,这是后世铸为币的开始,但用金币救济饥困,只是一种临时行为,而非专门用来阜通财货。邱浚已然看到,伴随商品经济的不断发展以及交换的进一步扩大,物物交换已满足不了交换需要。他指出物物交换的弊病:"盖天下百货,皆资于钱以流通。重者不可举,非钱不能以致远。滞者不能通,非钱不得以兼济。大者不可分,非钱不得以小用。货则重而钱轻,物则滞而钱无不通故也。"③为解决物物交换所带来的问题,便产生了货币。"使民交易以通有无,以物易物,物不皆有,故有钱币造焉。"④这句话直接阐明货币的来源。

---

①　东汉以来至唐,相当于今天南海范围的这个海,称"涨海"。降至明代,有东、西洋"诸国罗列涨海外",这是说,东西洋诸国罗列于中国之境的涨海外,以具体国家来说"暹罗、瓜哇等国,隔越涨海"(转引自韩振华《南海诸岛史地研究》,北京:社会科学文献出版社,1996年)。

②　《大学衍义补》,第 243 页。

③　同上书,第 249 页。

④　同上书,第 251 页。

（一）对于货币的认识

邱浚认为，货币有价值尺度、流通与贮藏等作用，他说："钱以权百物，而所以流通之者，商贾也。"①此处的"权"即衡量，意思是说货币可以衡量所有商品的价值，货币具有价值尺度的职能。又说："欲通其有无，必资钱以易物，然后无者各有焉。"货币在商品流通领域中作为交换的媒介，也是货币的价值尺度的作用。邱浚很注重货币价值尺度的作用，认为在商品交换中，货币的价值必须与所交换之物的价值均等，才能维持它的信誉，"必物与币两相当值而无轻重悬绝之偏，然后可以久行而无弊"。邱浚对货币的流通作用早有认识，他指出："通百物以流行于四方者，币也。"②货币是专用来丰富财富、沟通购销的，这是货币的基本职能之一——流通职能。"盖天下百货，皆资于钱以流通。重者不可举，非钱不能以致远；滞者不能通，非钱不得以兼济；大者不可分，非钱不得以小用。货则重而钱轻，物则滞而钱无不通故也。"③同时，邱浚也关注到货币的贮藏作用，"人君守之以府库，通之以财贿，而以平天下之食货，调适其轻重、高下，使之咸得其平"④。所谓"守之以府库"，从现代经济学的角度来说，就是货币以足值的金银条块或其他形状贮藏于府库，代表一定的社会财富，这是货币的贮藏作用。

（二）有关货币的主张

邱浚注意到价格的调节作用，特别是对关系到国计民生的谷物，他主张保持米价的相对稳定：丰年的时候，政府应以高价收购民众富余的粮食，而遇上凶年，政府则以低价将粮食散给民众。他提出自己的见解"定市价，恒以米谷为本"⑤，并让有关部门下令：京师内的坊市，逐月向朝廷报告米价。京师以外，闾里每日上报于邑，邑则每月上报于府，府每季度上报于潘服，潘服最后上报于户部。"使上之人知钱谷之数，用是而验民食之足否，以为通融转移之法。务必使钱常不至于多余，谷常不至于不给。其价常平，则民无苦饥者矣。"⑥邱浚这种重视民众利益的思想，难能可贵。

---

① 《大学衍义补》，第 249 页。
② 同上书，第 252 页。
③ 同上书，第 249 页。
④ 同上书，第 248 页。
⑤ 同上书，第 251 页。
⑥ 同上。

汉文帝废除禁止私人铸钱的禁令，允许民间自行铸钱，吴王濞有豫章郡铜山，开矿铸钱，富比天子，最后叛逆。邱浚列举汉文帝不禁止私人铸币，最终引发叛乱之例，表明自己坚定反对私人铸币的观点，他认为私人铸币，民众专其利，必定导致争端，私人铸币，不仅是劫夺的开始，更是祸乱的源头。然而由于私人铸币有厚利可图，所以盗铸现象屡禁不止。邱浚认为，导致盗铸的原因是官府所铸之币币值不足，且做工不精。做工不精，盗铸币可以偷工；币值不足，盗铸币可以减料，盗铸者所赚的便是偷工减料的钱。邱浚十分推崇南齐孔颛所谓的"不惜铜，不爱工"之言，认为这是万世铸钱不变的良法。若官府铸币造一钱费一钱，成本多而花费工时，即使驱使人去私铸，也不会有人愿意，更何况冒禁犯法去私铸！为铲除私铸，他建议官府彻查盗铸工场，拘捕盗铸之徒作为铸工，没收盗铸之钱作为铸币之料。在私铸工场铸造新币，官府派遣官吏进行监管，同时用新铸之钱收购伪钱。如此，则"民不失其利，官得其用"，"不出十年，伪钱尽矣"①。

邱浚反对频繁铸币，他将宋、明两朝对比，指出"宋自开宝每更一号必铸一钱，故每帝皆有数种钱，最多者仁宗也，在位四十二年，九改年号，而铸十种钱，呜呼！"，又指出明朝百年间只铸造了四种钱，也"未见民用之乏，国用之亏"②。邱浚深知，滥发钱币会导致物价飞涨，民众大受其害。他指出，"钞之弊，在于多"，并指责滥发纸币是统治者所设的阴谋潜夺之术，以无用之物而致有用之财，以谋取私利。为遏制滥发钱币，他建议："以银为上币，钞为中币，钱为下币。以中下二币为公私通用之具，而一准上币以权之焉……以银与钱钞相权而行，每银一分，易钱十文。新制之钞，每贯易钱十文……钱多则出钞以收钱，钞多则出钱以收钞。银之用，非十两以上，禁不许以交易。"③这种做法，相当于当今社会的"银本位"的制度，若能得到实施，必然收到实效。同时，也说明邱浚对货币的标准、币种之间的兑换及货币立法等问题都有自己独立的思考，已初步涉及货币经济学的某些问题。

五、漕挽之宜

从春秋中期开始，便有了漕运，此后便成为历代王朝统筹国家物资运输的主要手

---

① 《大学衍义补》，第 252 页。
② 同上书，第 255 页。
③ 同上书，第 259—260 页。

段之一,漕运之粮一部分作守边将士的军需,一部分供京城人口食用。漕运有广义和狭义之分,广义的漕运包括河运与海运,狭义的漕运专指河运。明朝初年,一直沿袭元代旧制,采用海运与河运并行的漕运方式。永乐十三年(1415),元代所修的会通河重疏成功,依托京杭大运河,大大提高了运输量,加上对安全因素的考虑,永乐帝下令停止海运。漕运之事,事关重大,它关系到北方守边军士和京城千百万人的生存,关系到国家的安全和稳定,是国家大政方针中至关重要的问题。邱浚认为当时漕运存在一些弊端,应予改革。在"漕挽之宜"中,他提出了漕运改革的几项主张,并提出了具体的改革方法,其中最重要的一项改革主张就是恢复海运。

邱浚认为海运弊少利多,他将河运与海运的利弊做了一番对比:河道有深有浅,如果漕船遇浅受阻,则需脱浅,脱浅既费时日,又需费用。河道狭窄,船只挤塞,过水闸时需排队等候,颇费时日,无形中增加了费用。而海运"无剥浅之费,无挨次之守"①,不存在搁浅和过闸的问题。河船载重量小,海船载重量大,海船载重量大约相当于河船的三倍。河船每船需军士十人,海船每船只需军士十五至二十人。运输同等重量的漕粮,海运一船至少可节省军士十人,可节省大笔费用。河运需纤夫拉纤,海运则不需要。若以陆运为参照,"河运视陆运之费,省什三四;海运视陆运之费,省什七八"②,因此海运又可节省一笔费用。河运关卡重重,转运交接,中间环节甚多,损耗大,而海运则从起点直达目的地,无中间环节,损耗小。有人说海运"海道远险,损人费财",邱浚为此查阅《元史》,将至元二十年(1294)至天历二年(1330)四十六年间每年海运粮食的统计资料列出详细清单,哪年运粮多少石,运到多少石,损失多少石,平均每石损失多少,一清二楚,有力地驳斥了"损人费财"之言,证明了海运粮食受益大于损耗。

邱浚主张恢复海运,除了经济上的考虑,还有更深层次意义的考量,他说:"今漕河通利,岁运充积,固无资于海运也。然善谋国者,恒于未事之先,而为意外之虑。宁过虑而无不临事而悔。今国朝都燕,盖极北之地,而财赋之入皆自东南而来。会通一河,譬则人身之咽喉也。一日食不下咽,立有死亡之祸。况自古皆是转般,而以盐为佣直。今则专役军夫长运,而加以兑支之费。岁岁常运,储积之粮虽多,而征戍之卒日少。食固足矣,如兵之不足何?"③这里邱浚考虑了如下两个问题:其一,若不恢复海运,一旦

① 《大学衍义补》,第310页。
② 同上书,第309页。
③ 同上。

会通河出现问题,粮食无法运达,国家便有生死存亡之忧。因此善于为国家谋划之人,应深谋远虑,未雨绸缪,防患于未然。若恢复海运,河运与海运并行,即使会通河出现问题,亦无大碍。其二,国家漕运由军士押运,年年都要抽调军士补充到押运队伍中,作战部队的军士数量越来越少,一旦发生战争,如何得了?

　　邱浚还提出了海运的构想:(1)关于海船。邱浚生在海隅,长在海隅,对大海的情况比较熟悉,懂得什么样的船只才适合在大海中航行。他说:"舟行海洋,不畏深而畏浅,不虑风而虑礁。故制海舟者必为尖底,首尾必俱置柁。卒遇暴风,转帆为难,亟以尾为首,纵其所如。且暴风之作,多在盛夏。今后率以正月以后开船,置长篙以料角,定盘针以取向,一如蕃舶之制。"①(2)关于航线。有了合适的运输工具,还要熟悉海道,方可顺利航行。他提出要广泛征询傍海的居民、渔夫,煮盐的盐工,让其做向导,带领有关人员踏勘海涯,"有无行舟潢道,泊舟港汊,沙石多寡,洲渚远近,亲行试验,委曲为之设法。可通则通,可塞则塞,可回避则回避,画图具本,以为傍海通运之法"②。待航线确定后,还需请航海经验丰富之人反复试航,确定可以通行方可。(3)关于行船时间。茫茫大海,风云多变,只有掌握其变化规律方可规避风险。邱浚对行船时间进行仔细考察,知悉什么时段行船是安全的,且还知悉风暴来临前有何征兆,途中遭遇风暴该如何应对。(4)关于船只的载重量。邱浚设想打造载重量一千石的船,其中八百石载粮,二百石载私货。三年之后,载私货"三十税一",客商搭载按规定收税。这种设想顺应了商品发展的需要,邱浚生活的时代商品生产已较发达,而船载私货,搭载客商货物,即使商品得到流通,又能得到税收,可做造船和船只维修的费用。若将长江、淮河与荆河的漕运折一半入海运,使军士们得以回军营,"则兵食两足,而国家亦有水战之备,可以制服朝鲜、安南边海之夷,此诚万世之利也"③。从这里我们可以看到,邱浚已有加强海防的意识。若他的设想能变成现实,海防得到巩固,那么后来嘉靖、隆庆、万历年间的倭寇在我国东南沿海一带的烧杀抢掠或许可避免。

　　可以说,丘浚的"海运构想"对后世产生了深远的影响,但是他的构想并未真正实现过,虽然关于海运的商议时有之,但海运的实践终究未能行,这不能不说是明代

① 《大学衍义补》,第309页。
② 同上书,第309—310页。
③ 同上书,第310—311页。

历史上的一大憾事。邱浚《大学衍义补》一书在学术界的影响,主要在于其中的经济思想。而海运思想,是其经济思想的重要方面,正如林冠群在《大学衍义补》的前言中所说:"主张海运还是反对海运,实是十五世纪中国面临着进步还是倒退的关键时刻,开放革新派与保守锁国派的一场思想较量。"丘浚提出的"海运构想",闪耀着时代的光芒。

书院与晚明阳明学者讲学

摘　要： 继宋之后，书院在明代中后叶大为兴盛，这又正与阳明心学发展成为时代主潮相呼应。阳明认为书院可匡翼学校之不逮，可纠驰骛于记诵辞章之弊，其弟子后学更充分利用书院这种独特的教育组织形式开展讲学活动，大力宣扬心学思想，形成一种与处于官学地位的程朱理学相抗衡的思想力量。这样，书院日兴，讲学成为风习，在有力促成儒学社会化、大众化、生活化，以至形成发展起平民儒学的同时，也对儒家经典权威形成了一定冲击，尤其是挑战了立于官学地位而与现实专制王权有机结合的程朱理学的思想权威。

关键词： 书院；阳明心学；讲学；儒学社会化

一

　　明代自洪武开国以来，即十分重视儒学教育，建立起从中央到地方的官学教育体系，学校教育甚至普及到边陲地区，像广西就共建府、州、县学69所，另在桂林设立武学一所。据明人苏濬《广西通志·学校志》记载"今社学之建，广西郡邑处处有之，大县

---

*　作者信息：陈寒鸣，男，1960年生，江苏镇江人，天津市工会管理干部学院副教授，主要研究中国儒学史、中国思想史、中国文化史。本文为"第三届中国阳明心学课题成果"（2019ZW0202）的阶段性成果。

十余所,小县一所",共创建社学 232 所,其教学内容以"四书""五经"为主,兼习冠婚丧祭礼仪制度及当朝律令。"贵州建有府、州、县、卫、司学约 60 所"(张羽琼:《贵州古代教育史》)。王阳明《寓贵诗》称"村村兴社学,处处有书声",说明当时各地相继办了不少社学,且教育效果显著。正如《明史·选举志》所说:"无地而不设之学,无人而不纳之教,庠声序音,重规叠矩,无间于下邑荒徼、山陬海涯。此明代学校之盛,唐、宋以来所不及也。"但由于明廷所重者乃是以儒学规范士人的思想与行为,如洪武二年(1368)诏令天下立学时特命礼部刊定禁约十二条,传谕天下立石于学宫,故而以"洪武卧碑"见称于史,要求妇孺皆知,人人遵从,其前两条明确规定道:

> 国家明经取士,说经者以宋儒传注为宗,行文教人典实纯正为主。今后务须颁降"四书""五经"《性理》《通鉴纲目》《大学衍义》《历代名臣奏议》《文章正宗》及历代诏律典制等书,课令生徒讲解。其有剽窃异端邪说、炫奇立异者,文虽工,弗录。

> 天下利病,诸人皆许直言,惟生员不许。今后生员本身切己事情,许家人抱告。其事不干己,辄便出入衙门,以行止有亏革退。若纠众扛帮、詈骂官长,为首者问遣,余尽革为民。(《松下杂钞》卷二)

洪武六年(1373)诏谕国子博士赵俶及助教钱宰、贝琼等"一以孔子所定经书为教";永乐年间钦修《四书大全》《五经大全》《性理大全》,程朱理学成为唯一准的,"洪武卧碑"所谓"颁降'四书''五经'《性理》……课令生徒讲解"成为现实。这样,由于科举与官学的一体化,以程朱理学为代表的官方哲学蜕变为敲开科举之门的砖块,《性理大全》和《四书大全》《五经大全》成了属构八股文的材料,人们奔竞于科举仕途而变得不择手段,"天下士子竞怀侥幸,不务实学"(顾炎武:《日知录》卷十六《举人》),学问由此而衰,心术由此而坏。而且,纳粟之例一开,"使天下以货为贤,士风日陋"(《明史·选举志》),愈益不可收拾。正是在这种官学教育失败的背景下,明代中后叶与心学蔚成思潮的是书院教育勃然而兴。"自正德朝,王新建(阳明)以良知之学行江浙两广间,而罗念庵、唐荆川诸公建之,于是东南景附,书院顿盛,虽世宗力禁而终不能止。"(《野获编》第二十四)"搢绅之士、遗佚之老,联讲会、立书院,相望于远近",其"流风所被,倾动朝野"(《明史》卷二三一),势不可挡。

书院并不始于明代,而是"唐、宋时期出现的一种新的教育组织形式","它系统地综合和改造了传统的官学和私学""是私学和官学相结合的产物",即"在对传统的官学与私学综合的基础上,建构了一种不是官学但有官学成分,是私学但又不是一般意义上的私学的独特的教育组织,或者说是一种独特教育制度"。① 在阳明看来,书院可匡翼学校之不逮,可纠驰骛于记诵辞章之弊,他说:"惟我皇明,自国都至于郡邑,咸建庙学,群士之秀,专官列职而教育之。其于学校之制,可谓详且备矣。而名区胜地往往复有书院之设,何哉? 所以匡翼夫学校之不逮也。夫三代之学,皆所以明人伦;今之学宫皆以'明伦'名堂,则其所以立学者,固未尝非三代之意也,然自科举之业盛,士皆驰骛于记诵辞章,而功利得丧分惑其心,于是师之所教、弟子之所学者,遂不复知有明伦之意矣。怀世道之忧者思挽而复之,则亦未知所措其力。譬之兵事,当玩弛偷惰之余,则必选将阅伍,更其号令旌旗、悬非格之赏以倡敢勇,然后士气可得而振也。今书院之设,固亦此类也欤?"②

阳明把书院作为宣传自己学术思想的重要阵地,并在书院讲学过程中不断发展、完善自己的学术主张和思想体系。据《阳明先生年谱》记载,正德二年(1570),阳明谪居龙场,途经长沙,到岳麓书院讲学,并题诗凭吊朱熹、张栻二位大师;三年,在贵阳龙场龙冈书院首揭"良知"之旨;四年,主讲贵阳书院,"始论知行合一",提出"朱陆异同,各有得失,无事辩诘,求之吾性,本自明也";十三年,以巡按南赣汀漳的身份修复濂溪书院,讲学其中,大谈"存天理、去人欲"的克治省察工夫,"四方学者辐辏",以至坐不能容;同年,他派专人给白鹿洞书院送去自己撰写的《大学古本》《中庸古本》《修道说》等著作,与朱熹学派学者商榷。十五、十六年,两次在白鹿洞书院聚集门人讲学,留诗题字、遗金置田,多有建树。嘉靖三年(1542),他在会稽建稽山书院,"发《大学》万物同体之旨,使人各求本性,致极良知,止于至善",环坐听讲者300余人,分别来自湖广、广东、南赣、直隶、安福、泰和及浙江各州县。七年,他驻节南宁,兴复敷文书院,讲学其中,以救"人心陷溺""风教不振"之弊,并委派高足弟子季本主持院务。阳明弟子钱德洪说其师学有三变、教亦有三变。所谓"学有三变",就是初学辞章,并遍读朱熹之书;次入佛老;终在龙场驿悟圣人之道,吾性自足,不假外求。所谓"教有三变",则是指其在贵阳始以"知行合一"教人;离开滁阳后以静坐教人;在江右专以"致良知"教人。(参阅钱氏《阳明先生

---

① 参阅陈谷嘉《书院——中国教育史上的一次变革》,载姜广辉、陈谷嘉主编《中国哲学》第十九辑,长沙:岳麓书社,1998年。

② 吴光、钱明、董平、姚延福编校:《王阳明全集》卷七《万松书院记》,上册,上海:上海古籍出版社,2015年,第213页。本文所引《王阳明全集》皆为此版本。

文集序》)若将这与年谱所记活动相对照,则可见其学定于书院,其教则变于书院。

二

　　阳明弟子后学充分利用书院这种独特的教育组织形式开展讲学活动,大力宣扬心学思想,形成一种与处于官学地位的程朱理学相抗衡的思想力量。他们中出仕主政地方者,不仅创办书院,重教兴文,而且亲自到书院讲学,取得理想效果。如嘉靖元年(1522),时任巡盐御史的吴悌会同清屯御史项澜、僚友陈缡、知县李舜民等在阳明曾经讲学过的滁州修建南谯书院,这书院后来成为戚贤的聚徒讲学之地。戚贤曾邀罗洪先前来讲学,洪先后来忆述其时所讲"可欲谓善之旨"道:"夫所谓'可欲'云者,犹曰'自慊'云尔。天之与我者至善也,而不可以指陈;于不可指陈之中,而欲言之以示人,则亦不得不即人心之所自慊与其所自疚者,使自求之。当人心之自慊也,必有可欲者存,不啻如刍豢之悦我口而不容已焉,苟为不然,胡为而不厌弃乎? 故即其可欲,而善可知矣;当人心之自疚也,必有不可欲者也,不啻如疾痛之危仓身而恐推浼焉,苟为不然,胡为而不隐忍之乎? 故即其不可欲,而不善可知矣。是心也,不好好仁者为然,有指善而告之,虽庸夫稚子亦将感激而动于中;不特改过者为然,有指不善而告之,虽元恶大憝亦且沮丧而掩其外。故曰:'此天之所以与我也。'"并说:"十有二年以来,谓之知善矣,而自慊或不在是,是未尝知其可欲也;不知善之可欲,犹不知刍豢之悦口者也;不知刍豢之悦口者,未尝遇刍豢焉耳。世有遇悦口之味而不好者乎? 则亦未尝知善之类也。谓之知不善矣,而自疚或不在是,是未尝知其不可欲也;不知不善之不可欲,犹不知疾痛之危身也;不知疾病之危身者,未尝蒙疾病焉耳。世有蒙危身之祸而不恶者乎? 则亦未尝知不善之类也。未尝知善与不善,而不以自疑,人亦不以为非,何也? 此出于口,彼入于耳,皆未尝求诸己故也。夫以庸夫稚子之恫愚,犹知感激矣,而出于口者顾无得于体会之余? 以无恶大憝之悍厉,犹知沮丧矣,而入于耳者竟无得于悔悟之后,则又何也? 天所与者为性,而求诸己者为学。彼庸稚陋恶之可与于知者,天性之所以不泯;出口入耳之不足以为知者,以其无益于学,而又适以害之也。知口耳无益于学,而后知求诸己者之为功,余勉焉,而未之得也。有能终免于愧心乎? 而尚可以有言乎? 若诸生,则亦自有责矣。"①

_____

① 徐宗儒编校整理:《罗洪先集》卷四《南谯书院记》,上册,南京:凤凰出版社,2007 年,第 115—116 页。

　　三年(1524),郡守南大吉闻阳明论学有悟,遂"以座主称门生",并"辟稽山书院,聚八方彦士,身率讲习以督之"①,阳明《稽山书院尊经阁记》说:"越城旧有稽山书院,在卧龙西冈,荒废久矣。郡守渭南南君大吉既敷政于民,则慨然悼末学之支离,将进之以圣贤之道。于是使山阴令吴君瀛拓书院而一新之,又为'尊经'之阁于其后,曰:'经正,则庶民兴;庶民兴,则无邪慝矣。'阁成,请予一言以谂多士。予既不获辞,则为记之若是。呜呼!世之学者既得吾说而求诸其心焉,其亦庶乎知所以为尊经也矣。"并指出:"《六经》者,吾心之记籍也,而《六经》之实则具于吾心……其记籍者,特名状数目而已。而世之学者,不知求《六经》之实于吾心,而徒考索于影响之间,牵制于文义之末,硁硁然以为是《六经》矣。是犹富家之子孙不务守视享用其产业库藏之实积,日遗忘散失,至于窭人丐夫,而犹嚣嚣然指其记籍曰:'其吾产业库藏之积也。'何以异于是!呜呼,《六经》之学,其不明于世,非一有一夕之故矣。尚功利、崇邪说,是谓乱经;习训诂、传记诵,没溺于浅闻小见以涂天下之耳目,是谓侮经;侈淫辞、竞诡辨、饰奸心,盗行逐世,垄断而自以为通经,是谓贼经。若是者,是并其所谓记籍者而割裂弃毁之矣,宁复知所以为尊经也乎!"②

　　五年(1526),被谪判广德的邹守益兴建复初书院,不仅大会同志,邀王艮前来讲学,而且还在书院告成之初即为诸生讲析《论语》"学而时习之"章,阐发"作圣之蕴"道:

　　　　这是《论语》第一章,圣人论学大纲领处。圣人之时,道学著明,只说一个"学"字,便知是学以致其道,故他章曰:"知之者不如好之者,好之者不如乐之者。"漆雕开曰:"吾斯之未能信。"曰之、曰斯,人自分明晓得,非后世以记诵辞章为学,令人无寻头脑处。圣人之学,何学也? 朱子所谓"人性皆善,效先觉之为,以明善而复其初"是已。元亨利贞,天道之常;仁义礼智,人性之纲。凡此厥初,曷尝有不善哉? 众人蚩蚩,物欲交蔽,自暴自弃,始流于恶矣。先觉者,能明善以复初者也。效先觉之为,亦以明善而复其初耳。何谓明善以复其初? 曰:当其恻隐之发而不使残忍蔽之,则明仁之善而复元之初矣;当其羞恶之发而不使贪冒蔽之,则明义之善而复利之初矣;当其辞让是非之发而不使无耻昏昧蔽之,则明礼智之善而复亨

①　《王阳明全集》卷三十五《年谱三》,下册,第1060页。
②　《王阳明全集》卷七,上册,第216、215页。

贞之初矣。此所谓"克己复礼",所谓"明明德",所谓"致曲",所谓扩充四端,推而至于尧舜之精一、汤之执中、文之敬止。兴圣后圣,其源流一也。

学而曰"时习",非学之外别有一件习的,学之不已处便是。"时"之义大矣!以一日言,自子至于亥;以一月言,自朔至于晦;以一年言,自春至于冬;以一生言,自少至于老:皆时也。明善以复初之功,不是一日便了,须接续习去,无时间断。在昔先民所以兢兢业业,亦临亦保者,率是道也。所谓"无终食之间违仁","造次必于是,颠沛必于是";所谓"立则见其参于前,在舆则见其倚于衡";所谓"不可须臾离"是已。明善以复其初而无须臾之离,则天命之性全,仰不愧于天,俯不怍于人,内省不疚,心广体胖,其何说如之!

闻诸父师曰:人之目无不说色,有不说者,盲病之也;人之耳无不说声,有不说者,聋病之也;人之鼻无不说臭,有不说者,塞病之也;人之口无不说味,有不说者,恶寒发热病之也;人之心无不说理义,有不说者,私欲病之也。故目去其盲,则无不说色矣;耳去其聋,则无不说声矣;鼻去其塞,则无不说臭矣;口去其恶寒发恶,则无不说味矣;心去其私欲,则无不说理义矣。故曰:"理义之悦我心,犹刍豢之悦我口。"此欲罢不能,乐以忘忧之旨也。孔之希天、颜之希圣,岂更有一途辙乎?

所谓"有朋自远方来",以处顺言之也。我能明善以复其初,则我为先觉矣。后觉又从而效法焉,人人充其恻隐而无弗仁,充其羞恶而无弗义,充其辞让是非而无弗礼弗智者,是天下同归于善也。仁者以天下为一家。一家之子弟,有悖德不才者,必恻然思有以教之。教之而同归于善,乐孰大焉!程子所谓"以善及人而信从者众,故可乐"。此"善"字,正从人性皆善,而明善以复其初相接来。

所谓"人不知而不愠",以处逆言之也,不见是而无闷是也。不见是,则非之也;非之,则訾笑生焉,谤毁兴焉,戮辱加焉,皆生于不知也。"不愠"者,非独不征于色、不发于声而已,念虑之微,稍有含怒,便是心已动了。我之明善以复其初,本以尽我之性,初何预于人也?以人之不知而动其中,是为人而学矣。君子学以为己,执德弘而信道笃,虽訾笑、谤毁、戮辱交集,而泰然不以动其中,此夷狄患难无入而不自得之地。文之所以囚羑里而演《易》,孔之所以困匡而弦歌,周公所以四国流言而赤舄几几也。朱子曰:"譬如吃饭,乃是要自家饱。既饱,何必问外人知不知?"可谓善喻矣。我饱而人以为饥,何损于饱?我饥而人以为饱,何益于饥?故毁誉之来,审其饥饱而已。大抵君子之学,只在自家性情上做工夫。故明善之功无时而息,求全吾心说理义之正而已矣。处顺而有朋远来,善足及人矣,吾之说发而为乐。处逆而人不知,善固在我也，吾之说不改而为愠，此"不怨天，不尤人"，圣人之所以独知于天；而"不迁怒，不贰过"，颜子之所以独为好学也。后世之学，其诸异乎是矣。

书院告成，以复初为第一义，故于鼓箧之始，特举作圣之蕴，以为二三子告。二三子其反诸身而实行之，务以去外诱之私而充其本然之善，勿为旧习所拘，勿为浮议所惑，日积月累，会有得力处。庶几真才辈出，淳风复兴，使书院不为虚器，则吾夙夜之望也。

世俗说一"学"字，未有徒腾口说而不措诸行者。如学诗则必哦句咏字，学文则必操觚染翰。至于曲艺，学木工则必操斧持矩，学缝匠则必执剪裁衣。至于学圣人之道，乃坐谈口耳，以孝弟忠信敷为辞说，以饵科第，而事父从兄判若不相关，可为善学乎？呜呼，均是人也，学诗不过为诗人，学文不过为文人，于曲艺不过为工人，学道则为贤人、为圣人，人之欲爱其身者，可不慎所择乎！程子曰："莫说道将第一等让与别人，且做第二等。才如此说，便是自弃。品、与不能居仁由义者等差不同，其自小，一也。言学便以道为志，言人便以圣为志。"每一读之，毛发凛然。愿与二三子朝夕勉之。①

他的这些举措及对《论语》的上述讲论，受到阳明的高度赞誉。同年，王臣在泰州建安定书院，心斋王艮讲学其间。嘉靖八年（1529），巡抚八闽的聂豹借朝廷令天下郡县建小学以养蒙之机，在福建重建养正书院，并在书院刊行其与陈明川合编的《传习录》及《二业合一论》《大学古本》《道一编》等书，在弘扬正学名义下大力推扬阳明心学。

这种做法成为王门的一大传统，晚明阳明后学出仕主政地方者多有兴建书院之举，如罗汝芳守宁国时重修水西精舍，更名为水西书院，并联合徽州府、宁国府、广德府三地士大夫讲学其间；又"联合士民各兴讲会，清逋欠、修堂廊、建志学书院。堂事稍毕，即集郡缙绅周潭汪公、受轩贡公、都峰周公、砰石屠公、毅斋查公辈，相与讨论。郡邑庠生侍坐听之，人各感动。其中奋发兴起者，如沈子懋学、徐子大任、萧子彦、詹子沂、赵子士登、郭子忠信等百余人"，"开导不倦，多至夜分，精神契合，民亦潜孚"②。罗

---

① 董平编校整理：《邹守益集》卷一五《复初书院讲章》，下册，南京：凤凰出版社，2007 年，第720—723 页。

② 曹胤儒：《罗近溪师行实》，方祖猷、梁一群、李庆龙、潘起造、罗伽禄编校整理：《罗汝芳集》下册，南京：凤凰出版社，2007 年，第838 页。

汝芳后来任职于云南，虽未有兴建书院之举，但他讲学于五华书院，传扬阳明心学，教诲学生们道："人之肩承道担，非力量直前不可，第径躁之与刚果相似而实不同。古谓其进锐者其退速，是误执径躁而作刚果也。善为道者，先当从吾心体细味沉思，早夜不休，仓卒无变。水流物生，浑成一片，则愈受持而愈益虚下，不至圣人不已也。是大力量，亦真刚果云。"①又说："汝曹今日须究竟，圣贤平生所学者，为学个什么？所仕者，为仕个什么？如《大学》诚意、正心、修身，是所谓学，而齐家、治国、平天下，是所谓仕；中间贯串一句，只说'明明德于天下'。至其实实作用，则只是个孝者所以事君、弟者所以事长、慈者所以事众，上老老而民兴学，上长长而民兴弟，上恤孤而民不悖。细细说，似有两件，贯通实为一事，故孔子言志，独以老安、少怀、朋友信为个话头。看他所志如此，则学便是学这个，仕便是仕这个，此外更无所学，更无所仕，亦更无所谓志也。夫子此志，从十五岁便晓得要絜此孝、弟、慈的矩，至六七十岁，与颜渊、季路言态之时，便自许得随心随意，随处随人，皆随所愿而不踰此矩也。此矩随心而絜，则上便上得其所，下便下得其所，左右便左右得其所，上下左右皆得其所，乃谓之仁。圣人之志，常常不违此仁，盖自终食之间起，以至终日终年，而直至于七十终身，其心心念念，以天下为一家而不计自己之家，以中国为一身而不顾自己之身。如此而贫，亦如此而富，而无心于去贫处富也；如此而贱，亦如此而贵，而无心于去贱处贵也。汉高祖只是一代英主，且云'为天下者不顾家'，况圣人仁天下之志，思欲老老以及人之老、长长以及人之长、幼幼以及人之幼。其决烈勇猛，如火之必热、如冰之必寒、如江河之处于沛然赴海，则其一身之贫贱富贵，又安足繫累毫发也哉！故时常自道曰：'饭蔬食饮水，曲肱而枕之，乐亦在其中矣；不义而富且贵，于我而浮云。'为天下之志，真是如此其切；为身家之意，真是如彼其轻。所以可仕则仕，可止则止，可久则久，可速则速。彼少有繫累，又安能超绝千古，独异群圣，而时显时中之心矩于万世无疆也哉！"②

三

阳明殁后，各地王门弟子或建书院，或立祠宇，或创精舍，或办讲会，皆以传播、弘扬师说为己任。所在书院数不胜数，仅《阳明先生年谱》所载著名书院就有近 20 所，如

---

① 《罗明德公文集》卷六《勖五华书院诸生》，《罗汝芳集》下册，第 715 页。
② 《近溪子集》，《罗汝芳集》上册，第 147—148 页。

江西安福县自嘉靖五年(1526)刘邦采建惜阴会、十五年(1536)邹守益建复古书院倡导师说以来,其同门刘文敏、刘子和、刘阳、刘肇衮、欧阳瑜、刘敩、赵新、刘晓、彭簪等又先后创建了连山、复真、复礼、前溪四书院及天香会馆、石屋山房、梅源书屋、圣会馆等讲学场所,并在惜阴会基础上扩为四乡会,春秋二季会合附近五个郡县的同志“出青原山为大会,凡乡间大夫在郡邑者皆与会焉”,时称青原会。“于是四方同志之会,相继而起”,其中以万安的云兴会、宁国的同善会、庐陵的西原会、龙游的水南会和兰西会、泾县的水西会、江阴的君山会、贵池的光岳会、太平的九龙会、广德的复初会、新安的程氏世庙会、北京的灵济宫讲会等为著名,而南中王门弟子徐阶主持的灵济宫讲会则规模最大,其势倾动朝野。王门弟子以书院为基地,带动了一个地方的讲学之风,促进了地方文化的繁荣。如自邹守益、钱德洪、王畿先后在安徽泾县水西书院主讲席,使姚江之学盛于水西之后,县中“各乡慕而兴起,莫不各建屋,以为延约友朋、启迪族党之所,其在白泉则有龙云书屋、麻溪则有考溪书屋、赤山则有赫麓书院、蓝岭则有蓝山书院。一时讲学水西诸前辈,会讲之暇,地主延之,更互往来,聚族开讲。故合则考德而问业,孜孜以性命为事;散则传语而述教,拳拳以善俗为心”①,勃然兴盛,“而水西之学名天下”②。此外,阳明弟子中有不乐仕进,一生讲学传道于下者,如钱德洪“在野三十年,无日不讲学,江、浙、宣、歙、楚、广各区奥地,皆有讲舍”,王畿“林下四十余年,无日不讲学,自两都及吴、楚、闽、越、江、浙皆有讲舍”③。他们的努力使王学获得了广泛的社会基础。当然,阳明弟子中也有侠至公卿,甚至官居内客,讲学倡导于上者,如徐阶在嘉靖、隆庆之际执政朝廷,他“素称姚江弟子,极喜良知之学。一时附丽之者,竞依坛坫,旁畅其说”④。这又使王学及传播王学的书院获得了广泛而崇高的社会声誉。正是这些王门弟子和再传弟子的努力,将王学和书院一起推向发展的高潮。

　　兹仅就浙江、贵阳、江西三地略举数例,对晚明时期为祭祀而兴建的书院。浙省的余姚是阳明出生地,绍兴是他长期生活和安息之地,他居越期间的讲学就是在这两地尤其是绍兴进行的,钱德洪“尝闻之同门先辈曰:‘南都以前,朋友从游者虽众,未有如在越之盛者。’”⑤《年谱》谓“师在越,四方同门来游日众,能仁、光相、至大、天妃各寺院

①　赵绍祖:《赤山会约跋》,商务印书馆《丛书集成》初编本。
②　赵绍祖:《水西会条跋》,商务印书馆《丛书集成》初编本。
③　《明儒学案》卷十一。
④　《明史》卷二三一。
⑤　《王阳明全集》卷三《传习录下》,上册,第103页。

居不能容。同门王艮、何泰等乃谋建楼居斋舍于至大寺左,以居来学。师没后,同门相继来居,依依不忍去"。周汝员于嘉靖十六年(1537)按浙时,"与知府汤绍恩拓地建祠于楼前。取南康蔡世新肖师像,每年春秋二仲月,郡守率有司主行时祀。"①十七年(1538),巡按浙江监察御史傅凤翔因余姚诸生请,在阳明曾讲学过的龙山中天阁上方建祠,"每年春秋二仲月,有司主行时祀"②。此外,杭州府钱塘县天真山麓原有天真精舍,王阳明曾在此讲学,且在起征思、田时再登天真山,喜曰:"吾二十年及'文明原有象,卜筑岂无缘'之句。"③阳明殁后,薛侃、王臣、钱德洪、王畿联讲会于此,并于嘉靖九年(1530)集资购下,建成天真书院,中为阳明祠前游此,久念不及,悔未一登而去。寻又作二诗抒怀。天真书院有"天真泉石秀,新有鹿门期"堂,后设文明阁、藏书室、传注楼,又置田以养四方学者;十五年(1536),巡抚浙江监察御史张景、提学金事徐阶加以重修并增院田;三十四年(1555)胡宗宪、阮鹗仕于浙,在天真上院新建仰止祠,将原阳明祠堂迁至上院,并以欧阳德、王臣配袝;隆庆五年(1571),孙应奎据巡抚谢廷杰指示,仿白鹿洞规主编成《天真书院志》。天真书院借春秋二祭召集各地学者举办大型讲会,是阳明学派精神象征之地,为稍后江右青原会、宁国水西会的先声,具有教育年轻士人、祭祀追念先师和招聚四方同志讲授传承阳明心学的功能。张元忭说:"明兴百余年,迨乎正嘉之际,理学乃大盛,海内书院以千百计,而浙之天真、泾之水西为最盛。天真之始,文成公尝托迹焉,而诸门人相与卒成之。"④但由于王畿、钱德洪等著名学者周游各地讲学,未能专力经营,致使天真书院虽时兴讲会,亦有专门学者负责教事,却作为根本之地渐致荒疏,王畿对此自责道:"先师祠中旧有初八、廿三会期,频年以来不肖时常出赴东南之会,动经旬月,根本之地反致荒疏,心殊恻然。"⑤因此,"尽管天真书院或中天阁的龙山会都没有形成强劲的阳明讲会基地,不过讲会和祭祀活动确实存在。而王畿和钱德洪两人周游东南各地倡导讲学的行动却相当有成果……王畿晚年被许多学者尊崇为阳明学的宗主,虽然他对于本乡学者在直接教授和学脉传递上的效果并不特别明显,但他仍是维系浙中阳明学最重要的学者。钱德洪卒于 1574 年,王畿卒于1583 年;自从王畿去世之后,浙中一带讲会因缺乏领袖更加衰微,其间上有张元忭偶尔

① 《王阳明全集》卷三十六《年谱附录一》,下册,第 1098 页。
② 同上书,第 1099 页。
③ 同上书,第 1094 页。
④ 《不二斋文选》卷五《沈文池传》。
⑤ 《王畿集》卷二《约会同志疏》。

聚讲,但还是要直等到周汝登再次兴起倡导,才真正再现生机"①。万历七年(1579),天真书院遭毁,田被佃分。四年后,因巡抚都御史萧廪、巡按御史范鸣谦合请而得以复祠,有司以春秋二季举祀,门人后学则以日祀遗像于燕寝,又以阳明高弟徐爱、冀元亨、薛侃、邹守益、欧阳德、王艮、王臣、刘魁、钱德洪、王畿配袝。周汝登以类于孟子发挥孔学的角色自许,以为"越有阳明犹鲁有仲尼,龙溪一唯参也,今日正须得一孟子,而后仲尼之道益尊。谁其任之? 各自力而已矣"②,屡兴讲会,从而使杭州的天真书院和绍兴的阳明祠真正发挥起讲学功能,为后来证人社和刘宗周创立蕺山学派奠定了基础。

另据《阳明先生年谱·附录一》记,嘉靖十三年(1534),"门人李遂建讲舍于衢麓,祀先生。先自师起征思、田,舟次西安,门人栾惠、王玑等数十人雨中出候。师出天真二诗慰之。明年师丧,还玉山,惠偕同门王修、徐需、林文虁等迎柩于草萍驿,凭棺而哭者数百人。至西安,诸生追师遗教,莫知所寄。洪、畿乃与玑、应典等定每岁会期。是年遂为知府,从诸生请,筑室于衢之麓。设师位,岁修祀事。诸生柴惟道、徐天民、王之弼、徐惟缉、王之京、王念伟等,又分为龙游、水南会,徐用检、唐汝礼、赵时崇、赵志皋等为兰西会,与天真远近相应,往来讲会不辍,衢麓为之先也"③。十六年(1537),沈谧"初读《传习录》,有悟师学,即期执赞请见。师征思、田,弗遂,追悼不已。后为行人,闻薛子侃讲学京师,乃叹曰:'师虽没,天下传其道者尚有人也。'遂拜薛子"。他在嘉兴文湖建书院,"率同志王爱等数十人讲学于其中";"是年,巡按御史周汝员立师位于中堂,春秋二仲月,率诸生虔祀事,歌师诗以侑食"。"同志与祭天真者,俱趋文湖",而稍后沈谧"起金江西,为师遍历南、赣诸祠"。④ 十九年(1540),周桐、应典、李琪、程文德在永康西北乡寿岩建书院,"讲明师旨",并"嵌岩作室,以居来学。诸生卢可久、程梓等就业者百有余人。立师位于中堂,岁时奉祀,定期讲会"。⑤ 二十一年(1542),"范引年建混元书院于青田,祀先生。书院在青田县治。引年以经师为有司延聘主青田教事,讲艺中时发师旨。诸生叶天秩七十有余人,闻之惕然有感,复肃仪相率再拜,共进师学。又惧师联无所,树艺不固,乃纠材筑室,肖师像于中堂,谓范子之学出于王门,追所自也。范子卒,春秋配食。乞洪作《仰止祠碑记》,御史洪恒纪其详。后提学副使阮鹗增建为

---

① 吕妙芬:《阳明学士人社群——历史、思想与实践》,北京:新星出版社,2006 年,第 206 页。
② 《周海门先生文录》卷二。
③ 《王阳明全集》卷三十六,下册,第 1095—1096 页。
④ 同上书,第 1098—1099 页。
⑤ 同上书,第 1099—1100 页。

心极书院,畿作《碑记》"①。

贵州士民对阳明有着深切感情。嘉靖十三年(1534),王杏以监察御史巡按贵阳,"闻里巷歌声,蔼蔼如越音。又见士民岁时走龙场致奠,亦有遥拜祀于家者,始知师教入人之深若此。门人汤呼、叶梧、陈文学等数十人请建祠以慰士民之怀。乃为赎白云庵旧址立祠,置膳田以供祀事。杏立石作《碑记》。记略曰:'诸君之请立祠,欲追崇先生也。立祠足以追崇先生乎?构堂以为宅,设位以为依,陈俎豆以为享祀,似矣。追崇之实,会是足以尽之乎?未也。夫尊其人,在行其道,想像于其外,不若佩教于其身。先生之道之教,诸君所亲承者也。德音凿凿,闻者饫矣;光范丕丕,炙者切矣;精蕴渊渊,领者深矣。诸君何必他求哉?以闻之昔日者而倾耳听之,有不以道,则曰:非先生之法言也,吾何敢言?以见之昔日者而凝目视之,有不以道,则曰:非先生之德行也,吾何敢行?以领之昔日者而潜心会之,有不以道,则曰:非先生之精思也,吾何敢思?言先生之言,而德音以接也;行先生之行,而光范以睹也;思先生之思,而精蕴以传也。其为追崇也,何尚焉!'"②。三十年(1551),巡按贵州监察御史赵锦在龙场阳明讲学过的龙冈书院边建阳明祠,仍题曰"龙冈书院"。罗洪先《龙场阳明祠》曰:"阳明王先生揭良知之学倡于天下,天下之人师其说而鼓舞不怠者,所在祠之,无问曾至其地与否。龙场,故谪宦处,当时所居皆手自筑树,其栖迟咏歌之迹至今宛然,能无思乎?茸何陋轩、君子亭之腐挠,复亭其北,龛主以奉之者,始于宪副雪山某公。某撤亭北壁,夷坎剔秽,中堂三楹,旁翼两序,前为门,题曰'龙冈书院'。周垣缭之,守以传人者,侍御麟阳赵公锦。赵为先生乡人,有气节,而又嗜学,故其勤若此。"③

在江右,嘉靖十五年(1536),以国子祭酒致仕归里的邹守益和程文德等创建复古书院,春秋二季率士友祀阳明,并大会于书院。聂豹《复古书院记》说:"阳明先生悼俗学之涂生民也,毅然以身犯不韪,倡道东南,而以良知为宗。……有志之士闻风而兴者,时惟江西为盛。江西之盛,惟吉安;吉安之盛,惟安福。故书院之建,惟安福有之。题曰'复古'者,期有事于古人之学而学焉者也。书院在邑治南门外一里许,即古学废址而创之。东廓先生力倡其成,主之者松溪程先生也。"④在复古书院所举讲会,称为

---

① 《王阳明全集》卷三十六,下册,第1100页。
② 同上书,第1096页。
③ 《罗洪先集》卷四,上册,第136页。
④ 《聂豹集》卷五。

"复古会"。如嘉靖三十一年(1552),邹守益在复古书院举行讲会,示学者曰:"戒惧之功虽同,而其血脉各异。戒惧于事与念,皆末也;惟戒惧不睹不闻者,念虑事为一以贯之,是为全生全归,仁孝之极。"①三十四年(1555),守益"会复古,极论好学辨志之旨"②。四十年(1561),守益"会复古,发道心人心之旨"③。此外,嘉靖十七年(1538),季本在庐陵立怀德祠,祀事毕,举讲会,邹守益暨伍南溪、郭松崖、曾华山诸士友参加,季本和守益等着重讲论"格物",各举所见相正。十八年(1539),江西提学副使徐阶建仰止祠于洪都,专祀阳明,《年谱附录一》说:"自阶典江西学政,大发师门宗旨,以倡率诸生。于是同门吉安邹守益、刘邦采、罗洪先,南昌李遂、魏良弼、良贵、王臣、裘衍,抚州陈九川、傅默、吴悌、陈介等,与各郡邑选士俱来会合焉。"④还有万安王门同志为祭祀阳明而兴建的云兴书院。钱德洪谓:"二十七年戊申八月,万安同志建云兴书院,祀先生。书院在白云山麓,前对芙蓉峰,幕下秀出如圭,大江横其下。同志朱衡、刘道、刘弼、刘岷、王舜韶、吴文惠、刘中虚等迎予讲学于精修观,诸生在座者百五十有奇。晚游城闉,见民居井落,邑屋华丽。洪曰:'民庶且富,而诸君敷教之勤若此,可谓礼义之乡矣。'衡曰:'是城四十年前犹为赤土耳。'问之,曰:'南、赣峒贼,流劫无常,妻女相率而泣曰,贼来曷避?惟一死可恃耳。师来,荡平诸峒,百姓始得筑城,生聚乃有今日,皆师之赐也。'洪嘉叹不已,乃谓曰:'沐师德泽之深若此,而来郡邑俱有祠祀,何是地独无?'众皆蹙然曰:'有志未遂耳。'乃责洪作疏纠材。是夕来相助者盈二百金。举人周贤宣作文祀土,众徐并兴。中遭异议,止之。至嘉靖甲子,衡为尚书,贤宣为方伯,与太仆卿刘悫复完书业,祭祀规制大备,名曰云兴书院云。"⑤此外,赣州、南安、信丰、南康、瑞金、崇义等地均建有阳明祠。

上述三区域外,南京、滁州、溧阳、辰州、韶州、泾县、宣城及九华山、琅琊山等地,均或兴筑书院,或建专祠,春秋祭阳明外,多同时为阳明后学讲学的场所。

四

书院日益成为平民学者乃至农工商贾兵卒等普通民众接受儒家基本理论教育的

①　《耿定向集》卷十四《东廓邹先生传》。
②　同上。
③　同上。
④　《王阳明全集》卷三十六,下册,第1099页。
⑤　《王阳明全集》卷三十六《年谱附录一》,下册,第1101—1102页。

场所,并进而成为"维风范俗"有益地方精神风貌建设之文化组织。常熟虞山书院会讲,"来者不拒",其《会薄引》称:"凡我百姓,年龄高者与年少而知义理者,无分乡约公正粮里市井农夫,无分僧道游人,无分本境他方,但愿听讲,许先一日或本日早报名会薄,俟堂上宾主齐,该吏书领入,照规矩行礼,果胸中有见,许自己上堂讲说者。"①"释子、羽流虽非吾类,儓中间不无悔悟而来者,此入笠之一机也。即使自负自高,亦不妨姑令听讲,许坐于百姓之列,许坐于诸生之后"②。泾县赤麓书院有赤山之会,萧雍订立《赤山会约》,分遵(圣)谕、四礼(冠、婚、丧、祭),营葬、睦族、节俭、正分、广仁、积德、慎言、忍气、崇宽、勤业、止讼禁赌、备赈、防盗、举行、黜邪、戒党、置产、恤下、闲家、端本等二十三条,其意不厌浅,语益加详,而所谓性命之学透过俚言俗语而得以见于日用伦常之中,儒家的基本理论借此成为可被一般民众接受的规条,并潜移默化变成其日常生活的行为准则。

这样,书院日兴,讲学成为风习,在有力促成儒学社会化、大众化、生活化,以至形成发展起平民儒学的同时,也对儒家经典权威形成了一定冲击,尤其是挑战了立于官学地位而与现实专制王权有机结合的程朱理学的思想权威。阳明生前即已屡遭"伪学"讥毁,"斥王论已成为风气,程朱与陆王之争,是在各个层面进行的,除了哲学上的争辩,亦涉及政治与社会实质利益的冲突,甚至成为科举的试题与答案"③。对于这种情形,阳明自然十分了然,但毫无所惧,坦然地以"狂者胸次"开示弟子,表现出豁达光明的胸襟和高度的文化理论自信:

> 薛尚谦、邹谦之、马子莘、王汝止侍坐,因叹先生自征宁藩已来,天下谤议益众,请各言其故。有言先生功业势位日隆,天下忌之者日众;有言先生之学日明,故为宋儒争是非者亦日博;有言先生自南都以后,同志信从者日众,而四方排阻者日益力。先生曰:"诸君之言,信皆有之,但吾一段自知处,诸君俱未道及耳。"诸友请问。先生曰:"我在南都已前,尚有些子乡愿的意思在。我今信得这良知真是真非,信手行去,更不着些覆藏。我今才做得个狂者的胸次,使天下之人都说我行不

---

① 孙慎行:《虞山书院志》卷四。
② 同上书。
③ 郑德熙:《从官私学派纠纷到王学传习禁令》,姜广辉、陈谷嘉主编:《中国哲学》第十九辑,长沙:岳麓书社,1998年,第256页。

揣言也罢。"尚谦出,曰:"信得此过,方是圣人的真血脉。"①

　　这种讥毁在他殁后愈益炽烈,如嘉靖八年(1529)二月八日,阳明过世不久,"吏部(按:指桂萼)会廷臣议故新建伯王守仁功罪,言:'守仁事不师古,言不称师,欲立异以为名,则非朱熹格物致知之论;知众论之不与,则著朱熹晚年定论之书,号召门徒互相唱和。才美者乐其任意,或流于清谈;庸鄙者借其虚声,遂敢于放肆。传习转讹,悖谬日甚。其门人为之辩谤,至谓杖之不死、投之江不死,以上渎天听,几于无忌惮矣。……夫功过不相掩,今宜免夺封爵,以彰国家之大信;申禁邪说,以正天下之人心。'上曰:'卿等议是。守仁放言自肆,诋毁先儒,号召门徒,声附虚和,用诈任情,坏人心术。近年士子传习邪说,皆其倡导。……其殁后恤典但不准给!都察院仍榜谕天下,敢有踵袭邪说,果于非圣者,重治不饶。'"②十六年(1537)四月,"御史游居敬请禁约故兵部尚书王守仁及南京吏部尚书湛若水所著书,并毁门人所创书院,戒在学生徒勿远出从游,致妨本业。世宗曰:'若水留用。书院不奉明旨,私自创建,令有司改毁。自今再有私创者,巡抚御史参奏。比年,阳倡道学、阴怀邪术之人,仍严加禁约,不许循袭,致坏士风。'"③次年,吏部尚书许赞疏请禁毁私立书院及其所刻书籍,上从其言。愈演愈烈,最终酿成万历年间的禁自由讲学、毁天下书院的政治行为,轰轰烈烈的兴书院讲心学的思想运动受到沉重打压。与这种禁王学毁书院的政治高压相配合,知识界和思想文化领域的那些"护卫程朱学理之士,乘机出版批判王学的书籍,目的在'辟王学返朱学圣世',欲使王学无立足之地"④,由此而渐致时代主潮发生转移。

---

① 《王阳明全集》卷三《传习录下》,上册,第101—102页。
② 转引自束景南《王阳明年谱长编》之《明世宗实录》卷九十八,第四册,上海:上海古籍出版社,2017年,第2085—2086页。
③ 余继登:《皇明典故纪闻》卷十七,北京:书目文献出版社,1995年,第995页。
④ 郑德熙:《从官私学派纠纷到王学传习禁令》,姜广辉、陈谷嘉主编:《中国哲学》第19辑,第267—268页。

王船山乾道公正论的三层逻辑

李长泰*

摘　要：王船山公正思想的形而上学依据是天道公正论，天道公正论从乾道公正思想上展开。乾道公正论展示了乾道的"大""宜""顺"三个方面，即是说乾道的公正包括：大的公正，属于元的公正；宜的公正，属于合的公正；顺的公正，属于利的公正。船山论述乾道的大、宜、顺是要说明公正思想源自乾道之元，大的公正是元善论，宜的公正是通善论，利的公正是和善论，通过元、亨、利的过程实现公正。

关键词：王船山；乾道公正论；逻辑

天道公正论是王船山公正思想的形而上学依据，天道公正论首先从乾道大公至正思想上展开。天道最初是乾道，"乾"是世界的初始。《周易》乾卦说："乾：元，亨，利，贞。"[①]《文言》解释说："'元'者，善之长也；'亨'者，嘉之会也；'利'者，义之和也；'贞'者，事之干也。君子体仁，足以长人；嘉会，足以合礼；利物，足以和义；贞固，足以干事。君子行此四德者，故曰'乾：元、亨、利、贞'。"[②]乾是元，即是初始。乾道

---

* 作者信息：李长泰，男，1971年生，湖北大悟人，中国哲学博士，重庆师范大学马克思主义学院教授，主要从事中国哲学、中国传统伦理与中国传统文化研究。本书为2019年国家社科基金后期资助项目"王船山公正思想研究"（19FZXB070）阶段性成果。

① 《周易·上经·乾》，《周易正义》，《十三经注疏》，北京：中华书局，1980年，第13页。本文所引《十三经注疏》皆出自此版本。
② 同上书，第15页。

公正在船山那里表述为大公至正，天道至正是"天则"，大公至正则是公正，因为大公
至正也是大公无私之意。船山的乾道公正思想主要从哲学形而上学的层次论述公正
的元善问题，因为天道公正，所以天下必须公正，人因天而生，人道顺应天道。船
山乾道公正论从乾道至正、乾道至宜和乾道至顺三个方面展开，其逻辑架构如下图
所示：

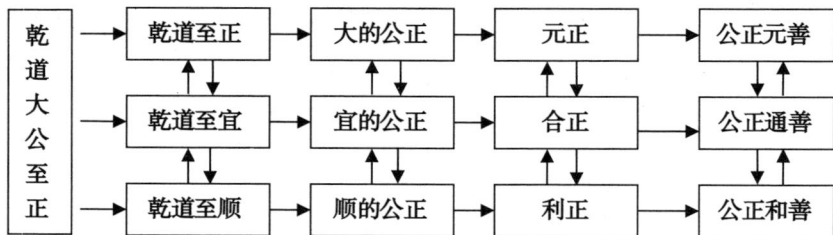

乾道大公至正	乾道至正	大的公正	元正	公正元善
	乾道至宜	宜的公正	合正	公正通善
	乾道至顺	顺的公正	利正	公正和善

乾道公正论逻辑架构图

从上图可以看出，船山的乾道公正论展示了乾道的大、宜、顺三个方面，即是说乾
道的公正包括：大的公正，属于元的公正；宜的公正，属于合的公正；顺的公正，属于利
的公正。船山论述乾道的大、宜、顺是要说明公正思想源自乾道之元，大的公正是元善
论，宜的公正是通善论，利的公正是和善论，通过元、亨、利的过程实现公正。

一、乾道至正是元善的公正

船山天道公正论首先阐明天道之德是乾德，天道乾德无所不能，正因为乾德的全
面性，因此乾道能够达到至正和公正，"乾，气之舒也。阴气之结，为形为魄，恒凝而有
质。阳气之行于形质之中外者，为气为神，恒舒而毕通，推荡乎阴而善其变化，无大不
屈，无小不入，其用和煦而靡不胜，故又曰'健'也。此卦六画皆阳，性情功效皆舒畅而
纯乎健。其于筮也，过揲三十有六，四其九，而函三之全体，尽见诸发用，无所倦吝，故
谓之乾"①。船山认为乾具有大全的功能，既能致广大，又能尽精微，涵盖了全体，因此
称为"健"；具有广大、周全的作用，因此乾德无所不胜。乾德既然周全而广大，而天道
即是乾道，是世界的总根源，天道能够公正，是"正"的，天下必然因效仿天道而公正。
船山说：

① 《周易内传》，《船山全书》（第一册），长沙：岳麓书社，2011年，第43页。

乾本有此四德,而功即于此效焉。以其资万物之始,则物之性情皆受其条理,而无不可通;唯元故亨,而亨者大矣。以其美利利天下,而要与以分之所宜,故其利者皆其正;而唯其正万物之性命,正万事之纪纲,则抑以正而利也。其在占者,为善始而大通、所利皆贞而贞无不利之象,德、福同原而不爽,非小人所得而与焉。就德而言之为四;就功而言之,亨唯其元,而贞斯利,理无异也。此卦即在人事,亦莫非天德,不可言利于正。天道之纯,圣德之成,自利而自正,无不正而不利之防。若夫人之所为,利于正而不利于不正,则不待筮而固然,未有不正而可许之以作利者也。①

船山论述说乾有四德即元、亨、利、贞,乾德对万事万物都能相资相用,万物因为乾德而有条理和相互贯通,因为乾德有元、亨而成就了事物,使事物发扬光大,因为有乾德有利、贞而天下成就美善,天下获利发展,乾德使天下公正,各得其所,各得其宜,乾德使万物各得其命,确立万物的法则,一切归向于"正"。总而言之,乾道是一切事物的总根源,是社会规范的总参照,乾道使世界万物、人类社会得以顺畅,乾道周全,运行广大,公正无私。船山说:"乾以纯健不息之德,御气化而行乎四时百物,各循其轨道,则虽变化无方,皆以乾道为大正,而品物之性命,各成其物则,不相悖害,而强弱相保,求与相合,以协于太和,是乃贞之所以利,利之无非贞也。"②乾德无所不正,正是所谓"乾道变化,各正性命",乾道是万物的轨道和参照,乾道是公正的,万物也要公正,乾道元、亨、利、贞,万物也参照乾道有利、贞,不相悖害。

乾为何能够称为"元"呢?元即是一切事物的根本、来源或者参照。乾是一切事物的参照和根本,因此可以称为"元"。船山阐释了"元":

物皆有本,事皆有始,所谓"元"也。《易》之言元者多矣,唯纯乾之为元,以太和清刚之气,动而不息,无大不届,无小不察,入乎地中,出乎地上,发起生化之理,肇乎形,成乎性,以兴起有为而见乎德;则凡物之本、事之始,皆此以倡先而起用,故其大莫与伦也。木、火、水、金,川融、山结,灵、蠢、动、植,皆天至健之气以为资而肇始。乃至人所成能,信、义、智、勇,礼、乐、刑、政,以成典物者,皆纯乾之德;命

---

① 《周易内传》,《船山全书》(第一册),第44—45页。
② 同上书,第52—53页。

人为性，自然不睹不闻之中，发为恻怛不容已之几，以造群动而见德，亦莫非此元为之资。在天谓之元，在人谓之仁。天无心，不可谓之仁；人继天，不可谓之元；其实一也。①

船山说明了几层意思：一是根本的和所以始的是"元"，乾是根本和万物开始的源头，因此乾是元；二是乾是太和之气，广大精微，无形有察，无所不能，周全而广大；三是万物和人都以乾为发用，物因此得以开始，人因此得以成就美德；四是人的内在"仁"源自"乾"的"元"。从船山的这几层意思可以看出，"乾"称为"元"当之无愧，人的伦理道德的产生都以乾德为参照，乾德大公至正，人类社会也要公正无私。正是基于乾的元善性质和功能，船山建构社会公正论必然以乾道公正论为基础。因为乾道元善，所以天下才有公正之善。

船山始终将人道之理的根源归结于天之理，说明天道是人道的根本，人道来源于天道，人道变化根源于天道规律。无论是国家治理、社会变革，都是因为人道要顺应天道。船山说：

夫望治者，各以其情欲而思沿革；言治者，各以其意见而议废兴。虞、夏、殷、周之法，屡易而皆可师，惟创制者之取舍，而孔子何以云可知也？夫知之者，非以情，以理也；非以意，以势也。理势者，夫人之所知也。理有屈伸以顺乎天，势有重轻以顺乎人，则非有德者不与。仁莫切于笃其类，义莫大于扶其纪。笃其类者，必公天下而无疑；扶其纪者，必利天下而不吝。君天下之理得，而后可公于人；君天下之势定，而后可利于物。②

船山在这里阐明了"理"是国家治理的理论依据，国家最高的根本大法就是理，而不是情，理是人对天道的归纳和总结，理述说了世界的客观变化规律，世界变化都是因为理，因此理有屈伸，理的屈伸是因为天道。有德之人顺应天道，顺应天道得到天理，故有仁义，因此乾道是君子有理的依据，君子之所以能够公正是因为君子顺应乾道，得到乾道的公正道理。"夫王者合天下以为一家，揭猜疑以求民之莫而行士之志，法愈疏，

---

① 《周易内传》，《船山全书》（第一册），第50—51页。
② 《尚书引义》，《船山全书》（第二册），长沙：岳麓书社，2011年，第396页。

闲愈正,不可欺者,一王之法,天理之公,人心之良也,而恃区区之标制也乎？三代之隆也,士各仕于其国,而民益亲。"①船山一再强调天理是公正的,天理是广大的。正因为天理广大,所以天道周全,周全就能够公正,乾德是公正无私的,人秉承天性而有良知。士因为有天道乾德,在社会上行事必然公正。

船山认为从"元"发展最后达到"贞",过程比较曲折,但结果是"贞",即达到公正,即是说乾道最终要发展为公正的"贞",乾德是公正之德。"易曰:'天下之动,贞胜者也。'贞胜者,胜以贞也。天下有大贞三:诸夏内而夷狄外也,君子进而小人退也,男位乎外而女位乎内也。各以其类为辨,而相为治,则居正以治彼之不正,而贞胜矣。若其所治者贞,而所以治者非贞也,资于不正,以求物正;萧望之之于恭、显,刘琨之于聪、勒,陈蕃之于宦寺,不胜而祸不旋踵;小胜而大不胜,终以灾及其身,祸延于国。故君子与其不贞而胜也,宁不胜而固保其贞。"②船山对《易》的阐释说明天下因为公正、正义而胜利,反之邪恶则不可取得胜利。"贞"是"元"发展的逻辑结果,"贞"源于乾道之"元",因此能够胜利,秉承乾道之公正,最后必然取得胜利。因此取得胜利必须以公正为原则,以不公正取得利益最终还是带来灾祸,因此君子宁愿不要不公正的利益。"'贞',正也。天下唯不正则不能自守;正斯固矣,故又曰正而固也。纯阳之德,变化万有而无所偏私,因物以成物,因事以成事,无诡随,亦无屈挠,正而固矣。"③船山认为需要以公正的原则来治国,公正给国家带来福分。船山说:"积纯阳之德,合一无间,无私之至,不息之诚,则所性之几发于不容已者,于人之所当知者而先知之,于人之所当觉者而先觉之,通其志,成其务,以建元后父母之极,乾之元亨也。因而施之于天下,知无不明,处无不当,教养劝威,保合于中节之和,而天下皆蒙其利,不失其正,万国之咸宁,乾之利贞也。"④乾德大公无私,参照乾德行事,成就大业,国家安宁,天下公正,这都是因为乾道公正而带来天下公正的结果,因此"乾"是"元",天下公正是"利"的"贞",即是说乾道公正,天下公正,国家安宁。

船山将乾道的元、亨、利、贞和人道的仁、义、礼、信结合起来,因为有乾道的元,发展为亨、利、贞,所以有人道的仁,发展为义、礼、信。船山阐释元、亨、利、贞的《文

---

① 《读通鉴论》,《船山全书》(第十册),长沙:岳麓书社,2011 年,第 324 页。

② 《宋论》,《船山全书》(第十一册),长沙:岳麓书社,2011 年,第 182—183 页。

③ 《周易内传》,《船山全书》(第一册),第 44 页。

④ 同上书,第 54 页。

言》时说：

> 元、亨、利、贞者，乾之德，天之道也。君子则为仁、义、礼、信，人道也。理通而功用自殊，通其理则人道合天矣。"善之长"者，物生而后成性存焉，则万物之精英皆其初始纯备之气，发于不容已也。"嘉之会"者，四时百物，互相济以成其美，不害不悖，寒暑相为酬酢，灵蠢相为事使，无不通也。"义之和"者，生物各有其义而得其宜，物情各和顺于适然之数，故利也。"事"谓生物之事。"事之干"者，成终成始，各正性命，如枝叶附干之不迁也。此皆以天道言也。①

乾之德即是天之道，天道元、亨、利、贞，人道通达天道而合于天理，则是人道合于天道，人道的仁、义、礼、信与天道的元、亨、利、贞相对应，元、亨、利、贞和仁、义、礼、信都有大公至正的内涵。元是初始精英之气，仁是人的良知；亨是对元的通达发展，义是对仁的实施；利是万物各得其宜，礼是人与关系的调适合宜；贞是事物的成功至正，信是人的成功和稳定发展。船山说："仁、义、礼、信，推行于万事万物，无不大亨而利正，然皆德之散见者，《中庸》所谓'小德'也。所以行此四德，仁无不体，礼无不合，义无不和，信无不固，则存乎自强不息之乾，以扩私去利，研精致密，统于清刚太和之心理，《中庸》所谓'大德'也。四德尽万善，而所以行之者一也，乾也。故曰'乾元亨利贞'，唯乾而后大亨至正以无不利也。"②仁、义、礼、信是由于元、亨、利、贞，既大公至正，还卓有成效。因此乾是元，大公无私，使人道也公正无私，船山的乾道公正使公正的形而上学建立起来。

船山始终把"乾"作为万物的初始根源，是万物行动的根本和参照，并且"乾"本身即是"正"的，使万物各得其正，"乾之始万物者，各以其应得之正，动静生杀，咸恻隐初兴、达情通志之一几所函之条理，随物而益之，使物各安其本然之性情以自利；非待既始之余，求通求利，而唯恐不正，以有所择而后利。此其所以为大也"③。船山认为万物各得其正的原因是"乾"的初始发动，"乾"的"正"而发动，物各得其所是万物应得其正，应得之正即是公正的内涵，尽管乾的初始发动也会带来动静生杀，但最后还是各得

---

① 《周易内传》，《船山全书》(第一册)，第 59 页。
② 同上。
③ 同上书，第 69 页。

其正,即是善。"应当""应得"即是"善","乾"是"元",各得其应得之正即是"善",船山的天道公正论在这里完成了乾道元善论的建构,元善归结于乾道的周全广大,乾道广大,大公而至正。船山说:"乾之为德,一心神用,入乎万有之中,运行不息,纯粹者皆其精,是以作大始而美利咸亨,物无不正。在人为性,在德为仁,以一心而周万理,无所懈,则无所滞。君子体之,自强不息,积精以启道义之门,无一念利欲之间,而天德王道于斯备矣。"①乾德有初始发用的功能,有利于物发展的功能,周全万理,大公无私,以乾德为准则治理天下,则是王道政治,公正而无私。

综上所述,船山天道公正论首先从乾道至正形而上学上展开,乾道大公至正。船山阐明天道即是乾道,乾道具有乾德,"乾"是"元",乾德发展为元、亨、利、贞,天道乾德无所不能,周全万物、大公无私,正因为乾德的广大而周全,所以乾道具有大公至正的德性,人道源于天道,人道体贴天道的乾德而合于天理,人依照天理而具有良知,行使仁、义、礼、信之德。由于乾德公正,人道也必须公正才能最终取得胜利。船山的天道公正论从乾道元善论开始建构了人道公正思想形而上学,乾道公正论是人道公正的形而上学基础。

二、乾道至宜是通善的公正

乾道公正思想开启了船山天道公正论的大门,以此为基础船山提出了乾道公正是合宜、至宜的公正,乾道运用达到合宜的公正。"宜"在《说文解字》中释为"安":"宜,所安也。从宀之下、一之上。"②段玉裁注:"《周南》:'宜其家室。'《传》曰:'宜以有室家,无逾时者。'一犹地也。"③意思是说"宜"则有所安,有家才能安,家在地上,人有家室才能安稳,没有超越时空达到合适才能安稳,适合各自的度数和时数。朱熹释:"宜者,分别事理,各有所宜也。"④乾道合宜就是指乾道能给人安稳的处所,安稳的处所是人应得的处所,得到应得之所就是公正,合宜是公正的内涵。程颐解释"裁成天地之道,辅相天地之宜"曰:"天地之道,不能自成,须圣人裁成辅相之。如岁有四时,圣人春

---

① 《周易内传》,《船山全书》(第一册),第69—70页。
② 许慎:《说文解字》,北京:中华书局,1963年,第151页。
③ 段玉裁:《说文解字注》,上海:上海古籍出版社,1988年,第340页。
④ 朱熹:《四书章句集注·中庸章句》,第28页。

则教民播种,秋则教民收获,是裁成也,教民锄耘灌溉,是辅相也。"①程颐说宜即是人合天地之道,合于乾道。船山接着要论证乾道如何给人应得的安稳处而说明天道是公正的。

船山认为乾道是万物初始的根源和发生的根本,乾道大公至正,使万事万物各得其宜。船山对《易》的"乾道变化,各正性命"解释为:"草木、虫鱼、鸟兽,以至于人,灵顽动植不一;乃其为物也,枝叶华实、柯干根荄之微,鳞介羽毛、爪齿官窍、骨脉筋髓、府藏荣卫之细,相函相辅,相就相避,相输相受,纤悉精匀,玲珑通彻,以居其性,凝其命,宣其气,藏其精,导其利,违其害,成其能,效其功,极至于目不可得而辨,手不可得而揣者,经理精微,各如其分,而无不利者无不贞焉。天之聪明,各于斯昭著;人之聪明,皆秉此以效法,而终莫能及也。各如其分,则皆得其正。"②乾道变化使万事万物各得其分、各得其正,乾道昭著,万物效法乾道以生成、发展、成功,人效法乾道以明于天理,各得其利而避害,公正无私,各得其应得之所,各得其应得之安。船山认为乾道公正是各得其宜的公正,因为各有所安,各有所得,因物变化,各成其能,恰如其分,因此乾道公正能达到合宜的公正,没有逾越事物本身的度数和时数。

船山所说的万物各得其宜、各得其分的思想与朱熹的万物各得其所的思想是一致的。船山认为乾道使万物各得其宜,朱熹也认为天理使万物各得其所,二者思想宗旨基本一致。朱熹说:"万物皆有此理,理皆同出一原。但所居之位不同,则其理之用不一。如为君须仁,为臣须敬,为子须孝,为父须慈。物物各具此理,而物物各异其用,然莫非一理之流行也。圣人所以'穷理尽性而至于命',凡世间所有之物,莫不穷极其理,所以处置得物物各得其所,无一事一物不得其宜。除是无此物,方无此理;既有此物,圣人无有不尽其理者。所谓'惟至诚赞天地之化育,则可与天地参者也'"③。朱子说万物各得其所、各得其宜,因为万物都有此理,天理是根源;船山说万物各得其分,各得其正,因为乾道公正至宜,乾道是根本。船山与朱子的不同在于朱子以理为先,船山则以乾道为先,对公正的本原表达相异,但一致而百虑。

正是基于乾道使万物各得其宜、各得其分、各有其能,船山认为乾道是公正原则的形而上学基础,并且公正是万物各得其应得的公正,没有任何逾越非分的不合理

---

① 程颢、程颐:《河南程氏遗书》卷第二十二,《二程集》,王孝鱼点校,第 280 页。
② 《周易内传》,《船山全书》(第一册),第 53 页。
③ 《大学五》卷十八,黎靖德:《朱子语类》,北京:中华书局,1986 年,第 398 页。

的界限。船山说:“自然天理应得之处,性命各正者,无不可使遂仰事俯育之情,君子之道,斯以与天地同流,知明处当,而人情皆协者也。此之为道,在齐家已然,而以推之天下,亦无不宜。特以在家则情近易迷,而治好恶也以知;在国则情殊难一,而齐好恶也以矩。故家政在教而别无政,国教在政而政皆教,斯理一分殊之准也。”①万物的性命各得其正即是应得之正,人与天地同流,各得其正,无所不宜,因此乾道公正是合宜的公正,即是说乾道使万物和人各得其正。正因为乾道公正至宜,人道因此公正而无私。

船山的乾道公正至宜思想也是指“合”的公正,乾道与人、万物相统合。船山所说的“合”是指乾道既广大又周全,充分探赜了物和人的秉性与质性,乾道对人和物的发用、昭著是相合的,因此乾道对事、物、人的发用达到公平公正。船山说:“若无以为义之本,则待一事方思一事之义,即令得合,亦袭取尔。义在事,则谓之宜;方其未有事,则亦未有所宜。而天德之义存于吾心者,则敬是已。故曰‘行吾敬’,敬行则宜矣。”②乾道能使事物的发展达到适宜,周全万物和人,尽显天理,义理相合,事理合宜,达到公正。“到廓然大公处,却在己在人,更不须立町畦,自贻胸中渣滓。上审天命,下察人心,天理所宜,无嫌可避。”③人之所以能够廓然大公,是因为天理对人的发用达到合宜,公正是天道的发用达到适宜。船山认为圣人之所以成为圣人,是因为圣人体贴了天理乾道的广大和精微,事半功倍,无所不宜。船山说:

> 三子之得为圣,是他人欲净尽,天理流行,故造其极而无所杂。乃其以人欲之净行天理之所流,则虽恁莹澈条达,而一从乎天理流行之顺直者一迳蓦直做去,则固于天理之大无外而小无间者,不能以广大精微之性学凝之。盖人欲之净,天资之为功半于人事,而要不可谓无人力。若天理之广大精微,皆备而咸宜,则固无天资之可恃,而全资之人事矣。④

船山的意思是乾道天理皆完备合宜,人的行为就是依据乾道天理的流行,尽力使事物

① 《读四书大全说》,《船山全书》(第六册),长沙:岳麓书社,2011年,第440页。
② 同上书,第833页。
③ 同上书,第999页。
④ 同上书,第1044—1045页。

合乎天理的流行，达到合宜，实现公正，船山在此说明了乾道公正的合宜性质。天道是人道的依据，人道与天道相合，才能公正，因为天道公正而使人合宜。"自火化熟食以来，人情所至，则天道开焉。故导其美利，防其险诈，诚先王合天顺人之大用，而为意深远，非徒具其文而无其实，以见后之行礼者，苟修文具而又或逾越也，则不能承天之祜，而天下国家无由而正矣。"①人情情合于天道，圣人合于天道而睿智，天下国家才能得到治理，达到公平公正。"反大经则正，达天德则深，循大常则远。"②大经即是天德乾道，也就是儒家所说的道统，经常遵循乾道，则能发展长远。

　　乾道至宜的公正思想在古圣先贤看来就是易道，易道广大周全。《周易》说："《易》与天地准，故能弥纶天地之道。"船山解释说："易之象数，天地之法象也。乾坤统其全，卦爻尽其变，其体与天地合也。"③船山认为易道也是乾坤之道，易道对人道也具有发用、昭著的作用，是合宜的道。船山说："理一也，而修己治人，进退行藏，礼乐刑政，蹈常处变，情各异用，事各异趋，物各异处。学易者斟酌所宜，以善用其志气，则虽天地之大，而用之也专，杂卦之驳，而取之也备，此精义之学也。违其所宜用，则虽乾坤之大德，且成乎大过，况其余乎！因卦之宜，而各专所拟议，道之所以弘也。"④易道合乎人道，以易道修己治人，各得其宜。学易则通达易道，体贴易道达到适宜，以易道处世治国，合宜而公正。船山解释元、亨、利、贞时说：

　　　　"体仁"者，天之始物，以清刚至和之气，无私而不容已，人以此为生之理而不昧于心，君子克去己私，扩充其恻隐，以体此生理于不容已，故为万民之所托命，而足以为之君长。"嘉会"者，君子节喜怒哀乐而得其和，以与万物之情相得，而文以美备合礼，事皆中节，无过不及也。"利物"者，君子去一己之私利，审事之宜而裁制之以益于物，故虽刚断而非损物以自益，则义行而情自和也。"贞固"者，体天之正而持之固，心有主而事无不成，所谓信以成之也。此以君子之达天德者言也。⑤

元、亨、利、贞能够使万物各得其宜，使各得其安，使人和物各得其应得的部分，清刚

---

①　《礼记章句》，《船山全书》（第四册），长沙：岳麓书社，2011年，第548页。
②　《张子正蒙注》，《船山全书》（第十二册），长沙：岳麓书社，2011年，第250页。
③　《周易内传》，《船山全书》（第一册），第519页。
④　同上书，第55页。
⑤　同上书，第59页。

和气,人得良知,文美合礼,各得其情,裁物得利,各得其益,体天之固,各得其信。"元"能"体仁","亨"能"嘉会","利"能"利物","贞"可"贞固"。乾道能够实现元、亨、利、贞,易道也能实现元、亨、利、贞,人道则仁、义、礼、信,公平公正,各得其宜,公正无私。船山认为元、亨、利、贞的逻辑进程最终是公正无私,审视事物达到合宜,达到公正。

　　乾道也是天道,天道本来无性,天道发用于人、物,人、物则有性,因此天道无私、无己,"天无己也,天亦无性也。性,在形中者,而天无形也。即此时行物生者,斯为天道不息,而非有生死之间断,则大公而无彼此之区宇也,是无己也。故但有命而非有性,命则无适,而性有疆矣"①。天道广大,无边无际,无形无性,大公无私。因此,乾道至宜而是公正的。"但其无息而不穷于施,有其理则毕出以生成者,即此为在人所尽之己,而己之无不尽。其于物之性情,可以养其欲给其求,向于善远于恶,无不各得,而无一物之或强,即此为在人所推之己,而己之无不推。所以不可以忠恕言圣言天,而亦可于圣人与天见忠恕也。"②尽管天道无己无私,但其运行不息,使物各得其情、各得其所,趋善远恶,正是"天地之大德曰生",生生不息,天道运行不息正能说明天道大公无私。乾道发用而大公无私,使万物各得其宜,人各得其所,这就是天道的元善之性,天道公正论通过船山的天道至善思想建构起来。船山说:

　　盈天下只是个中,更无东西南北。盈目前只是个中,更无前后左右。河图中宫十、五,已括尽一、六,二、七,三、八,四、九在内。帝王用之,大而大宜,小而小宜,精而精宜,粗而粗宜;贤者亦做不到,不肖者亦做不到;知者亦知不彻,愚者亦知不彻;参天地,质鬼神,继前王,俟后圣,恰恰好好,天理纯至,而无毫发之间缺,使私意私欲得以相参用事而不足于大公至正之天则。故曰"皇极",曰"至善",胥此中也。不及者自画于半涂,而过者岂能越之! 非圣人之独为其难,以理本应尔,更无过、不及旁开之辙迹也。③

船山表达了三层意思:一是天地、社会在方向上都是中,就是说都是世界的中心,无所谓各方各向;二是圣贤运用天道,大小精粗都合宜,因为圣贤明白天地大道;三是圣贤

---

① 《读四书大全说》,《船山全书》(第六册),第639页。
② 同上书,第639—640页。
③ 同上书,第892页。

大公无私,因为圣贤通晓天道法则;四是中是指合宜,也就是天道元善、至善。天道是元善的,人道通达天道也应有本善之性,天道公正无私,人也应有公正的道德规则。

总之,船山天道公正论在乾道大公至正思想上发展到乾道公正合宜的思想,推动了天道公正论的发展建构。船山阐明乾道是公正的,是合宜的公正,乾是元,大公无私,使人和物各得其所、各得其宜、各得其正。乾道无所不能,周知万物、大公无私。乾道依据事物和人的本身性质发挥功效,成就人与物的事宜,是各安其性,各得其所,各得其应得,公平公正,没有偏私。由于乾道公正合宜,人道也必须合于乾道公正的德性达到至善之性。船山的天道公正论以乾道元善论建构了人道公正思想,乾道公正是人道公正的形而上学基础。

三、乾道至顺是和善的公正

船山的乾道大公至正思想由乾道至正思想发展到乾道至宜思想,继续推演进入乾道至顺的思想内容。乾道至顺即是说乾道广大周全,至于物上无所不顺,至于人身无所不顺,公正无私。"顺"是乾道之德,人顺天而化,实现公平公正。《系辞》说:"天之所助者顺也,人之所助者信也。履信思乎顺,又以尚贤也,是以'自天佑之,吉无不利'也。"船山释曰:"'顺'者顺乎理。'信',循物无违也","天助之,则理得而事宜,吉无不利矣"。① 天道至顺,使事物得其宜,公正无私。"顺"即是指成就事情,与事情进展达到合宜。古圣先贤一直以来强调顺应天道,《易》说:"夫大人者,与天地合其德,与日月合其明,与四时合其序,与鬼神合其吉凶,先天而天弗违,后天而奉天时。"②孔颖达疏:"天地以顺动,故日月不过,而四时不忒。圣人以顺动,则刑罚清而民服,豫之时义大矣哉!"③大人的特性是善于顺应天道,顺应天地之德,顺应日月之明,顺应四时之序,顺应鬼神吉凶,天道本身具有"顺"的特征,天地顺而动,没有私自运行和逆行。董仲舒曰:"元者,始也,言本正也。道,王道也。王者,人之始也。王正则元气和顺、风雨时、景星见、黄龙下。王不正则上变天、贼气并见。"④王道合于天道元正,王道正,则天下和顺。

① 《周易内传》,《船山全书》(第一册),第565页。
② 《周易·上经·乾》,《周易正义》,《十三经注疏》,第17页。
③ 《周易·上经·豫》,《周易正义》,《十三经注疏》,北京:中华书局,1980年,第31页。
④ 《王道》卷四,苏舆:《春秋繁露义证》,北京:中华书局,1992年,第100—101页。

船山认为天道本身就是"顺","举凡天化物情,运行而不挠者,皆阳气上舒;其运焉而即动,嘘焉而即灵,无所不效以成能者,皆阴性之固然。乾纯乎阳,坤纯乎阴,健顺之至矣。健顺至,而险阻无不可知矣。危而难于行者曰'险',滞而不通者曰'阻'。阳气上舒,极天下之殊情异质,而皆有以动之,则出入于'险',而周知其故。阴壹于顺,则虽凝为重浊,有所窒碍,而或禽或辟,承天时行,以不滞于阻,而自知其通"①。船山认为天道本身就是健顺之道,阴阳运行而顺达,成就事情,达成功效,因此顺应天道没有险阻,实现通达,健顺相济实现公正。"顺"也指成就了事情,阴阳相济使事情得以成功,以乾道看,这实现了公正。因此,"顺"不是一物之顺、一事之顺,而是一世界之顺,一天下之顺,广大和周全之顺,公正不限于偏执,天下之周全,天道阴阳的调济使世界顺畅。

　　船山的乾道至顺思想归依于公正思想的哲学形而上学建构。《周易》说:"昔者圣人之作《易》也,将以顺性命之理。是以立天之道曰阴与阳,立地之道曰柔与刚,立人之道曰仁与义。兼三才而两之,故《易》六画而成卦。"②"顺"是易道、乾道的形而上学基础。阴阳互动、刚柔相济、仁义相成,使世界顺畅公正。"顺"是乾道和易道的法则,依此法则人处事才有所参靠。人尽管有主体性,但终究以天为大,以天为依靠,人始终在天地之中生存发展,顺天休命,天具有"顺"的质性,人也须顺应天道而顺人顺事,最终是顺天。船山说:

　　　　天之化裁人,终古而不测其妙;人之裁成天,终古而不代其工。天降之衷,人修之道:在天有阴阳,在人有仁义;在天有五辰,在人有五官;形异质离,不可强而合焉。所谓肖子者,安能父步亦步,父趋亦趋哉? 父与子异形离质,而所继者惟志。天与人异形离质,而所继者惟道也。天之聪明则无极矣,天之明威则无常矣。从其无极而步趋之,是夸父之逐日,徒劳而速毙也。从其无常而步趋之,是刻舷之求剑,惛不知其已移也。③

船山将天道、乾道视为人、万物的形而上学根源,人是乾道、天道的化生之物,天道有"妙""工""明""威",人只有依顺于天道、乾道才能存在发展。因为天有顺畅达到公正

---

① 《周易内传》,《船山全书》(第一册),第 614 页。
② 《说卦》,《周易正义》,《十三经注疏》,第 93—94 页。
③ 《尚书引义》,《船山全书》(第二册),长沙:岳麓书社,2011 年,第 270 页。

的特性,人就要有仁义公正。天有安顺的特性,人也要效天而安民。《礼记·曲礼》曰:"毋不敬,俨若思,安定辞,安民哉!"船山对此章句:"循事察理,必得其安,而后定之以为辞说,言而信诸心也。此三者未及于安民之事,而以此自治而临人,则天下之理得而情亦可通矣。于以安民,奚难哉!'民'者,人之尽辞。此言君子行礼反躬自尽之学。"①天道有"安","安"即是"顺",天能安民,君子治人也要以"安"为要义,达到公正。"安"在《说文解字》指"静"②的意思,有两层含义:一是生存安定,有基本的物质生活保障;二是心灵安定,有基本的精神愉悦和慰藉,这两个方面得到保障,民众才能实现安定,实现基本的公正。天道安民,在形而上学上具有理论公正的性质。《礼记》云:"故政者君之所以藏身也。是故夫政必本于天,殽以降命。"船山章句:"'本'者,本其道。'殽'者,效其法。'降命'者,播而旁及于鬼神之等,因以定人神之秩叙也。承上文而言礼所以治政安君,故政之所自立,必原于礼之所自生。礼本于天,殽于地,列于鬼神,莫不有自然之理,而高卑奠位,秩叙章焉。得其理以顺其序,则鬼神以之傧,制度以之考,仁义以之别矣。"③国家政治的依据是天道之顺,一是顺天道"顺"的本性,二是顺天道"顺"的本质,三是顺天道"顺"的秩序。礼本来是来源于天道而形成的人的秩序,人受命于天而治国安民,礼是承载天道"顺"的特点而在人类社会得的响应,人承天之顺而有礼,天顺则人顺,天公正则人也要公正。

　　船山认为道法的总根源是天,"法先王者以道,法其法,有拂道者矣;法其名,并非其法矣。道者因天,法者因人,名者因物。道者生于心,法者生于事,名者生于言。言者,南北殊地,古今殊时,质文殊尚:各以其言言道、言法,道法苟同,言虽殊,其归一也。"④先王之道来源于天,因道而制定法规,归根结底道法是顺应乾道而生成的,"归一"就是指归根于天。

　　船山公正思想在形而上学的基础上建构了天道公正的本体论,公正来源于天道顺畅的性质,人效法于天道而不违背"顺"的本性。船山认为易道既是乾道也是天道,易道内涵也有指"不易","可以行之千年而不易,人也,即天也,天视自我民视者也。民有流俗之淫与偷而相沿者矣,人也,非天也,其相沿也,不可卒革,然而未有能

---

①　《礼记章句》,《船山全书》(第四册),长沙:岳麓书社,2011 年,第 12 页。

②　许慎:《说文解字》,第 150 页。

③　《礼记章句》,《船山全书》(第四册),第 553—554 页。

④　《读通鉴论》,《船山全书》(第十册),长沙:岳麓书社,2011 年,第 667 页。

千年而不易者也。天不可知,知之以理,流俗相沿,心至于乱,拂于理则违于天,必革之而后安,即数革之,而非以立异也。若夫无必然之理,非治乱之司,人之所习而安焉,则民视即天视矣,虽圣人弗与易矣"①。船山的意思是天道千年不易,指的是大的方面、广大的方面不会变化,但人道经常有变化,人道变化是因为顺应天道而相沿相革,天道顺应民心,总的宗旨不会更改,但是为了顺应民心,具体的措施会适时变化,即是说天道形而上学的原则不变,人顺应天道的措施会适时变化,公正的宗旨不变,但公正的具体措施会适时而变,变是为了"顺"而变,不变的大道原则是为了公正,变的具体措施也是为公正。

船山所说的"顺"既是天之"顺",即天的本性就是"顺",又是人之"顺",即人顺应了天之"顺",顺天之所顺是指顺势、顺理。船山说:

> 极重之势,其末必轻,轻则反之也易,此势之必然者也。顺必然之势者,理也;理之自然者,天也。君子顺乎理而善因乎天;人固不可与天争,久矣。天未然而争之,其害易见;天将然而犹与之争,其害难知。争天以求盈,虽理之所可,而必过乎其数。过乎理之数,则又处于极重之势而渐以向轻。君子审乎重以向轻者之必渐以消也,为天下乐循之以不言而辨,不动而成,使天下各得其所,巍然以永定而不可复乱。夫天之将然矣,而犹作气以愤兴,若旦夕之不容待,何为者邪?古之人知此也,故生民涂炭之极,察其数之将消,居贞以俟,徐起而顺众志以图成。汤之革夏,武、周之胜殷,率此道也。况其非革命改制之时乎!②

船山在这里表达了"居贞"的道理,"居贞"就是把持公正。公正是天道之理和大势,人顺应天道的理与势是必然的选择,不顺应天道的理与势必然遭受祸害。"居贞"即是顺应天道理势,为民请命,公正无邪,使天下的人、物各得其所,和得应得,达到基本公正。古代先王能够"居贞",顺应天道理势,故能顺时而变,实现公平公正。

总之,船山的乾道至顺思想是乾道大公至正思想的重要内容,乾道至顺思想说明乾道本身具有"顺"的特质,乾道的"顺"体现为乾道广大周全,至于物上无不顺畅,至于人上无不顺成,公正无私。"顺"的公正是"利"的公正,利物和利人,顺是乾道之德,天

---

① 《读通鉴论》,《船山全书》(第十册),第697页。
② 《宋论》,《船山全书》(第十一册),第177—178页。

顺人而动,实现公平公正。乾道的"顺"使物得以生成,使人得以成事,使天下得以安定,使民得以心服。既然天有"顺"的特质,人也应顺应天道,顺势和顺理,大公无私。

　　综上所述,船山的乾道大公至正思想包括乾道至正、乾道至宜、乾道至顺三个部分,分别说明了乾道的三个方面:大的公正,属于元的公正,乾道元正;宜的公正,属于合的公正,乾道合正;顺的公正,属于利的公正,顺物顺人。船山论述乾道的大、宜、顺是要说明公正思想源自乾道之元,本原公正无私,大的公正是元善论,宜的公正是通善论,利的公正是和善论,至此乾道元善的形而上学公正论建构起来。

现当代哲学研究

逻各斯与道（下）

——中西哲学论衡之三

崔宜明*

摘　要：本文以"人类命运共同体何以可能"为问题导向，以亚里士多德、康德、黑格尔和维特根斯坦的逻辑学说为主要对象，描述出西方哲学以"逻各斯/逻辑"为核心的对确定性的"这一个世界"的思维建构演变过程及其内在机理。进而以老庄哲学为对象，描述出中国哲学以"道"为核心的对不确定性的"这一个世界"的思维建构之内在机理，以说明中西哲学建构出来的两种世界图式的重大差异以及内在相通之处。

关键词：逻辑；世界图式；知识论；确定性；不确定性；人类命运共同体

四

正所谓"有不虞之誉，有求全之毁"（《孟子·离娄上》），《逻辑哲学论》给维特根斯坦带来了巨大声誉，"在维也纳，他（指卡尔纳普——引注）参加了《逻辑哲学论》的密集讨论。维也纳学圈对于这个文本的讨论是逐字逐句的"①。

卡尔纳普借助于罗素和维特根斯坦写出了《世界的逻辑构造》，这本书旨在"提出

---

*　作者信息：崔宜明，男，1955 年生，安徽人，哲学博士，上海师范大学哲学与法政学院教授。

① 王浩：《超越分析哲学》，徐英瑾译，杭州：浙江大学出版社，2010 年，第 168 页。

一个关于对象或概念的认识论的逻辑的系统,提出一个‘构造系统’”①。罗素《数学原理》的目的仅在于把数学还原为逻辑,以证明数学所具有的必然性来自逻辑;《世界的逻辑构造》的野心要大得多,其目的是通过给出“认识的逻辑的系统”来间接地证明“世界”本身内在地就是一个“逻辑的系统”。于是,逻辑就不仅是数学所具有的必然性的根据,更是世界所具有的必然性的根据。

蒯因是这样评价的,“卡尔纳普在一系列的构造中十分巧妙地利用现代逻辑的一切手段,成功地给一大批重要的附加的感觉概念下了定义,要是没有他的构造,人们做梦也不会想到这些概念是可以在如此薄弱的基础上下定义的”②。但问题在,卡尔纳普之所以“敢于”把《数学原理》推广到《世界的逻辑构造》,其根据是什么呢?答案是:维特根斯坦!具体地说就是《逻辑哲学论》的那两个教条:(1)“逻辑空间中的事实是世界”(1.13),(2)“命题表现基本事态的存在和不存在”(4.1)。

如前所述,连这样的问题——是数学的必然性来自逻辑,还是逻辑的必然性来自数学——还争论无休,以至于看不到解决的任何可能性,凭什么去建立“世界的逻辑构造”?凭的就是维特根斯坦的两个教条!卡尔纳普把它们当作“形而上学”的“公设”,以此为基础构造出《世界的逻辑构造》。显然,“在如此薄弱的基础上”构造出来的《世界的逻辑构造》是经不起风雨的,蒯因只是轻轻一捅它就轰然倒塌了。

就维也纳学派与维特根斯坦之间的学术联系而言,事情有点怪异。

(1)维也纳学派非常推崇《逻辑哲学论》,可是卡尔纳普只承认弗雷格和罗素对他的影响,很少提及维特根斯坦。考虑到卡尔纳普人品正直坦诚,这一点大概可以这样来解释:维特根斯坦没有停留在他的两个教条上,并且在《逻辑哲学论》中说了很多“神秘”的话,而这些话本来应该是“对于不可言说的东西,人们必须以沉默待之”(7),所以卡尔纳普不知道怎么说。

(2)《世界的逻辑构造》以维特根斯坦的两个教条为“形而上学”的公设,维也纳学派却高举起“拒斥形而上学”的大旗。

卡尔纳普认为:“由于对每个哲学命题都要求为其正确性提出证明和强有力的根据,这就会把玄想的、诗意的作品从哲学中排斥出去。当人们开始认真地对待在哲学上亦需持有科学的严谨态度的要求时,就必然要把全部形而上学从哲学中驱逐出去,

---

① 卡尔纳普:《世界的逻辑构造·中译本序》,陈启伟译,上海:上海译文出版社,1999 年,第 2 页。
② 蒯因:《从逻辑的观点看》,江天骥等译,上海:上海译文出版社,1987 年,第 37 页。

因为形而上学命题不可能得到合乎理性的证明。"①艾耶尔也说："重要的是认识到，甚至企图说明一种真知灼见的形而上学家的言词也是没有意义的；所以我们以后进行哲学研究时几乎可以不去注意它们，就像可以不去注意那种由于不能了解我们的语言而产生的更不体面的形而上学一样。"②

明明是凭着把维特根斯坦的两个教条当作"形而上学"的公设，才能去谈论诸如世界、真理等"大词汇"，却高傲地拒斥起形而上学，好像世界、真理这些东西统统都是逻辑的内在属性一样。——这恐怕才地地道道地是"玄想的、诗意的"形而上学。

该怎么解释这种怪异的现象呢？一种可能的解释是，西方文明已经达到了其成长的极限，随着发展动力的衰减，其精神世界也在急剧凋敝之中，以至于 20 世纪分析哲学遗弃了 18 世纪后半叶康德哲学最重要的遗产——批判性。

所谓批判哲学的灵魂就在于这种批判性：如果哲学以认识世界和人自身为使命，那它首先要做的事情是：对自己所预设的各种理论前提给予反思性的批判，以保证哲学运思的合理性和哲学体系建构的逻辑自洽性。

没有经过反思性批判的哲学是纸糊的大厦，蒯因用两篇论文推倒了逻辑经验主义或逻辑实证主义的理论大厦。

逻辑经验主义是一种"逻各斯/逻辑"的知识论学说，以康德对"分析判断"和"综合判断"的区分为基础，其基本主张"其一相信在分析的，或以意义为根据而不依赖于事实的真理与综合的，或以事实为根据的真理之间有根本的区别。另一个教条是还原论，相信每一个有意义的陈述都等值于某种以指称直接经验的名词为基础的逻辑构造"③。

在《经验论的两个教条》中，蒯因首先从不同角度系统地讨论了被逻辑经验主义者奉为圭臬的"分析判断"和"综合判断"的区分，也礼貌地承认这一区分不是没有道理的，然后总结道："但是，尽管有这一切先天的合理性，分析陈述和综合陈述之间的分界线却一直根本没有划出来。认为有这样一条界线可划，这是经验论者的一个非经验的教条，一个形而上学的教条。"④

---

① 卡尔纳普：《世界的逻辑构造·第一版序》，陈启伟译，第 3 页。
② 艾耶尔：《语言、真理与逻辑》，尹大贻译，上海：上海译文出版社，1981 年，第 46 页。
③ 蒯因：《从逻辑的观点看》，江天骥等译，第 19 页。
④ 同上书，第 35 页。

蒯因接下来驳斥了所谓还原论教条。虽然这部分内容比上部分内容在论证力度上要逊色不少，但他还是揭示了"这两个教条在根本上是同一的"，并且得出结论："我现在的看法是：说在任何一个个别陈述的真理性中都有一个语言成分和一个事实成分，乃是胡说，而且是许多胡说的根源。总的来看，科学双重地依赖于语言和经验，但这个双重性不是可以有意义地追溯到一个个依次考察的科学陈述的。"①

简单地说，所谓逻辑经验主义的主张无非是：（1）"逻辑"意味着某种确当不移的逻辑真理；（2）经验给出了有待认识的对象；（3）只要严格地按照逻辑去描述认识对象，就能获得关于对象的知识和真理；所以，（4）分析的、以"意义"为根据的逻辑真理保障了综合的、以事实为根据的关于对象的真理。可是，这一切在蒯因看来"乃是胡说，而且是许多胡说的根源"。

进而，蒯因还提出了"本体论的承诺"说。在《论何物存在》中，经过一番语义分析，蒯因排除了各种错误的"本体论承诺"，找到了"我们能够使自己卷入本体论许诺的唯一途径，即通过约束变项的使用而作出本体论的许诺。……我们的整个本体论，不管它可能是什么样的本体论，都在'有个东西''无一东西''一切东西'这些量化变项所涉及的范围之内；当且仅当为了使我们的一个断定是真的，我们必须把所谓被假定的东西看作是在我们的变项所涉及的东西范围之内。才能确信一个特殊的本体论的假设"②。

需要说明的是，所谓本体，在哲学史的传统用法中，指的是作为"这一个世界"最终和最高根据的"那一个东西"。有别于此，蒯因的"本体"仅仅指在逻辑和语言之外，并且为语言所意指以及以某种方式关涉着逻辑的存在物。蒯因认为，逻辑实证主义者"拒斥形而上学"是不可能的事情，问题仅仅在于，哲学家需要正确地做出"本体论的许诺"，也就是把这样的许诺限定在"量化变项所涉及的范围之内"，就在逻辑世界和由各种各样的物所组成的世界之间建构起了桥梁。

应该说，蒯因的"本体论的承诺"说非常粗糙，他仅仅提出了他的命题，却没有做出论证，而这正好显示出逻辑主义者的基本困境。

相应于逻辑实证主义者以维特根斯坦的两个教条为"形而上学"的公设，却拒斥形而上学的荒谬，蒯因想起了康德哲学的批判性要求：对自己所预设的各种理论前提给

---

① 蒯因：《从逻辑的观点看》，江天骥等译，第 39 页。
② 同上书，第 12 页。

予反思性的批判,从而提出"本体论的承诺"。但是,逻辑主义者不允许自己接着对这一承诺给予批判性的理论考察和建构——比如像康德那样,他们只能在逻辑的范围内来讨论问题。

于是,"现在我们怎样在对立的本体论之间作出裁判呢？'存在就是作为一个变项的值'这个语义学公式肯定没有给我们提供答案;相反的,这个公式倒是用来检验某个陈述或学说是否符合先前的本体论标准的。在本体论方面,我们注意约束变项不是为了知道什么东西存在,而是为了知道我们的或别人的某个陈述或学说说什么东西存在;这几乎完全是同语言有关的问题。而关于什么东西存在的问题则是另一个问题"①。蒯因的意思是,"本体论的承诺"是"同语言有关的问题",这是逻辑学的工作,至于"关于什么东西存在的问题"属于形而上学的领域,是不能讨论的,所以无法"在对立的本体论之间作出裁判"。

事情居然成了这样。既然蒯因提出了"本体论的承诺",那么,我们有理由相信,并且要求蒯因告诉我们他所承诺的本体或者物是什么。但是,就蒯因所做出的承诺——"当且仅当为了使我们的一个断定是真的,我们必须把所谓被假定的东西看作是在我们的变项所涉及的东西范围之内"而言,蒯因却宣称不能问他"被假定的东西"与"在我们的变项所涉及的东西"是什么关系？

其实我们还想问:从"被假定的东西"到"一个断定是真的",这中间发生了什么事情？以及他的"假定"与"被假定的东西"又是什么关系？如此等等,但是这些统统都不能问。结果就成了这样:这些命题到底是什么意思无关紧要,一切全凭感觉,你觉得是什么意思就是什么意思。

西方近代哲学讨论的基本问题——笛卡尔和休谟提出的"认识如何可能"——在几百年后又绕回到了起点,却有了在起点处没有的麻烦:不允许去讨论这一问题。于是,只能接着后退到中世纪经院哲学,像修道院的神父们争论那些共相概念——比如柏拉图的"理念"——是实在的,还仅仅是一个名词那样,煞有其事地争论起共相概念——比如属性、关系、类(数学中的"集合")乃至于数(作为数学的研究对象)——是实在的,还仅仅是人类思维对事物的抽象。顺便说一句,与维特根斯坦用"脚手架""镜中像"等比喻讨论"逻辑"相比,蒯因们用中世纪神父的语言讨论"逻辑"还是显得正宗一些。

---

① 　蒯因:《从逻辑的观点看》,江天骥等译,第15页。

蒯因把逻辑主义者分为三类：柏拉图主义（即实在论）、唯名论和概念论，众所周知，这三种立场蒯因不同程度地都主张过，也不同程度地都反对过。说实话，在人类哲学史上还从未有过这样的思维混乱。

尽管在逻辑主义者的论著中读到这样优美的文字——"从战术上说，概念论无疑是三者中最强有力的立场；因为，筋疲力尽的唯名论者可能堕入概念论，但与此同时却仍能镇定他的清教徒的良心，自省尚不曾十分上当，去跟柏拉图主义者一起同享忘忧果。"①——是让人愉悦的，但事情的真相是，这段话透露了这样一个事实：在思维业已混乱之际，残存的宗教信念就成了心灵最后的凭依。

如前所述，在黑格尔以后，西方哲学的基本主题是挽救基督教信仰，其具体途径是重建"逻各斯/逻辑"。所以，蒯因不能把逻辑建立在宗教的基础上，他必须把他的宗教信念掩藏起来，在"这一个世界"之中去阐释逻辑的本质，于是，他又变成了一个逻辑实用主义者。这时，他主张的是检验科学理论的标准在于实用性。所谓实用性就是思维的经济性②或者规律的简单性③。但蒯因忘了，就规律的简单性而言，他需要给出"简单性"的标准；就思维的经济性而言，他需要给出用来计算效率水平的数学方程。

必须承认，与卡尔纳普相比，蒯因想起了康德哲学的批判性传统：对自己所预设的各种理论前提给予反思性的批判。但是，蒯因并没有把这样的批判贯彻到底，所以不但没有保证他哲学运思的合理性和哲学体系建构的逻辑自洽性，反而坠入比逻辑实证主义者更深的理论沼泽中。自20世纪初开始的分析哲学思潮终于走到了尽头，重建基督教信仰的哲学运动也以失败告终。

我们再来讨论后期维特根斯坦。前面说过，在《逻辑哲学论》中，维特根斯坦混淆了寻找光明的倾情抗争以获得灵魂的安慰与作为"必然性"被理解到的"逻辑"能够被证明为是内在于"这一个世界"的某种东西，以重建对上帝的信仰之不同，他错把前者当成了后者。

后期维特根斯坦放弃了重建对上帝信仰的努力，甚至可以说放弃了对上帝的信仰去寻找光明，这首先表现在《哲学研究》放弃了《逻辑哲学论》的两个教条。

相应于第一个教条"逻辑空间中的事实是世界"（1.13），后期维特根斯坦说："思

---

① 蒯因：《从逻辑的观点看》，江天骥等译，第119页。
② 参见蒯因《从逻辑的观点看》，江天骥等译，第24页。
③ 同上书，第42页。

想被一个光晕环绕。——它的本质，逻辑，展示一种秩序，实际上是世界的先验秩序。这种秩序必须是世界和思想共有的。但这种秩序似乎必须是十分简单的，它先于一切经验，必须贯穿一切经验，不允许任何经验的迷雾或不确定影响它——它必须几乎是最纯粹的晶体。然而这种晶体不以抽象的形式出现，它是某种具体的东西，的确是最具体的，就像世界上最坚实的东西《逻辑哲学论》（第 5.5563 节）。"①

　　这里，维特根斯坦对《逻辑哲学论》所预设的基本理论前提给予了相当彻底的反思性批判，揭明了"逻辑空间中的事实是世界"这一命题包含的形而上学前设是存在着"必须是世界和思想共有的"的"先验秩序"。

　　但是，被设定的这种秩序是如此不可思议：它是简单的，"它先于一切经验，必须贯穿一切经验"，不允许有任何例外；它是纯粹的，像梦幻中的女神那样"不允许任何经验的迷雾或不确定影响它"；更重要的是，它还必须是具体的，"事实上，我们的口语的所有命题按照其现状从逻辑上来说就是完善地具有秩序的。——我们这里应该给出的那个最简单的东西，并不是真理的一幅画像，而是完整的真理本身"。（《逻辑哲学论》第 5.5563 节）也就是说，在不违背逻辑的前提下，只要我们开口说话，我们就说出了真理。对于把这样的先验秩序当作形而上学的前设，维特根斯坦总结道："我们处在幻觉之中……"。（97）

　　相应于第二个教条："命题表现基本事态的存在和不存在"（4.1），也就是把语言与逻辑等同起来，从而要用高级的、理想的逻辑符号演算来改造日常语言，后期维特根斯坦说："一方面，我们语言中的每一个句子显然都'像它们本身那样井然有序'。也就是说，我们并不是在为一种理想而奋斗，仿佛我们普通的含混句子还没有获得什么平常的意思，而一种完美的语言等待着我们去构筑。——另一方面，也好像很清楚，只要有意思，就必定有完美的秩序。——因此，也必定有完美的秩序。"（98）

　　这似乎矫枉过正了，在日常语言交流中，确实存在着"含混的句子"，以至于听者不得不对说者说：我不明白你的意思。所以，"即使在含混的句子里，也必定有完美的秩序"是不成立的。但维特根斯坦的意思很清楚，一个句子的意义与逻辑意义不是一回事，语言命题的意义不能归约于逻辑，"在大多数使用了'意义'的情况下——尽管不是全部——我们可以这样解释：一个字词的意义是它在语言中的用法。而一个名称的意

① 《哲学研究》第一部分之 97，汤潮等译，北京：生活·读书·新知三联书店，1992 年，第 62 页。该书引文以下只随文标注其序号，不再做尾注。

义有时是由指向它的拥有者来解释的"(43)。

在《哲学研究》中,维特根斯坦坚持和发展了《逻辑哲学论》提出的两个命题:(1)我的语言就是我的世界,(2)哲学是一种治疗活动。但是,由于放弃了那两个教条,这两个命题的意蕴就完全不同了。

（1）早期维特根斯坦说:"我的语言的诸界限意味着我的世界的诸界限。"(《逻辑哲学论》5.6)这里的"我的语言"指理想化的逻辑语言。随着拒绝把语言的意义归约于逻辑,后期维特根斯坦认为语言的意义只能通过在语言交流中的实际用法才能得到理解,在根本上是人的生活的呈现,所以"想象一种语言就意味着想象一种生活形式。"(19)

"人类的共同行为是一种参照系统,我们通过它译解一种未知语言。"(206)虽然我们不知道这里的"人类的共同行为"指什么——解释这个短语是一件非常复杂而麻烦的事情,但重要的是,维特根斯坦看到了不同的语言意味着不同的生活方式,而这些不同的生活方式却具有某些共同的特征,使得人类可以彼此理解。所以,在人类生活、语言和逻辑三者关系中,人类生活是基础性的东西,所谓语言的意义,首先应该理解为所呈示出来的人类生活现象及其内在结构,而不能归约于逻辑。

"'希望'这个词指人类生活的一个现象(一张微笑的嘴只在人类的脸上微笑)。"(583)当你说出"希望"这个词,所呈示出来的东西是属于全部人类历史以及每一个个体生命史的一种现象,就好像你微微上扬的嘴角在每一个人的脸上都可以用"微笑"这个词来指称那样。

"我无意找出所有我们称为语言的某种共同点,我要说的是:这些现象没有一个共同点能使我们用一个同样的词来概括一切——不过它们以许多不同的方式相互联系着。正因为这种联系,或这些联系,我们才能把它们都称为'语言'。"(65)逻辑不是语言的共同点,这是因为语言的意义首先应该理解为所呈示出来的人类生活现象及其内在结构。那些人类生活现象之间有着极其复杂的内在联系,在语言言说中,每一种生活现象的内在结构呈示出来,把各种生活现象联系在一起的内在结构也呈示了出来,并且二者都在变动不居之中。

就像同一件事情可以有不同的说法,也就像呈示出生活现象之间不同的联系方式那样,"语言是一座路的迷宫。你从一边进去,知道怎么出去;当你从另一个方向来到同一个地点,却不再知道怎样出去了"(203),所以,所谓语言的意义,是不能用本质归约和逻辑穷举的方式去处理和把握的。

"每个符号自身似乎是死的。是什么给了它生命？——它在使用中才是活的。生命是在那里注入的吗？——还是使用就是它的生命？"（432）让维特根斯坦纠结的是：在语言言说中表现出来的那种活生生的"呈示"该怎么理解呢？有两种可能的理解方式：①存在着某种东西，从外部把生命力"注入"语言言说中；②不存在任何外部的力量，语言言说的活动就是"赋予"语言生命的东西，或者说，"语言"就实现在它的言说活动中。

维特根斯坦在放弃对上帝的信仰去寻找光明的思想旅途中走到了一个西方人所能达到的极限，对于语言言说那种活生生"呈示"的理解面临着这样的两难选择：要么存在一个上帝，把生命力"注入"语言言说中；要么不存在上帝，是语言的言说赋予语言生命。

对于中国人来说，也许很难理解这里的两难选择困境，我们会说：选择后者吧，去讨论语言的言说是怎么赋予语言生命的。但是，对于西方人来说，这意味着做出了这样一个判断——上帝不存在。这太难了！在肯定上帝存在（无论以何种方式）、对上帝是否存在存疑、不关注上帝是否存在和否定上帝存在之间，最困难的是第四个选项，因为违背了西方社会进入中世纪以来的历史文明传统。

维特根斯坦没有迈出这一步，同情地说，他不可能迈出这一步。于是，维特根斯坦的寻找光明之旅搁浅了。后期维特根斯坦本来是为了放弃对上帝的信仰去寻找光明，如果他寻找到了光明，那么当然能够放弃对上帝的信仰。现在的情况却是，他还在寻找光明的旅途中，就被要求否定上帝的存在，这当然是做不到的。

这一搁浅导致了后期维特根斯坦对语言的理解的一个根本性缺陷：他把语言当成了给定的东西，他没有理解到活的语言永远在生成和发展之中，如果某种语言固化了、不变了，那必定是因为使用这种语言的人们消逝在历史长河中了。

我的语言就是我的世界，语言言说活动呈示出人类生活现象及其内在结构，呈示着人类的生活方式和生活世界，而人类生活世界在实践的基础上和过程中不断拓展、深化和变革，语言和语言言说活动也在不断地拓展、深化和变革之中。既然对如此简单的事实视而不见，那么，无论是早期维特根斯坦把语言的意义归约于逻辑，用本质归约和逻辑穷举的方式去处理、把握的语言和语言言说活动，还是后期维特根斯坦"想象一种语言就意味着想象一种生活形式"，他的世界都不过是"这一个世界"的"镜中像"而已。

（2）早期维特根斯坦说："哲学的目标是思想的逻辑澄清。哲学不是任何理论，而是一种活动。一部哲学著作本质上说来是由说明构成的。哲学的结果不是'哲学命题',而是命题的澄清。哲学应该使思想变得清楚,应该清晰地划出思想的界限,否则,它们可以说是浑浊的模糊的。"(《逻辑哲学论》4.112)

后期维特根斯坦坚持"哲学不是任何理论,而是一种活动"的原则,他不厌其烦地说:"哲学是以语言为手段对我们智性的蛊惑所做的斗争"(109),"你的哲学目标是什么?——给苍蝇指出一条路,飞出捕蝇瓶"(309)。

但是,与早期维特根斯坦信心满满地说"我的命题以如下方式起着说明的作用……他必须放弃这些命题,然后他便正确地看待世界了"(《逻辑哲学论》6.54)不同,后期维特根斯坦知道他的内心冲突是不可解的,"我想教的是:把一个不明显的胡说变为一个明显的胡说"(464)。

读者会感到疑惑:明显的胡说当然在价值上优于不明显的胡说,因为人们会误把不明显的胡说当作真理;但是,只有在哲学史上所有学说都是胡说的前提下,"把一个不明显的胡说变为一个明显的胡说"才能成为哲学的任务,才能说"哲学家处理一个问题就像治疗一种疾病"(255);那么,维特根斯坦真的认为哲学史上的所有学说都是胡说?显然,这是一种激愤之语,表达出维特根斯坦内心中的焦虑。那么,该怎样理解这一焦虑呢?

这还是那个两难选择困境导致的结果:他放弃了对上帝的信仰去寻找光明,放弃了去证明作为"必然性"被理解到的"逻辑"是内在于"这一个世界"的某种东西,却发现自己也就放弃了"这一个世界",即再也不能在思想中建构起"这一个世界"。他能发现星星点点的光亮,却无法连缀成照亮世界的光明。我们以《哲学研究》中的一个案例来说明这一点。

这个案例是意外听到的声响。"我看见某人指着一把枪并且说'我期待一声爆炸'。枪响了。"(442,下同)维特根斯坦要讨论的是这句话中"期待"一词的用法,他的问题是:"那么那个爆炸声是否早已在你的期待中存在了呢? 或是你的期待和所发生的事之间有某种别的协定;而那个爆炸声并不包括在期待中,只是在期待被满足时才意外地伴随发生?"

你是怎样使用"期待"这个词的? ①在听到那个爆炸声之前,大脑中就已经预现出同样的爆炸声;②大脑中预现的仅仅是:总会发生某种事情。如果是后一种可能性的话,事情是这样的:爆炸声只是满足了总会发生某种事情这一预现,至于发生的是爆炸还是别的什么则不在预见之中。

接下来维特根斯坦似乎否定了后一种可能，"但这不对，假如没出现爆炸声我的期待就不会得到满足；爆炸声满足了它；它不是满足的伴随物，就像伴随着我期待的那个客人一道来的第二个客人"。那么，所谓期待就是第一种可能性，即在听到那个爆炸声之前，大脑中就已经预现出同样的爆炸声。但是事情并没有那么简单，"'爆炸声没有我期待的那么大'——'那么在你的期待中是否有更响亮的一声呢？'"。

这是现实生活中常有的事情，比如突然听到房间外面传来一声响，瞬间吸引了我们的注意力，在感到意外的同时，我们有时会喃喃自语道：这声响没有我想象的那么大。那么，这意味着我们不仅对这声响已经有了预见，而且还预见到这声响的大小，但是比实际发生的声响还要大。于是，既然我说"爆炸声没有我期待的那么大"，就说明我否定了第一种可能性，即在听到那个爆炸声之前，大脑中就已经预现出同样的爆炸声。

于是就有了第三种可能性，即在听到那个爆炸声之前，大脑中就已经预现出某种程度的爆炸声，但是与实际发生的爆炸声不一致。

但这也有问题："不在我的期待中的那个伴随物是否也是个意外的东西由命运给予的额外的呢？"就算"期待"的用法指在听到那个爆炸声之前，大脑中已经预现出某种爆炸声，但是，由于实际发生的爆炸声大于预现的爆炸声，就有了"意外的东西"。这种在期待之外的"额外"东西，被维特根斯坦理解为"由命运给予的"，这种理解方式非常有意思，让人想起了赫拉克利特的"命运就是那循着相反的途径创生万物的'逻各斯'"。

事情不但没有得到澄清反而变得更加复杂了。"那么什么又不是额外的呢？是某种已在我的期待中发生的爆炸吗？"这是说"我"把"在我的期待中发生的爆炸"，也就是大脑中预现出的那种程度的爆炸声当作属于"期待"本身的，把实际上发生的爆炸声大于大脑中预现出的爆炸声的部分当作额外的。但是，这就回到了第二种可能性。

进而，我们真的有理由认为有"由命运给予的额外的"东西吗？"那什么是额外的？难道我没有期待整个爆炸吗？"这是说所谓期待无非是在大脑中已经预现了作为一个事件的"整个爆炸"，虽然"爆炸声没有我期待的那么大"，但把实际发生的爆炸声大于大脑中预现出的爆炸声的部分当作"由命运给予的额外的"好像理由并不充分，除非"期待"的正确用法不仅要求在大脑中预现作为一个事件的"整个爆炸"，还要求预现所有的细节，包括音量、音质、音调……但如果是这样的话，那么世界上就不可能有"期待"这件事情了。

但是，如果"期待"就是在大脑中预现了作为一个事件的"整个爆炸"，那么，你说"爆炸声没有我期待的那么大"就是胡说。我接着问"那么在你的期待中是否有更响亮的一声呢"也是胡说。而事实是，这样的对话不是胡说。

维特根斯坦要讨论的是"期待"一词的用法，结果发现越说越乱——"夫言非吹也，言者有言，其所言者特未定也。果有言邪？其未尝有言邪？其以为异于鷇音，亦有辩乎，其无辩乎？"（《庄子·齐物论》）

厘清"期待"一词的用法是不可能了，但是厘清的过程还是给人以启发，所以既可以说"正是在语言中期待同满足相接触"（445），也可以说"一种期待根植于一种形势，它从这种形势中出现。例如，爆炸的期待也许来自一个爆炸正被期待的形势"（581）。

前一句话是对"期待"这件事情——不是对"期待"这个词——的言说，它指出了"期待"只是在语言言说中通过期待的"满足"才对自己显现出来，或者说只是在语言言说中，你才意识到你的某种期待得到了某种满足，这种满足与这种期待相伴着显现出来。

后一句话是把"期待"这件事情与"期待"发生的背景联系起来所想到的，虽然这是同语反复：为什么说"爆炸的期待"来自"一个爆炸正被期待的形势"，是因为"一个爆炸正被期待的形势"来自"爆炸的期待"；但是它说明了理解"期待"的一种可能性——如果"期待"一词被说出来，你需要把"期待"这件事情放到相应的生活背景和社会大趋势中才能得到理解。

也就是说，所谓厘清"期待"这个词的用法，实际上就是对"期待"这件事情给予言说，就既要考察"期待……"是怎样的一种言说活动，又要考察相应的生活背景和社会大趋势，这只能是越说越复杂。所以，厘清"期待"一词的用法是不可能的。

于是，哲学不仅不可能建构任何关于"这一个世界"的理论，连对"这一个世界"中的任何事，哪怕它是微不足道的，都无法有意义地言说一点什么。能够有意义言说的领域似乎只剩下解构那些无意义的言说——后者误以为自己对"这一个世界"及其中的事情说了一些有意义的话，所以是"不明显的胡说"。但是，解构那些无意义的言说并不能让自己变得有意义，因为解构的言说没有建构任何东西，仅仅是"把一个不明显的胡说变为一个明显的胡说"而已，无怪乎维特根斯坦的内心充满了挣扎和焦虑。

无法连缀成光明的那些星星点点的光亮反衬出黑暗的无边无际，"通过对我们语言形式的曲解而出现的问题，具有深刻性。它们是深刻的焦虑；其根须在我们身上同我们的语言形式扎得一样深，而且它们的意义同我们的语言一样重要。——让我们问问自己：我们为什么感到一个语法笑话是有深度的（而那就是哲学深度的内容）"（111）？

尽管这句话针对的是那些"不明显的胡说"，但是，"想象一种语言就意味着想象一种生活形式"（19），这样的焦虑同样属于维特根斯坦"明显的胡说"，这就是"哲学深度"的丧失——实际上是"这一个世界"确定性的丧失。对于西方人来说，丧失了确定性的"世界"就不成为"这一个世界"，它是一堆无意义的碎片。

自弗雷格、罗素以来重建"逻各斯/逻辑"的努力失败了，如果说《逻辑哲学论》标识着重建工作的高峰，那么，维特根斯坦的《哲学研究》却是为整个重建工作书写的墓志铭。——重复一遍：因为"逻辑"就意味着"必然性"，只要"逻辑"仍然能够被证明是内在于"这一个世界"的某种东西，那么，"这一个世界"就仍然是"必然"的，那就不能否认上帝的存在，就可以重建对上帝的信仰。

后期维特根斯坦长期关注逻辑与数学的关系问题以及数学基础问题。要重建"逻各斯/逻辑"，就必须解决这些问题，并且要求特定的答案，即在逻辑中和数学中不存在任何矛盾，起码不存在无法解决的矛盾。维特根斯坦的结论是悲观的：尽管在自然科学的发展中，数学在常识的意义上被证明了其真理性，但是站在哲学立场上看，数学没有必然性可言；所以，根本就没有什么"这一个世界"，有的只是无数碎片。这种悲观是绝大多数西方人无法接受的，他们期待的是，让我们对"这一个世界"保留一点希望吧，就算"存在"真的是无数碎片，也不应该把它说出来。

德国哲学史家施太格缪勒在谈到维特根斯坦的悲观时这样说："如果保证逻辑和数学免于矛盾在价值上是成问题的，在目标上又被认为是不能达到的，那么这门所谓最确实可靠的学科以及所有其他知识岂不全都变得飘忽不定了吗？这样一来我们不是就被迫承认，我们迄今为止已经成功地躲开矛盾的深渊以及直到现在我们的科学并未倒坍下来完全是凭运气吗？我们不是得承认多亏一位好天使的保护才使得我们免于堕入这样的深渊之中吗？对于这类问题，维特根斯坦的答复是：'好吧，你还想要什么？我相信人们也许会说：不管你做什么，一个好天使将永远是需要的。'（《论数学基础》，V，13）"①

尽管在自然科学中取得辉煌成就，但是数学并不因此就有了真理性，数学和逻辑并非是确实可靠的学科，其他知识就更是如此了。至于那些辉煌成就，不过是运气好

---

① 施太格缪勒：《当代哲学主流》（上卷），王炳文等译，北京：商务印书馆，1986年，第665页。

罢了,那么让我们一起祈祷好运气永远与我们同在吧。

　　西方哲学以聚焦在确定性上的"存在"为最终和最高根据去描摹这个世界,以确定性为基础和背景去理解和解释不确定性,给出了在终极意义上是被确定性统治着的"这一个世界"。自赫拉克利特给出了西方哲学史上第一个"逻各斯/逻辑"化的世界图式以来,随着西方社会生产方式、生活方式的历史发展,西方哲学家建构了各种各样的"逻各斯/逻辑"知识论体系和"逻各斯/逻辑"化的世界图式。但是到了维特根斯坦,这条路走到了尽头,西方哲学再也无法把"这一个世界"作为自己的对象建构起来了。

　　我们需要回到中国哲学。"中国哲学以聚焦在不确定性上的'道'最终和最高根据来描摹这个世界,以不确定性为基础和背景去理解和解释确定性,给出了在终极意义上是被不确定性统治着的'这一个世界'。"①那么,这是如何可能的? 其思维建构的内在机理又是什么呢?

五

　　首先要指出,道家哲学在创建时就彻底割断了宗教的脐带,从而与儒家与墨家区别开来。

　　从哲学上说,儒家的"天""天命"和墨家的"天志"都是某种超验的意志,并且作为说明"这一个世界"的统一性,作为把无限丰富无限复杂,且在变动不居之中的现象统一在一起的最终和最高根据的"那一个东西"被建立起来的。如董仲舒说"天不变道亦不变",朱熹说"未有天地之先,毕竟也只是理",以及"理生万物,理主动静,未有此气,先有此理,万一山河大地都陷了,毕竟理却还是在这里"②。就以某种超验的东西为哲学建基这一点来说,儒家、墨家与西方哲学没有根本的不同。

　　道,在老庄哲学中,既是作为这个世界最终和最高根据的"那一个东西",又不是"那一个东西",它是对在绝对的不确定性中不断生成和消解着的确定性的命名,指的是"那一个东西"是如何现身在"这一个世界"之中的,并且在"道路"和"言说"之中获

---

① 崔宜明:《哲学信念、意向结构与世界图式——中西哲学论衡之一》,邓辉主编:《东方哲学》第十四辑,广西师大出版社,2020 年,第 32—33 页。

② 《朱子语类》卷一,见《朱子全书》第 14 册,上海:上海古籍出版社,合肥:安徽教育出版社,2010 年,第 114 页。

得了它的居所。

　　显然，在逻辑的意义上，"道，既是'那一个东西'，又不是'那一个东西'"是一个没有意义的命题，因为违反了矛盾律。这导致理解老庄哲学的特殊困难，而且使得老庄哲学似乎拙劣到让人怀疑是否配当"哲学"之名。即使在今天，这样的怀疑仍然有不小的市场，这当然是以西方哲学为标准来度量中国哲学的结果。但是，"这一个世界"并不在逻辑的意义上存在着，它不受逻辑的制约，受到逻辑制约的是人的理性和言说。

　　早期维特根斯坦正确地看到了"我"的语言就是"我"的世界，但是，"我的语言的诸界限意味着我的世界的诸界限"（《逻辑哲学论》5.6）中，"我的语言"指理想化的逻辑语言。后期维特根斯坦改正了错误，看到了"想象一种语言就意味着想象一种生活形式"（《哲学研究》19），不过，这仍然是在逻辑学的立场上希望通过厘清词汇的用法来描述人的生活形式和世界。但是，任何一种语言中的词汇量都非常巨大，用法也非常复杂；更要命的，词汇和用法都在生生不息的变化发展中，希望通过厘清词汇的用法来描述人的生活形式和世界，"是穷响以声，形与影竞走也，悲夫！"（《庄子·天下》）。

　　我的语言就是我的世界，这意味着以这样一种信念为前提，也就是语言与世界同构而对应。但接下来的事情是"优先权"问题，笔者曾经指出，"是'语言'优先，还是'言说'优先；是更重视'语言'之'逻辑'，还是更重视'言说'之'活动'。这一'优先权'问题的本质是对语言的'意义'基础的理解问题，语言的'意义'是由'逻辑'来保证的，还是由'活动'所产生的"①。

　　具体地说，以作为名词的"语言"优先，意味着既定的、静态的语言系统与"这一个世界"同构而对应；以作为动词的"言说"优先，意味着只是在对"这一个世界"的言说活动中，"这一个世界"才对人敞开。那么，以作为名词的"语言"优先，语言的"意义"基础在于贯穿在既定的、静态的语言系统中的逻辑，也就是只有从逻辑的角度才能把握语言的意义；以作为动词的"言说"优先，语言的"意义"基础在于对"这一个世界"的言说活动，也就是语言的意义实现在既定的、静态的语言系统的自我展开过程中。

　　以作为名词的"语言"优先自有其道理，这一优先权是揭示和描摹"这一个世界"所不可或缺的，这特别表现在对"这一个世界"中"物"的认识中。因为认识"物"的方法论前提是：从处在不可分割的普遍联系之中和永恒变化发展之中的世界里截取一个片段，并且孤立起来当作一个既定不变的对象去研究；然后，此物之为此物者在一定程度

---

① 　崔宜明：《生存与智慧——庄子哲学的现代阐释》，上海：上海人民出版社，1996年，第19页。

上被揭示了出来。当然,被揭示出来的东西是与认识者提出问题的视角、研究目的相对应的,所以能够从基础科学向应用科学乃至于工程技术转化。

不断地深化对"这一个世界"中"物"的认识是人类生存和发展的必然要求,但问题是,"这一个世界"中"物"与"这一个世界"本身不是一回事,对"这一个世界"中"物"的认识在根本上不同于对"这一个世界"的认识,而把二者混同起来是一个非常容易发生的错误,由于现代科学技术所取得的巨大成就和对人类生活的深远影响,发生这样的错误就几乎是必然的了。

认识"这一个世界"中"物"的方法论前提被错误地理解为是唯一正确的,甚至是无条件的,于是,在以"这一个世界"本身为认识对象时,"这一个世界"被扭曲为一个既定的、完成了的静态系统,从而与一个既定的、静态的语言系统同构而对应。

于是,世界是确定性的,语言的意义是确定的。但是,这不是世界的本真状态,不是语言的本真意义,它是"截取"和"孤立"活动造成的后果,所以必须要为世界和语言找到或者建构某种根据。西方哲学找到的确定性根据就是"上帝",为语言的意义找到的确定性根据就是"逻辑"。所以,以爱因斯坦为代表的西方科学家一定要坚信上帝,以罗素为代表的科学哲学家一定要坚信逻辑。

但是,把世界中所有的物加起来也不是世界本身,至于逻辑,作为人类的理性为自己建构起来的某种自我约束的工具,其有效性必然是有限的,其典型表现是:任何合乎逻辑的语言意义最后都必然消解在逻辑悖论中。

西方哲学和科学的认识方法论能够很好地认识"这一个世界"中"物",但代价是扭曲了世界的本真状态,扭曲了语言的本真意义。与永远在变化发展中的"这一个世界"同构而对应,"语言"也永远在变化发展中,它们以历史性方式存在着,它们的存在就是它们的历史。

那么,世界的本真状态是怎样的? 语言言说的本真意义是怎样的? 既然二者是同构而对应,那怎样才能在本真的意义上"言说"本真状态的"这一个世界"呢? 理解这一问题的枢纽是——重复一遍——中国哲学以作为动词的"言说"优先,语言的"意义"基础在于对"这一个世界"的言说活动,也就是语言的意义实现在既定的、静态的语言系统的自我展开过程中。

道家哲学描摹出来的世界图式以"道"为核心和枢纽,但是,"道,既是'那一个东西',又不是'那一个东西'"。

显然,这一命题违反了矛盾律,但正是在对"道路"(过程、历史)的言说之中,我们与"道"相遭遇，"这一个世界"也就对人敞开了。反过来说，"道"就在这样的"言说"之中获得了它的居所。

（1）道，是作为这个世界最终和最高根据的"那一个东西"被思想到的。

作为这个世界最终和最高根据的"那一个东西"是"这一个世界"的源始性东西，其品格是：自发性。如果我们在观察无限丰富无限复杂，且流变不居的现象时识别出某种自发性——无论何种确定性都在绝对的不确定性中不断生成着和消解着，那么，我们就有理由认为在无限丰富无限复杂，且流变不居的现象"之中"——不是"背后""之外""之上"等——存在着源始性东西。于是，我们把"自发性"理解为作为这个世界最终和最高根据的"那一个东西"，也就是道的现身。

（2）道，不是作为这个世界最终和最高根据的"那一个东西"。

作为这个世界最终和最高根据的"那一个东西"的现身不是"那一个东西"本身。经验现象是人类认知"这一个世界"的唯一来源，在人类所能经验到的现象"背后""之外""之上"去思考作为"这一个世界"最终和最高根据的"那一个东西"都是不合理的。在经验范围内，我们观察到的仅仅是"那一个东西"的现身，不是"那一个东西"本身。

也就是说，认识"这一个世界"的方法论前提与认识"这一个世界"中"物"的方法论前提——从处在不可分割的普遍联系之中和永恒变化发展之中的世界中截取一个片段，并且孤立起来建立为一个"不变"的对象——是不同的，前者是：从不可分割的普遍联系之中和永恒变化发展之中去理解和揭示世界的统一性。

与此相应，对语言"意义"之所在的理解也是不同的。如果是认识"这一个世界"中"物"，说"道既是'那一个东西'，又不是'那一个东西'"是无意义的，因为这个命题违反了矛盾律。但"道"不是"物"，这个词意指的是作为一切存在物最终和最高根据的"那一个东西"，而且是作为处在不可分割的普遍联系之中和永恒变化发展之中"这一个世界"统一性的"那一个东西"，所以，这个命题正好切中了"这一个世界"的本真状态。

道家哲学对道的言说是一种"打开"了的言说活动。

（1）道有"道路"义，进而有"规律""过程"义。那么，道，作为对在绝对的不确定性中不断生成和消解的确定性的命名，就需要通过观察"在绝对的不确定性中不断生成和消解的确定性"，去想象和领悟"那一个东西"；并且意识到对"那一个东西"的想象和领悟永远在路上，从而防止人的理性沉迷在对"那一个东西"的既定所得之中而裹足不前。

所以，言说的"打开"意味着这样的事情：理性的运用必须建立在理性的自我怀疑和自我批判的基础上。

（2）道有"言说"义，进而有"互动""敞开"义。也就是说，"言说"应该是这样一种活动：在对言说对象的言说中，说者与听者的意向形成有效的互动而"打开"共在之境域，也就是在说者-言说对象-听者三者之间建构起一种共在关系。

道不就是"那一个东西"本身，但是，道作为在绝对的不确定性中不断生成和消解的确定性是通向"那一个东西"的唯一途径：只是在对道的言说活动中，需要"打开"共在之境域，在说者-言说对象-听者互动的共在关系中，"那一个东西"才得以被照亮而现身。

这是因为这样的共在关系-境域不仅"敞开"了处在不可分割的普遍联系之中和永恒变化发展之中"这一个世界"的本真状态，而且显示出处在不可分割的普遍联系之中和永恒变化发展之中"这一个世界"的"存在"，这就是所有的存在者在共在关系-境域之中存在着。

所以，言说的"打开"意味着这样的事情：原先只是现身在"自发性"中的"那一个东西"，现在"自为性"地居住在言说活动所建构起来的共在关系中。那么，"道"作为对在绝对的不确定性中不断生成和消解着的确定性的命名，就不仅在"自发性"的意义上是这个世界最终和最高根据的"那一个东西"的现身，而且在"自为性"的意义上要求着言说的"打开"，建构起共在关系-境域以作为自己的居所。

在自发性的意义上，道是认识的对象，要求的是在排除一切成见的基础上对对象世界的观察和领悟；在自为性的意义上，道是实践的目标，要求的是在理性的自我怀疑和自我批判的基础上建构起说者-言说对象-听者互动的共在关系-境域以作为"道"的居所。这就是孔子说的"人能弘道，非道弘人"（《论语·卫灵公》）。

那么，如何才能"打开"言说，我们来讨论《老子》文本。首先是老子在本体论意义上对"道"的言说。

作为"这一个世界"最终和最高根据的"那一个东西"叫作"道"——"有物混成，先天地生，寂兮寥兮，独立而不改，周行而不殆，可以为天地母。吾不知其名，强字之曰道，强为之名曰大。大曰逝，逝曰远，远曰返"（《老子·第25章》）。

（1）道是"这一个世界"最终和最高根据，在儒家是至高无上的"天"，无论是在时间上还是在逻辑上，都被老子当作"道"的产物，其神圣性荡然无存。

（2）道在永恒的循环往复的运动中，但是这里的循环往复不能简单地理解为春夏秋冬四季周而复始的方式，而是以出离自身而回归自身的方式——"大曰逝，逝曰远，远曰返"。所谓出离自身而回归自身，"出离自身"的意思是："道"彻底舍弃自身而成

"物"，故"这一个世界"有"物"无"道"；"回归自身"的意思是：彻底舍弃自身的"道"就完完全全地实现在"物"中，故即"物"是"道"。从"物"的角度看，是"道生之，德畜之，物形之，器成之。是以万物莫不尊道而贵德"（《老子·第51章》）。从"道"的角度看，是"道之尊，德之贵，夫莫之命而常自然……生而不有，为而不恃，长而不宰，是谓玄德"（《老子·第51章》）。一言以蔽之，自生自成而创生万物的"道"呈现在它所创生的"物"中，并且就呈现在万物的自生而自成之中。

（3）就道是"这一个世界"最终和最高根据而言，"这一个世界"是确定的，"道"给予"这一个世界"以及其中的万物以确定性；就道以出离自身而回归自身的方式在"这一个世界"中实现自身而言，道呈现出不确定性，比如"天之道，损有余而补不足。人之道则不然，损不足以奉有余"（《老子·第77章》）。所谓天之道与人之道，当然是同一个道的呈现，所呈现者却截然不同且对立，而不知所以然者。但我们知道的是，道就在出离为截然不同且对立的"天之道"与"人之道"中回归自身，所以是"吾不知其名，强字之曰道，强为之名曰大"。

再说老子在认识论意义上对"道"的言说。

"道"不是"物"，却呈现在万物的自生而自成之中，也就是即"物"是"道"，于是——"视之不见，名曰夷；听之不闻，名曰希；博之不得，名曰微。此三者不可致诘，故混而为一。其上不曒，其下不昧，绳绳兮不可名，复归于无物。是谓无状之状，无物之象，是谓惚恍"（《老子·第14章》）。

在认识论的意义上，"恍惚"表达着老子对"这一个世界"的"确定性"与"不确定性"关系的精准把握。

就"道"不是"物"、没有具象而言，不能为人的感官直接感知，所以"视之不见""听之不闻""博之不得"；就即"物"是"道"、"道"毫无保留地呈现在"这一个世界"中而言，它已经对人的感官敞开了，这就是"夷""希""微"。

"夷""希""微"三者，指人的视觉、听觉、触觉的那些飘忽不定、模糊不清、凌乱不齐的感觉，这些感觉在人对世界的感知中几乎无处不在，却很容易被忽略。在人对物的感知中，如果那些相对清楚明确的感觉已经能够"给出"对象之物的存在，"夷""希""微"一类的感觉就会被忽略，也就是被排除在意识之外。反之，在没有相对清楚明确感觉的情况下，"夷""希""微"一类的感觉就能被我们意识到，却因为不能"给出"对象之物的存在，就综合成为"恍惚"的整体感觉。

"夷""希""微"一类的感觉是人认识道的唯一途径。"道"不是"物"，人不可能对

"道"有相对清楚明确的感觉;但视"道"虽不见而有"夷"、听"道"虽不闻而有"希"、搏"道"虽不得而有"微"。但是不应该分别地去追究"夷""希""微",那只能一无所获,应该紧紧抓住"夷""希""微"综合起来的"恍惚"感,"道"就在其中了。故曰:此三者不可致诘,故混而为一。

为人的感官所把握到的东西是具有形状、表象的"物",但"道"不是"物",其形状在若有若无之间,其表象在似真似幻之处,它不像物像那样历历在目,但也不像幻象那样虚无缥缈,故曰:其上不皦,其下不昧。

此"象"呈现出"道"之在,如绳墨之为规矩法度有不可诬者在。"绳绳兮不可名"中的"绳绳",不应依《诗经·周南·螽斯》中"宜尔子孙,绳绳兮"解作"绵延不绝的样子""纷芸众多的样子",应如"绳墨""绳之以法"之例解作规矩法度的意思。"道"不是"物",所以说不出"道"的规矩法度究竟是什么,所以"复归于无物"。

"道"能够为人的感官所感知,但不同于所感知到的"物",故曰:"道之为物,惟恍惟惚。惚兮恍兮,其中有象;恍兮惚兮,其中有物。窈兮冥兮,其中有精;其精甚真,其中有信。"(《老子·第21章》)

老子的"夷""希""微"以至于"恍惚"在今人看来有不知所云之感,但在一定程度上是"物"的词义古今不同造成的。古汉语的"物"通现代汉语的"事"与"物"而为言,且以"事"为先。所以,现代汉语以"事物""万事万物"为语词,反过来说"物事"则含义大有不同,说"万物万事"更别扭之至。那么,相应于"物"之为"事","夷""希""微"的意思就是人在"事"中产生的那些飘忽不定、模糊不清、凌乱不齐的感觉,则"此三者不可致诘,故混而为一。……是谓无状之状,无物之象,是谓惚恍"云云,在理解上就豁然开朗且意蕴隽永了。那些为人们津津乐道的警句,如"春江水暖鸭先知""月晕而风,础润而雨"等,不过是对"夷""希""微"和"恍惚"的初阶发挥而已。

最后说老子在存在论意义上对"道"的言说。

笔者说过,"所谓存在论,指严格地在经验世界的范围内揭示和说明'这一个世界'是如何存在的哲学学说,是中国哲学特有的。这一学说的要义在于拒绝了用经验世界之外的任何东西作为最终和最高根据来解释和说明经验世界的可能性,也就是拒绝了多重世界的存在,从而与宗教彻底划清了界限"[1]。

---

[1]　崔宜明:《哲学信念、意向结构与世界图式——中西哲学论衡之一》,邓辉主编:《东方哲学》第十四辑,第16页。

　　同样是作为"这一个世界"最终和最高根据的"那一个东西"，从存在论的理论视角描摹出来就是，"道可道，非常道；名可名，非常名。无，名天地之始；有，名万物之母。故常无，欲以观其妙；常有，欲以观其徼。此两者同出而异名，同谓之玄。玄之又玄，众妙之门"（《老子·第1章》）。理解这段话的契机在于把握确定性与不确定性之关系。

　　道是可以言说的，但要知道，说出来的道不是自在本真的道。说出来的道不过是在表达着确定性意义上的道，也就是道在某种现身中所呈现者、人之知其然者。但是，道有种种现身方式，所呈现的确定性也各各不同，有相应相和者，有矛盾对立者，这就呈现出其不确定性，也就是人不知所以然者。

　　总之，可以言说的道是人知其然者的道，是道所呈现出的确定性；但是，道还在更广泛和更内在的意义上呈现出不确定性，道的确定性是从不确定性"之中"生发出来的。故曰"道可道，非常道"。

　　"道"这个语词是可以用来给自在本真之道命名的。但是所谓命名，是针对对象的确定性给予一个特有称谓的活动；所谓对象，首先是它与命名者，也就是人两相面对；其次是它有清楚明确的特有之"象"。于是，命名就是根据某种清楚明确的特有之"象"给予一个特有称谓而把它建立为命名者的"对象"的活动。那么，"道"这个称谓并不是与自在本真之道名实相当的称谓，因为虽然道就在"这一个世界"之中，但是自在本真之道所呈现出来的"象"是不确定的。

　　进而，首先，自在之道并不与命名者，也就是人两相面对，"道"就在"人"之中，"人"也在"道"中；其次，自在本真之道的"象"并不清楚明确，而在若有若无之间、似真似幻之处，它不像物象那样历历在目，也不像幻象那样虚无缥缈。故曰"名可名，非常名"。

　　所以，应该在确定性与不确定性之间来把握道，准确地说，应该以不确定性为背景来把握确定性的道，也就是要牢记已知的道不过是自在本真之道的某种呈现。

　　如果我们用"有"来为万事万物命名，就应该意识到万事万物在时间上都有一个"开始"，于是，所谓有，隐含了一个与之相对，并且逻辑上在先的"无"。尽管我们不知道"无"是什么，但是，我们知道——却常常被人们忽略——作为确定性的"有"以作为不确定性的"无"为前提。故曰"无，名天地之始；有，名万物之母"。

　　于是，应该在"有""无"之间来领悟自在本真之道。以"无"为意向，去领悟物的生成和消亡都指向着道；以"有"为意向，去领悟道赋予物之间以明确清楚的边界而物与物不同。故曰"故常无，欲以观其妙；常有，欲以观其徼"。当然，这一切都是通过把感官经验的"夷""希""微"综合为"恍惚"之"象"之所"得"，而成就为人之"德"。

能为我们知道的万事万物之"有"、与不能为我们知道的无论是在时间上还是在逻辑上都在万事万物之先的"无"都是自在之道的呈现，却两相对立，实在是一件可以称之为"玄"的事情。自在之道就在"玄"中呈现出来，能够领悟到其深奥微妙之处，并且能够越来越深入地体会到其深奥无解、微妙无穷之味，就算找到自在之道的门径了。故曰"此两者同出而异名，同谓之玄。玄之又玄，众妙之门"。

老子对道的言说"打开"了现身在"自发性"中的"那一个东西"，为中国人认识"这一个世界"的方式和原则奠定了基础。但是，"老子存在论所存在的问题是，只是在与单个的物的关系中来理解和阐释道"①。与此相应，老子对道的言说还是对象性的，人与道仍然处在分裂和对立之中，还需要进一步"打开"，以使"那一个东西""自为性"地居住在言说活动所建构起来的共在关系-境域中。

人在道之中，道在人之中，但是老子只是把道当作一个对象来言说就使得"人"与"道"撅为两截。反之，彻底"打开"了的对道的言说不是把道当作对象的言说，而是道自身在言说。那么，什么样的言说是道自身的言说？我们来讨论庄子。

在庄子的存在论学说中，"道物关系不再是道与单个的物的关系，而是道与万物之间有着内在联系的统一体的关系"②。与此相应，要领悟这一关系就不能在"这一个世界"之中，而必须要挺进至"这一个世界"的穷尽处，抵达"这一个世界"的界限。

只有"站在""这一个世界"的界限上，才能领悟到道、万物与"我"等一切其实是同一个东西，故曰"天地与我并生，而万物与我为一"（《庄子·齐物论》）。此乃所谓道自身的言说，但问题在，这样的言说既是澄明的，也是混沌的。所以紧接着就是"既已为一矣，且得有言乎？既已谓之一矣，且得无言乎？一与言为二，二与一为三。自此以往，巧历不能得，而况其凡乎！故自无适有，以至于三，而况自有适有乎！无适焉，因是已！"（《庄子·齐物论》），这句话揭示出的真相是：在人的言说活动中，即便建构起共在关系-境域，成为道自身的言说，也必然粘滞着对象性的言说。

这是一个无解的终极悖论。作为动词的"言说"与作为名词的"语言"必然是相伴而生的，所以，一方面，"这一个世界"需要从对象性的言说中解放出来，在道自身的言说中敞开自己；但另一方面，道自身的言说所敞开的"这一个世界"又必然在与既定的、

---

① 崔宜明：《哲学信念、意向结构与世界图式——中西哲学论衡之一》，邓辉主编：《东方哲学》第十四辑，第 18 页。

② 同上。

静态的语言系统——作为"这一个世界"的同构而对应物——的关系中要求着被理解和阐明,但这样一来,"这一个世界"就由敞开状态变成了封闭状态。

对于庄子来说,如果不把"天地与我并生,而万物与我为一"这句话说出来,"那一个东西"就不能"自为性"地居住在共在关系-境域中;但只要把这句话说出来,这句话就成为对"那一个东西"的言说,就成为对象性言说。

所以,站在"这一个世界"的界限上,让道自身去言说,说出来的既是澄明的,也是混沌的。于是,我们读到了这样两个寓言故事。

A．"昔者庄周梦为胡蝶,栩栩然胡蝶也,自喻适志与！不知周也。俄然觉,则蘧蘧然周也。不知周之梦为胡蝶与？胡蝶之梦为周与？周与胡蝶则必有分矣,此之谓物化。"（《庄子·齐物论》）

B．"南海之帝为倏,北海之帝为忽,中央之帝为浑沌。倏与忽时相与遇于浑沌之地,浑沌待之甚善。倏与忽谋报浑沌之德,曰:人皆有七窍以视听食息。此独无有,尝试凿之。日凿一窍,七日而浑沌死。"（《庄子·应帝王》）

A 与 B 构成了一组"重言"命题。所谓重（音 chóng）言,"就是肯定与否定同时并举的言说方式","以同时承认肯定与否定相对待的两个命题之办法,来破除对待,指向超越一切对待之上的不可说"①的"那一个东西"。在这里,肯定的命题是:混沌死了,否定的命题是:混沌不死,而指向的"那一个东西"就是道。

先说命题 B。所谓倏、忽,连缀起来就是"倏忽",指时间之最小单位,在这里代表着"时间"。所谓混沌,指完全无序的存在物。

命题 B 的意思非常简单:随着时间流逝,"这一个世界"的确定性不断增加,一直到出现一个高度有序、一切都井井有条的世界（宇宙）——混沌死了。但是,命题 B 的意蕴却很丰富。

（1）时间是确定性生成的源头,是从无序到有序的创生性力量,世界（宇宙）的确定性建基在时间之上;倏忽在混沌头上"日凿一窍"寓意着时间从混沌中开创出确定性和秩序。

（2）经过倏忽的持续劳作,确定性和秩序不断地生成而完成,混沌死了。

（3）对于人来说,"有七窍以视听食息"而有生;对于混沌来说,"有七窍"则死。人

---

① 崔宜明:《生存与智慧——庄子哲学的现代阐释》,上海:上海人民出版社,1996 年,第 29—30 页。

的生命作为一个过程在根基处要求建构确定性和秩序,所以要求对混沌的解构。

把庄子的混沌寓言与犹太教、基督教的创世故事做个比较是一件有趣的事情。

(1)就创世者而言,中国人想到的是时间,西方人想到的是上帝。时间在这个世界之中,既是人的经验形成的前提——给出了经验材料的前后秩序,也是人的经验对象——如"子在川上曰:逝者如斯夫!不舍昼夜"(《论语·子罕》)。上帝则在这个世界之外,也在时间之外,却一方面是拟人化,即按照人的形象被想象到的——"如果人们不将永恒理解为无穷的时间延续,而是将其理解为非时间性,那么生活于现在之中的人就永恒地生活着"(《逻辑哲学论》6.4311),另一方面又是超验的存在。

(2)就创世的前提而言,中国人认为"这一个世界"是时间从混沌中开创出来的,所谓创世就是从混沌中开创出确定性和秩序,却不能问"时间是从哪儿来的"。西方人认为"这一个世界"是上帝从"虚无"中创造出来的,上帝说要有光,于是就有了光,却同样不能问"上帝是谁创造的"。

(3)就创世的过程而言,中国人和西方人都认为七天的时间就够了;不同在于,倏忽整整干了七天活,上帝六天干完,第七天休息了。

再说命题 A,其意思也非常简单:在确定性完成之际,也就是在混沌被彻底解构之际,人在"梦"与"觉"中都本真地体验到自身的存在,这就又迷失在"梦"与"觉"坚执无解的对立中:混沌不死。

笔者曾经讨论过命题 A 的意蕴:"人不可能分清庄周与胡蝶究竟有什么不同,不可能分清'梦'与'觉'两种不同的状态究竟有什么不同,以及它们是如何联系在一起的,又是如何过渡的,等等。庄子没有像惠施和大多数哲学家以及现代物理学家们那样,把'存在'在思维中的极限当成'存在'本身的极限,他认识到了'存在'的吊诡性,并且就以'存在'的吊诡性为人的存在方式,他保持和维护了对'存在'如其本真的尊重,然后,他得出了'此之谓物化'的最终结论。"①也就是说,不确定性在确定性完成之际生成,彻底的澄明与彻底的混沌是同一个东西。

混沌死了/混沌不死,A 与 B 构成的重言命题指向着"那一个东西"——道。人在道之中,道在人之中,彻底"打开"了的言说不是把"道"当作对象的言说,而是道自身在言说,所以"这一个世界"是澄明的——混沌死了。但是,道自身的言说总是通过人在

---

① 崔宜明:《从鹏扶摇到蝶翩跹——〈逍遥游〉〈齐物论〉通释》,上海:上海人民出版社,2018年,第257页。

言说，总是以道为对象的言说，这就把人放在了道之外，并且与道坚执地相对立；离开了道的人成了飘荡不定的游魂，离开了人的道成了无从捉摸的幻影，所以"这一个世界"又重归混沌——混沌不死。

"这一个世界"永远在澄明和混沌的对立中互动而互生，这就是世界的本真状态，也是语言的本真意义，庄子在本真的意义上"言说"出了本真状态的"这一个世界"。

把庄子与早期维特根斯坦做一个比较也许是有必要的。维特根斯坦正确地指出了，"我的语言的诸界限意味着我的世界的诸界限"（《逻辑哲学论》5.6）。但是他幻想着"为了能够表现逻辑形式，我们必须能够将我们自己和命题一起摆在逻辑之外，也即世界之外"（《逻辑哲学论》4.12），他甚至有这样的体验："在永恒的形式之下看世界就是将其看作——有界限的整体。世界是一个有界限的整体，这种感受是神秘的。"（《逻辑哲学论》6.45）

在中国人看来，人不可能把自己摆在"世界之外"，也无法"在永恒的形式之下"感受作为"一个有界限的整体"的世界。但是我们应该尊重维特根斯坦的宗教体验，因为对于西方人来说，只能"通过"上帝去想象和思维"这一个世界"本身，至于站在"人"的立场上去想象和思维"这一个世界"，对于他们大概是不可能企及的。

中国人站在"人"的立场上去想象和思维"这一个世界"，他是这样做的：努力挺进到"这一个世界"的界限上去把握"那一个东西"——道。于是，"这一个世界"既是彻底澄明的，也是彻底混沌的，更是澄明与混沌的互生互动。庄子所谓"吾丧我"者，所谓"天地与我并生，而万物与我为一"者，就是这样的事情。

六

自1840年鸦片战争以来，中国人睁开眼睛看世界，西学东渐浪潮奔腾不息。我们从西方文明中学到了很多好东西，也产生了很多误读，这些误读至今没有得到系统的反思和清算。所谓逻辑，就是一例。

在中国人的心目中，逻辑被理解为人类理性思维所应遵循的形式规则和规律，其衍生义指客观世界及其事物发展的规律。业已指出，这种理解出自德国古典哲学。

进而，所谓逻辑学，被理解为是研究人类理性思维所应遵循的形式规则和规律的学科，并且意味着达到了对理性思维的理论自觉，也就标志着具有了认识和把握客观世界及其事物发展规律的入门资格。那么，有没有逻辑学这门学科就关系着人类历史上各种文明的发展水平,甚至标识出不同民族的价值优劣。

西方人是这样看的,爱因斯坦说:"西方科学的发展是以两个伟大的成就为基础的:希腊哲学家发明形式逻辑体系(在欧几里得几何学中),以及(在文艺复兴时期)发现通过系统的实验可能找出因果关系。在我看来,中国的贤哲没有走上这两步,那是用不着惊奇的。"①

很多中国人也是这样看的。其实,早在严复就"发现"了形式逻辑体系的欠缺是头等大事,他说:"精而微之,则吾生最贵之一物亦名逻各斯。……故逻各斯名义最为奥衍,而本学之所以称逻辑者,以如贝根(弗朗西斯·培根——引注)言,是学为一切法之法,一切学之学;明其为体之尊,为用之广,则变逻各斯为逻辑以名之。"②

但事情的真相是,在西方哲学史上,"逻辑"之所指既有某种连续性,又歧义迭出。即便是在20世纪数理逻辑学家的小圈子中,如华裔学者王浩所说:"对于我们之中的大多数人来说,逻辑就是一个还未被加以清楚界定的领域了。"③至于所谓逻辑学,王浩则指出:"逻辑学尽管在传统上长期都是哲学的一个重要分支,但目前其版图也有一半已被数学并吞。"④

在西方人的著述中,"逻辑"一词也经常是不合逻辑地在使用着。在刚刚引用的爱因斯坦说的"发明形式逻辑体系(在欧几里得几何学中)"中,就已经包含着在逻辑上不能允许的错误:到底是亚里士多德,还是欧几里得发明了形式逻辑体系?或者是亚里士多德发明的形式逻辑体系只是在欧几里得几何学才真正得以实现?或者是欧几里得几何学是亚里士多德形式逻辑体系的完美应用?如此等等。

在大致厘清了西方哲学史上"逻辑"一词意蕴的演变之后,再来读爱因斯坦的这段话,不禁让人想起了中唐诗人元稹的《行宫》:"寥落古行宫,宫花寂寞红。白头宫女在,闲坐说玄宗。""逻各斯/逻辑"化的世界图式和"逻各斯/逻辑"的知识论都可以说寿终正寝了,今天的逻辑学——以数理逻辑或符号逻辑为代表——越来越接近数学,越来越成为一门技术性的专门学科,在计算机科学和信息技术中扮演着不可或缺的角色。

---

① 《爱因斯坦文集》(第一卷),许良英等译,北京:商务印书馆,2010年,第772页。
② 《穆勒名学按语》,王栻主编:《严复集》(第4册),北京:中华书局,1986年,第1028页。
③ 王浩《超越分析哲学》,徐英瑾译,杭州:浙江大学出版社,2010年,第5页。
④ 同上书,第36页。

"这一个世界"并不在逻辑的意义上存在着,它不受逻辑的制约,受到逻辑制约的是人的理性和言说。"尽管'这一个世界'中存在着某些有限的确定性,但它们不但不是对不确定性的否定,而是肯定——因为这些有限的确定性是从无限的不确定性中生成的,它们建基在不确定性之上。"①所以,应该以不确定性为基础和背景去理解和解释确定性和逻辑。

"人类命运共同体"理念的哲学基础是中国人的世界图式——中国哲学以聚焦在不确定性上的"道"为最终和最高根据所描摹出来的"这一个世界"。既然"与人类生活自为性本质相对应,'这一个世界'是未完成的,它永远处在发展变化之中,不可能知道在下一瞬间会变化成什么新的东西——这意味着它的发展方向也是不确定的"②,那么,整个人类在根本上就是一个命运相连的共同体。

"人类命运共同体"理念也是中国人的世界图式的进一步完善,它强调的是,尽管人类历史充斥着不同文明、民族和政治实体的激烈对抗和生死博弈,尽管当今世界也到处都是利益和价值观的矛盾冲突,但是人类的共同利益仍然是第一位的,追求利益共赢仍然是可能的,把人类的共同利益和追求利益共赢置于优先权的最高级是人类享有美好前途的唯一选择。

问题在于,"人类命运共同体"理念与西方人的世界图式——西方哲学以聚焦在确定性上的"存在"为最终和最高根据去描摹的"这一个世界"——是格格不入的。尽管"逻各斯/逻辑"化的世界图式和"逻各斯/逻辑"的知识论都寿终正寝了,但是西方人的思维方式很难改变,在他们看来,世界必须要由西方人来主宰,这是"这一个世界"不可置疑的确定性。——"一方面根据神的意见,另一方面根据人的永恒的天性,我们认为谁有力量谁就应该统治。这一法则不是我们规定的,也不是我们首先运用的,但我们承认它的存在,并愿它永远存在。况且,我们之所以运用它,因为我们知道,如果你们同我们一样强大,你们也会运用它。"③

当然,西方哲学中也包含着与中国哲学内在相通的元素。如果说赫拉克利特的"命运就是那循着相反的途径创生万物的'逻各斯'"硬生生地把"这一个世界"的不确

① 崔宜明:《哲学信念、意向结构与世界图式——中西哲学论衡之一》,邓辉主编:《东方哲学》第十四辑,第34页。
② 同上。
③ 列奥·斯特劳斯:《政治哲学史》(上),李天然等译,石家庄:河北人民出版社,1993年,第9页。

定性解释成了确定性,开创了西方哲学史上第一个"逻各斯/逻辑"化的世界图式,那么到了维特根斯坦的"好吧,你还想要什么? 我相信人们也许会说:不管你做什么,一个好天使将永远是需要的",就可以说西方哲学第一次自觉意识到了"这一个世界"在终极意义上是被不确定性统治着的。

人类命运共同体何以可能? 对于这一问题的回答,在物质世界,需要从经济、政治、法律和文化交流等层面去努力实践;在精神世界,则需要中国人进一步"打开"对"道"的言说,在说者-言说对象-听者互动的共在关系中,建构起共在境域以作为"这一个世界"最终和最高根据的"那一个东西"的居所。

为什么说儒学是一种"宗教动力学"

张晚林*

摘　要：儒学决不只是一种规则式的伦理学，而是一种由人的理性机能而开发出的宗教。规则式的伦理学要具有绝对价值，必须进行形上的奠基，否则就只具有相对价值，故对伦理学的考问必然会导致神圣者的出现。也就是说，"是"与"应该"是等同的，这里的"是"是指超越的神圣者，是伦理学的"应该"的终极根据。儒学作为仁学决不是一种规则式的伦理学，而是人作为天命在身者的理性机能；这意味着，儒学既是"道德的形而上学"，也是"宗教动力学"。

关键词：儒学；伦理学；休谟问题；神圣者；宗教动力学

宗教，就是让人回到绝对者的纯粹性中，"消除对于感官生活的眷恋，而这种眷恋是一切不道德的行为的根源和动力"[①]。可见，消弭人之不道德行为之根本动力在宗教，而不是道德自身；或者说，道德与伦理要产生力量，必须与绝对的神圣者相关联，即任何道德学或伦理学必然会导致对存在论的开启，也就是说，根基于最高的神圣存在，即道德学或伦理学与宗教为相互通达的。从这个意义上讲，若我们把人为制定的律则与条文（法律条文或行业规则）不包括在内的话，世间并无纯粹的所谓道德学或伦理

* 作者信息：张晚林，男，1968 年生，湖北大冶人，哲学博士，现为湘潭大学碧泉书院哲学系教授、博士生导师。主要研究方向为中国哲学。本文为国家社科基金项目"先秦儒学宗教性内涵演进之脉络研究"（17ZXB048）的阶段性成果。

① 谢林：《哲学与宗教》，先刚：《哲学与宗教的永恒同盟——谢林〈哲学与宗教〉释义》之附录，北京：北京大学出版社，2015 年，第 312 页。

学,只有宗教。我们要真正理解儒学的特征,也必须取这种进路。也就是说,儒者之所以能够"杀身成仁,杀生取义",这决不只是一种道德的选择,而是一种宗教力量。

一、儒学只是一种伦理学吗?

儒学作为一种修身工夫之学,其旨归的确是要人对于感官的眷恋保持警戒,从而最大可能地消解不道德的根源与动力。孟子曰:"耳目之官不思,而蔽于物。物交物,则引之而已矣。"(《孟子·告子上》)感官乃是一种物质性存在,其感觉常随外物迁移,这正是人道德堕落的开始。这种情况若得不到制止而使人接受教化,那么,人最终一定会下滑为禽兽。孟子曰:

> 人之有道也,饱食暖衣,逸居而无教,则近于禽兽。圣人有忧之,使契为司徒,教以人伦:父子有亲,君臣有义,夫妇有别,长幼有序,朋友有信。(《孟子·滕文公上》)

"父子有亲,君臣有义,夫妇有别,长幼有序,朋友有信",这正是我们熟知的儒学的五伦之教。那么,儒学是不是就只是一些嘉言式的道德训诫或至多是一种较为精审的伦理学或道德学呢? 黑格尔就是以前一种方式看儒学的,他认为"孔子只是一个实际的世间智者,在他那里思辨的哲学是一点也没有的——只有一些善良的、老练的、道德的教训,从里面我们不能获得什么特殊的东西"[1]。黑格尔作为一个两百多年前的外国人,他对儒学的理解程度如何不得而知,他的结论自然也不足为据。但即使国内对儒学有深入研究的学者,基本上也是站在黑格尔同等的立场。杨泽波就认为儒学只是一种精审的伦理学或道德学,并批判儒学以宗教性的"天"论德的传统。他说:

> 儒家"以天论德",将道德的根据推给上天,说到底不过是借天为说而已。所谓"借天为说"是指对一个问题无法确切回答的时候,将天作为其终结根据的一种做法。"借天为说"最大的特点在于一个"借"字,以天作为事物的终极根据,只是一种借用。换句话说,儒家在这方面讲天,是延续古代天论的思想传统,将道德的

---

[1]　黑格尔:《哲学史讲演录》第一卷,贺麟、王太庆译,北京:商务印书馆,1996 年,第 119—120 页。

终极根据上推到天,从而满足人们思维的形上要求罢了,究其实义,天并不是也不可能是道德的真正终极根据。①

依杨泽波的看法,"天"只是人们遭遇道德问题时无可奈何的一个习惯性的推定,把道德的最终根据推给"天"根本为虚说。那么,道德的最终根据在哪里呢? 杨泽波认为,道德的最终根据在仁与良知。这种解释似乎并不远离孔孟之意,然当我们进一步来看杨泽波是如何理解"仁"与"良知"的时候,就会发现他心中的"仁""良知"与孔孟之本意可谓郢书燕说。孔子曰:"仁远乎哉? 我欲仁,斯仁至矣。"(《论语·述而》)"为仁由己,而由人乎哉?"(《论语·颜渊》)这表示"仁"是生命中可以绝对自我作主、引领方向的力量,内在而自足。但杨泽波认为,"仁性是社会生活和智性思维在内心结晶而成的伦理心境"②。不唯此也,对于良知,他亦作如是之解释。孟子明言良知乃"心之官则思;思则得之,不思则不得也,此天之所与我者,先立乎其大者,则其小者不能夺也"(《孟子·告子上》)。在孟子看来,心——内含"仁义礼智"四端——乃上天赋予人之良知良能,这是生命中固有的确保人之为人之大体。但杨泽波认为,对于这种说法"不宜过于认真","从现代哲学的角度看,人们很难真的相信天是良心本心的真正根源"③。在他看来,良心是社会性的,不是自然性的,"良心本心是一种伦理心境,来自社会生活和智性思维"④。这样看来,杨泽波把儒学所雅言的"仁"与"良心"俱归结为"伦理心境"。那么,什么是伦理心境呢?

伦理心境是心的一种境况,来自社会生活和智性思维的结晶,因为人在生活的过程中,必然要受到社会生活中道德标准的影响,久而久之,这种标准便会结晶到内心,使内心具有一种道德的尺度,遇事自然会出来加以衡定。⑤

杨泽波由此得出与孟子完全相反的结论,即在孟子那里作为先天的良知良能的本

---

① 杨泽波:《牟宗三三系论论衡》,上海:复旦大学出版社,2006 年,第 119 页。
② 杨泽波:《孟子性善论研究》,北京:中国人民大学出版社,2010 年,第 25 页。
③ 同上书,第 72 页。"不宜过于认真",这种口语用于学术研究显然是极不严谨且不负责任的。孟子数次提到"天",焉能不必认真对待?
④ 杨泽波:《孟子性善论研究》,第 74 页。
⑤ 同上。

心,在他那里就是"典型的'后天的'"①。这样,儒学"借天为说"而为道德寻找形上根基的做法,使得良心本心带上了宗教色彩,但这只是形式上的借用。杨泽波进一步说:

　　　　必须看到,严格说来,儒学这样做只是具有宗教的作用,而不属于典型的宗教,因为儒学为此找到的天,说到底,不再是"以德论天"的那个"天",已经改变为"以天论德"的那个"天"了。"以德论天"的"天"是人格神,是典型的宗教,"以天论德"的"天"不再是人格神,只是对天的借用,不再是典型的宗教。②

　　这就是说,"以德论天"乃以"德"入最后落实在"天"上,所谓"神学道德学",即道德的最终成立依赖一个绝对体,西方一般归之为人格神的上帝;而"以天论德"乃以"天"入最后落实在"德"上,但这个"天"只是技巧上的借用,"天"根本不是人格神,只是一些无法解释的东西,在此,儒学与宗教根本不相干。这样,杨泽波认为,需要"对当前急切将儒学推至宗教神坛的做法保持一种冷静的态度"③。杨泽波是反对儒学作为宗教的,尽管其语气比较委婉。实际上,他所说的儒学"具有宗教的作用",只是技巧上的,是虚的,根本没有宗教之实,犹如民间的鬼神故事,它们似乎也有宗教的作用,但与真正的宗教风马牛不相及也。

　　与杨泽波类似,陈来也把儒学理解为一种纯粹的伦理学。我们知道,"仁者,人也",这是儒学的古训,分别见于《中庸》与《孟子·尽心下》。如何理解这句话呢?朱子曾释"仁者,人也"而曰:"仁者,天地生物之心,而人得以生者。"(《中庸章句》)此表示,仁得之于天。朱子又在《朱子语类》中曰:"仁者,人也。人之所以为人者,以其有此而已。""仁者,人也。合而言之,道也。此是说此仁是人底道理,就人身上体认出来。"(《朱子语类》卷第六十一)这是说,仁虽得之于天,却是人之所以为人的实存与定分,所谓实存与定分就是孟子所说的"君子所性,虽大行不加焉,虽穷居不损焉,分定故也"(《孟子·尽心上》)。但陈来认为不必如此释"仁":

　　　　宋儒把"人也"解释为人之所以为人,也还是曲折了,不太可能是先秦儒的本

---

① 　杨泽波:《孟子性善论研究》,第 74 页。
② 　杨泽波:《牟宗三三系论论衡》,第 129 页。
③ 　杨泽波:《从以天论德看儒家道德的宗教作用》,《中国社会科学》2006 年第 3 期。

义。现代训诂学也接受了宋儒的说法,其实,并不一定要采取这种过分哲学化的
诠释。①

陈来在《"仁者人也"新解》一文中,尽管给予"仁"三种不同的理解,然而他重点强
调的是,这里的"人"是指他人,也就是说,"仁者,人也"只不过包含着儒学的一个他人
优先的伦理原则。陈来希望通过这篇文章突出这个他人优先的伦理原则的"第三种解
释的可能与意义,并在比较哲学的视野中予以强调"②。

综上所述,无论是杨泽波把"仁"(或良心)解释为"伦理心境",还是陈来把"仁"理
解为认同"他人优先"的伦理原则,都有一个共同之处,即道德标准或伦理原则不但不
是因"仁"而始可理解,而且"仁"乃因道德标准或伦理原则而可理解,即道德标准或伦
理原则为首出者,"仁"只是道德标准或伦理原则的执行后果,执行得好就是"仁",执行
得不好就是"不仁"。这就给我们留下了这样一个问题,即道德标准或伦理原则一定别
有所自,那么,它们来自哪里呢? 两位学者都没有究诘这个问题。这样一来,不但儒学
成了他律道德,且把"仁"仅仅理解为一种横向的认知能力,而非人自身所固有的内在
自足的实践力量。因此,杨泽波与陈来尽管都把儒学中的"天"给推远了,但这还不是
主要的问题;他们的主要问题是,把作为存在论的实体的"仁"给打散了,而以之为认知
能力。由此,儒学仅仅成为道德哲学或伦理学,也就是说,儒学只是由概念原则组成的
思想体统。这样的儒学是接不上宗教的,或者说,与宗教根本不相干。只有存在论才
能接上宗教,也就是说,若我们把"仁"理解为绝对主体而先天地存在于人的生命中,那
么,儒学就一定可以接上宗教,或者说,儒学就是宗教,因为绝对主体自我震动必有宗
教的开显与通达。这一点,将在后文有详论。我们现在先来问一个问题,即纯粹的道
德哲学或伦理学,若没有绝对主体的奠基,它们能够成立吗? 问这个问题的意图在于
表明:纯粹的道德哲学或伦理学若没有绝对主体的奠基,是不可能成立的。所以,
"仁"既不可能是所谓的"伦理心境",也不可能是"他人优先"的伦理原则,"仁"是存在
的绝对主体。这样,不但"仁"不是因道德标准或伦理原则而始可理解,恰恰相反,道德
标准或伦理原则乃凭借"仁"而始可理解,即"仁"是首出者,道德标准或伦理原则只是
"仁"之用而已。

① 　陈来:《"仁者人也"新解》,《道德与文明》2017 年第 1 期。
② 　同上。

二、"休谟问题"的解决与神圣者的出现

　　如果我们只是把道德学或伦理学认定为一些外在的原则与规范,那么,就一定会产生休谟所说的"是"与"应该"的矛盾。休谟说:

　　　　在我所遇到的每一个道德学体系中,我一向注意到,作者在一个时期中是照平常的推理方式进行的,确定了上帝的存在,或是对人事作了一番议论;可是突然之间,我却大吃一惊地发现,我所遇到的不再是命题中通常的"是"与"不是"等连系词,而是没有一个命题不是由一个"应该"或一个"不应该"联系起来的。这个变化虽是不知不觉的,却是有极其重大的关系的。因为这个应该或不应该既然表示一种新的关系或肯定,所以就必须加以论述和说明;同时对于这种似乎完全不可思议的事情,即这个新关系如何能由完全不同的另外一些关系推出来,也应当举出理由加以说明。不过作者们通常既然不是这样谨慎从事,所以我倒想向读者们建议要留神提防;而且我相信,这样一点点的注意就会推翻一切通俗的道德学体系,并使我们看到,恶和德的区别不是单单建立在对象的关系上,也不是被理性所察知的。①

　　这就是著名的"休谟问题"。休谟之所以提出这样的问题,不但与休谟的哲学自身的特点有关,也与他对道德学或伦理学的理解有关。我们知道,休谟在认识论问题上是一个彻底的经验论者,除了可感知的经验以外,知识没有任何其他的来源。可感知的经验是印象,人在获得某种印象之后,形成一些观念,最后形成知识。"印象"与"观念"就是他所说的"是",这是理性驰骋的场域,理性的作用就是把这些印象与观念组合整理成为系统的知识。"理性要么判断事实,要么判断关系"②,至此而止。若没有"事实"和"关系"这样的"是",理性不能做任何事。很明显,休谟把理性只理解为知识理性,他并没有后来康德所说的实践理性之概念,休谟把实践理性说成是情感,而情感是纯粹主观的。基于此,休谟质问说:

---

① 　休谟:《人性论》,关文运译,北京:商务印书馆,2005 年,第 509—510 页。
② 　休谟:《道德原则研究》,曾晓平译,北京:商务印书馆,2001 年,第 139 页。

我们还是借我们的观念,还是借印象,来区别德和恶,并断言一种行为是可以责备的或是可以赞美的呢?①

休谟举了圆的例子。当我们说"圆是美的"时候,"我们到圆中去寻找美,或者不是通过感官就是通过数学推理而到这个图形的一切属性中去寻找美,都将是白费心思"②。也就是说,美不在客观存在于圆的线条上,即美在圆的线条上找不到"是"。既找不到"是","圆是美的"就不是理性作用的结果。那么,是什么作用的结果呢? 休谟答曰:情感也。休谟同样也举了一个例子:若我们问,"他为什么希望健康",他可能回答"那是胜任这份工作所必需的";我们又问,"为什么如此在乎这份工作",他可能回答"希望挣到钱";我们还可以问,"为什么要挣钱",他又可能回答"金钱是快乐的工具"。③ 这样,我们被永远陷在无穷的关系追问中。显然,我们不可能在关系中得到答案。由此,休谟得出结论,这样的原则之所以可欲,是因为它们符合人类的情感。人类的情感使得道德原则活动起来,"道德准则刺激情感,产生或制止行为"④。

至此,可以收结一下休谟的思想了。在知识中,理性的使用与"是"是一致的,即由"是"可以直接推出知识。但在道德中,譬如,"做人要诚实"这条道德原则,它的"是"是什么呢? 我们在现实世界似乎找不到任何一种"是"——印象或关系——与之对应,也就是说,在"应该"中找不到"是"与之对应。那么,情感凭什么而"应该"? 休谟由此得出结论说:

> 理性的标准基于万物的本性之上,是永恒不变的,即使最高存在物的意志也不能改变;情感的标准来自动物的永久的构架和组织,并最终派生于那个最高存在物的意志——这个意志赋予了每一个存在物以其特有的本性,并给整个实存安排了诸种等级和秩序。⑤

依休谟的看法,人类之所以把道德原则作为"应该"来欲求,并非经验世界有"是"

---

① 休谟:《人性论》,关文运译,第 496 页。
② 休谟:《道德原则研究》,曾晓平译,第 143 页。
③ 同上书,第 145 页。
④ 休谟:《人性论》,关文运译,第 497 页。
⑤ 休谟:《道德原则研究》,曾晓平译,第 146 页。

与之对应,而是基于人这种存在者的实存与本性(以儒学的名言说之,就是"仁者,人也"),而人的实存与本性乃源自最高存在物的意志,在西方就是上帝,在中国就是天。"休谟难题"是指经验界中的"是"推不出"应该",即道德原则不可能是经验世界中生成的,但来自绝对意志的人的实存与本性这个"是",却可以推出情感上的"应该"。也就是说,道德之所以可能,其最后的依据在绝对者那里,外此,道德是无法理解的。这样看来,伦理学必须有存在论的形上奠基。在经验世界的"事"中,虽然有"应该"与"是"的分离,但超越的神圣世界中,"应该"与"是"并不分离,二者是一回事,经验世界的"应该"正来自神圣世界的"是"。但切记,这是超越世界中的"是"而不是经验世界中的"是"。这是破解"休谟难题"的唯一路径。

　　然学界也有人认为,形而上学不是破解"休谟难题"的唯一进路。王海明认为,破解"休谟难题"不必走存在论的形上奠基之路,亦可在经验界中实在论的奠基,即他认为经验界中的"是"可以推出"应该"。王海明认为,事物的属性分为两种,即固有属性和关系属性,而关系属性又分为事实关系属性与价值关系属性。固有属性是事物纯客观的,不会随外在的关系而改变,如物体的质量、电磁波等。但关系属性不是事物的固有属性,是事物处于一定关系时所具有的属性,随着外在关系的变化而变化;其中事实关系属性是事物不依赖人的欲望而转移的属性,如红、黄等颜色方面的属性,当事物固有的电磁波长短与人的眼睛发生关系时,就会呈现不同的颜色;价值关系属性是事物依赖人的欲望而转移的属性,如应该(或不应该)、善(或恶)等。这样,尽管事物的"是"不能直接推出应该(或不应该)、善(或恶),但当事物的"是"与人的欲求发生关系时,我们可以做出应该(或不应该)、善(或恶)的评判。王海明把这种方法归结为以下公式:

前提1:行为事实如何

前提2:道德目的如何

两前提之关系:行为事实符合(或不符合)道德目的

结论:行为应该如何(或不应该如何)①

①　王海明:《休谟难题:能否从"是"推出"应该"?》,《湖南师范大学社会科学学报》2007年第1期。

这种方法貌似解决了休谟难题,但我们稍作考究就会发现,这是一种具体行为的判定方法,而不是普遍道德原则的生成原理。实际上这是一种以普遍道德原则为大前提的演绎推理,结论先天地已包含在前提之中了,不管有没有事实出现。这是普遍到特殊的推理,是由前提中的应该(或不应该)、善(或恶)推出结论中的应该(或不应该)、善(或恶),即普遍的原则中的应该(或不应该)、善(或恶)落实到了特殊的事实中的应该(或不应该)、善(或恶)而已。但问题是,普遍的原则中的应该(或不应该)、善(或恶)是如何推出来的呢? 在经验的实在论中是绝对无法奠基而给出理由的。

松散而无形上奠基的道德学或伦理学,即由一些道德条文或伦理规范组成的思想系统,是无法真正指导人的道德行为的,且缺乏践行道德的力量泉源。法国宗教哲学家马里坦对此有过专门的研究。下面陈述一些他的观点,进一步说明伦理学为什么一定要有存在论的形上奠基。

马里坦指出,若只是依据抽象的道德条文或伦理规范(如"他人优先"的原则)来规定人的行为,而没有洞开人的绝对主体,那么,所有的道德学或伦理学只不过是"一个瞎子引导另一个瞎子"①。他举例说,一个人可能具有节制的德行,但若人不能与绝对主体贯通,那么,他很可能是对节制有一种守财奴式的偏爱。同时,这时这个人的谨慎很可能是患得患失的左右顾盼,而不是严格意义上的德行。由此,马里坦说:

> 从外界获得的德行只是某一意义上的德行,不是纯粹而完全的德行。如果它们以正确的方式指导人,它就与一个给定层次上的终极目的有关系,而不是与绝对的终极目的有关系。②

道德,如果没有形上的奠基,只是陈列殊散的道德条文或伦理规范,那么,人们就只能看到这些条文或规范所规定的暂时的目的(给定层次上的终极目的),而看不到形上绝对体所表现出来的终极目的。暂时的目的是由人的低级理性能力带来的,这种能力只能观察眼前的暂时的事物,谋求一种倾向性的选择,从某种或多或少,或有用或高尚的暂时事物出发,因此,此时的道德目的大多只限于经验世界的一些利益关系,这只

---

① 马里坦:《道德哲学论》,见陈麟书编著《重读马里坦》,成都:四川人民出版社,1997 年,第147 页。
② 同上书,第 133 页。

是暂时的技术性的;终极目的是人的高级理性能力带来的,它观察永恒的事物,谋求从永恒与神圣的理性出发,来讨论人的行为是否与绝对主体相对抗。马里坦举了两个例子来说明低级理性能力与高级理性能力的区别:

例一:

低级理性能力:通奸是一种恶,因为它与荣誉相对立。

高级理性能力:通奸是一种恶,因为它违背绝对主体(西方的上帝或中国的天)。

例二:

低级理性能力:谋杀是戒律所禁止的。诱惑着"我"的那个行动是谋杀。因此那个行动是戒律所禁止的。

高级理性能力:谋杀是戒律所禁止的。诱惑着"我"的那个行动是谋杀,而且会致使我违背"我"最热爱的。因此,我不愿意做。

当道德没有形上奠基的时候,道德条文或伦理规范就只是具体的事上的善或恶,此时人们践行道德的力量是极其有限的,因为人们可能不在乎戒律的惩罚或一时之荣誉获得。然而,道德条文或伦理规范绝不只是具体的事上的善或恶,它根本是绝对者的意志。比如,"做人要诚实"这条原则,它根本不只是为人处事的一种规范,它是来自一个更高的整体,是绝对者的意志,由此,才能成为人们践行的力量源泉。马里坦把殊散的道德条文或伦理规范称为纯粹的道德哲学,这种道德哲学不可能给人以真正的道德指导:

> 如果一个人想要以这种纯粹的道德哲学来指导自己的生活,则他必然会误入歧途。这种纯粹哲学的道德哲学忽略了人与超自然领域的关系,这就会给人的生活以错误的指导。①

之所以可能会是错误的指导,乃因为这些殊散的条文或规范只是着眼于各自的暂时目的,而不能统摄于绝对者之神光之下形成一个有目的的体系,这样一来,这些条文或规范从长远来看可能恰恰误导了人。因此,在真正的道德行动中,人必须把条文或规范把握在他自己独有的存在之中,他在他的存在中孤身一人面对绝对者。当人独自面对绝对者时,他的敬畏使他将他的自我超乎一切价值之上,且使得自我在自身内部

---

① 马里坦:《道德哲学论》,见陈麟书编著《重读马里坦》,第 146 页。

震动不已,继而生发无限的力量。"闻一善言,见一善行,若决江河,沛然莫之能御也"(《孟子·尽心上》)指的就是这个意思;儒家常言的"敬畏"也是这个意思。此时,人不再觉得处在道德法则的约束与管制之下,而是自我即是法则本身,对原则的遵从就是对自我的尊敬,这是至上的力量源泉,且完全是自愿、自觉与自然的力量,因为没有谁愿意放弃这种尊敬。尼采说:"所有高贵的道德都是产生于对自我的一种非凡肯定。"①孔子"七十而从心所欲,不踰矩"(《论语·为政》),就是这个意思。

通过对马里坦相关思想的研究,我们可知,道德"决不意味着可以把它归结为一些命令和禁令条件"②,它似乎是一种隐秘,这种隐秘只能在道德的形上奠基中才能得到解释。同时,只有对道德进行形上的奠基,道德才能真正成为稳定的道德且从根本上是正确的,进而有践行的力量源泉。罗尔斯曾说:"在神圣启示不在场的情况下,我们便无法知道我们必须遵守的且规定着我们的职责和责任的是非原理。纵使我们中的一些人能够知道它们,但是一遇到特殊情况,并非所有人都能够牢记他们的后果。"③基于此,罗尔斯就道德提出以下三个问题:

　　　　第一个问题:道德秩序要求我们摆脱一个外在的来源吗?或者它以某种方式产生于(作为理性,作为情感,或作为两者都是)人类本质自身吗?它产生于我们在社会中一起生活的需要吗?

　　　　第二个问题:是只有一些人或极少数人(如神职人员)能够直接地掌握"我们将如何行动"的知识或达到那种意识,还是凡是具有正常理性能力和良知的人都能够做到这一点呢?

　　　　第三个问题:我们究竟是必须通过某个外在动机才能被说服,迫使我们自身与道德要求保持一致,还是我们是如此地善于约束自身,以至从本质上我们具有充分的动机引导我们去做我们应该做的行为,而不需要外在的引导?④

若道德只是外在的条文与规范,则我们无法回应罗尔斯的这三个问题,这也预示

---

① Friedrich Nietzsche. *On the Genealogy of Morals and Ecce Homo*, translate by Walter Kaufmann and R. J. Hollingdale, New York: Random House, Inc, 1967. p.36.

② 马里坦:《道德哲学论》,见陈麟书编著《重读马里坦》,第150页。

③ 罗尔斯:《道德哲学史讲义》,张国清译,上海三联书店,2003年,第13页。

④ 同上书,第14—15页。

着道德需要一个实体性的奠基。在我们看来,唯有在道德的形上奠基中,我们对这三个问题才能予以圆满的回答。这种回答就是:道德最终源于人的形上本质,形上本质意味着绝对主体既超越又内在于人,这样,道德是人人都具有的意识、都可能的力量,道德并不需要外在的引导,人自身即具有这种引导的力量。人依据这种内在的力量而充其极,则不只是道德的践行,必至于宗教的敬畏与圣光的沐浴。

三、人作为"天命在身者"与儒学作为"宗教动力学"的证成

我们常说,儒学是仁学,但"仁"决不能是在社会生活中生成的"伦理心境",更不会是仅为一条"他人优先"的伦理原则,而是人之绝对主体。"仁者,人也",这表示人因"仁"而始可能,故"仁"乃人的绝对主体无疑。也就是说,儒学之为仁学并不是指把各种规章性与概念式的"学"凝聚起来而称之为"仁",而是因为有了"仁"这个绝对主体以后始有"学"。"仁"这个绝对主体一旦发用,它就不会只是表现践行道德的力量,必能表现宗教之大能。无怪乎马里坦说:"无论他们的缺点和错误是什么,我们都没有在孔子的著作中发现纯自然的伦理学。"①马里坦如此评价以孔子为代表的儒学并非一种虚美,马里坦的这种判断在《论语》中是可以得到印证的。"子张曰:'执德不弘,信道不笃,焉能为有? 焉能为亡?'"(《论语·子张》)关于这句话之意思,宋儒侯仲良释之曰:"执德不弘,则无所容;信道不笃,则无所得。如此,则若存若亡,罔人而已。"又,尹焞释之曰:"执德不弘,则心不广;信道不笃,则志不坚。其为学也,一出焉,一入焉,则焉能为有? 焉能为无?"(朱熹:《论语精义》卷第十上)二者的解释都意味着,若一个人对超越的"道"之信仰不笃实,甚或根本无信仰,那么,他将什么都可以做,什么也可以不做,即没有任何执守,也就是说,真正的道德对于他来说是不可能的,因为他根本是一个糊涂的罔人,也就是马里坦所说的"一个瞎子引导另一个瞎子"。又,张横渠《正蒙·至当》云:"性天经,然后仁义行。"这里的意思是说,仁义作为道德范畴绝非寡头而无根基的自然伦理,仁义须与超越的实体"性天"发生关联,始成其为仁义。儒学的目的是让人成为圣贤,圣贤意味着"与天地合其德,与日月合其明,与四时合其序,与鬼神合其吉凶"(《乾文言》),这种超越境界焉能是松散殊列的道德条文或伦理规范

---

① 马里坦:《道德哲学论》,见陈麟书编著《重读马里坦》,第149页。

所能达到的？条文或规范至多只能使人成为俗世的合格公民，但这绝不是儒学的宗旨，儒学自有其终极性，这种终极性使得儒学成为人们的普遍信仰，这种情形正如蒂里（利）希所说："如果没有终极关怀作为它的基础，那么，每一道德体系就会蜕变为一种调节社会诉求的手段，而无论这些诉求是否具有终极的正当性。那标志着真正信仰的无限激情会突然消失，并被一种聪明的计算所取代，而这种计算是无法抵御盲目信仰的狂热进攻的。"①儒学所规定的道德规范之所以有力量，乃因为它成了中国人的信仰，而它之所以能够成为一种宗教式的信仰，乃因为它具有形上根基。具体地说，儒学认为人是先天的天命在身者。

现代学者唐文明认为，如果抽掉了儒学的形上奠基，而把儒学化约为现代意义的道德主义，这就是对儒学的"隐秘颠覆"。他说：

> 很显然，将周人的德以及后来古典时代儒学的德化约性地解释为道德主义的德只是表面上看起来有根据而已，其实质则是彻底抽掉了德的存有论根基，是以一种隐秘的方式颠覆了古典时代涵摄身、家、国、天下乃至整个宇宙的伦理秩序。②

在唐文明看来，抽象的人本主义与道德主义乃现代社会的道德恶俗，但儒学绝不是这个意义上的学问。人是天然的天命在身者。"我们只有在天命-存有的高度上，而不是在道德主义的意义上领会人性，才不至于辱没人。"③儒学，无论是孔子的"仁学"，还是孟子的"性善论"，所究竟的是"人对自身天命在身的领会与肯定，或者说，人在天命面前领会并肯定自身的卓越性、高贵性。这其中并没有某种实质性的道德原则，而是对人的潜在能力的肯定；性善论也并不着意于自我对他人的关切，而是着意于自我的终极关切"④。唐文明的这些见解无疑说出了儒学的本质内涵，但他的不足在于，他不认为儒学是一种"道德的形上学"，因为他把"道德的形上学"只归结为一种道德立场，而不知"道德的形上学"最终必然会通向宗教，或者说，"道德的形上学"乃是一种"宗教动力学"。若只把儒学归结为道德，那么的确，儒学并不需要什么"道德的形上

---

① 保罗·蒂利希：《信仰的动力学》，成穷译，北京：商务印书馆，2019 年，第 98 页。
② 唐文明：《隐秘的颠覆——牟宗三、康德与原始儒家》，北京：生活·读书·新知三联书店，2012 年，第 32 页。
③ 同上书，第 52 页。
④ 同上。

学",杨泽波即其选也。而一旦肯认儒学为"道德的形上学",则儒学必由道德的进路而
贯通一个宗教的形上实体。我们不能因为儒学重道德,就因此把儒学封限在道德这里
而不及于宗教。黑格尔曾说:"从宗教中取走了道德的动因,则宗教就成了迷信。"①儒
学之所以重道德,也是这个原因。

　　通过以上的讨论与缕析,说明了道德学或伦理学要真正成立,必然会导致存在论,
且是形上的存在论,而不是经验的存在论,即绝对体的存在。因为"从哲学的观点来
看,创造先于存在,就意味着'应该'先于'是'。事物的秩序应追溯到上帝的'命
令'"②。这里的"是"乃经验世界中的"是",而不是超越世界中的"是",超越世界中的
"是"与"应该"是一回事。道德,就是揭示超越世界中的"是",这是对道德的形上奠
基,一旦有了形上的奠基,则道德学或伦理学就绝不只是学院性的哲学形态,而是宇宙
性的哲学形态,而这种哲学形态实则与宗教等同。学院性的哲学与宇宙性的哲学,出
自康德的《纯粹理性批判》,学院性的哲学是各个哲学家依据自己的概念组成的思想系
统,故是个人的、主观的,且其形态千差万别,总在争斗与修正之中。但康德认为,哲学
不能总是处在主观的争斗中,必须有一种客观的且不能被修正的哲学出现,只有在这
种哲学出现以后,学哲学才有可能。这种哲学如何可能? 答曰:只是出现在对理性的
批判中。康德进一步认为,人类的理性是唯一的,那么,哲学也只能是唯一的,这就是
宇宙性的哲学,故宇宙性的哲学又称为哲学原型。在康德看来,对理性的批判必然会
导致对理性机能的划分与开发,而对理性的最高机能即实践理性的开发必然会导致宗
教,而对实践理性的批判又必然会形成哲学原型。也就是说,哲学原型与宗教是一回
事,《纯然理性范围内的宗教》这部书表达的就是这个意思。当我们说儒学是哲学的时
候,所说的正是这种宇宙性的哲学,而不是学院性的哲学;而当我们说儒学是宗教的时
候,我们必须关联着这种宇宙性的哲学来理解,而一切以具体的宗教形态来赞同或否
定儒学是宗教的观点,都是对儒学的误解。这意味着,哲学原型就是宗教原型;哲学原
型不是指具体的思想系统,宗教原型也不是指具体的宗教仪轨。很多人认为儒学不是
宗教,就是认为儒学并不具有具体的宗教仪轨。但须知,宗教原型即宗教的本质形态
并不在于具体的宗教仪轨,而在于通过道德的进路通达神圣者。故儒学不具备具体的

---

①　黑格尔:《黑格尔早期神学著作》,贺麟译,北京:商务印书馆,2016 年,第 11 页。

②　赫舍尔:《人是谁?》,刘小枫主编:《二十世纪西方宗教哲学文选》,杨德友等译,上海:上海
　　三联书店,1991 年,第 150 页。

宗教仪轨恰恰不是儒学的宗教性特征的缺点,而是其优点,因其符合宗教原型。

　　我们千回百转,由伦理学逼至了存在论,但我们并非要讨论二者之间的关系,我们是要探寻它们处于同一个形而上学基础之上的统一性。儒学盛言"仁""本心""良知",绝不只是为了讲道德学或伦理学,尽管我们可以以"道德的形上学"言之,但"道德的形上学"绝不是学院性的哲学,而是宇宙性的哲学,因为它灵现了最高的存在实体,以至于"道德的形上学"可直通宗教,这种宗教形态可名之曰"宗教动力学"。"宗教动力学"意味着,人的道德力量源自人之本性,一旦开发人之本性而使道德力量充其极,必然通达证会一个神圣者,而这个神圣者才是道德永恒力量的源泉。

牟宗三圆教对德福一致问题的消弥与超越

曾海龙*

摘　要： 牟宗三依据儒、释、道的传统证成圆教，以期解决康德意义上的德福一致问题。与康德设定上帝存在和灵魂不朽不同，牟宗三是在肯定无限智心的基础上，以"非分别说"与"诡谲的即"说明德性与幸福乃"同体而异用"，一方面肯定执的存有层中道德与幸福之独立意义，一方面又在无执的存有层中说明德即是福，以证成德福一致。这种解决方案展现了牟宗三颇高的工夫论境界与涵及古今中西的哲学视野，却也存在两个根本理论难题。一是谋求解决德福一致问题并不符合传统儒家以"尽性""俟命"处理德福关系的理路，儒家并不认为德福一致是个可能且必要的问题。二是圆教并不能解决德福一致问题，反而虚化与消解了德与福的存在意义，最终消弥并超越了德福一致问题。

关键词： 圆教；德福一致；无限智心；非分别说；诡谲的即

证成圆教解决康德的德福一致问题，并最终达至圆善，是牟宗三重要的理论创见。圆善论也被牟宗三自己视为"哲学系统之究极完成"[1]。自牟宗三的《圆善论》面世后，学界关于圆善问题有过诸多讨论，一度形成不小的学术热点。对牟宗三引入康德的德福一致问题并试图以建立圆教解决之，学界也持有不同的看法，其中又分别以罗义俊

---

* 作者信息：曾海龙，男，1981 年生，哲学博士，上海大学哲学系讲师。本文为国家社科基金后期资助一般项目"儒学的现代性建构研究"（20FZXB068）的阶段性成果。

[1] 牟宗三：《圆善论》，《牟宗三先生全集》（22），台北：联经出版事业公司，2003 年，"序言"第 4 页。

与杨泽波的观点为代表。罗义俊认为,牟宗三依据儒、释、道三家传统提供了对圆善问题的解决方案,在肯定无限智心的基础上以"诡谲的即"的方式,建立了不同于康德的新儒家德慧圆教的圆善论,彻底解决了康德提出的德福一致问题。① 杨泽波则认为,牟宗三并未解决康德意义上的圆善问题。"儒家与康德在德福关系问题上表现出完全不同的态度"②,"康德意义的圆善问题只有在宗教背景下才会提出并得到解决,儒家以其人文性质不可能真正解决这类问题"③。

在儒、释、道三教尤其是儒家的传统中,德福关系并无十分重要的地位,对德福关系的思考也与基督教传统和康德哲学有着根本的差异。因此,我们也认为,牟宗三欲建立圆教达至圆善的论述理路,并没有超出儒家的基本义理框架,不能解决康德意义上的德福一致问题。需要进一步阐明的是,牟宗三建立圆教解决德福一致问题的思路不仅没有解决康德提出的问题,反而弱化了康德的德性与幸福概念,最终消弥与超越了德福关系问题。

一、圆善与德福关系问题的提出

牟宗三提出并谋求解决德福一致问题,源自西方传统尤其是康德哲学对如何达成德性与幸福配称的思考。牟宗三所论之德福一致称之为圆善,意谓圆满的善,即康德之最高善(The Highest Good),乃是指幸福配称于道德。其《圆善论》中的幸福概念也基本源自康德。他依康德的观点认为,"幸福就是一个个体(一个人,一个理性的存有)之物理的自然与此个体之全部目的以及其意志之道德原则之相谐和"④。其中,"物理的自然"是指自然因果或机械因果,而意志之道德原则属于"自由"或自由因果。幸福就是指存有层的"物理的自然"合乎理性存在者(人)的希冀。⑤ 圆善作为德性与幸福的

---

① 罗义俊:《圆教与圆善:牟宗三与康德》,《社会科学》2001 年第 3 期。
② 杨泽波:《从德福关系看儒家的人文特质》,《中国社会科学》2010 年第 4 期。
③ 杨泽波:《牟宗三解决了康德的圆善问题了吗?》,《哲学研究》2011 年第 11 期。
④ 牟宗三:《圆善论》,《牟宗三先生全集》(22),第 225—226 页。
⑤ 有学者将康德的幸福观说为"物质幸福"(参见杨泽波《牟宗三解决了康德的圆善问题了吗?》,《哲学研究》2011 年第 11 期),乃是视欲望的满足为幸福的必要条件。而就康德所论自然王国与自由王国之相谐和为圆善而言,康德的幸福观应该比起单纯欲望的满足要复杂得多。

配称,是指自然因果服从于自由因果,或以意志之道德原则来安排自然因果。

牟宗三认为,在儒家传统中亦有类似于康德的德性与幸福概念。《圆善论》第一章就从《孟子》关于"君子所性"的论述中引出所欲、所乐、所性之三个层级,以阐明儒家对于道德与幸福及二者关系的思考。所欲者,荣华富贵、权力之类,皆属感性;所乐者,有道德上的价值,进至有利人之公之功德;所性者,根植于心的仁义礼智,决定必须顺此本心而动表现为仁义礼智之行。《孟子》中又有大体与小体、天爵与人爵之分。其言"从其大体者为大人,从其小体者为小人"之语(《孟子·告子上》),就是以大体者为本心,小体者为形躯。又有"古人修其天爵而人爵从之"之语,也是以天爵为德行,人爵为富贵。《孟子》中的上述讨论,以及关于"性""命"关系的论说,基本上代表了传统儒家对于德福关系的态度。

按牟宗三,在《孟子》中,所性与大体、天爵是绝对价值,属于超验的超越层;所欲、所乐与小体、人爵属于经验的存有层。所性与大体、天爵是无条件的必然,依性而行以成德是无条件的,是"求之在我",是我自己所能掌握的,是"由仁义行"不得不如此的道德原则的事,约相当于康德自由意志。所欲、所乐与小体、人爵则都是有条件的,是"有待于命""求之于外"的,不是我自己所能掌握的,是属于经验层的幸福原则的事,约相当于康德的自然王国的概念。前者属于"存在"或"存有"之事,后者属于"实践理性"之事。

牟宗三与康德都认为,就存有层而言,德性与幸福的关系是偶然而非必然的。原因在于德性与幸福分别有其原因。理性的存在者(人)由自由因果和自然因果两方面支配。用儒家的话来说,人有"性"与"命"之分,德性乃"性分",幸福乃"命定"。人的实践理性("性")或自由意志原则并不能安排自然("命")的存在,而只决定道德应当。就存有层而言,自然因果并不能服从于意志自由之道德原则,德性与幸福也并不存在必然的联系。《孟子》中大体与小体相对,天爵与人爵相对,就表示绝对价值对存有层的主导性与优先性。但此种主导性与优先性并不表示二者在存有层面上存在必然联系。换句话说,就存有层而言,养天爵并不是获得人爵的充分条件,德性也并不是获得幸福的必然保证。人作为理性的存在者,"他不能创造世界,亦不能创造这自然,是故他亦决不能因着他的意志而为自然之原因,而当他的幸福被论及时,他亦不能因着他自己的力量使自然从头彻尾地与他的实践原则相谐和。是故在道德法则中决找不到德福一致之根据"[1]。因而,理性的存在者决不能实现幸福与德性的必然配称。也就是

---

[1]　牟宗三:《圆善论》,《牟宗三先生全集》(22),第 227 页。

说,德福一致在理性的存在者(人)这里乃至存有层面没有实现的必然性。

虽然道德层面之所性是绝对价值之所在,但所欲、所乐或小体、人爵等作为"存在"亦有其独立的意义,故存有层面的幸福不能被化除。"存在"与幸福被化除,则人不成为人而即成为神。只是就作为存在的人而言,"存在"与幸福才有其独立的意义。乃因人的存在是偶然的存在,神的存在是必然的——不在时间中,其不存在是不可能的。神无所谓幸福不幸福,因神无所谓"命"。人既不只是存在的"物",亦不只是神,乃是"神性"与"物性"之综合统一。所欲、所乐者,乃因其作为"存在"的"物"而有其独立的意义。所性者,因其分有"神性"而能为绝对价值。就现实人生来说,德虽为本,然有德者不必即有福;反过来,有福者当然更不表示其即有德。

虽然德性与幸福在存有层面不存在必然的联系,在道德法则中也找不到德福一致的根据,但德性与幸福的配称毕竟是人类的理想,人们总是希望有德者有福。作为理性的存在者,总是希望"两者皆有"方是最好,于是便有了对德福一致的追求。康德所论之纯粹实践理性必然要求德福一致之圆善是可能的,也就是说,德与其相称的福的必然联系必须被预设为可能的。为了建立自由王国的德与自然王国的福之间的必然关联以证成德福一致,康德不得不在纯粹实践理性与自然因果之上预设一个上帝为最高原因,这个上帝乃"经由睿智与意志而为自然之原因"。纯粹实践理性通过认定上帝存在和灵魂不朽来建立德福之间的必然关联。上帝是自由意志与道德的原因,也是自然的创造者。它能使自然适合于道德法则并适合于道德行为之道德品质,因而能保证自然王国与自由王国的谐和。这样,德与福之间的必然联系通过上帝被建立起来,圆善因此成为可能,上帝就是圆善成为可能的根据。

牟宗三继承了康德关于德福一致问题的解决思路,认为圆善在实践上何以可能的问题是存在的,而且非常重要,且圆善问题在东西方文化中都是最高的问题。但他并不同意康德的答案。他对康德以预设上帝来建立自然王国(幸福)与自由王国(道德)的必然联系之理路并不认同,因为这一理路存在两个难以解决的困难:首先,就德的方面而言,康德以为吾人一直在无限进程中可以达到完全符合道德法则,等于说永远达不到,因为康德无顿悟义;其次,就上帝保障德福一致而言,是将无限存有对象化、实体化、人格化,是依基督教传统而来的处理方式,这是别教而非圆教中的解决。①

---

① 参见罗义俊《圆教与圆善:牟宗三与康德》,《社会科学》2001 年第 3 期。

牟宗三并不像康德那样认为,保证圆善在实践上的可能必须认定灵魂不朽和上帝存在。他批评康德说:"道德法则之确立是理性的,意志之自律亦是理性的,要求圆善亦是理性的,要求一绝对而无限的智心之体证与确立亦是理性的。惟对于绝对而无限的智心人格化而为一绝对而无限的个体存有则是非理性的,是情识决定,非理性决定。"①因此,像康德那样通过上帝存在来保证德福一致的实现,既是义理与工夫不够圆满的表现,亦未能真正证成圆教以建立德福之间的必然联系。牟宗三的圆善论就是希望根据儒、释、道三家的义理阐发无限智心与"诡谲的即"等概念以证成圆教,从而解决康德的德福一致问题以达至圆善。

二、证成圆教以解决德福一致问题

圆教本来是佛教中用以来判教的一个概念。用牟宗三的话讲,圆教即是圆满之教,如理而说实之教,凡所说者皆无一毫虚歉处,以达至最高的理想之境者为教。一般认为,判教义理最为彻底的,解说圆教之所以为圆教最明确的,是中土佛教中的天台宗。牟宗三借用了圆教这一概念,并以是否能证成德福一致(圆善)为标准在古今中西之间进行判教,进而确立以中国传统中的儒、释、道三家义理为基础的圆教模型,来解决康德的德福一致问题。在牟宗三看来,与西方基督教传统或康德哲学不同,中国传统儒、释、道三家皆能证成无限智心。无论是儒家的"纵贯纵讲"之创生系统,还是佛、老的"纵贯横讲"之非创生系统,皆能证立无限智心为成德与存在之根据。经由无限智心所确立之圆教,即能达成德福一致,因而无须以设定上帝存在与灵魂不朽。

牟宗三所论的圆善或德福一致,用孟子的概念来说,就是"天爵"与"人爵"必然配称。但无论是康德哲学还是儒、释、道三教,都承认经验层或存有层的道德与幸福并不存在必然的联系,因而寻求德福一致之必须超越于经验层或存有层。牟宗三对康德设定上帝存在和灵魂不朽以保证德福一致的方案并不满意,进而试图依儒、释、道三教的传统证成圆教来解决这一问题。其理路如下:首先由孟子与告子辨"生之谓性"点出"仁义内在"而为吾人之性,以天爵、人爵之关系接触圆善问题;接着疏解康德关于圆满的善的论述及其可能之条件,点出其存在的问题;最后以儒、释、道之传统肯定无限智心证成圆教以解决圆善问题。

---

① 牟宗三:《圆善论》,《牟宗三先生全集》(22),第 236 页。

牟宗三疏解了儒、释、道三教中的圆教义理。在佛教中,成立圆教所依据之基本原则即是由"即"字所示者。如说菩提,必须说"烦恼即菩提",才是圆说。如说"涅槃",必须说"生死即涅槃",才是圆说。这个"即"即牟宗三所说的"诡谲的即"。如此,烦恼与菩提,生死与涅槃,无名与法性,都乃同体异用而"即",如此才为圆教。牟宗三特别强调要通过阐释"诡谲的即"这一概念来证成圆教。牟宗三认为,由《法华经》而开出的圆教,是就万法之存在而说的"存有论的圆"。"存有论的圆"一经确立,即可达成佛教式的"德福一致"之圆善。在此圆教之圆修下,主观面的德与客观面的法之存在根本未曾须臾离,而幸福即属于"法之存在者"。生命之德呈现,存在面之福即随之呈现,"自然"(存在)必与"德"相谐和。是则德福必然一致。此"必然"是诡谲的必然,而非分析的必然。如,佛既就一切地狱法而成其德,亦必就一切地狱法而成其福。就地狱而成佛法,乃诡谲地必然地就。这是一种综合关系,而非分析关系。因存有层之所欲、所乐之幸福与绝对价值层所性之道德皆不可化除,则此二者必须综合地而非分析地统一起来。其统一乃是本末之关联与价值的关联,而非存有层面上的时间或经验的关联。"价值意义之本末意即幸福必须以道德为条件。不可逆其序而说道德以幸福为条件。"①

牟宗三认为道家亦有圆教之理境。道家玄智之妙用与佛教般若之妙用,基本精神相同。道家以道之无性与有性从存有论上说明天地万物之根源,以无与有之双重性彰显"上德不德是以有德",最后将存有归于道心玄智之作用成全。如此,则一切德与天地万物之存在,"未始出吾宗",从而证成"道家式圆教中之存有论"。在此种理境中,一切存在皆随玄德转,皆在玄智的朗照顺通中。"主观地就生命之'体冲和以通无'而言,即谓之'德';客观地就'体化合变顺无对'而言,即谓之'福'。此即是德福一致之圆善。"②

在牟宗三看来,佛家与道家迹本圆融之圆境,唯是就无限智心(如来藏自性清净心、玄智)成全一切迹用保住一切存在而说,却并未能创生存在,即未能对一切存在作一存有论根源的说明。因而,二者都只是"纵贯横讲"的境界形态之圆境。只有儒家是"纵贯纵讲"的系统。儒家的良知作为无限的智心,不仅能成全一切迹用保住一切存在,而且能纵贯地创生一切存在。儒家之究竟圆教乃在王龙溪之"四无"与胡五峰"天

---

① 牟宗三:《圆善论》,《牟宗三先生全集》(22),第68页。
② 同上书,第295页。

理人欲同体而异用"之论。① 王龙溪言:"无心之心则藏密,无意之意则应圆,无知之知则体寂,无物之物则用神。"在此"四无"之境中,"体用显微只是一机,心意知物只是一事"(《传习录·天泉证道记》)。如此,天命之性之神感神应自然流行如如呈现,心意知物浑然一事,此方是真正的圆实教。相比于王阳明的"四有"有经验层与超越层的区分,"四无"乃是"非分别说"化境。凡"分别说"皆是权教,而不是圆实教。在儒家纵贯纵讲的圆教系统中,"心意知遍润而创生一切存在同时亦函着吾人之依心意知之自律天理而行之德行之纯亦不已,而其所润生的一切存在必然地随心意而转,此即是福——一切存在之状态随心转,事事如意而无所谓不如意,这便是福。这样,德即存在,存在即德,德与福通过这样的诡谲的相即便形成德福浑是一事"②。

　　可见,牟宗三对康德德福一致问题的解决乃基于圆教的证成,而证成圆教的关键在于肯定无限智心。牟宗三认为,儒家之良知,道家之玄智,佛家之如来藏自性清净心,皆为无限智心。牟宗三则认为,康德以人格化的智神(上帝存在)来安排自然因果使德福一致成为可能,也只是"这么说"而已,并不能使人所期望之德福一致成为可能。真正使德福一致成为可能的是无限智心。"只就无限智心以说明圆善可能之根据,这将是所上下的唯一必然的途径。这途径即是圆教之途径。"③作为无限智心的良知不能对象化为人格神,其必能落实而为人多体现,体现至于圆极,则为圆圣。"在圆圣的理境中,其实义完全得见,即可依其自律而定吾人之天理,又可依其创生遍润之作用而使万物(自然)有存在,因而德福一致实义(真实可能)亦可得见⋯⋯"④依儒、释、道三家之圆教模型,则圆善是为可能。在儒家,圆圣就使圆善成为真实的可能。"依儒家义理而说儒家圆教必须顺王学之致良知而发展至王龙溪之'四无',再由此回溯于明道之

---

① 关于儒家的究竟圆教,牟宗三的表述不大一致,一方面表示"四无""是真正的圆实教"(《圆善论》,《牟宗三先生全集》(22),第 313 页),一方面又说:"若依天台'一念三千,不断断,三道即三德'之方式而判,则四有句为别教,四无句为别教一乘教,而真正圆教(所谓同教一乘圆教)则似当依胡五峰'天理人欲同体而异用,同行而异情'之模式而立。"在《圆善论》最后,牟宗三亦有言:"四有四无方圆备,圆教有待龙溪扬。一本同体是真圆,明道五峰不寻常。"(《圆善论》,第 325 页)似可见其对儒家之圆教之认定,更倾向于五峰"同体"之宏规。参见徐波《牟宗三哲学中的两种圆教形态及其张力》,《哲学研究》2016 年第 10 期。
② 牟宗三:《圆善论》,《牟宗三先生全集》(22),第 316 页。
③ 同上书,第 248 页。
④ 同上书,第 323 页。

'一本'与胡五峰之'天理人欲同体而异用',始正式显出。"①牟宗三认为,由此圆教之显出并解决圆善之可能,此非西方哲学传统所能及,亦非康德依基督教传统而能解决者。

三、儒家关于德福关系问题的思考

牟宗三依据儒、释、道传统建立圆教以图解决康德的德福一致的问题并达至圆善,在很大程度上扩展了中国传统思想尤其是儒家思想的阐释维度,推进了中西思想的沟通。在牟宗三之前,儒家并没有提出康德意义上的德福一致问题,也不认为德福一致或圆善是个根本的或非常重要的理论问题。传统儒家多如孟子一样,以"求在我者"的态度来对待道德,又以"求在外者"的视角来对待幸福,并不认为道德与幸福之间可以建立必然的联系。牟宗三将康德的德福一致或圆善问题纳入儒家义理,首先必须面对的就是:儒家是否有圆善问题? 或者说,德福一致或圆善在儒家是个必要且可能的问题吗?

诚然,儒家也需要处理德与福的关系问题。但传统儒家对德福关系的思考与康德颇不一致。就牟宗三论所欲、所乐、所性之三个层级,就已经蕴含了儒家与康德哲学对德福关系思考的不同路径。

> 孟子曰:广土民众,君子欲之,所乐不存焉。中天下而立,定四海之民,君子乐之,所性不存焉。君子所性,仁义礼智根于心,其生色也睟然见于面,盎于背,施于四体,四体不言而喻。(《尽心上》)

所欲者,权也,利也,纯属感性欲望。所乐者,功也,名也,有利人之功德。所性者,根于仁义礼智之"生色"。所欲、所乐者都是有经验条件的,严格来说是属于存有层面的幸福原则之事。所性则是无条件者,脱离于经验而又作用于经验,是绝对价值。牟宗三认为,所欲、所乐者,约相当于康德哲学中的幸福概念。所性者,则相当于康德的自由意志。依此,儒家关于道德与幸福关系的思考,确与康德有可相比较之处。但牟宗三认为,儒家解决了德福一致的问题,而康德未能解决之,是因为儒家以肯定无限智

---

① 牟宗三:《圆善论》,《牟宗三先生全集》(22),"序言"第12页。

心的观念来保证德福一致,而康德则只能依据基督教的传统,通过设定上帝存在来解决之。

一个基本的判断是,儒家与基督教在对待德福关系问题上的最大区别在于:儒家总是依据德性自身的命令或要求,实实在在地立足于当下解决现世与现实的问题以成其德,并不将幸福作为人生终极目标。基督教传统却以信仰上帝并寄托于末日审判或天国与终极的乌托邦来追求德福一致。基督教与康德哲学需要设定并相信上帝存在和灵魂不朽,才有可能实现德性与幸福、自由王国和自然王国的谐和,以至于德性与幸福的配享只能诉诸时间之外的天国或等待末日审判。而儒家既无类似的上帝概念或天国的乌托邦,又无灵魂不朽或时间终结之处末日审判的观念,其对道德与幸福的思考乃是立足于现世与当下,因而对道德与幸福关系的思考与基督教乃至康德哲学完全不类。

不难发现,以孟子为代表的传统儒家,并无强烈或明确的德福一致的诉求。《孟子》有言:"求则得之,舍则失之,是求有益于得也,求在我者也。求之有道,得之有命,是求无益于得也,求在外者也。"(《孟子·尽心上》)"求在我者",所性也。"求在外者",所欲、所乐也。所欲、所乐者,命也。性者,天爵也。命者,人爵也。康德所谓道德与幸福大致相当于在孟子这里的性与命、天爵与人爵。人爵与所欲、所乐者,"求在外者",得与不得乃由命,因命乃人所不能掌握者。故孟子说:"夭寿不贰,修身以俟之,所以立命也。"(《孟子·尽心上》)君子只据其性(天爵)尽其所应当为以俟或夭或寿之自然来临。进而,现实生活中或吉或凶,或幸福或不幸福,或富贵或贫贱,甚至五伦生活之能尽分或不能尽分,皆有命存焉。人自当受而顺之,不能违逆于命。"我"所能掌握的,乃是"求在我者",即仁义礼智之心以及由这本心所发的仁义忠信之德,也就是"贵于己"之天爵。天爵与仁义礼智之本心都是"我固有之",乃"我"所能掌握者,"求则得之,舍则失之"。君子只尽其性而俟命,即所谓"修其天爵而人爵从之"。

而作为幸福之事的人爵是"求在外者",属于"命"的范畴。在《圆善论》中,牟宗三对"命"的概念有较为详细的疏解,大致可以从其中理解儒家关于德性与幸福关系的思考。其主要内容如下:

一是人不能决定与预测"命"。人只须"尽性",尔后安之若命即可。按牟宗三,"命"是个体生命与气化方面相顺或不相顺的一个"内在限制"概念,它既不是一个经验概念,也不是一个知识概念,而是实践上的一个"虚概念"。"它既不属于理性,它应当属于'气化'方面的,但又不是气化本身所呈现的变化事实。"①"命"不是可以被经验的,因而不可以用规律来规制或说明。"命"虽不是变化事实之本身,却又总是无限复杂的气化方面的事。总之,"命"是很难被阐明或表达的。因此,即使人"尽心知性知天","存心养性事天",以"大人"的身份"与四时合其序","与鬼神合其吉凶",依然不能必然摆脱不顺遭遇,只能随遇而安,安之若命。

二是人应当"正命"。"正命"即顺而受其正当者,不受其不正当者。荣华富贵,欲望是否能达成,非人所能掌握者皆有命存焉,亦有正与不正之别。人的富贵、幸福不幸福等,都是外于"我"者,非"我"所能掌握者,即使求之有道,尽其道而求,依道德原则而求,依然不能决定其必得。人虽求之有道,但得不得仍有"命",这种"求在外者"是"无益于得"的。或者说,"得之有命"之得,不是道德原则性所决定的,而是"命"所决定的。极端地说,人即使明知道"尽道""尽性"而得死,亦须"尽道""尽性"。

三是人应当尽其"道"而欲。儒家虽然以"尽道""尽性"为最高追求,但并不反对满足必要的欲望。也就是说,虽然富贵、幸福等所欲、所乐者是"命"所决定的,然"欲贵者人之同心也",富贵、幸福亦并非不可欲,唯须尽其"道"而欲。尽其"道"而欲是正欲,不尽其"道"而欲是妄欲。"所欲有甚于生者,所恶有甚于死者",就是指所欲者应合于"道"。妄欲,因其违反道德原则,即使得到亦无价值,更何况妄欲也不可必得。

可见,牟宗三在《圆善论》中实际上已经通过阐释"命"的概念,给出了传统儒家关于德福关系思考的答案。即:儒家只是强调"尽道""尽性"及在此基础上的"正命"、正欲,至于"尽道""尽性"后能否得到所欲、所乐者,则是"命"之事,乃"求在外者"。属于"命"的幸福之事,虽然并非不可欲,但终究不是人所能掌握者。人活一世,所能掌握的,只是"求在我者","尽道""尽性"之外,随遇而安,安之若命便好。

儒家这种对德福关系的理解,与基督教和康德哲学有着几乎完全不同的理路。虽然,儒家与康德哲学都认为,道德是"我"所能掌握的,是"求在我者",幸福却不是"我"所能掌控的,是"求在外者"。但以基督教传统为背景的康德哲学认为,人应该也可以通过信仰上帝存在和灵魂不朽,来相信德与福终能达成一致。也就是说,康德是通过信仰"求在外者"(上帝存在)来解决德福一致问题的,离开了上帝这一概念,康德关于道德和幸福关系的学说便不能成立。这与康德所坚守的道德自律学说形成了鲜明的对比。杨泽波针对这种状况曾指出:"康德道德哲学就出现了一种矛盾的状况:在讲道

---

① 牟宗三:《圆善论》,《牟宗三先生全集》(22),第139页。

德法则的时候,不需要上帝,在讲道德与幸福的关系的时候,又不得不保留一个上帝。离开基督教的背景,康德的圆善思想是无法理解的。"①

而以孟子为代表的传统儒家,终究只看重"求在我者","尽心""尽性""尽道","由仁义行"便好。其对不能掌控的"求在外者",采取了顺其自然、安之若命的态度,既无所谓相信,也无所谓违逆。儒家对属于命的幸福之事看得很明白,态度也十分淡然,虽然希望得到幸福,但以其理论取向也无法通过设定类似上帝存在、灵魂不朽的命题来使人相信并追求德性与幸福必然配称。也就是说,儒家既不认为康德意义上的德福一致是个必要的问题,也不可能解决这个问题。

四、圆教对德福一致问题的消弥与超越

上述讨论已经表明,传统儒家不会认可康德意义上的德福一致是个可能且必要的课题。更进一步,我们还可以阐明:牟宗三证成的圆教也不可能解决康德的德福一致问题,却反过来消弥并超越了这一问题。

康德论述最高善是人类普遍希冀达到的一种理想状态,即德性应该与幸福配称。乃因为在现实世界中,实然和应然、事实与价值分离,德性与幸福配享常常错位,有德者未必有福乃是一种常态。以基督教传统为背景的康德哲学,诉诸于上帝存在来解决这一问题乃自然而然之事。如牟宗三所述,在康德那里,德性与幸福亦不是一种分析的关系,因为德性与幸福在存有层面无法建立必然的联系。即使预设了上帝存在,德性与幸福的必然配享在此岸世界也不可能实现。只有诉诸时间之外或在时间尽头的天国,我们才能期待存在层中的德性终将带来幸福。而牟宗三认为,人格化的无限智心(上帝)乃是一种情识,依此人们依然无法期待德性能够带来现实的幸福。他以无限智心取代上帝,通过"诡谲的即"与"非分别说"将执的存有与无执的存有综合的相即,来证成德福一致之圆教。在无限智心的遍润朗照中,"烦恼即菩提""生死即涅槃""无名即法性",乃至于"天体人欲同体而异用",是自然而然之事。康德所追求的自由世界与自然世界之谐和,在此圆教中亦成为可能,德福一致之圆善由此达成。

需要特别注意的是,牟宗三将德福一致问题或圆善问题的解决基于圆教的证成,这个过程中存在一个关键的滑转:原本只属于"生灭门"或存在界(执的存有)的道德

①　杨泽波:《从德福关系看儒家的人文特质》,《中国社会科学》2010 年第 4 期。

与幸福乃至德福一致问题,通过无限智心、"诡谲的即"、"非分别说"等概念,转换为"生灭门"与"真如门"、执的存有层与无执的存有层皆可共存(诡谲的相即)的问题。换句话说,道德与幸福乃至德福一致原本只在牟宗三的"分别说"中的"生灭门"或执的存有层中才可成立,而牟宗三为了解决德福一致问题,又将其纳入"非分别说"的"真如门"与无执的存有层中。他特别强调只有通过"非分别说"与"诡谲的即"才能证成圆教并解决圆善问题。为更清楚地理解这个问题,我们以其判定"四有"教、"四无"教为例来加以说明。牟宗三说:"……四有句为别教,四无句为别教一乘教。"①判定"四有"教为别教,乃因为"四有"是"分别说",在"分别说"中不能得德福一致之必然联系,而只有偶然联系。而判定"四无"也为别教,是因为"此种'无'处之立根之说法犹是于四有之外立四无,乃对四有而显者","犹是高山顶上之别教一乘教也"②。而以天台宗"一念三千,不断断,三道即三德"之方式判摄,"……真正圆教(所谓同教一乘圆教)则似当依胡五峰'天理人欲同体而异用,同行而异情'之模式而建立"③。在牟宗三看来,胡五峰"天理人欲同体而异用"之意,才真正与天台之"一念三千"同表心意知物乃是一事之意,又与明道言"只此便是天地之化"同进于圆圣之化境。德福一致或德福相即(诡谲的即)只有在这种"非分别说"的圆教中才是真实可能的。

可见,牟宗三证成圆教,就是通过"非分别说""诡谲的即"来实现的。一方面,从"分别说"而言,德与福在执的存有层面有其独立的意义以证成德与福的存在。另一方面,从"非分别说"而言,德与福在无执的存有层本是一事而无所分别。所谓"诡谲的即",就是将二者以"非分别说"的方式相即,既保留执的存有层中德与福的存在,又能证成无执的存有中的德福一致。而"诡谲的即"之所以可能,关键在于无限智心。无限智心既能保证两层存有,又能沟通两层存有,将无执的存有与执的存有相即,一方面在存有层言德与福皆有其独立的意义,一方面在无执的存有层消解了德与福的独立意义,言"物随心转""德即是福"。执的存有层中的德与福的一致需要在无执的存有层中实现,康德所谓自然王国的福与自由王国的德也可经由无限智心达成谐和。

既以"诡谲的即"与"非分别说"展示圆教以达至圆善,则圆善就是心意知物无所分别的无执之境。此无所分别不是"分别说"意义上的无分别,而是"非分别说"意义上的

---

① 牟宗三:《圆善论》,《牟宗三先生全集》(22),第315页。

② 同上书,第314页。

③ 同上书,第315页。

无所分别,是属于无执的存有层。圆教与圆善必须到此"非分别"的圆圣境地才得可能。依牟宗三,在此圆圣之境中,执的存有与无执的存有、"生灭门"与"真如门"、烦恼与菩提、生死与涅槃、无名与法性、人欲与天理,皆浑化为一而为无限智心之呈现。圆教义理可表述为:"吾人之依心意知之自律天理而行即是德,而明觉之感应为物,物随心转,亦在天理中呈现,故物边顺心即是福。此亦可说德与福浑是一事。"①在此圆境中,德与福诡谲的相即,德即是福,福即是德,德福一致乃自然之事。

牟宗三将执的存有层中的德与福乃至德福关系问题,通过无限智心与"非分别说""诡谲的即"等概念滑转到无执的存有层中,看似解决了德福一致问题,却面临两个根本难题。

首先,就理论架构而言,以"非分别说"证成的圆教,虚化乃至消解了德与福的概念,进而消弥了德福关系,而不是达成了德福一致。如牟宗三所言,德与福分别有其独立的意义,只有在"分别说"意义下的存在界(执的存有层)才得可能。离开存在界(执的存有层),德与福不能证成其存在。而牟宗三所言的德福一致只有在"非分别说"的无执的存有中才得可能。而就无执的存有层而言,德与福并无独立的意义,不能证成其存在。所谓"天理人欲同体而异用"乃是就"体"上说同,就"用"上说异。"体"乃属于"非分别说"中的无执的存有层,"用"则属于"分别说"中的执的存有层。道德与幸福如果各有其独立的意义,乃是就相对于"体"而言的"用"上说。而要证成德福一致,首先须保证道德与幸福作为存在或存有有其独立的意义。德福一致之可能,也只能在这种条件下,诉求建立保障其得以可能的客观架构。如就"体"上说,自无德性与幸福之分,也就无德福一致的问题了。将"用"上的德性与幸福关系转化为本体上的"同体",就是"诡谲的即"。然而,这其中毕竟存在了一转化,一转之后,道德与幸福二者并不是一致了,而是都被虚化消解了。可见,牟宗三以"非分别说"证成的圆教,虚化或消解了"用"(执的存有层)上的道德与幸福概念,进而消弥了二者之间的区别。在此"非分别说"或无执的存有中,"物随心转"之"物"已不成其为物。意之所在,便是心之所在;心之所在,便是物之所在。心意知物无所分别。同样,德不成其为德,福不成其为福,德与福亦无所分别。在此意义上,德即是福。实则,德与福都不存在了,德福关系更不可能存在了。因此,以"非分别说"来证成圆教,非但不能证成德福一致之圆善,反而虚化乃至消解了德与福的独立意义乃至德与福概念本身,进而消弥了德福关系。

---

① 牟宗三:《圆善论》,《牟宗三先生全集》(22),第316页。

　　其次,牟宗三证成的圆教实乃圆修之教,其欲证成的只是工夫论,这种工夫论只是对德福关系问题的超越而非解决。有学者指出:"幸福是人的本质即德性践于德行从而润泽天地万物和人自身,这就是牟氏眼中的中国三圆教之幸福观。"①这种工夫论导致的幸福观只能在境界形态上消解德与福的概念乃至超越德福关系问题,并不能真正解决存在论意义上的德福关系问题。作为牟宗三倡导的圆教模型天台宗与儒家的致良知教,其根本着眼点都在证在修。烦恼即菩提,"天理人欲同体而异用",心意知物无所分别,皆只能看作是修成圆圣后所达至的境界。如以此为圆善,则德福一致之关键就在于达成此境界之"见道"的工夫论。将执的存有转化为无执的存有,就是"见道"的工夫。"诡谲的即"既是一种方式,也是一种工夫论。圆善之所以可能,就是通过无限智心,将执的存有层中的德与福乃至德福关系问题,以"诡谲的即"的方式使二者在无执的存有层与执的存有层中相即,从而说"物随心转""物边顺心",进而证成"德即是福""福即是德"乃至"德福一致"。但是,道德与幸福在康德那里皆具有独立的意义,亦皆是存在界(执的存有)之事。德与福乃至德福一致并不仅仅是一种观念,更是一种存在。作为执的存有层面的德福一致问题并不能通过某种观念架构或证修的工夫论来解决。德者有相,福者有相,德福一致之实现亦是理性的存在者所要求的。脱离执的存有层,德不成其为德,福亦不成其为福,乃至理性的存在者都不可能存在,德福一致亦不可能。如果德福一致只在圆教中的圆圣圆修之境或无执的存有层中才得以可能,则德与福乃至德福一致并无独立的意义。所谓"天理人欲同体而异用,同行而异情"之论,只是观念的架构或证修后所达到的境界。依康德之本义,道德与幸福皆属于存有层,德福一致亦属存有层,只有在执的存有层而言德与福乃至德福一致才有其独立的意义。在牟宗三所论圆教之圆境基于"非分别"执的存有与无执的存有,德即是福,福即是德。既无分别,也就超越了德与福,进而超越了德福关系。因此,作为存有层的德与福乃至德福一致问题在牟宗三圆教的圆修之境中不是被解决了,而是被超越了。简而言之,圆教超越了圆善问题。

　　牟宗三以圆教证成德福一致之圆善,关键在肯定无限智心的基础上,以"分别说""诡谲的即"等方式将属于执的存有层的德性与幸福之事消弥于无执的存有层以证成德即是福。然而,在证成德福一致的同时也消解道德与幸福概念本身,进而消弥了德福一致问题,如同以无执的存有消弥执的存有。又,牟宗三肯定儒、释、道三家皆有无

① 陶清:《从"圆善"看"圆教"——牟宗三哲学思想的思辨性溯源》,《哲学动态》2013 年第 7 期。

限智心,并以此证成圆教,所重在工夫论。而以无限智心为基础的工夫论证成圆教,也只是在境界上对德与福本身乃至德福一致问题的超越,与康德所期望达成的保证德福一致的客观架构并不是一回事。

五、小　结

康有为曾说:"普天之下,有生之徒,皆以求乐免苦而已,无他道也。"①可见,快乐与幸福是人类普遍的希冀。作为理性的存在者(人),总是希望有德者有福,而现实生活往往背道而驰。于是,便有各种宗教诉诸最高的存在者(神)与灵魂不朽(转世),告诫人们惩恶行善最终才能配享幸福。康德依基督教的传统,设定上帝存在和灵魂不朽,或可使人相信德福一致是可能的,进而解决道德实践中的根本问题。中国思想尤其儒家的人文传统中,对德福关系的看法既是理性的,也是十分务实的。依儒家传统的主流来看,德性本身既是目的,也是动力。仁义之外,命也,不足虑也。至于"由仁义行"后能否获得幸福,则并不强求。面对德福不一致的情况,真正的儒者总是诉之于自我的修养,使自己坦然接受命运的安排。因此在传统儒家中,德福一致并不是个必要的问题。而以儒家的人文性质,也不可能设定诸如上帝存在和灵魂不朽之类的命题,因而也不可能通过信仰来使人们相信德福一致是可能的。这便与基督教、康德哲学对德福关系的看法有着本质的不同。因此,牟宗三的圆善论便存在两方面的根本问题:一方面,牟宗三就存有层面而言对道德与幸福关系的论述,并没有超出孟子等传统儒家处理德福关系的理路,他所能肯定的依然如孟子那般,道德乃是"求在我者",幸福乃是"求在外者","由仁义行"尔后安之若命便好。另一方面,他在肯定无限智心的基础上以"非分别说""诡谲的即"等方式所建构的圆教,又消解了德福概念本身进而消解了德福关系,其结果非但没有达成康德所要求的圆善,反而消弥并超越了圆善——如果这也是一种"圆善"的话,那就另当别论了。因此,无论是以"诡谲的即""非分别说"来说明德福一致,还是以工夫论的思路来证成德福一致,都不能解决康德意义上的德福一致问题,反而弱化和消解了德与福的独立意义乃至德福概念本身,进而消弥和超越了德福一致问题。

---

① 康有为:《大同书》,北京:中华书局,2012年,第6页。

命辞与工夫

——对当前朱子哲学研究的方法论反思

李　彬[*]

摘　要：宋明理学是当前中国哲学研究的重点,朱子学则是宋明理学研究的热点。陈来的《朱子哲学研究》仍然是目前研究朱子哲学具有代表性和典范性的著作,陈著主要从思想外在发展演变的角度,解释朱子思想和文本中存在的矛盾,但这一解释的方法论原则更近于史学而非哲学。宋明理学家包括朱子的哲学文本首先不是去建构一种完备的理论或知识体系,而是意在指导学者做工夫。从学者做工夫的角度,宋明理学家包括朱子文本中那些看似前后矛盾或彼此抵牾的命辞或表达可以在具体的事例中得到解释,而不需要从知识系统一贯性的角度求得解释。从天理或义理的角度,命辞或表达与工夫存在着本源性关系,通过工夫去除自己的主观性或主体性,才能更好地领会作为天理或义理之展开的命辞或表达,反之亦然。因此,研究宋明理学的真正内在的方法,即是通过去主体性的工夫以通达作为义理展开之命辞或表达。

关键词：宋明理学;朱子学;命辞;工夫;方法论

---

* 作者信息:李彬,男,1988 年生,山东临朐人,复旦大学哲学博士,郑州大学哲学学院讲师,硕士生导师。本文为 2021 年度郑州大学人文社会科学精品学术著作资助项目“气论与工夫——朱子哲学新论”(2021JPZZ14)的阶段性成果。

一、引　言

受马克思主义历史唯物论影响,学界往往喜欢从所谓的"逻辑发展"的角度看待一种思潮或思想的发展演变。具体到思想家个人,论者也倾向于默认其思想具有线性的发展演变过程:从早期到中期到晚期,哲学家的思想是逐渐发展成熟的,因此论者往往多重视哲学家成熟期的思想:所谓"晚年定论"。①

但这样一种对中国哲学的理解或研究其实更多是一种史学式的路数,而非哲学式的;是知识性的梳理分析,而非义理性的探究辨析。与"义理"之具有动态性、有机性和无限性不同,"知识"是现成的、固定的东西,故可以根据现有的文献材料,用一些现成的西方哲学中借来的哲学门类和概念范畴,削足适履地将各种材料塞进这些门类和范畴中。经过如此这般的操作,我们所得到的不过是一些过去了的古代哲学史知识,这些知识的产生离不开当时的封建时代的生产方式,有的为官方所承认,作为意识形态为其服务,有的则一定程度上超出它的时代,在当时不被重视,甚至受到官方的迫害,但在现在看来则具有一定的进步意义。②

史学进路或知识进路的中国哲学研究和中国哲学史写作,对建构具有独立性的中国哲学史学科无疑是有价值和意义的。但这样一种中国哲学研究,一方面缺乏哲学的义理思辨性和工夫实践性,另一方面容易忽视中国哲学的独特性和复杂性。所导致的后果可能是两千多年的中国传统思想、中国古代哲学,变成了一具具干枯的知识标本,努力向我们证明或传达,我们祖上或传统上曾经也有过这种思想或那种观点,有过这种思潮或那种立场。但这些东西毕竟已经变成了干枯的、僵死的,不再对现实、不再对它的研究者有任何实际意义的东西。③ "中国哲学"的研究者,与其说是在研究哲学不

---

① 此处"晚年定论"借用自王阳明《朱子晚年定论》,取一个思想家之成熟期思想之意。

② 比如一些"气学"思想家,如王充、张载、王廷相、戴震等,在传统思想语境中,往往处于边缘地位,但由于"气学"据说具有唯物主义的因素,因而在以辩证唯物主义为指导思想的中哲研究受到了学术与其地位不符的重视和强调。

③ 这一方面的典型可以作为中国传统主流思想的儒学或儒教在近代的遭遇为例。美国著名学者约瑟夫·列文森在其大作《儒教中国及其现代命运》中声称,儒教已失去其现实意义,而只是"博物馆中的陈列品",与传统已然处于一种"断裂"。余英时则声称"儒学死亡之后已经成为一个游魂了"。但不管是列文森的"断裂说"还是余英时的"游魂说",都是以 (转下页)

如说是在整理文献材料："整理国故"，或者说用各种蹩脚的、山寨西方的"哲学"范式一次次地重新整理这些历史上的思想材料。①

但如果说"中国哲学"不只是指（西方）哲学在中国，而是指发生于中国的哲学，或者说是道体或天理在中国的历史性展开。那么，研究中国哲学就不应该停留在上述层面。对中国古代哲学，尤其是宋明理学来讲，其内容不是别的，即是天道或天理如何展开自身，以及学者如何通过读经典认识天理，并通过工夫对道体的领会与通达。方法不应该是一种外在的认识手段或工具，而即是天理或义理自身的展开方式，方法体现在学者身上即是工夫。

因此，从研究者的角度来说，对古代哲人命辞或语言的理解不能仅仅停留在理论认识的层面，而应该深入其背后的义理世界以及工夫论根源。对当时学者来说，朱子或其他理学大师的语言或者命辞不是向前者传达一种理论知识，而是为了引导和启发学者如何做工夫，以凑合道德本体。因此，"工夫"与"命辞"之间具有一种本源性的关联，对"工夫"的领会与实践是我们理解伟大思想家之"命辞"的方法论前提。

因此，要判断一个思想家思想前后的变化，需要特别谨慎。我们往往是先预设了这种发展变化，然后再找材料来证实这种发展变化的存在。但思想家这种看似历时性的思想上的发展变化，可能只是前者针对提问对象气禀资质之不同，或所处境遇场合之不同，应机给出的不同回答。或者说，思想家对诸多相同问题的不同回答，可能只是一个共时性的"命辞"或表达之不同的问题，而非确有其实的思想之发展或变化。②作为中国哲学研

（接上页）政教制度为传统儒学的依托，并以传统政教制度的解体作为儒学"走入历史"的标志，但这一判断并不符合当下儒学的发展现状。作为政教制度之基础的儒学在辛亥革命前后已经解体，但作为"生活经验与价值观念"的儒学则一直存续。后者既不拘泥于儒家的心性论述，也不依附于特定的政教体制与社会结构。参见曾海龙《从"断裂说"与"游魂说"看观念儒学的存续》，《现代哲学》2021 年第 6 期。

① 任何一个对传统尚具"了解之同情"（陈寅恪语）或"温情与敬意"（钱穆语）的人，对这样的中哲研究无疑不会满意。只要抛开那些教科书或论文、著作，去将四书五经、孔孟老庄、程朱陆王的原著拿来读一读，可能理解上有困难，但能感受到那喷薄而来的元气淋漓的生命之气。无论如何，光辉灿烂、博大精深的中国传统思想不应该是我们目前的中哲史教科书或学术论文中展现出来的样子。

② 目前的"中国哲学史"基本上是用这样一种"史学"的眼光来看待和处理历史上的思想材料，即将思想家或哲学家按照时间先后，探求其思想上的演变。个案式的思想家研究，则往往关注其生平与其思想的前后变化，对前人思想的继承批判，却忽视了其思想本身的内在特色和意义。

究重镇的宋明理学,思想家表达其思想的基本载体是注疏、语录和书信。我们欲从中构建出一套像西方哲学这样那样融贯一致的知识体系实则面临巨大的困难。

　　本文拟从"命辞"与"工夫"交互影响的角度,在对学界朱子学研究进行省察的基础上,提示出工夫在宋明理学尤其是朱子学研究中的重要性。

二、对《朱子哲学研究》的考察

　　朱子作为中国哲学史上集大成式的思想家,我们对其哲学思想的把握无疑更加困难重重。与北宋诸儒相比,身处南宋的朱子面对的时代问题更为复杂,随着理学的发展,对很多问题的讨论更加深入,可以接触到的思想资源也更为丰富。朱子终其一生,为了重建道统、回应时代问题,进行了一系列学术努力:上承先秦儒家经典和精神,融汇北宋五子及其弟子们的遗产,外辟佛老异端,内与同时代的儒者,如张栻、吕祖谦、陆九渊、陈亮往复辩难。但是这也意味着,朱子讨论问题的自由度受到了限制,朱子要做的工作是"述"而非"作",但是这个"述"并非简单的"复述""重述",不是"照着讲"而是"接着讲",是一个以"述"为"作"的创造性地诠释的过程。① 因此,相比张程,尤其是二程"自家体贴"之简易直截,朱子必须百倍其功,才能在融合弥缝众说的基础上,百尺竿头更进一步。

　　陈来的《朱子哲学研究》,是我国改革开放以来,研究朱子哲学最全面和详实的著作之一,作为其写作的副产品和"基础"的《朱子书信编年考证》②,显示了其扎实的考证工夫,更是成为研究朱子思想绕不开的"工具书"。陈著摆脱了牟、唐著作中比较鲜明的道统门户意识,而以冯友兰、张岱年所建立的"中国哲学史"的研究方法论为指导,力求"历史地、如实地阐明古代哲学的思想、命题和范畴"。其书作为"以问题为主的专题研究",并不是"孤立地讨论范畴",而是通过"对问题的讨论",以把握"朱熹哲学的基本范畴"。更为重要的是,陈著"除注重'辨名析理'的理论分析外,尤注意对朱熹思想历史演变的考察"③。正如我们上文指出的,这样一种注重思想之"历史演变"的方

---

① 参见张汝伦《"其事虽述,而功则倍于作也"——论朱熹的释义学》,收入氏著《中西哲学十五章》,上海:上海书店出版社,2008 年,第 87—107 页。

② "作为本书写作的资料基础,作者对朱熹的思想材料,特别对《文集》数千封书信做了全面考证,这些成果已另成专书献给读者。"(陈来:《朱子哲学研究》,北京:生活·读书·新知三联书店,2010 年,第 9 页)

③ 参见陈来《朱子哲学研究》,第 9 页。

法,无疑是一种史学或思想史的视角。

　　陈荣捷先生对陈来此书极为推崇,并专门撰写书评,积极向港台和海外推介此书。对作为其书之立论"基础"的《朱子书信编年考证》,陈荣捷专门为之作"序",倍加推重。陈荣捷认为,"朱子思想成熟甚早",或者说"生平学问大旨,早已建立"。但其又不断修改其关于"四书"等经典的注释,并且在与学生、时贤的往复辩论中,不断修改自己的一些说法甚至观点。由此可见,其"思想固定之中,不断增进"。但由于其诗文书札,往往不著年月,"故其思想转变,无从确定"。而对于学者所重视的《朱子语类》,虽然大体能够确定其所闻时间,且"多为晚年对话",但"虽是定论,然其思想改变之过程,究是晦而不明"。"王懋竑多引书札,系以年月,然未明所以,间亦错误。钱穆改正数端,亦有限耳。以故朱子著述之年月考证,亦即其思想之如何进展之考订,尚有所待。"直到陈来此一《朱子书信编年考证》指出,"今后学者得以睹朱子思想开展之痕迹,而其中年未定之见与晚年定论,皆可确立无误"①。

　　对《朱子哲学研究》,陈荣捷先生在"书评"中称赞其"优点有三:叙述异常完备。分析异常详尽。考据异常精到。"因其"考据精到",故陈来的很多判断大致可以信从。如他指出,朱子"四十岁的己丑之悟,使他确立了自己的思想基调","是朱熹思想真正成熟的标志"。其后的几年间,朱熹哲学的基本思想几乎"全部建立起来","此后虽然在具体问题上有种种改变或发展,但这个体系以理性本体、理性人性、理性方法为基点的理性主义哲学的整体结构已稳定地确立起来了"②。

　　可见,陈来先生是以"本体论"(理气论)、"人性论"(心性论)、"方法论"(工夫论或格致论)为基本的范畴体系,来论述朱子的哲学思想的。而其将朱子哲学的基本认定是一种主张"性即理"的"理性主义"思想。抛开对朱子思想内涵的讨论,陈来认为朱子"哲学的整体结构"在四十岁的"己丑之悟"之后"已稳定地确立起来",应该是有根据的。上引陈荣捷先生在为《朱子书信编年考证》的"序"之中,已经引证王白田之说,证明朱子思想早熟③,可见这种看法基本上可以算是古今学者的一个共识。

---

① 参见陈来《朱子书信编年考证》之陈荣捷"序"第1—2页,北京:生活·读书·新知三联书店,2007年。
② 陈来:《朱子哲学研究》,第2页。
③ 王懋竑《朱子年谱》考异卷一所云:"自庚寅(一一七〇,朱子四十一岁)拈出程子伊川'涵养须用敬,进学则在致知'两语,至甲寅(一一九四,朱子六十五岁)相距二十五年,而其言无毫发异也。"懋竑又云:"戊子(一一六八,朱子三十九岁)《遗书序》已云'主敬以立其本,穷理以进其知',即此两语之指也。"(参见陈来《朱子书信编年考证》,陈荣捷"序",第1页)

　　朱子的一些主要思想确实经历了一个发展演变的过程。陈著正是着意关注思想的这一"历史演变"。因此,《朱子哲学研究》第三章也即是"本论一理气论"的第一部分"理气先后"①,梳理考察了朱子关于"理气先后"思想变化。并得出以下结论:

> 　　从横的方面看,朱熹对理气是否有先后的讨论可分为论本原与论构成两个不同问题。这种不同的讨论角度导致朱熹在理气关系上的一些不同说法。应当注意把朱熹构成方面的二元说法与论本原问题区别开来。从纵的方面看,朱熹的理气先后思想经历了一个发展演变的过程。早年他从理本论出发,主张理气无先后。理在气先的思想由南康之后经朱陈之辩到朱陆太极之辩逐渐形成。理能生气曾经是他们的理气先后思想的一个内容。而他的晚年定论是逻辑在先,逻辑在先说是在更高的形态上返回本体论思想,是一个否定之否定。当然,这个发展和演变的过程并不是对立面的演进和交替,在本质上,是以不同的形式确认理对于气的第一性地位。②

　　陈荣捷对陈来的论证给予足够的"同情之了解",认为此说"是以补逻辑推究说之不足",并且认为陈著对朱子理气思想在"历史上之演变"的叙述之"详密"无出其右者。但最后则表示"陈氏之论,自可备一说",显然并不完全赞同陈来的论证及其结论。

　　具体来说,陈来的结论是朱子守漳(1190)乃有理能生气之说,至潭州时期(1194),得出了理气先后问题的"晚年定论":即从逻辑上说,理在气先。而这一"晚年定论"显然与"早年"(1170—1181)理气无先后说有矛盾。但陈荣捷指出,朱子淳熙十五年(1188)二月始出《太极图说解》以示学徒。是年即有朱陆太极之辩。这也是为何守漳(1190)之后,从《朱子语类》中可见,门人弟子诸多讨论,所涉不仅有"理气先后问题,而亦包括太极有理、物物有太极、理气动静、人物理气同异等等"。因此,陈荣捷认为:"朱子素来主张理气无先后,与推论则理在先之思想并无冲突。不过因发表《太极图说解》之故,加以太极之辩,门人疑问,故有推究之论而已。非所以谋矛盾之解决也。"③

---

① 　此文曾以《朱熹理气观的形成与演变》为题,发表于《哲学研究》1985 年第 6 期。
② 　陈来:《朱子哲学研究》,第 115—116 页。
③ 　参见陈荣捷《评陈来的〈朱熹哲学研究〉》,收于陈来《朱子哲学研究》之附录,第 488—489 页。

陈荣捷先生精研朱子学,可见其见解之通达。以思想家之思想具有"演变"或"发展变化",来求得其思想中的矛盾之解决的办法,是一种解释思路,但算不得高明。更别说将不存在的矛盾或问题当作问题来解决,更难言理论贡献或思想原创。在朱子那里"理气无先后"与理"逻辑上在先",是否具有矛盾,仍然有讨论的余地。但陈荣捷先生指出的问题,却是我们在研究朱子哲学乃至整个宋明理学时都应该注意的。

三、"晚年定论"与"义理无穷"

但这不是否认朱子思想是有一个从不成熟到成熟的发展过程。朱子自己也时常说起自己思想的发展历程:

1. 某二十岁前后,已看得书大意如此,如今但较精密。日月易得,匆匆过了五十来年!

2. 三十年前长进,三十年后长进得不多。

3. 因言读书用功之难:"……某旧时用心甚苦。思量这道理,如过危木桥子,相去只在毫发之间,才失脚,便跌落下去! 用心极苦。五十岁已后,觉得心力短,看见道理只争丝发之间,只是心力把不上。所以《大学》《中庸》《语》《孟》诸文字,皆是五十岁已前做了。五十已后,长进得甚不多。"①

朱子所谓"三十年前"即指二十岁到五十岁这段人生时间段,"三十年后"即"五十已后",因"心力短"故"看见道理只争丝发之间,只是心力把不上",因此认为自己"五十已后,长进得甚不多"。这实际上对迷恋于所谓"晚年定论"的后世学者是一个提醒,即并非越是晚年的说法越能够代表这个思想家最高明的思想。②

但尽管如此,朱子的学问思想确实一直在不断长进:

---

① 以上 3 条参见黎靖德《朱子语类》卷一百零四,北京:中华书局,2011 年,第 2613、2621 页。本文以下引《朱子语类》仅列卷数与页码,略去出版信息,以避繁芜。

② 王阳明《朱子晚年定论》中"误收"朱子不少前期书信,恰恰也证明其思想前后并无断裂,亦非"晚年"方为"定论"。

　　与范直阁说"忠恕",是三十岁时书,大概也是。然说得不似,而今看得又较别。①

　　朱子对圣人经典中的一些道理,年轻时虽然所说"大概也是",但毕竟说得"不似",即领会得不够亲切,因而不能准确地描述或表达其义理内涵。而今"看得又较别",不仅是道理上更加精熟,更是因为工夫到后,自然所见不同。所以相比以前,如今所见"但较精密",固然是思想上的不断深化或发展成熟,但并不是观点或看法的不断更迭变化,更应该看作是对义理领会的不断加深以及伴随而来表达或描述上的不断精准和生动。

　　但对朱子思想的把握还有一个外在的困难,即朱子留下的庞大的材料。朱子在其一生的为学、思考、讨论中留给我们了大量的文献材料,《文集》中他与同时代人的书信往来贯穿一生,关于"四书"的历代注疏,也在不断地整理编辑删定,《四书章句集注》刊出之后尚不断修改,死前三天犹在修改《大学》"诚意章",《语类》是不同时期门人弟子记录而来,抵牾矛盾之处往往有之。这也更增加了我们掌握朱子思想的难度。如何从如此大量的书信、语录、注疏中,从如此烦琐、细碎、充满矛盾和不一致的讨论中,拈出一以贯之的东西,是我们今天的研究者需要面对和回答的问题。

　　任继愈在为张立文《朱熹思想研究》所作"序"之中,对如何处理朱子所留下的文献材料有一个相当深刻的讨论:

　　　　朱熹文章信札保留下来的数量很多,其中也有属于信手酬答,仓促急就的,如仔细分别,尚有自相抵牾之处,就中如何取舍,均须全面斟酌。《朱子语类》分门部勒,明白易晓,为学者们喜欢援引。却也应当看到他对弟子们问答,有时为了强调某一方面,其间详略轻重时有歧义,或出于应机答对,不尽周详,故《语类》所及未可尽从。②

　　首先,对书信的取舍需要"全面斟酌",其"自相抵牾之处",不可简单的以思想前后不同来解决;其次,对《朱子语类》的使用更加需要谨慎,考虑到随机应答时可能的"详略轻重"之不同和"歧义"之处,有些时候"未可尽从"。因此,朱子有些看似前后不同的说法或观点,如书信中或《朱子语类》中,甚至《四书章句集注》中,可能并非思想发生

---

①　《朱子语类》卷一百零四,第 2621 页。

②　张立文:《朱熹思想研究》之任继愈"序",北京:中国社会科学出版社,2001 年。

了转变,很可能只是"出于应机答对",而在表述上有"详略轻重"的不同,或者说,不是一个思想变化层面的问题,而是一个义理表述或修辞上的问题。即陈荣捷先生所言的"非谋矛盾之解决"①,而只是在与弟子、时人的讨论中,进一步深化自己的观点,进一步通过更加全面的表述,让人理解自己的观点,或者说将自己所见之义理传达给众人。

而这一传达,也只有在弟子经过自己深入思考,甚至通过进一步的工夫实践,有所领会之后,才能真正理解。朱子之所以会不断修改自己的讲法,一方面可能发现自己的一些说法,书面的或口头的,让读者或听众会产生误解,这些误解有可能只是义理层面的,也有可能是学生在依朱子所讲、在做工夫的过程中遇到了障碍,使朱子不得不反思自己的一些讲法是否并没有很好地传达自己想传达的义理,防止"法弊"的出现;另一方面,与前一方面伴随着的,随着自己的义理工夫的提高,朱子修改措辞,以期用最简洁明了的表述,准确无误的将义理或工夫修炼法门传达给听众或读者。

当前的研究范式,往往会从一个本质主义的立场看待思想家思想上的前后发展变化,并认为其思想观点的改变,或是受到了一些外部原因的影响,比如在与别人的辩论中原来的思路或观点受到责难或攻击,或是接触到足以改变自己原来观点的新的思想资源等。总之,在这种本质主义的立场看来,一个哲学家或思想家观点的不断发展或改变,是为了形成一个首尾一贯、自圆其说或自成一体的、没有矛盾的概念或知识系统。但对中国古代的思想家、对宋明理学家、对朱子来说,根本不是要构建这样一个融贯的义理系统,而是要通过对经典的解读,求圣人之意,明天地之理:

> 经之有解,所以通经。经既通,自无事于解,借经以通乎理耳。理得,则无俟乎经。②
> 故学者必因先达之言以求圣人之意,因圣人之意以达天地之理。③

"借经以通乎理""因圣人之意以达天地之理",可见朱子想要达到的是具有普遍超越性的"理"或"天理",而不是一个融贯一致、没有矛盾的义理知识系统。这也是为什

---

① 参见陈荣捷《评陈来的〈朱熹哲学研究〉》,收于陈来《朱子哲学研究》之"附录",第488—489 页。

② 《朱子语类》卷十一,第 192 页。

③ 朱熹:《答石子重一》,《朱文公文集》卷四十二,朱杰人、严佐之、刘永翔主编:《朱子全书》第22 册,上海:上海古籍出版社,合肥:安徽教育出版社,2002 年,第 1920 页。

么,朱子要不断地修改自己有关《四书》的注释,如果只是为了使理论达到融洽和一贯,显然不需要如此孜孜不倦地修改:

> 或问:"《大学解》已定否?"曰:"据某而今自谓稳矣。只恐数年后又见不稳,这个不由自家。"①

在朱子看来,关于《大学》的解读之所以迟迟无法达于一"定",乃是因为,朱子知道,对义理或天理的领会,必然会是一个与日俱增、不断发展甚至死而后已的过程,"而今自谓稳"乃是据现在所见。但"稳"不"稳"的标准并不在于理论体系本身是否一贯,而在于自己对天理的领会是否随着阅历工夫的与日俱增,而不断地加深。"这个不由自家"深刻地道出了对义理或天理的领会乃是一个超出个人主体性的、不断与无限超越之真理接近的过程,或者说是无穷之义理不断展开自身,无限之心体不断体认义理的过程:"义理无穷,心体无限",②故试图用有限的语言去表达无穷之义理的活动,某种意义上也必然是一个没有止境的、无穷的过程。③

四、命辞与工夫

根据上文的讨论,理学家留下的文本乃是为了传达义理。换言之,读理学家的文本,要在"命辞"与"工夫"的释义学循环的视域中去理解。"命辞"或"表达"乃是为了更好地向学生传达如何"做工夫"以凑泊"本体",而"工夫"越纯熟也就意味着对"义理本体"的领会越具体和深刻,反过来,注解或训释经典的时候,其"命辞"或"表达"就更加通透和圆融。

朱子表示"下字最难":

> 曰:"解文字,下字最难。某解书所以未定,常常更改者,只为无那恰好底字

---

① 《朱子语类》卷十四,第 257 页。

② 《朱子语类》卷四十九,第 1199 页。

③ 朱子对"义理无穷"有深刻的体认与领会,如"子贡自以无谄无骄为至矣,闻夫子之言,又知义理之无穷"。(朱熹:《论语集注·学而》,《四书章句集注》,北京:中华书局,2010 年,第 53 页)又参见《朱子语类》卷二十二、三十四,亦有"义理无穷"这样的表达。

子。把来看，又见不稳当，又著改几字。所以横渠说命辞为难。"①

所谓解书用字、命辞"恰好""稳当"的标准，即通过注解使经书中的义理展示出来，让人易读易晓："解经谓之解者，只要解释出来。将圣贤之语解开了，庶易读。"因此，好的"注解"是要能辅助读者理解经典大义："经之有解，所以通经。经既通，自无事于解，借经以通乎理耳。"②

正如朱子所言，横渠那里屡屡谈到"命字为难""难命辞"的问题：

> 大凡说义理，命字为难，看形器处尚易，至要妙处本自博，以语言复小却义理，差之毫厘，缪以千里。③

> 所以难命辞者，只为道义是无形体之事。今名者已是实之于外，于名也命之又差，则缪益远矣。

> 答问者命字为难，己则讲习惯，听者往往致惑。学者用心未熟，以中庸文字辈，直须句句理会过，使其言互相发明，纵其间有命字未安处，亦不足为学者之病。④

可见，在横渠看来"命字"或"命辞"为难有两种情况，一种是自作文的时候，因"义理"或"道义"微妙难见，而名言是在外之物，故唯恐"以语言复小却义理"，这是说思想与表达、义理与语言之间的张力使命辞为难；二是在"答问"的时候，若"学者用心未熟"，而自己用已经熟习的一套言辞向学者讲说，则"听者往往致惑"，因此要理解言辞中所传达的义理，有赖于学者用心做工夫："句句理会过，使其言互相发明。"这是说，在理学家那里，命辞不仅是一个语言如何表达思想的问题，而是要能够使学者明理做工夫。⑤

---

① 《朱子语类》卷十四，第 258 页。
② 以上《朱子语类》卷十一，第 193、192 页。
③ 张载：《经学理窟·义理》，《张载集》，北京：中华书局，1978 年，第 278 页。
④ 以上张载：《经学理窟·学大原下》，《张载集》，第 284 页。
⑤ 倪培民指出，要从功夫的视角看待中国哲学，即不能将中国哲学的话语理解为对世界本质或实在的描述，而要理解成对生活实践的指导，即"功法"。因此，功夫乃是指"生活的艺术"，指向实践主体的自身转化。参见倪培民一系列讨论功夫论的文章，如《将"工夫"引入哲学》，《南京大学学报（哲学·人文科学·社会科学）》2011 年第 6 期；《什么是对儒家学说进行功夫的诠释》，《哲学分析》2013 年第 2 期；《中国哲学的功夫视角和功夫视角下的世界哲学》，《周易研究》2015 年第 3 期等。

正如朱子在《论语序说》与《读论语孟子法》中引程子之言所指出的,如果读《论》《孟》不能"玩味""涵养",不能"切己"体察,而只是"晓文义""以语言解着",则只是"作一场话说",而不能"知道"、不能得"圣人所以用心",此即所谓的"未读时是此等人,读了后又只是此等人,便是不曾读"①。故朱子又说"人常读书,庶几可以管摄此心,使之常存。横渠有言:'书所以维持此心。一时放下,则一时德性有懈。其何可废!'"②,即读书只成为知识上的积累,而没有引起"灵魂转向"或"主体自身转化",所以不能称得上工夫意义上的"读书"。③

并且对理学家来说,领会义理也不是一个一蹴而就的事情,而是一个持续不断的过程:

> 某比来所得义理,尽弥久而不能变,必是屡中于其间,只是昔日所难,今日所易;昔日见得心烦,今日见得心约,到近上更约,必是精处尤更约也。(尤一作必。)④
>
> 因说:"读书须是有自得处。到自得处,说与人也不得。……某二十岁前后,已看得书大意如此,如今但较精密。日月易得,匆匆过了五十来年!"⑤

横渠所谓的"昔日所难,今日所易;昔日见得心烦,今日见得心约",意即其所见之义理并非今是昨非,而是所见之义理固是,但仍会随着工夫阅历的增进而日"易"、日"约",即益发亲切。此与朱子所谓相比二十岁前,看书之大意"今但较精密"之意类似。皆是说明,义理并非像现成知识那样,一旦获得就不会再改变,而是"义理无穷",学者对义理的认识和领会,是一个任重道远、没有穷尽的过程:"心体无限。"⑥

考虑到作为我们的原始文献的朱子的书信、语录,大多数都是在回应弟子、时贤或当时学者在理解经典义理上的一些疑问,因此,就不能不设想,朱子对一些问题的回

---

① 参见朱熹《四书章句集注》,第43—45页。
② 《朱子语类》卷十一,第176页。
③ 参见王雪卿《读书如何成为一种工夫——朱子读书法的工夫论研究》,《清华中文学报》2015年第13期,第49—106页。
④ 张载:《张子语录·语录中》,《张载集》,第317页。
⑤ 《朱子语类》卷一百零四,第2613页。
⑥ 朱子经常强调"义理无穷""道理无穷",这个"理"就不能理解成知识或规律,因为知识或规律具有的是客观必然性,谈不上"无穷"。

应,可能是有策略性的考虑,或者是针对学生的气禀之偏而给出的应机之回答,而非是为了表达具有普遍性的义理或道理。

这个时候回忆一下《论语》里面孔子在面对不同人问仁、问孝时,给予不同回答的场景经验,对我们这里理解朱子与弟子的一些对话,无疑是有益的。此即程子所谓的:

> 《论语》问同而答异者至多,或因人材性,或观人之所问意思而言及所到地位。①
>
> 孔子教人,各因其材,有以政事入者,有以言语入者,有以德行入者。②

具体来说,如针对"问孝"的不同回答,程子有一个很好的总结:

> 程子曰:"告懿子,告众人者也。告武伯者,以其人多可忧之事。子游能养而或失于敬,子夏能直义而或少温润之色。各因其材之高下,与其所失而告之,故不同也。"③

对同一个问题,圣人不同于一般人或一般的老师之处在于,能够"各因其材之高下,与其所失而告之",即根据学生的资禀,因材施教。此亦即明儒吕泾野(柟,1479—1542)所说:

> 人之贤智有高下,工夫有生熟,学问有深浅……是以圣人教人,或因人病处说,或因人不足处说,或因人学术有偏说,未尝执定一言。④

圣人因学者资质、工夫、学问之高下、生熟、浅深之不同而应机指点,"未尝执定一言",这当然也增加了我们理解圣人言语的难度。却从另一个方面告诉我们,义理并非

---

① 程颐:《二程遗书》卷十八,伊川先生语三,程颢、程颐:《二程集》,北京:中华书局,2012年,第246页。

② 程颐:《二程遗书》卷十九,伊川先生语三,《二程集》,第252页。

③ 朱熹:《论语集注·为政》,《四书章句集注》,第56页。

④ 吕柟:《吕泾野先生语录》,黄宗羲:《明儒学案》(修订本)卷八,北京:中华书局,2017年,第145页。

一个现成、僵死的东西,而是活生生的,随着我们涵玩体认、工夫之加深,而不断生长的。

　　而在"问仁"的问题上,朱子在注解"司马牛问仁"一章时,有一个以"愚谓"①开头的按语,也值得我们重视:

　　　　愚谓牛之为人如此,若不告之以其病之所切,而泛以为仁之大概语之,则以彼之躁,必不能深思以去其病,而终无自以入德矣。故其告之如此。盖圣人之言,虽有高下大小之不同,然其切于学者之身,而皆为入德之要,则又初不异也。读者其致思焉。②

　　朱子是从另一个角度指出了圣人在回答学者问题时,不能只是泛论义理,而要能够"切于学者之身",使学者借此机会"深思以去其病"。因此,虽然表面看起来,"圣人之言","有高下大小之不同",但是在其能够"切于学者之身,而皆为入德之要"上看,"又初不异"。因此,像孔子那样,回答学者的话头,一方面,具有个体气质上的针对性或者说是工夫上的特殊性,另一方面,又具有义理上的普遍性。而这两方面又是不能分开的,而就是结合在一起的所谓"具体的普遍性"(黑格尔语)。此即程子在解读"樊迟问仁章"时所说的:

　　　　圣人之语,因人而变化。虽若有浅近者,而其包含无所不尽,观于此章可见矣。非若他人之言,语近则遗远,语远则不知近也。③

又如朱子所说:

　　　　圣贤下语,一字是一字,不似今人作文字,用这个字也得,改做那一字也得。④

---

① "愚谓""愚按"以下之语,皆朱子表达自己独有见解者,值得格外重视。
② 朱熹:《论语集注·颜渊》,《四书章句集注》,第133页。
③ 同上书,第139页。
④ 《朱子语类》卷十五,第305页。

圣人之语尚且要"因人而变化",但却能够"包含无所不尽"。而一般人的话,则"语近则遗远,语远则不知近",想必这也是程子在自己的著述和教学过程中所体贴出的味道之言。这其实也是在表达命辞之难,而"命辞之难"不仅是表现为辞不达意,或语近遗远,语远遗近,更大的困难是在于"与学者语"时,难以使学者"卓立中途":

> 与学者语,正如扶醉人,东边扶起却倒向西边,西边扶起却倒向东边,终不能得它卓立中途。①

程子之所以有这种感受,乃是因为道理是需要人自去体究的,不像命题或知识可以灌输。因此,"与学者语"其实就是一个启发学者,自己体认义理的活动,"醉人"要能够"卓立中途",不能靠人"扶",而是需要有人将他真正的唤醒,使其能够自行站立。因此,若只会随声附和,说一些义理大义,也不过是如贫人说金或捕风捉影,并无真切体会。故朱子说:

> 如谩人底议论,某少年亦会说,只是终不安,直到寻个愿实处方已。
>
> 某向时也杜撰说得,终不济事。如今方见得分明,方见得圣人一言一字不吾欺。只今六十一岁,方理会得恁地。若或去年死,也则枉了。自今夏来,觉见得才是圣人说话,也不少一个字,也不多一个字,恰恰地好,都不用一些穿凿。②

若无个"愿实处",则终究只是"杜撰""穿凿",说些"谩人底议论",不仅"谩人",亦且谩己。而欲"见得分明",则必须工夫无间断,日进不已,六十而知五十九之非。③朱子对真"理"孜孜以求,死而后已,"若或去年死,也则枉了",真可谓上承洙泗"朝闻道,夕死可矣"④之精神。

---

① 程颐:《二程遗书》卷十七,伊川先生语三,《二程集》,第187页。

② 《朱子语类》卷一百零四,第2615、2621页。

③ "蘧伯玉行年六十而六十化,未尝不始于是之而卒诎之以非也,未知今之所谓是之非五十九年非也。"庄子谓惠子曰:"孔子行年六十而六十化,始时所是,卒而非之,未知今之所谓是之非五十九年非也。"(《则阳》《寓言》,郭庆藩:《庄子集释》,北京:中华书局,1985年,第897、944页。)

④ 朱熹:《论语·里仁》,《四书章句集注》,第71页。

五、小　结

　　总之，朱子对经典及义理的不懈追求，无疑令人钦佩。对我们今天的研究者来说，要注意的是，首先，不能简单的、无批判的预设一个思想家的思想或观点是线性发展的，然后按照一种历史的逻辑考察一个思想家的思想观点变迁，并企图以此解决其思想表达中呈现出的一些表明的矛盾之处。

　　其次，我们要深入到理学家的义理世界中，从做工夫的角度，去体察涵泳其义理，从而能够真正的领会其"命辞"之不得已之处，而不是简单地抓住某些命题、观点的矛盾或漏洞就攻其一点不及其余。这种态度显然不是一种正确的对待经典和经典思想家的态度，也不能使我们更加深入地理解经典和推进思想。

　　最后，只有通过工夫不断去除自身的个体性或主体性，才能够深入到理学家的义理世界中。对于中国传统思想家的考察，尤其是宋明理学来说，除了论证其义理上的融贯性，更重要的是认识到工夫对于义理，尤其是作为义理表达的命辞的重要性。通过工夫不断去除自身的个体性或主体性，才能够深入到理学家的义理世界中。同样，只有通过做工夫不断去除自身的主观性或主体性，才能对天理之表达的命辞有更深入的领悟，反过来，对义理或道体的领会，也会促进学者更好地做工夫。

学林雅韵

《老子》思想与古琴艺术

欧阳祯人[*]

摘　要：古琴与《老子》一定有深层次的密切关系。《老子》的核心思想是"无为而无不为"，在我们当今功利主义盛行之际，老子的这一思想，是我们研习古琴的重要指导思想和精神基础，否则我们无法进入古琴艺术的精深之处。古琴艺术可以通达天道，人琴合一的本质是建中立极。我们练习古琴的真正目的是要消除一切杂念，减、诚、纯，把自己锤炼成超人，下学而上达。古琴艺术形象大于思维，玄之又玄，众妙之门，大音希声，微妙玄通，绝学无忧。

关键词：《老子》；古琴艺术；无为而无不为；建中立极；微妙玄通

张丰乾教授：欧阳祯人教授是杰出的学者，在古典哲学研究方面，从孔子、老子到王阳明，以及晚近的哲学著述，都有十多本专著了。另外，他是一位杰出的学术活动组织者，他又主编、主持了非常重要的《阳明学研究》杂志和一系列的学术会议。我自己特别敬佩的就是他建了一个"珞珈山空中杏坛"微信群（珞珈山是武汉大学的标志），这个微信群持续了好多年，现在应该举办了近两百场讲座了吧，这是一个传播各种不同类型讲座的网络平台。不管有多忙，他都亲自组织这些讲座，影响了非常非常多的人，这也是一件功德无量的事情。另外，欧阳教授还是一位杰出的文艺创作者。因为他每到一个地方有所感的时候就写诗、填词，特别在填词这方面造诣很高。今天他做的这

* 作者信息：欧阳祯人，男，1961年生，哲学博士，武汉大学中国传统文化研究中心教授、博士生导师。主要研究方向为中国哲学。

个讲座也非常特别,主题是《〈老子〉思想与古琴艺术》。刚刚他跟曲老师说,这个题目他在其他地方没有讲过。我们有老子学院,有古琴系,有古琴厂,而刚刚欧阳老师也参观了我们的校园和古琴厂。好,下面我们有请欧阳教授开讲,谢谢!

欧阳教授: 非常感谢西安外事学院对我的盛情邀请,也非常感谢张丰乾教授刚才对我的美誉,尤其要感谢在座各位老师、同学,在百忙之中抽出时间来和我一起学习《〈老子〉思想与古琴艺术》。这个题目,应该说是古琴史上一个重要的题目,而且不能不讲。这个题目是很重要的,原因是老子是一个伟大的思想家,也是伟大的兵学家,很多人都说《老子》这本书是一部兵书,但是我们要说《老子》也是一部非常伟大的艺术哲学著作。在《老子》里面有很多艺术的哲学性思想。如果能够把《老子》的艺术思想与古琴的练习与传播结合起来,那我们将会得到很大的助力。

我经常到西安来。这一次是西安交通大学请我来讲课。昨天晚上和丁为祥教授、龚建平教授师生一起联欢,他们都是武汉大学毕业的,然后,我写了一首词。我每次到西安来,都会写很多词。主要是陕西西安的文化氛围激发了我的诗兴。这次来了两三天我就写了三首词。因为武汉经历了疫情,所以我的词总是有武汉这座城市的背景。今天早上写了一首《行香子·西凤酒》,因为我们喝的是西凤酒。西凤酒非常好喝,特别有名,但是据说它的营销做得不太好,所以我来帮它营销,因此就把这个题目改成了"西凤酒"。

行香子·西凤酒

邪疫当头,尽废交游。三千里、流水悠悠。身披明月,独上西楼。叩请苍天,倾河汉,洗忧愁。　　　清纯西凤,极品蒸馏。倚东风,秦士纠纠。觥筹交错,一醉方休。盛情相遇,杯中酒,寄温柔。

辛丑四月十二日,凌晨
欧阳祯人于西安交通大学

"邪疫当头,尽废交游",是因为我们疫情期间不能随便外出。"三千里、流水悠悠",是说这个世界都在为疫情而悲痛。"身披明月,独上西楼,叩请苍天,倾河汉,洗忧愁。"这是上阕。上阕是很郁闷的,但是下阕就不一样了,因为我来到了西安。"清纯西

凤，极品蒸馏。倚东风，秦士纠纠。"我们老秦人，"觥筹交错，一醉方休。盛情相遇，杯中酒，寄温柔"。这是西安的朋友们给我的情谊和安慰。

古琴现在发展的一个最大缺点就是没有新曲的出现。"文革"或者"文革"的后期，有一些琴家试图创作，也创作了一些古曲，但是基本上都是失败的。原因就是它们注入了一些"文革"的、工农兵式的内容。它失去了"保合太和"，"纯粹精也"，品物流行，阴阳大化的这种文化底蕴，古琴任何时候都是不能离开中国文化的精神的。所以，（今人创作的琴曲）基本上是失败的。因此我们在写古词、古诗的时候，也希望古琴界能够突破近现代以来，中国古琴家在创作古曲这个问题上的不足。现在基本上是一片空白，即便是有人创作了，但是在艺术界或者古琴界也没有什么影响。弹的呢，也有各种各样的问题。但是我觉得古琴曲的创作一定不能够离开中和之美，离开了这种精神之后，就不再是古琴曲了。我们的经典里面说的是："中也者，天下之大本也；和也者，天下之达道也。致中和，天地位焉，万物育焉。"（《中庸》）这表面上看是哲学著作，实际上也可以是古琴理论。那么，老子思想的伟大，他的地位之显赫，不是我们现在可以随便说的。在世界上出版次数最多的书是《圣经》，第二多的就是《老子》。仅仅是《老子》的英译本，就有四百多种版本，可见它有多大的影响，这是不得了的重大事情。

而且我们现在理解老子的时代还远远没有到来。这话说得好厉害啊，因为我们现在这个社会太功利了。大家往往把《老子》当作一种权术、一种厚黑学来理解，把它当作兵书来理解，这样一来，百分之九十的诠释思想都进入了一个误区。《老子》是太古之道，它代表了中华文明的一种非常古老的理想。它是对我们当代的一种尖锐的批评，因为当代是功利主义的时代。在功利主义的状态下，人变得特别贪婪，而且欲壑难填，这些东西严重地妨碍了我们对《老子》的学习，同时也影响我们弹古琴。所以，当我们看到《老子》被翻译成这么多的英语版本，还有各种不同的封面，从封面我们都可以看出不同的人对《老子》的理解是多么不一样。关于《老子》的成书，我在这里必须说一句。过去，我们都误以为《老子》这本书是一个人写的，就是西出函谷关的那个老子写的。实际上根本不是。《老子》这本书虽然有五千言，也不是很多，但它是零条语录，集腋成裘。它应该是来自上古的苍茫，并不是一人一时一地所作，所以它应该最后成书于战国中后期。但是它来自上古的苍茫，它到底有多长的时间？我们不清楚。正因为如此，它反映了我们上古时期在这方面思想的一种巨大的融汇，所以它是一个集大成者。因此，《老子》是值得我们花大力气认真研究的。

最近，在湖北出土了公元前330年左右的三个《老子》的版本，还有长沙马王堆两个版本,这都证明了它在战国中期,在孟子之前,就已经形成了。那么,为什么说《老子》和古琴有关系呢?我们讲第一个证据,在刘勰的《文心雕龙》里面,他讲到过"涓子《琴心》"。《琴心》这部著作是中国古琴史上、琴书史上,我们到目前为止所发现的第一部研究古琴的书。这部书当然已经遗失了,但是这部书的作者叫涓子。根据郭沫若、钱穆的考证,这个涓子又叫娟子、娟渊、娟环、环渊或者关尹。这在中国历史上都是很有名的,他肯定是道家的人物,甚至就是老子的学生。因为《礼记·曲礼》里面就记载"士大夫无故不撤琴瑟",古琴在春秋时期就和我们现在的手机一样,那是人人都离不开,人人都要玩的东西。当然我说这个"人人"指的是士大夫,是读书人"无故不撤琴瑟"。只要是有地位的人,他一定练古琴。比方说孔子的学生七十二子,绝大多数都练古琴。在这样的情况下,老子怎么可能不练古琴呢?更何况《老子》不是一人一时一地所作,所以应该是有很多的"老子",其中至少有很多的作者都是弹古琴的,这是毫无疑问的。《太平预览》里面《大周正乐》有言:"涓子操《琴心》三篇者也。"它讲了《琴心》这本书分三章,或者说三卷。又记载:"琴高,以琴养性,鼓琴于郢中。"郢指的是楚国,古代楚国的首都是郢,那里本来就是高手如云的地方。所以能够在那个地方弹古琴,这就说明他的演奏水平是相当高啊。然后他讲到"以琴养性",这就涉及弹古琴在一种什么样的状态下能够以琴养性。其实对于我们现在的古琴学院、古琴系,这就是一个课题。我们慢慢来讲。

我在 2012 年发表了一篇文章《古琴与古代楚国的关系》,文章里面就讲到了古琴与楚国有一些什么样的关系。因为我们现在出土的最古老的、先秦时期的古琴基本上都是在楚国。都是在湖北、湖南两省发现的。湖北省荆门市郭店一号墓出土过一张古琴,也就是在孟子之前的那张古琴。这张古琴有 80 多厘米长,可以直接放在自己的膝盖上弹奏的。比现在我们弹奏的古琴要短一些,但是它的形质是七弦琴,已经基本上和我们现在的古琴差不多了。还有一张是在马王堆里面发现的,这张古琴就更有浪漫的精神,也是七弦琴。长沙马王堆也是发现了两张七弦琴。湖北省博物馆藏的古琴是在随州挖出来的,这些都是我们目前发现的最古老的古琴,发现地都是在湖南、湖北(古楚国)。另外,中国古代的名琴,伯牙的号钟、华元的绕梁,还有梁王的绿绮、蔡邕的焦尾,这些都属于楚国,这四张琴全部是与楚国有关。而且在《中庸》里面子路问孔子说:"什么叫强?"孔子回答说:"你要问的是南方之强,还是北方之强呢?这个南方之强啊,那叫以德报怨。"这样的强,它是一种"上善若水"的强,所以南方有这样一种文化,这个和孔子向老子学习所接触到的一些话题是一致的。

我们再来看《老子》的一些文本,他说:"荒兮,其未央哉!众人熙熙,如享太牢,如春登台。我独泊兮,其未兆。沌沌兮,如婴儿之未孩;傫傫兮,若无所归!众人皆有余,而我独若遗。我愚人之心也哉!俗人昭昭,我独昏昏;俗人察察,我独闷闷。澹兮其若海,飂兮若无止。"大家知道这里面用了好几个"兮"吧?这个"兮"字我们记忆犹新。在《楚辞》里面有大量的这样的文句,像"澹兮其若海,飂兮若无止","若""兮",就像我们刚刚看到过的句子一样,"帝高阳之苗裔兮,朕皇考曰伯庸。摄提贞于孟陬兮,惟庚寅吾以降。"《离骚》一开始就是"兮",一直"兮"到底,而且非常富有诗情画意。《老子》不仅仅是哲学著作,而且也是文学著作,它的每一章都有不同的韵。它本来就是诗歌型的,也就是说,它特别注重民间的传播。所以它和屈原这样一种行吟诗人的做法是比较接近的。因此,《老子》与南方的关系,这是不可否定的。尤其重要的是,刚才张丰乾教授、曲院长带着我一起参观了他们学校的编钟。这套编钟,总共六十五件,每一件上面有三个音,而且音与音之间的结构是半音结构。也就是说,它是一种特殊的,在两千五百年前就已经形成的调式音乐,它现在可以演奏贝多芬的音乐。古琴各种各样的音全部组合起来是二百七十多个音。因此,古琴的音域和编钟的音域是一致的。大家知道编钟的出土是在楚国的随州,即现在湖北省的随州市。所以我们就可以知道,在古代楚国文化的涵盖下的,这种独特音乐的调式,和北方的宫商角徵羽是不一样的。

另外,古琴其实是一种凤凰图腾崇拜的结果。所以古琴的琴额、琴头就是凤额,还有凤肩、凤腰、凤身、凤足,这些名字大家都应该可以看得出它与楚国文化的关系。但是后来有龙沼,有凤池,这是因为与北方的文化交融了。当然,这个交融的人很多,我想孔子应该是一个后来者,在此之前就应该有很多。古琴的历史是非常、非常悠久的,说它有四千五百年,那是一点都不夸张。因为任何一件事情的发生、发展有一个漫长的过程。古琴不仅仅是一种形质的制作,它的下面是梓木的,上面是梧桐木的,还有大量的髹漆工艺,大量的缫丝工艺,等等,尤其还要有物理的音响加进来,只有生产力发展到一定程度,才有这种古琴最后的形成。古琴和老子的关系太多,现在不一而足,随便说几句而已。

我们今天要讲《老子》和古琴艺术,那么《老子》的根本思想是什么?是"无为而无不为"。所以我们就把这一条当作今天的第一讲。为什么说"无为而无不为"对我们的古琴具有巨大的指导作用呢?刚才我们也已经说过,"无用之用为大用"。现在我们的时代是一个功利的时代,一切都是看我们取得了多少现实的利益。这其实严重地妨碍我们真心实意地沉浸于古琴的文化之中。《庄子》里有一个寓言故事,讲的是一个木匠带着他的徒弟一起去伐木,走到一个大椿树面前的时候,这个木匠就跟他的徒弟说:"你们看到这树长得虽然很高大,遮天蔽日,但是一点用都没有。你们以后看到这树就绕着弯走,就去砍别的树,这个树一点用都没有。"这样,这个木匠带着学生去砍别的树了。砍了一天以后,木匠晚上睡觉的时候,这大树就给他托了个梦。大树说:"你知道我虽然长得很大,但按你说的就没有用,真的是没有用吗?在这茫茫的无何有之乡,在太阳高照的时候,很多人都到下面来乘凉,下雨的时候在下面躲雨。而且正是由于我材质稀疏,没有用,所以在这里已经长了五百多年了,没有人再砍我。那所谓有用的树都全部被砍光了,这个无何有之乡简直被砍得一塌糊涂,没树了,为什么?因为我无用,所以我一直伫立在这里。"那么这个故事讲的是什么呢?讲的是我们的古琴。我们不能把古琴作为一种表演的工具。我特别反感用"表演"这个词来形容弹古琴。我们说古琴的演奏叫作"操缦",这是古代书上说的。因为古琴本身声音不大,它本来就是弹给自己听的。比方说我填词,会有多少人看我的词呢?我的词写得好不好,只有我自己心里清楚。旁边有的人说:"哎呀,欧阳老师,你写得这么辛苦,何必那么辛苦呢?我们先玩吧。"我说:"那不行。"为什么?因为写词是我自己的事,挖掘我的潜质,培养我的能力,实现我的价值,这是我自己的事情,这词写出来本来就不是给你们看的。我想说的是,古琴本来就是弹给我自己听的。"大乐与天地同和,大礼与天地同节","士大夫无故不撤琴瑟",这个琴是放在自己家中琴室里的那个琴。《诗经》说:"琴瑟友之。""琴瑟友之",就是说他和最知心的朋友两个人对弹。有的是两张琴,或者是一箫一琴,或者是一瑟一琴这么一种对弹,这是可以的。但是古琴不适合在众目睽睽的情境下来"表演",它不是这样的一种乐器。否则的话,就把它的目的搞错了。古琴要弹得好,只有我自己内心知道。所以如果我们要学古琴,首先要稳定我们的价值观。我是谁?我的信仰是什么?知道我自己在追求什么,我要去哪里。所以在这样的问题上,古琴本身是来自我们的内心。我们一切的弹拨,都是我们自己内心的一种投射,而不是为了表演。所以"无用之为大用",为什么呢?因为现在我们每一个人都非常匆忙,在外面有的人赚了钱,得到了赏识,回来也会很骄傲。有的人在外面受尽了凌辱,回来以后又感到很耻辱。所以在这样的情况下,古琴可以抚慰我们。可以让我们把那放出去的心收回来。所以孟子就讲到了"收放心"。就是说白天我们为了现实的功利丢掉了很多我们来自赤子之心的那种天爵,把人之所以为人的那份善良搞丢了。所以晚上回来以后,要"存夜气",要养"平旦之气"。那么,怎么去养呢?就是要通过古琴这个平台。沐浴，更衣，焚香，操琴。这是一个"收放心"的过程。所以孔子、孟子，包括诸葛亮、王阳明、陆九渊、张之洞、左宗棠这些人都弹琴。我们为什么对那些专业的琴家往往记得不多，而对那些政治、军事、社会的风云人物那么关注呢？原因就在于古琴本来就是一个功利之外的东西。在钱权、名利的面前，古琴的作用是净化我们的灵魂。它是在我们非常猖狂，或者非常辛苦的时候的一种抚慰。在艺术的境界之中，在柔曼的飘逸之中，收回我们的放心，回归我们的自我，守住自我的底线。所以，古琴是在无形、无用之中，打造我们人格的一个神器、一个圣器，是非常了不得的东西。

　　现在，随着中国文化的复兴，我们看到了中国已经有了很多写古琴的书，我是一个很喜欢读书的人，但是我非常遗憾地告诉大家，我读到的最好的关于古琴的书居然是荷兰的高罗佩写的《琴道》。这本书已经出版几十年了，但到现在中国人无法超越。我看到中国有的是很显赫的人物写的古琴书。比方有人说，我们现在练古琴就是要彻底地批判过去"琴者，禁也"这样的封建主义的陈词滥调。这个实在是太不了解中国哲学了。"琴者，禁也"，这是对古琴最基本的概括。这个"禁"说的是在自由面前的自律。颜渊问仁。孔子回答说："克己复礼为仁。一日克己复礼，天下归仁焉。……非礼勿视，非礼勿听，非礼勿言，非礼勿动。"（《论语·颜渊》）这就是古琴艺术。他的意思是"发而皆中节"，你如果不中节的话，这古琴怎么弹？你没办法弹了吧。但其实这就是一个伟大的哲学思想。就是说，我们每个人都有七情六欲，我们每个人都有喜怒哀乐，我们每一个人都想放逸自己，去放飞自我。说到底，每个人都希望有自己的自由。但是自由的前提一定是自律。不论东方、西方，不论古代、现代、当今，任何一个人的幸福都一定是建立在自律的基础之上，不是我们想怎么干就可以怎么干的。而古琴的这种操缦，给了我们一种艺术上的提示。所以"琴者，禁也"，从方方面面概括了我们应该怎样去认识古琴，怎样去与古琴为伴，怎样去操缦，怎样去面对古琴的文化。这实在是太重要的东西了。所以我还专门写了一篇文章，写了一万多字来论证"琴者，禁也"的哲学意蕴。这是古琴文化的根本。说它是陈词滥调，要把它彻底毁掉，那古琴还怎么学？

　　《琴道》作者高罗佩，本来是一名外交官。他在第二次世界大战的时候，到中国来做荷兰的领事。在重庆，他就和天风琴社的人一起活动。根据张子谦的记载，高罗佩能够弹大概十二首曲子，而且弹的都是著名的曲子，那个入门的曲子他没有算。张子谦说他弹的虽然不是很熟，但是作为一个西方人来讲，弹到这种程度已经很了不起了。他是个博物学家，他的知识极其丰富。他写了十几本书，包括《狄公案》。他在日本、在中东都做过各种各样的外交官。外面不论是在打仗也好，还是在搞什么政治运动也好，他都躲在自己房子里写有关中国的书。大家可以去看一看他写的这个《狄公案》，那真是好看极了。他的《狄公案》在西方有着巨大的影响力，《福尔摩斯探案集》在西方还没有盛行起来的时候，《狄公案》在欧洲就已经家喻户晓了，妈妈们要想把孩子哄睡着，就读他的《狄公案》。《狄公案》实在是太受欢迎了，基本上是洛阳纸贵。但是我们从古琴文化的角度来读他的《狄公案》，我们会大有收获。为什么呢？他的情节、场景、细节丝丝入扣，简直就是一支完美的曲子，起承转合，浑然天成。所以我觉得他的《狄公案》的写作受到了古琴艺术的启发。最重要的是，他把他自己的人生定格在明朝士大夫的身上。他吃饭、睡觉等的一切，全部是模仿明朝的士大夫的生活作派，他特别崇拜明朝士大夫的生活方式。这个简直难以想象。他写《狄公案》时，都设身处地地设定每一个人物，好像就是他本人一样。一个外国人啊，能够把中国文化学成这个样子，这是我们各位同学要有所思考的。我的意思是说，学古琴首先你必须学中国的文化，尤其是中国的哲学和文学。离开了中国的哲学和文学的话，你就没有办法来学古琴。因为你没有那种深厚的底蕴。所以我们把《溪山琴况》放上来，这应该说是我们大家都知道的一本非常重要的古琴理论著作。徐上瀛的琴弹得很好，大家只要看他的《序言》就知道，他的修养可不是一般的。他是两届武状元，他的人生志向就是准备反清复明。在多次起义失败以后，他自己藏之名山，然后向别人学习古琴，学习以后从大山上下来。他的古琴弹得所向披靡。他古琴弹得特别好，为什么呢？这个人有信仰，有稳定的价值观，这才是最重要的。所以我们如果要是利欲熏心，怀着某种功利的目的来弹古琴，如弹古琴是为了表演，是为了卖弄，斫古琴是为了赚更多的钱，每天听到的每一声刨子的声音，你感觉到这是一种哗啦啦的钱正向你滚来。像这种搞法，就预示着我们文化的堕落。古琴文化就没有前途，一片黑暗。这是必然的。我们看这个高罗佩，古代汉语掌握得很好。他能够用汉语写古代小说，而且他终生练习毛笔字。刚才我去参观了你们的老子学院，哎呀，那么多练毛笔字的地方。其实书法艺术和古琴艺术完全相通，我们大家如果要练好古琴，那就一定要每天早上起来，或者睡觉之前练练毛笔字，这绝对可以让浮躁的心情安静下来。一个人如果不是气定神闲，如果不是心如止水，就无法写毛笔字，无法弹古琴。而且你随便一摸古琴，别人就会知道你现在是一种什么样的心境。高罗佩说的一句话你们听啊，他说："中国传统将独奏古琴视为文人阶层的特殊乐器。从上古时起，它就占有特权地位。独奏古琴被尊为'圣王之器'（注意哦，这是独奏啊！）它的音乐则被称为'太古遗音'。"所以我们的古琴是"太古遗音"。

我附带说一句,刚才我去摸了几下贵校的古琴。贵校的古琴做得非常好啊,是真的不错,做得很好。关键问题是要培养真正的脚踏实地的、有着真功夫的琴家。现在在中国红极一时的很多古琴家,说实话,他们就是不能够持续,他可以红一时,但不能红一世,原因就是他这个心没有沉下来。尤其是拿着古琴到处赚钱,这个我觉得……这别的话我不好说了,这实在是过分得很,不应该。尤其是我刚才说了,你作为一个古琴家的真正的标志不仅仅是对那些古曲的娴熟地操缦,更重要的是一定要有新曲子的创作。这才是标志。你再怎么会弹,你有本事你创作几只曲子让它传下去。中国文化叫作"苟日新,日日新,又日新"(《礼记·大学》),"作新民"(《尚书·康诰》),"周虽旧邦,其命维新"(《诗经·大雅·文王》),子在川上曰:"逝者如斯夫,不舍昼夜。"(《论语·子罕》)子曰:"发愤忘食,乐以忘忧,不知老之将至云尔。"(《论语·述而》)这都是说什么呢?说的是勤奋,说的是刻苦,说的是创新。中国文化叫周流六虚,风雨博施,阴阳大化,中国文化是地地道道的创新文化。好,下面我们听听管平湖弹的这个太古遗音。

这叫什么曲子,刚才弹的?对,《碣石调·幽兰》。这支曲子地地道道地体现了上古遗音的特点,回去以后大家可以自己再听一听这支曲子。它传自一个叫杨守敬的人。杨守敬是湖北宜城人,是一个金石学家。他在日本发现了这个《碣石调·幽兰》。相传这首曲子为梁代琴家丘明所传。丘明本来是绍兴人,但是后来隐居于九疑山。九疑山是什么地方?就是大舜的陵寝所在地。丘明"妙绝楚调",他特别精于弹《碣石调·幽兰》这支曲子,这支曲子时间很长,"以其深微而志远,不堪授人"。就是说这只曲子"深微",非常微妙,《老子》里面说的是"微妙玄通",不可以让常人都能够认识出来。"而志远",就是志向高远。可是呢,"不堪授人",也就是说,大家都承受不了这支曲子,学了半天大家都昏过去了。在南朝陈后主祯明三年,他就给一个叫王叔明的人传授了这支曲子。后来他活了97岁,因为没有儿子,所以这支曲子也就算是没有继承人了。后来在日本发现了这支曲子,我们都知道,魏晋南北朝的时候日本已经大规模地、疯狂地学习中国的文化了,包括古琴。所以我们在《碣石调·幽兰》曲子上就会看得出来什么叫"无用之大用"。

刚才这支曲子,每一个音都可以让人感到震撼。如果是从音乐的角度上来讲,它有巨大的魅力。我记得我看过林西莉写的《古琴》这本书,她是瑞典人。她说她第一次来到古琴的教室时,里面有一张古琴。她在那个琴上弹拨了一下,仿佛整个世界都被那一个音给震慑了。就是在那个时刻,她决定学古琴。所以我们的古琴就有这种魅力,只有不功利、不贪恋的人,才能够体会到古琴的那种伟大,体会到它的博大精深。《老子》说:"三十辐共一毂,当其无,有车之用。埏埴以为器,当其无,有器之用。凿户牖以为室,当其无,有室之用。故有之以为利,无之以为用。"所以古琴有大用。这是车轮子给老子的一种启发。如果没有这样的一种"无",那么这个轮子就不可能驰骋千里。古琴就是这样的,所以我们可以想见王阳明,因为他的古琴弹得好,虽然被太监刘瑾迫害,把他弄到龙场,但是他在那里动心忍性,这叫:"天将降大任于是人也,必先苦其心志,劳其筋骨,饿其体肤,空乏其身,行拂乱其所为,所以动心忍性,曾益其所不能。"(《孟子·告子下》)他在龙场有四卦:《明夷卦》《恒卦》《畜卦》,还有《晋卦》。这就是说,这是一种离不开的精神,是一种力量。离开了这种精神和力量,就没有王阳明了。后来王阳明平定了整个江西、湖南、安徽、浙江、福建、广东等地区的土匪。历朝历代,没有他那么厉害的人,那么多的土匪,他一个读书人,为什么能够手到擒来,事情做得"知先全善"? 知、先、全、善是《孙子兵法》里面最高级别的四个字,他做得滴水不漏。他仗打得非常好,在回来的时候顺便又解决了朱宸濠的叛乱,以一万八千人的民兵,解决了十万铁甲军,为什么? 他的学生后来和他一起聊天,问他:"你只有一万八千人,而且是民兵,又没有任何的军事训练,没有任何的给养,你怎么能够在那么短的时间里面,战胜朱宸濠呢?"王阳明回答说:"因为我不动心,他却动了心。他一动心,他就完了。"所以古琴这个东西我刚才已经说了,气定神闲,心如止水,恬淡虚无,这是练古琴的最基本的心理前提。如果没有这种东西,我们就无法来面对古琴,无法面对它的博大精深。"大乐与天地同和",否则我们怎么去理解人琴合一? 所以,只有在"无用之用为大用"的状态下,才能够体会到古琴文化的博大精深和微妙玄通。

　　《老子》讲:"为无为,事无事,味无味。大小多少,报怨以德。"我觉得这就是古琴艺术的理论基础。"为无为,事无事,味无味"是什么意思? 它说的是道不可言说,你看不见,摸不着,听不到,但是它却是一砖一瓦,一草一木,视听言动,无处不在。这就是道,这个道就是琴道的道。"大小多少",他说的是我们古琴的各种各样非常复杂的弹拨过程,也就是纷繁复杂的人类社会的一切的爱恨情仇,通过我们对古琴的弹拨把它表现出来。什么叫"报怨以德"? 是说的厚德载物,地行无疆。只有有这种博大胸怀的人,才能够去面对我们古琴的悠久历史、太古之道。这个"报怨以德"的意思,是说我们不避恩,不避情仇,不计较一切爱恨情仇,放下这个世界的一切乱七八糟的事情,进入这种艺术的纯粹,就如《周易》里面说的"纯粹精也"。所以《老子》后面讲:"道常无为而无不为,侯王若能守之,万物将自化。化而欲作,吾将镇之以无名之朴。镇之以无名之朴,夫将不欲。不欲以静,天下将自定。"自定",刚才我们已经说过了。首先要定住自己的七情六欲,《大学》里面讲:"大学之道,在明明德,在亲民,在止于至善。知止而后有定,定而后能静,静而后能安,安而后能虑,虑而后能得。物有本末,事有终始,知所先后,则近道矣。"是说人生的目标是道,但是我们要确定我们到底是谁,我们从哪里来,我们向何处去。如果我们不能够读懂中国哲学的话,我们就无法解决这些问题。我们弹古琴的人,时时刻刻要以经典为伴,要真心实意地去揣摩、读懂、理解、运用,落实到行动当中,把经典始终作为我心中的那盏明灯。高罗佩的《琴道》写得好,真正的原因并不是他的博学,而是在他有一种情怀、一种皈依。那是一种孔颜之乐,是一种精神的飘逸、旷达。这正是我们目前当下中国人最缺少的东西。"道也者,不可须臾离也;可离,非道也。是故君子戒慎乎其所不睹,恐惧乎其所不闻。莫见乎隐,莫显乎微。故君子慎其独也。"(《中庸》)"慎其独也"是说的心,说的就是我们每一个人怎么去面对古琴的那份心态。所以"道常无为","道常"的"常",这不是一个副词,而是一个形容词。说道的最大的特点就是无边无际,就是无始无终。它是不可表述的,它是抽象的,它没有具象性,所以道"常"。古琴只有通过我们的弹拨,超越于现实的状态,进入无弦的状态,这个就叫"道常"。在这样的情况下,就是无为,也就是说我们的弹拨已经超越了各种各样的手法,进入一种"惚兮恍兮""恍兮惚兮"(《老子·第二十一章》)的状态,所谓"大象无形""大音希声"(《老子·第四十一章》)"无为而无不为"(《老子·第四十八章》)。这才是老子的艺术哲学。所以"侯王若能守之",谁是"侯王"? 就是我们每一个弹古琴的人,我们每一个人自己就是自己的灯塔。因为道在"我"的心中,所以"我"就是侯王。"侯王若能守之",守什么? 守道之常。"万物将自化",所以古琴表面上看是一种技术的问题,实际上是"我"的心灵是不是以中国的道作为归一的问题。"化而欲作",是说我们每一天都会受到外界的牵引。树欲静而风不止,所以稍不留神爱恨情仇又来到"我"的身边。"吾将镇之以无名之朴",这个"朴"是什么呢? "朴"是一种原始的木料,一种初朴的状态,就是像道一样的"惚兮恍兮"。所以我们要用一种原始的道来震住"我"像小鹿一般蹦来蹦去的心灵。"吾将镇之以无名之朴。镇之以无名之朴,夫将不欲。不欲以静,天下将自定。"(《老子·第三十七章》)古琴最后、最高的境界,正是来自这样一种"道常无为"的状态,才能够达到真正的化境。我在好多年前就写过,"古琴的最高境界是人琴合一",琴离不开人,人离不开琴。所以,我强烈建议,每一位想要真正学好古琴的人,一定要想办法找到你自己特别喜欢的那张最好的古琴。因为每一张古琴的斫琴过程是不一样的,配料不一样,制作过程的轻重缓急也是不一样的。仅仅只是练练古琴的时候倒无所谓,但是终身作为你的伴侣的话,那你无论如何要找到一张适合你自己的琴。因为每一张古琴它的音色是不同的,当然外人是听不出来。只有那种古琴高手才听得出来不同的琴有什么样的特色。人琴合一是方方面面的。一般来讲,我只弹我自己的那张琴,别的琴我一概不弹,这才是弹琴的人。张之洞有两张琴,这是他妈妈临去世的时候送给他的。他妈妈去世以后,每到逢年过节、他妈妈的诞辰,他就弹两张琴,一直到他生命的最后一刻。正是这两张琴伴随着他走遍大江南北,黄河上下。张之洞是对中国的现代化做出了巨大贡献的人,没有张之洞,就没有中国的现代化。然而他的古琴弹得那么好,弹到最后让人热泪盈眶。所以我们每一个人要把古琴作为一种表达内心世界的、真正的凭借,而不仅仅是给别人表演,那样你只得到皮毛而没有得到内在的精神实质。所以要人琴合一。

庄子对我们现在这种功利主义的东西充满批判,深恶痛绝。他说,我们一来到这个世界上,就要赢在起跑线上。从小爹妈就让我们学这学那,现在开始学古琴了。庄子说:"与物相刃相靡,其行尽如驰而莫之能止。"(《庄子·齐物论》)每天像匹马一样不断地奔跑。"而莫之能止",谁都挡不住我们。他说:"不亦悲乎?"这是一种悲哀的人生啊。"终身役役而不见其成功,苶然疲役而不知其所归,可不哀邪!人谓之不死,奚益!"(《庄子·齐物论》)这活着就是行尸走肉,根本不知道自己姓甚名谁,跟着名与利无休无止地跑去。我们的外形是一天天地老去,我们的心灵也变得越来越枯朽,根本就没有任何的创造性,没有自己的精神,"可不谓大哀乎"?所以古琴,我刚才已经说过了,它是"收放心"的平台,是让我们回到太古遗音的这样一种天人合一的状态。"究天人之际,通古今之变,成一家之言"(《报任安书》),这才是我们要学习的。它是挺立我们的人格,它与孟子"居天下之广居,立天下之正位,行天下之大道。得志,与民由之;不得志,独行其道。富贵不能淫,贫贱不能移,威武不能屈"(《孟子·滕文公下》)是一致的。"仁义礼智根于心,其生色也睟然,见于面,盎于背,施于四体,四体不言而喻。"(《孟子·尽心上》)这才是古琴。

还有陶渊明。他写了《归去来兮辞》,他是中国第一位专业性的田园诗人,他有一张无弦琴。所谓无弦琴,其实就是超越现实的弹拨,进入到一种无的状态。"归去来兮,请息交以绝游。或命巾车,或棹孤舟。既窈窕以寻壑,亦崎岖而经丘。木欣欣以向荣,泉涓涓而始流。善万物之得时,感吾生之行休。"(《归去来兮辞》)这个古人确实是让我们很羡慕的,他能够自由地在这个大自然的状态下思索,没有任何功利,自由自在地弹拨古琴。精骛八极，心游万仞，这个才叫自由。下面我们听一听他的《归去来兮辞》，稍微听一点点。这是由杨宗稷与他的儿子杨葆元弹的。杨宗稷本来姓欧阳，和我同一个姓。但是后来，为了方便他改成了木易杨。

好，时间关系，我们不能多听，大家下去以后再感受一下。其实这支曲子大家一听，就能听出弹得气定神闲，大家看一看"杨葆元"这三个字。葆是永葆青春的葆，元指的是元亨利贞的元，是《周易》里面的一个非常重要的字。所以大家要好好地看一看杨宗稷，他希望他的儿子弹古琴，那就要回到《周易》的乾卦的那种状态下面，进入元亨利贞的状态，那古琴才弹得好。杨葆元这个名字，给我们揭示了什么是古琴艺术的最高境界。这样一来，我们的古琴到底怎么弹得好？"通天下一气耳"（《庄子·知北游》）"同于大通"（《庄子·大宗师》），这都是老庄哲学。"同于大通"，就是回到大自然的状态下，弹出天籁之音。庄子的《养生主》里面专门讲到庖丁解牛的故事，我们各位应该都是知道的，因为这是我们中学的时候学过的。但是这里面有几句话要注意："以神遇而不以目视，官知止而神欲行。依乎天理，批大郤，导大窾"，"以无厚入有间，恢恢乎其于游刃必有余地矣"。难道这不是美学著作吗？这是地地道道的美学著作，就是古琴艺术的理论。大家能够把这几个字好好地体会一下，我们怎么去把古琴进入一种无的、忘我的阶段。那就是很高的要求了。

好，下面讲的是琴通天道。这个道字，大家看它的原始的意思。"道"的左边是一个路旁，是一个步，是走路的样子。右边上面的，这是头发在飘荡，下面的是一张脸。也就是说，它的原始的意思说的是在战争当中，把俘虏的头砍下来，然后放在十字路口示众的意思。可怕吧。所以这个"道"字本来一开始就有鬼神、天人之际的背景，有宗教性、宗教背景。所以，琴通天道，后来在《乐记》当中说的是"大乐与天地同和，大礼与天地同节"。我们一定要知道，古琴不仅仅是一个乐器。刚才我们引用高罗佩先生的话就讲它本来就是一个神器、圣器。古琴不是一般的乐器，它不是给别人随便表演用的。所以"大乐与天地同和，大礼与天地同节"，说的就是我刚才说的那种"居天下之广居，立天下之正位，行天下之大道"的意思。我写过论《乐记》与古琴艺术的"乐之道"的源流关系的文章，我好像还有一篇文章是专门讲《乐记》的，它是古琴艺术的理论基础。也就是说，《乐记》这篇著作的作者（像《乐记》这样的著作也一样，不是一人一时一地所写，绝对不是一个人所写。古书都是这样零条散字，慢慢地累积起来的），至少绝大多数的作者肯定会弹古琴，如果他们不会弹古琴的话，《乐记》这个作品根本就写不出来，这是毫无疑问的。要弹古琴，你无论如何，一定要仔细地去揣摩《乐记》那篇文章,这是《礼记》里面的一篇,属于《诗》《书》《礼》《乐》《易》《春秋》"六经","六经"本来有《乐经》,但是现在我们只剩下《乐记》这一篇文章了,可能还有很多东西我们都没有看到。

古琴能够通天道。无论是《乐记》也好,还是古琴本身,就它的重要地位来讲,或者说就它的乐音、音色来讲,都是与其他的音乐不一样的。比方说小提琴,比方说钢琴,与古琴相去甚远。在西方音乐里要说和古琴比较接近的乐器,我觉得是贝斯,就是大提琴。它那种低沉回旋、宽厚博大的感觉,有点接近于我们的古琴,但是这没有可比性。因为大提琴是一个表演的乐器,而我们古琴是一个弹奏给我们自己的神器,它们有本质上的不同。因此,我们在学习古琴,理解古琴,欣赏古琴的时候,就是要回到老子的"道"上面去。"道可道,非常道;名可名,非常名",如果这个道是用语言能够表达出来的,那它就不是道了。道是无法用语言来表述的。所以"常无欲以观其妙,常有欲以观其徼。……玄之又玄,众妙之门"(《老子·第一章》)。因为过去弹古琴的是自己弹,但是弹奏古琴的人,他往往又不是真正能够理解古琴的人,所以对古琴的艺术,他往往没有真心实意地、彻底地去了解曲子,往往用一些名字来自命名,实际上所有的古琴曲子都是形象大于思维。就像我们一百个人读《红楼梦》就有一百个林黛玉;一百个人读《老子》,就有一百种老子的思想一样。因为百分之五十的文本来自读者的领略、欣赏、分析,真正的著作的完成来自读者的阅读。所以任何一部著作,作者写好了,但是著作的进度只完成了百分之五十,最多百分之五十。因此,我们所有的著作都是这个样子,包括我们弹的每一支曲子。古琴的弹拨一定是因人而异的。同样的一支曲子,你不能说你弹的时候只需要模仿,简直和你的老师弹的一模一样,这就是最好。不,不是的。你要弹出自己的特色来,弹出自己内心的那份呼唤和希望来,这才是最高境界。当然你基本的手法还是要到位,是不是?但是它有一个过程,有一个从无到有的过程。《老子》说:"无名天地之始,有名万物之母。故常无欲以观其妙,常有欲以观其徼,此两者,同出而异名,同谓之玄。"也就是说,这个世界的根本是无,无而生有,有是无的结果。所以我们弹拨这个古琴,它真正的最高境界是穿越这个"有",进入"无"的境界,这才是最高境界。这叫"玄之又玄,众妙之门",这叫"大象无形""大音希声",这就是老子的最高境界。音乐的境界叫大音希声,叫天籁。在这样的情况下,做一个非常通俗的比喻,就像开汽车一样。你开始开的时候非常着急,到处都是车,十分惊险。但是随着时间的推移,逐步变成了老司机,这个时候,就会开得又快又准,是不是?因为经历了各种历练,就不一样了。但是,我们还不是专业人才。别以为我们这里很多人都会开汽车,你要碰到一个真正专业开汽车的人,我的意思是说如那种赛车手。同样的一辆汽车,他开得出神入化,你根本就没办法想象他是怎样开车的。有一些赛车的视频,比方说《速度与激情》,里面有一些动作就是这样的。所以,"大音希声""大象无形"就是说我们弹古琴的人,要穿越"有"进入"无"的境界,才是最厉害的。就像我们现在看到的这个"玄"是个什么东西?"玄"就是一个旋涡。这个旋涡就像天上的星云一样,它在不断地、来回地变动,春夏秋冬都不一样。这个"玄"其实就是一张古琴的审美之图。在湖北省有一个介于旧石器和新石器时代之间的古文化,叫屈家岭文化。屈家岭文化里就发现了一些原始的太极图石雕,其实就是来自三峡的漩涡。那个漩涡,像天体一样。因为那个时候可能空气特别干净,仰望天空,那满天的繁星和我们现在的天空不大相同了,与大自然贴得特别近,所以古人能够看到天体的这种运行。因此,"玄之又玄"的玄字本身就是水在漩涡上面的一个象形字。这其实就是古琴艺术的最高境界。古琴的最高境界并不是我们的每一个音都弹得很准,弹得非常清楚,而是要进入一种人琴合一的化境,天人合一,天人泯合,那才叫古琴。

老子说:"天下皆知美之为美,斯恶已;皆知善之为善,斯不善已。故有无相生,难易相成,长短相形,高下相倾,音声相和,前后相随。"(《老子·第二章》)到最后呢? 是以"圣人无为而无不为"(《老子·第四十八章》)。这也是我们练古琴的一个过程。

　　绝学无忧。唯之与阿,相去几何? 善之与恶,相去若何? 人之所畏,不可不畏。荒兮其未央哉! 众人熙熙,如享太牢,如春登台。我独泊兮其未兆。沌沌兮,如婴儿之未孩;儽儽兮,若无所归。众人皆有余,而我独若遗。我愚人之心也哉!(《老子·第二十章》)

"绝学无忧"。什么叫"绝学"?"绝学"就是老子的太古之道的学问。进入古琴世界以后,我们就放下一切爱恨情仇。不然的话,就影响到我的心如止水,绝学无忧,"道法自然",是不是? 这个世界一切爱恨情仇都是要超越的。古琴艺术,在我们当代就是一种"绝学",但是,它把我们引入了一种"无忧"的精神境界中去了。因为其中有"道"。老子说的是:"唯之与阿,相去几何? 善之与恶,相去若何?"他的意思是说,有人对你很好,有人对你很恶,"相去几何?"其实这里面没有多大的区别。为什么? 因为地球在茫茫的宇宙当中,不过是一粒小小的微尘而已。在我们地球上面有七十多亿人。

我们每一个人，你不论多么了不起，多么聪明，多么有钱，多么有权力，其实我们每一个人，都是那阳光下的一粒微尘。所以他用了"荒兮其未央哉"，这茫茫的大地，其实一切都是浮云，都可以忽略不计。别人在享受"太牢"，"众人熙熙"，非常高兴，正在大吃大喝，"如春登台"，但是"我独泊兮其未兆，如婴儿之未孩"。但我连一个小孩子都不是，对一切无私无欲，但是精气神十足。所以"傫傫兮，若无所归"这是一种惚兮恍兮的人生啊。"众人皆有余，而我独若遗。我愚人之心也哉！"什么叫"愚人之心"呢？就是放下一切聪明才智，一切爱恨情仇，关闭了一切对功利的追求。你们都去做很爽的事情，而我呢，能够守住我的古琴，进入一种天人合一的状态。我特别喜欢这一句，"荒兮其未央哉！"，无边无际，它是无法用语言来概括的。它就像我们古琴的音乐，他所表达的内涵本来就是无边无际的。所以我们要穿越有声，进入无声的状态，这叫"宠辱不惊"。宠辱不惊，这个成语来自《老子》。据《庄子》记载，楚国有一个石匠，他工作的时候不小心鼻尖上弄了一点泥浆。然后他就请木匠，说："麻烦你用斧头帮我把鼻尖上这点泥浆砍下来。"他就站在那里。那木匠就运斤成风，一斧头下去，铲得干干净净，鼻子一点伤害都没有。哇，神技啊，大家都觉得了不起、不得了。消息不胫而走，全世界的人都知道他会用斧头。北方宋国的国君宋元君知道这事了，专门带信来，八百里加急，说："木匠，请你带着你的斧头，到我们国家来一趟。因为寡人的鼻尖上也弄了一点泥浆，麻烦你，帮我把他也给铲下来。"但是木匠听说以后就回答说："我不能来。因为我的石匠兄弟精气神十足，所以我运斤成风的时候，他岿然不动，我一斧子下去，铲得干干净净，鼻子也不会受到伤害。但是你就不一样，利欲熏心，所以我这一运斤你前仰后翻的，我一下去，你一让。唉，到底是我的问题还是你的问题？这怎么说得清楚呢，是不是？又没有摄像机，这没办法。所以万一你要是把鼻子往前一送，我一下子把你的鼻子铲下来了，那不是更麻烦？我就回不来了，是不是？那我还犯了伤害罪，这事没法与你玩。"所以，在中国的成语世界里，运斤成风的故事就在这里。这个故事对我们古琴来讲有什么样的启发呢？同样说的是精气神，心如止水，气定神闲。这个道理刚才已经讲了很多，我们不用多说了。一个心浮气躁，利欲熏心的人，是不可能造出真正的好琴来的，也是不可能真正弹好古琴的。所以，我们这里有古琴系古琴专业，而且是国家级的基地，我们一定要牢记古人的话。否则的话，古琴就没有未来，这叫太古之道。太古之道也就是融会了孔子的醇儒和老子的道的思想形成的，是我们从现代哲学的理念上对老子、孔子的一种概括，他们有相通之处。孔子向老子诚心诚意地学习，而且把老子的道家能够融会到他的思想当中去。在《论语》当中，在"六经"当中，可以说是无处不在，大家可以看到老子和孔子的这种融会。所以在《老子》里面多次讲到了玄德的问题,"玄之又玄,众妙之门",这个玄字本身是水,代表黑色。金木水火土代表不同的颜色,所以这个玄字本身是黑色的意思。在老子的整个思想体系当中,他讲的是以黑守白,以静制动,以柔克刚,无为而无不为。他不是说弹古琴没用,而是说,我们在这样的一种心态下面,以黑守白,以静制动,以柔克刚以后,那么最后就有大用。为什么这么说?因为历朝历代的真正厉害的军事学家、政治家基本上都弹古琴。表面上看,古琴没用,实际上它有大用。下面我们来听一听这个曲子,吴景略先生弹的。

这支曲子普及很广,很多人都知道——《山中思故人》。相传是蔡邕所作,这支曲子可以说博大精深。可惜他用了一个题目,叫《山中思故人》。实际上,这支曲子怎么能够说仅仅是表达友谊呢?怎么就不能说它表达了一种爱情?怎么就不可能有我特别的、设身处地的、自己的诠释呢?这就叫玄德,"玄之又玄,众妙之门"。所以对我们中国古代的曲子,我们要用现代的艺术对它进行诠释。这样就可以有充分的诠释空间,这叫精骛八极,心游万仞,这才叫艺术。孔子说,人之所以为人,就是要"兴于《诗》,立于礼,成于乐"(《论语·泰伯》),"兴于诗"这个"兴",是指我们一种诗与远方的想象。人活在这个世界上,是从诗歌开始。所谓的诗,它是要有境界的。如果我们对中国古代的诗词不是有很深入的了解,我们的古琴肯定弹不好,这是毫无疑问的。因为古琴弹出来要有诗歌一样的境界,你弹到哪里,哪怕就是一个音,我刚才讲林西莉的那一个音下来,它就会震慑你的灵魂。那就更不要说像《山中思故人》这样的世界名曲了。可惜,由于我们的这个世界,我们对古琴文化的这种遗忘,对它"没有用"的这种践踏和蔑视,还有人们普遍认为数钱的声音比音乐的声音好听多了,这样的一种思维定式让我们对古琴艺术的真正价值无法认识。其实中国是一个伟大的诗歌国度,是世界第一流的诗歌古国,这是毫无疑问的。我们有各种各样的诗,从古至今。比方说,晚清时期的苏曼殊,那诗写得真是苍凉啊,太厉害了。还有纳兰性德的词。这些都是写得非常好的东西,可惜我们现在没有那个耐心去读。这样一来,古琴也就受到了相应的蔑视,我们每一个人,应该好好去想一想,什么叫"无为而无不为"。

现在我们讲"天得一以清"。这也是老子的话,这句话来自"昔之得一者:天得一以清,地得一以宁,谷得一以盈,万物得一以生,谷得一以盈,侯王得一以为天下正"。这是《老子》第三十九章内容。这个"一"字就是道的意思,就是道的博大圆融。这个"一"不是单一的一,是"道生一,一生二,二生三,三生万物,万物负阴而抱阳,冲气以为和"(《老子·第四十二章》)。所以古琴的操缦本身不是单一的,它一定是"一生二,二生三,三生万物"的,是"万物负阴而抱阳,冲气以为和"的。道就像一个风箱,表面上看是拉来拉去,实际上里边就像天地的风一样,充满着创造精神,这才叫作"一"啊。所以"道生一,一生二","二"就是阴阳,"阴阳相摩,天地相荡,鼓之以雷霆,润之以风雨"(《乐记》)。"二生三","三"就是那"和",所以只有在"和"的状态下,才能够生养万物。这说的正是古琴。自始至终,起承转合,都是保合太和,纯粹精也。只有这样,我们的古琴才能够在它的艺术的结构之中摇曳跌宕,才有艺术的表达能力。

《老子》第五章说:"天地之间,其犹橐籥乎! 虚而不屈,动而愈出。多言数穷,不如守中。"古琴是一种充满内在的巨大动力的艺术。"虚而不屈,动而愈出",那么它的动力来自哪里呢? 来自我们的"中"。这个"中"刚才我们引用了孟子的话:"仁义礼智根于心,其生色也睟然,见于面,盎于背,施于四体,四体不言而喻。"(《孟子·尽心上》)这就是建中立极。中就是刚中,就是乾卦,就是《周易》的根本精神。所以刚柔相摩,八卦相荡,风雨博施,阴阳大化。这都是我们一种开放的人生结构,它的目的是要建中立极。弹古琴的目的就是建中立极,建中就是太极。要立住最高的人品,所以弹古琴的人壁立千仞,无欲则刚,这才是古琴精神。只有这样我们才能够"下学而上达,知我者其天乎"(《论语·宪问》)。因此,在我们生活中弹古琴的话要讲"一",因为"五色令人目盲,五音令人耳聋,五味令人口爽,驰骋畋猎令人心发狂,难得之货令人行妨。是以圣人为腹不为目,故去彼取此"(《老子·第十二章》)。也就是说,我们的眼睛整天都看着各种各样的东西,视听言动当中最强大的器官就是眼睛。我们看着各种各样的东西,往往就神不守舍,树欲静而风不止。其实在这个世界上,我们看到有的人赚很多的钱,但最后的结局并不都是好的? 人生不过就三顿饭、一张床而已,根本的问题是我的精神。现在社会上,要么就是有钱的人满身铜臭,要么就是没钱的人马瘦毛长,有钱、没钱都是不幸福的。有的人特别有钱,在家里锦衣玉食。吃饭的筷子是象牙的,一套餐具就价值几万,穿的一件衣服也是好几万元,一条皮带就是十几万。钱是一把双刃剑。像张良,他的目的就是要推翻秦始皇的暴政。他遇见了黄石公,有如天助。然而,等他所做的一切完成以后,刘邦对他说:"我把天下给你分一半都不算多。你运筹帷幄之中,决胜千里之外。你太了不起了,所以你现在要什么地方的土地,我就给你分哪里。"但是,张良说:"不,我的老师已经带了多次信来,我要到山上去。他老人家身体不好,所以让我赶快去和他一起修理兵书,马上就走,你不要考虑我的事情,到此为止。"他什么都没有要。我记得我上大学报到的时候经过三峡到武汉,船上播出:"现在我们经过的是兵书宝剑峡。"相传张良在临死的时候,环顾左右,发现没有能够继承他兵书的传人。所以他把自己的宝剑插在江边,在那悬崖峭壁之上,放上自己的兵书,说:"从今以后,有艰苦朴素,认真学习,志在远方的人,攀越着悬崖峭壁才能够得到我的兵书。"然后他就逝世了。兵书宝剑峡的故事伴随我一生。我当时就想,其实他是对我们后人的一种激励,是中国的前辈们希望我们每个人都像张良一样,不要去爱那财物,真正地树立起我们内心的志向,反抗暴政,追求真理,去做一代超人。古琴就是培养超人的,可惜我们不知道,以为它没用。所以,"难得之货令人行妨",正是由于外在的各种各样的牵引、诱导、误导,导致了我们的心神不定。坐在古琴边老想着别的东西,我们的古琴就再也学不好了。

举个例子,顾准是共产党的高官。在 1949 年的时候,他就担任了上海市财政局局长兼财政厅厅长。他是地地道道的建中立极的榜样。他被打成了右派,在非常艰难的状态下,他依然在努力学习,最后他的老婆和他离婚了,他的儿女不认他了,他还在学习,他说:"哪怕在这漫漫的黑夜,只要有我一个人还在读书、写字,人类就还有救。"这是一种什么样的精神?这才是真正的中国共产党的精神。所以我们时时刻刻都应该想到,我们这里是黄校长开辟出来的一个特别的研究古琴、学习古琴文化的圣地,它是中国最高的古琴教育基地。来到这里,我们就应该有顾准的这种精神,要学就把它学会,要学就要学好,不要半途而废。"难得之货令人行妨",外面的诱惑太多,树欲静而风不止,我们可能很快就放弃古琴了,真是太可惜了。所以我再说一遍,"哪怕在这漫漫的黑夜,只要有我一个人还在读书、写字,人类就还有救"。我可以换一句话说:"在这茫茫的黑夜,哪怕就只有我一个人在弹古琴,这人类就有救。"(掌声)大家没有想到吧,弹古琴对人类有救!我谈了半天,这里面有内在的逻辑,这是今天真正的主题思想。

老子讲:"道冲而用之,或不盈。"他没有张扬,"道冲而用之",内在的充满了一种道的力量。"渊兮,似万物之宗",这正是古琴最高的艺术境界。所以我们每个人:"挫其锐,解其纷,和其光,同其尘。"(以上出自《老子·第十四章》)这正是道之所以为道的内涵,非常充盈,保合太和的状态。这就是老子的道。王弼在注释《老子》的时候,用了这句话来表达老子的道,他说:"得兔而忘蹄","得鱼而忘筌","得意而忘象"(《周易略例·明象》)。这其实就是说,在弹拨古琴的过程当中,我们怎样穿越这个"有"进入"无",进入一种道的境界,这是必须的。只是弹拨得好就能达到这种境界吗?不能。这个境界绝对来自我们内心的世界,"和其光,同其尘"(《老子·第五十六章》)。王阳明之所以那么厉害,关键是他的"致良知"提出了三大要求,第一就是简,第二就是纯,第三就是沉。"简"就是减掉我们内心的各种成见,各种私欲,各种偏僻,进入一种纯粹的状态。金要赤足,就是里面不要含很多的铜、铅、锡这些杂质,这叫"纯"。至诚无息,地形无疆,这才是我们练习古琴的最基本的方法和套路。所以弹古琴的人要庄重、稳重、厚重,切记轻率、轻浮、轻佻;要沉静、安静、恬静,切记躁动、激动、妄动。你说这是不是打造人格,是不是挖掘潜质,培养我们的能力,书写我们天人合一的人生?这就是《老子》。

《老子》第四十八章说:"为学日益,为道益损。"我们学古琴学得越多,我们这个道就越来越精纯,"损之又损,以至于无为,无为而无不为"。这样才能够达到它的最高境界,在这个时候我们弹古琴是"执大象,天下往"(《老子·第三十五章》),这是老子最基本表达。"执大象",古琴音乐一出来,包荒含弘,"天下往",所向披靡。这就是古琴艺术境界的一种形象化的状态。所以这个道来自上古的苍茫,但是它一定有一个"道生一,一生二,三生万物"的过程。这个过程绝对不是我们坐在这里,现在所说的"躺平"的这么一种状态,不是的。它一定是经过了我们长时间的苦练,这样一来,乐在其中才能够得到的一种状态。相传黄帝在治理国家的时候搞了很多年也没有什么成就。他有一天做梦,梦见自己来到了华胥国(华胥国现在是陕西的一个镇)。黄帝进去以后看到一片祥和的景象,男耕女织,鸡犬声相闻,人们老死不相往来。所以他看到了整个世界的那种原始的、古朴的状态,这正是他的理想。于是他在那里好好地学习了华胥国治理国家的办法,回到了自己的国家,把自己的国家治理了二十八年——大治,成为中国古代最好的政治治理的境界。于是,在中国的古琴历史上就出现了一支曲子叫《华胥引》,一支小曲子,表现的是与《老子》的政治哲学相一致的思想。大家听听。

好,今天的讲座就到此为止,谢谢大家!我们以此作为结局,我的意思是说,古琴涉及我们自己的家庭、我们的人生以及社会,再上升到华胥国的这么一种无为而治的状态。这正是老子最高的政治哲学和古琴艺术的一种高度的统一,是一个美好的境界。好的,今天的演讲就到此为止。谢谢大家。

张丰乾教授:非常感谢欧阳教授在百忙之中给我们带来一场声情并茂、耳目一新的讲座,真是思想性和艺术性兼具,情理交融。他自己也非常地投入,虽然说心如止水,可是他的讲座状态是手舞足蹈的,我们听得也是心潮澎湃,这说明他讲所有的这些内容都是身心合一的。非常感谢欧阳教授！从太古遗音讲到哲学经典,讲到艺术欣赏与自我修养,给我非常多的启示。因为时间关系,我们今天的讲座就到此结束。我希望欧阳教授常来传道,希望有机会请您欣赏我们古乐团的精彩演出。谢谢各位同事,包括促成这次讲座的各个部门的同事,非常感谢大家！今天的讲座到此结束,谢谢！

　　　　　　　　　　　（根据欧阳祯人教授在西安外事学院的讲座录音整理）

书　　评

中国哲学史的建构之道

——郭齐勇先生《中国哲学史十讲》读后

陈仁仁[*]

摘 要：如何写出有"中国味道"的"哲学史"来，是建构"中国哲学史"要面对的根本问题。在当代中国哲学史家中，郭齐勇先生可能是对此最具自觉意识者之一。郭齐勇先生在中国哲学史领域辛勤耕耘，结出了累累硕果，为当代中国哲学学科的建设做出了巨大贡献。他对中国哲学学科的内在紧张，有着深刻的思考和内在自觉。通过分析其《中国哲学史十讲》的特点，对于当代"中国哲学史"的建构之道颇有启发：树木与森林互见，问题与方法并重，中哲与西哲会通，传统与现代相贯。

关键词：中国哲学史；建构之道；问题；方法；中西会通；古今相贯

如何写出有"中国味道"的"哲学史"来，是建构"中国哲学史"要面对的根本问题。在当代中国哲学史家中，郭齐勇先生可能是对此最具自觉意识者之一。郭先生自觉继承了武汉大学萧萐父先生编撰《中国哲学史》的传统，对重写"中国哲学史"倾注了巨大的心力，也取得了辉煌的成绩。他与中山大学冯达文先生合作主编的两册本《新编中国哲学史》以及他个人独著的单册本《中国哲学史》和由他作为首席专家之一的"马工程"《中国哲学史》都是当前高校使用最广的《中国哲学史》教材。2020 年 6 月，他又在复旦大学出版社的"名家专题精讲"丛书中出版了《中国哲学史十讲》。令人振奋的是，

---

* 作者信息：陈仁仁，男，1975 年生，湖南衡东人，哲学博士，湖南大学岳麓书院哲学系教授。

经过近十年的努力,由他主编的学术版《中国哲学史》各卷已陆续面世。郭齐勇先生在中国哲学史领域辛勤耕耘,结出了累累硕果,为当代中国哲学学科的建设做出了巨大贡献。郭齐勇先生之所以能取得如此成绩,最根本的原因在于他对中国哲学学科的内在紧张,对建构中国哲学史所遇到的种种问题,都有深刻思考和内在自觉,并通过不断的写作实践,来重构"中国哲学史",以展现真正有"中国味道"的"哲学史"。我们通过分析他 2020 年出版的《中国哲学史十讲》的特点,发现此书对于当代"中国哲学史"的建构之道颇有见地。

一、树木与森林互见

学术研究,很多时候往往见树木不见森林,或者见森林不见树木。前者只着眼于微观,失之于烦琐细碎;后者只着眼于宏观,失之于大而无当。郭齐勇先生的《中国哲学史十讲》收入了他多年来有关中国哲学史研究的代表性论文十篇和附录两篇。这些论文采取的视角或宏观或微观,可谓树木与森林互见。比如,《中国哲学史上的非实体思想》《传统形上学的基本特征》《古代哲人的生存智慧》诸篇,主要是从宏观的角度来论述整个中国哲学史上的某方面思想,但是从所论专题和使用的材料来看,又是具体而微的。而《〈礼记〉哲学诠释的四个向度》《老、庄之道论及其异同》《马祖禅的哲学意蕴》《朱熹与王夫之的心性情才论之比较》以及附录的《牟宗三的形上学体系及其意义》诸篇,主要是从微观个案具体分析某部经典或某家某派的思想,但是从所论思想之广度而言又是宏观的。

关于宏观与微观,一方面是相对而言,有的所谓"宏观",在更大的范围内可能是"微观",反之亦然;另一方面是相摄而言,即宏观与微观相涵摄,由宏观见微观,由微观见宏观。两者相对只是外在形式,相涵相摄才真正关涉思想本身。这就如同树木与森林,众多局部微观的树木,构成了宏观的森林。对森林的认识离不开对树木的了解,而对树木的了解又离不开对其所处森林环境的认识。两者相结合,有时从树木可见整个森林的状况,从森林环境可推知树木的生长情形。此所谓树木与森林互见,乃是两者的深度相关。比如,作者在《中国哲学史上的非实体思想》一文中谈到,"极高明而道中庸"作为儒学乃至中国哲学的要旨,"正是中国哲学形上学不同于实体主义形上学的可贵之处"①。又说庄子的

---

① 郭齐勇:《中国哲学史十讲》,上海:复旦大学出版社,2020 年,第 14 页。

"天地与我并生,而万物与我为一""不仅是庄学、道家,而且也是整个中国哲学的中心观念之一"①。在论述庄子关于道无所不在,"道"内在于一切物之中的思想时,作者进一步从宏观的哲学史的角度点明其意义,认为"这实际上是宋明理学'理一分殊'的滥觞"②。作者在作微观论述时,时时有一个哲学史的宏观视野,随机点明。在作宏观论述时,亦可贯通于微观领域。比如对中国哲学形上学之非实体主义性质的揭示,恰可作为另外一章《传统形上学的基本特征》的背景。可以说传统形上学的"内在-超越""整体-动态""以价值为中心""生命本体""仁之本体论与仁之宇宙观"等都是"非实体主义"的体现。

此书大气磅礴的宏观论述与细致入微的具体分析相涵相摄,树木与森林互见。全书各章各部分内容之间,"击其首则尾至,击其尾则首至,击其中则首尾俱至"(《孙子兵法·九地》),浑然一体,圆融无碍。

二、问题与方法并重

问题意识是思想的灵魂。没有问题意识的思想,或徒有躯壳而无生命力,或泛滥无归而无挂搭处。一百年来对中国哲学合法性的质疑,其中一个根本原因在于,"以西释中""以马释中"等范式,使得中国哲学失去了自身的问题意识,从而使得中国哲学史上的那些思想只不过是诠释西方哲学或者马克思主义哲学的注脚和材料,而没有自己的生长点,因为我们不知道这些思想本来是要回答什么问题。

郭齐勇先生始终以十分清晰的问题意识在研究和撰写中国哲学史,这是非常难得的哲学家的意识。从本书可见郭齐勇先生在此领域的问题意识主要有两种:一是中国哲学内容上的问题意识,二是哲学史方法上的问题意识。前者是指要了解中国哲学到底谈了哪些问题,否则对中国哲学史的了解会淹没在无边的材料中。作者在本书的《小引》开篇就问道:"中国哲学讨论什么问题或课题? 问题之间有什么联系? 有什么问题意识?"③接着他就提出了自己对中国哲学内容之问题意识的理解:"中国哲学的基本关怀与问题,环绕着天道、地道与人道的关系而展开,或抽绎为道,展开而为道与

---

① 　郭齐勇:《中国哲学史十讲》,第 14 页。

② 　同上书,第 212 页。

③ 　同上书,第 1 页。

人、道与物、道与言等。宋代以后,道的问题转化为理或心的问题。"①在郭齐勇先生看来,中国哲学的基本问题是对"道"的思考。这是抓住了根本。宋代以后,道的问题转化为理或心的问题,实际上是从道的存在论向道的认识论转变,并借由这种认识论(如道言关系问题、知行关系问题)的转变,将道的存在论转变为人的生存论、工夫论,继而升华为具有中国哲学特色的道德形上学本体论。作者进一步指出中国哲学的基本关怀与问题,具体展开为六个向度,这六个向度全面概括了中国哲学关涉到的方方面面的问题,体现了作者的哲学问题意识。再进一步,"在这样的哲学问题与问题意识下,中国哲学中的天人关系论、宇宙生成论、群己关系论、治身治国论、天道性命与心性情才论、德性修养的工夫论与境界论、知行关系与古今关系论、由道德直觉到智性直观等论说,比较发达"②。郭齐勇先生此书深入而全面地讨论了这些问题,如着眼于天人、神人关系问题的宗教论,着眼于人与自然关系问题的宇宙(生成)论,着眼于人与人关系问题的伦理观,着眼于身心关系和修养问题的工夫论与境界论,着眼于言象意关系问题的思维方式及方法论,着眼于古今关系问题的社会历史观等。

此书名为《中国哲学史十讲》,与其他人及作者自己的其他中国哲学史著作体例不同在于,它是以论为纲,而非以史为序论述历朝历代哲学家的思想。这样有一种便利,即可以更充分地展现"哲学"与"哲学史"之间的张力。作者借用这种体例,充分地表达了自己对中国哲学问题意识的理解。除此之外,此书体例也方便了作者充分地表达自己对中国哲学史之研究和撰写的问题意识。所以,此书收有专章《中国哲学史研究的方法论》来谈这方面的问题。这些表明作者对哲学和哲学史的问题与方法并重。

作者回顾了在武汉大学陈修斋先生、萧萐父先生和杨祖陶先生等前辈学者指导下讨论哲学史方法论、确立起方法论意识的过程。③ 郭齐勇先生尤其详细地介绍了萧萐父先生对哲学史方法论的思考、贡献和启示。萧萐父先生是哲学史家,他和李锦全先生主编的《中国哲学史》是很长一段时间内影响最大的一种中国哲学史教材。郭齐勇先生指出,这部教材的特点和贡献在于"用'螺旋结构''历史圆圈''范畴研究''哲学史是认识史'等路数来重新架构或解读中国哲学的,力图从此前的泛政治化走向学术

---

① 郭齐勇:《中国哲学史十讲》,第 1 页。

② 同上书,第 2 页。

③ 同上书,第 67—80 页。

化"①。这在当时为突破左的教条主义束缚,为揭示中国哲学本身的逻辑与历史的一致性,是有着十分积极的意义的。萧先生的中国哲学史写作乃是基于他对哲学史方法学的深入思考。郭齐勇先生认为,萧先生有关方法学思考的理论贡献在于,"提出了哲学史的纯化与泛化的有张力的统一观,努力改变'五四'以降中国哲学依傍、移植、临摹西方哲学或以西方哲学的某家某派理论与方法对中国哲学的史料任意地简单比附、'削足适履'的状况"②。郭齐勇先生写作中国哲学史致力于揭示中国哲学史自身的问题意识,正是对萧先生哲学史观的继承和发展。此外,萧先生强调对经典与史料的研读、强调对已有成果的把握等观念和方法也都成为武汉大学中国哲学学科的传统,深深地影响了来此求学的一代又一代学子。郭齐勇先生治中国哲学史颇重视中西互动,重视中国经典诠释学方法学的展开,正是对这一传统的继承和发展。

郭齐勇先生的中国哲学史方法论有着十分坚实的学理基础和开阔的视野。他在深入研究 21 世纪中国哲学研究的多重取径、前景与限制的基础之上,提出了"'中国哲学'学科的主体性与中西哲学的对话性""理解的历史性与诠释的相应性""'中国哲学'的特殊性与丰富性"以及"内在的批评与思想的训练"等多种颇富创造性的方法论观点。他总结自己的方法"是一种'谦虚'的方法"③。他把"谦虚"理解为"'同情的''客观的'理解,或'以继承为前提的创新''弱势或软性的诠释'等,不仅是态度,而且是方法"④。所谓"同情的理解"也即陈寅恪先生所谓"了解之同情"。陈寅恪说:"凡著中国古代哲学史者,其对于古人之学说,应具了解之同情。"⑤郭齐勇先生把"同情的理解"理解为"客观的理解",理解为"以继承为前提的创新""弱势或软性的诠释"等,可以说是相当深入和准确的。因为"了解之同情"就是要避免对哲学史作主观任意的解读,要把哲学家的观点放到哲学家的生平及其所处的时代作客观的理解和把握,这样才有可能真正继承古人的智慧并加以创新,促进其发展。对古人的批评也要建立在真切的理解的基础之上,因为"没有相应的理解,不可能有相应的批评"⑥。也正是在这

---

① 郭齐勇:《中国哲学史十讲》,第 70—71 页。
② 同上书,第 74 页。
③ 同上书,第 93 页。
④ 同上。
⑤ 陈寅恪:《冯友兰〈中国哲学史〉审查报告一》,冯友兰:《中国哲学史》(下册),上海:华东师范大学出版社,2000 年,第 432 页。
⑥ 郭齐勇:《中国哲学史十讲》,第 90 页。

个意义上,"同情的理解"或者"谦虚的方法"对于哲学史研究而言,不仅是态度,而且是方法。"必须有深刻的同情的了解才能做好哲学思想史研究"①。

三、中哲与西哲会通

　　现代学科意义上的中国哲学,原本就是在西方哲学的刺激下,依傍西方哲学建立起来的。自从 1912 年北京大学设立"哲学门",哲学学科建制引入现代中国学术体系,已逾一百年。这一百年间,中国哲学学科的境地颇有些尴尬。既然要创立中国哲学学科,就必须梳理出一个中国哲学的历史发展过程。若无中国哲学史,谈何中国哲学学科? 也就是说,现代中国哲学学科的成立需要建立在中国哲学史的写作之上。所以,北大设立"哲学门",只能说中国哲学学科在形式或者名义上的建立,而真正在内容和实质上的建立,还有赖于多年后胡适和冯友兰以及张岱年等本学科先驱写作"中国哲学史"的实践。可是,因为中国古无哲学学科,所以"中国哲学史"的写作框架于传统空无依傍,只好"就中国历史上各种学问中,将其可以西洋所谓哲学名之者,选出而叙述之"②。对此,创立中国哲学学科的先驱们都是明确意识到的,并自觉为之。可随之而来的问题是,如此写出来的"中国哲学史",到底是"中国哲学的史"还是"在中国的哲学史"③? 直到 21 世纪初还在争论"中国哲学的合法性"。这主要是因为一百年来的"中国哲学史"写作,要么因为"以西释中""以马释中"而失去了"中国味道",要么因为"以中释中""汉话汉说"而失去了"哲学味道"。实际上这一百年的中国哲学学科发展的历史已经表明,不会通中西,是没有出路的。对此,郭齐勇先生有非常明确的意识。他既反对"把西方哲学作为一种普遍性的哲学,把中国哲学作为一种特殊性的哲学……用纯西方哲学的观念来研究中国哲学"④,同时又认为"我们今天已经到了一个中西不可分割的对话时代,……已经不可能自说自话了"⑤。也就是说,简单纯粹的"以西释中"或"以中释中"都是不行的。

---

① 　郭齐勇:《中国哲学史十讲》,第 92 页。

② 　冯友兰:《中国哲学史》(上册),上海:华东师范大学出版社,2000 年,第 3 页。

③ 　金岳霖:《冯友兰〈中国哲学史〉审查报告二》,冯友兰:《中国哲学史》(下册),第 436 页。

④ 　郭齐勇:《中国哲学史十讲》,第 90 页。

⑤ 　同上书,第 86 页。

郭齐勇先生指出,"百年来,在中国哲学学科建立、发展的过程中,不可能不以西方哲学为参照"①。而且,"中西哲学的互释与会通是中国哲学转型的重要途径"②。也就是说,以西方哲学为参照,并不意味着失去中国哲学的主体性,被西方哲学同化,相反,是为了更好地理解中国哲学,更好地促进中国哲学的发展。牟宗三先生曾指出:"对于西方哲学的全部,知道得愈多,愈通透,则对于中国哲学的层面、特性、意义与价值,也益容易照察得出,而了解其分际。这不是附会。"③真正以西方哲学为参照来理解中国哲学,并不是以西方哲学来裁剪中国哲学,而是为了更深入地了解中国哲学的特色与限度,再进一步,促进中国哲学的现代转型,甚至揭示中国哲学对于西方哲学的意义和价值。即如牟宗三先生所言"使中国哲学能哲学地建立起来,并客观地使康德所不能真实建立者而真实地建立起来"④。这不但是中国哲学本身的现代化和世界化,而且是中国哲学对于西方哲学、对于世界哲学的贡献。

真正的中西哲学会通,不但有利于对中国哲学特质的理解和把握,而且本来就要以中国哲学的特殊性为前提。如果中国哲学只是西方哲学的注脚,那么根本就谈不上两者的会通,也没有必要会通,会通一定要以双方平等为前提,是两个平等主体之间的对话和交流,这样才有可能真正促进双方的共同发展。正是在这个意义上,郭齐勇先生一方面特别重视中西哲学之间的互动和会通,另一方面又特别重视对中国哲学之特殊性的研究和揭示。两者之间看似有距离,实则深度一致。从《中国哲学史十讲》可以看出,郭齐勇先生思考中国哲学的特殊性主要是从"中国哲学自身的问题意识""中国哲学的原型观念"和"中国哲学的基本特征"这三个维度进行的。而且在写作行文过程中,常常以中西哲学比较的视野,随时分析中西哲学之异同与会通处。郭先生关于中国哲学的问题意识,上文已经谈到。事实上,这是从总体上激发中国哲学之生命的根本途径。失去了自身的问题意识,中国哲学就只是一堆僵死的材料。对中国哲学原型观念的思考则是从根源上把握中国哲学的特殊性,使之与西方哲学区别开来。后来的一切分别或者表面看不出分别的思想观念,实际在源头上是很不一样的。比如,为了论述中国哲学从总体上与西方前现代哲学的实体主义的差异,郭齐勇先生特别分析了

① 郭齐勇:《中国哲学史十讲》,第 311 页。
② 同上书,第 310 页。
③ 牟宗三:《中国哲学的特质》,《牟宗三先生全集》(28),第 8 页。
④ 牟宗三:《智的直觉与中国哲学·序》,《牟宗三先生全集》(20),第 5 页。

中国哲学中的"五行""阴阳""气"和"道"等几个原型观念,很清晰地论述了中国哲学的"非实体主义"特征。而概括中国哲学的基本特征,则是从总体上把握中国哲学之特殊性的必要。作者深知"任何概括都有危险性,不免挂一漏万,以偏概全"①,但他"还是试图从儒、释、道诸家的哲学中抽绎出反映中国哲学特点的若干内涵,尽管儒、释、道诸家及其所属诸流派之间的主张也不尽相同,但它们仍有一些共同的思想倾向"②。对中国哲学基本特征的概括,就是对中国哲学各家各派一些共同的思想倾向的揭示,就是对中国哲学内部一贯性的揭示,也是中国哲学之为中国哲学,中国哲学之区别于西方哲学的本质所在。

对中国哲学基本特征的概括应该是开放和多元的,所以作者在不同的文章中出现过不同角度的对中国哲学的精神和特色的概括。这也是一种避免以偏概全、僵化理解,从而实现概括本身的丰富性的重要手段,是思想灵活性的一种表现,也是中国哲学本身的一种特色,即强调的是自然生机、存有的连续,从来不是静止不变地看待事物,同时也表现为具体理性,而不是绝对理性。对中国哲学的基本特征多一个角度的理解和概括,就能使中西哲学之间多一层交流和会通。对中国哲学的单一化或教条式的理解,不利于中西哲学在深层次上的会通。

四、传统与现代相贯

以现代的视角来理解传统哲学思想的意义和价值,使传统与现代贯通起来,是郭齐勇先生治中国哲学史的又一大特点。传统如果只是停留在过去,不能现代化,这样的传统就只是博物馆里的藏品,没有现实的文化生命。活的传统一定是在现实的社会人生中依然有生命力的传统。研究者的使命就在于把这种生命力揭示出来。郭齐勇先生贯通传统与现代的研究主要体现在两个方面:一是直接回应现实社会人生存在问题的一些现象和思想观念,二是积极从正面对传统优秀的思想观念进行创造性转化。

郭齐勇先生曾经指出中国哲学研究存在的七大问题,其中第三个问题就是"现实

---

① 郭齐勇:《中国哲学史十讲》,第 2 页。
② 同上。

向度不够"①,并且期待"中国哲学的创造性转化,中国哲学智慧对现代化的参与及对人类社会的贡献等方面继续取得重要进展"②。"现实向度"不只是意味着以现代视角进行研究,而且它本来就是传统中国哲学的一个重要特征。郭齐勇先生指出:"西方宗教与哲学强化了超越界与现实界的分裂与紧张。中国没有西方意义上的宗教,中国哲学代替了宗教的职能,但它把理想境界与现实人生统一了起来……把事实(或现实)世界与价值(或超越)世界统一了起来。"③"在中国哲学家看来,生活于现实世界中,照样可以超脱解放,把精神向上提升。超越的理想要在现实世界中完成、实现。"④既然"现实性"是中国传统哲学的一个重要特征,那么研究中国传统哲学,作同情的理解,就不能不有一种现实的维度。研究中国哲学之"现实维度"应该包括古代的现实和当前的现实两种情形。所谓"古代的现实",是指把传统的思想观念"放在具体历史环境中去考察,真正体会到古人的用心"⑤。而"当前的现实"则需要研究者对自身所处的现实社会人生尤其是其中存在的问题有真切的体会和了解,然后"以中国大传统的大智慧回应当代经济全球化的诸多问题的挑战,回应当今、未来人生存的深度与广度问题的挑战"⑥。

在论述古代哲人的生存智慧时,郭齐勇先生不但对照了"今天的'生存哲学'的讨论"⑦,而且有针对性地指出了当前的现实困境。他说:"现代人生存的困境,除了要解决'上不在天,下不在地'的难题之外,还要解决'外不在人,内不在己'的难题。"⑧所谓"上不在天,下不在地"的难题,指的是在天人关系、人与环境的关系等方面出了问题;所谓"外不在人,内不在己"的难题,指的是在群己关系、个体身心关系及主体性等方面出了问题。在论述传统哲学"很重视人文的熏陶和修养"时,作者先指出了"当下……市场化的媚俗的'大众文化'对人性涵咏的极大挑战"这一社会问题。有人批评传统生态智慧只停留在理论或理想层面,事实上传统社会对自然的破坏也很严重,针对这一

① 郭齐勇:《中国哲学史十讲》,第 96 页。
② 同上书,第 97 页。
③ 同上书,第 47 页。
④ 同上书,第 28 页。
⑤ 同上书,第 107 页。
⑥ 同上书,第 63 页。
⑦ 同上书,第 60 页。
⑧ 同上书,第 52 页。

看法,作者坦然承认,古代也有对自然环境的破坏,但是生态保护的理念也是影响了政令,起了正面积极作用的。此外,"农业社会对自然环境的破坏与工业社会对自然环境的破坏是不可同日而语的",两者有质的不同,"工业污染及现代科技对自然的掠夺是全方位的"。这些回应都是客观而理性的。

　　除了回应现实问题和针对现实的一些观点,郭齐勇先生还积极从正面阐发和推动传统优秀思想文化的创造性转化,以使传统智慧运用于现代社会人生并发挥积极的作用。在讨论儒家政治哲学及其正义论时,郭齐勇先生进一步指出"中国传统的政治文明中(包含观念、制度、实践、民俗诸层面)的许多遗产,值得人们认真地思考与创造性转化"①,比如,"制度层面的消化吸收是政治文明建设的任务之一","儒学传统所倡导的公共性与公共品德是公民社会的人的成长与全面发展的基础,也是现代性政治的基本内容","儒家的人禽之辨、公私义利之辨、君子小人之辨、天理与人欲之辨,对今天重建官德、整饬吏治腐败有积极意义"②。在介绍《礼记·王制》中的有关理念与制度安排时,作者特别指出其中很多制度是"极有人性化的制度",还"涉及今天所谓社会公平公正的问题","这些资源至今还有进一步作创造性转化的价值与意义"③。在讨论马祖禅的禅法时,作者特别指出:"其举动施为、语默啼笑中,充满高峰体悟的创意。其不假外求的方式,截断众流的爆发力,借助语言又超越语言限制的佛慧,在今天的思维术、语言哲学和诠释学上都有极高价值。"④还有"传统的心性论是一富矿,可以开采发掘的资源甚多"⑤。对传统中国哲学的研究,正是通过这种对现实的回应和对传统智慧资源的创造性转化,来实现传统向现代的生成和贯通。十多年前,郭齐勇先生深入阐发儒家亲亲伦理,同情地理解,并做创造性转化,积极回应现实问题,并最终促成了《刑事诉讼法》的修订,使之增加了与亲属容隐相关的条款。这正是传统与现代在现实层面实现贯通的显著例子。

　　郭齐勇先生常以"守先待后"自勉,谦虚而执着。他守的是中国传统文化的智慧、精神和命脉。而真正的"守"并不是那么容易的,必先能理解中国传统文化的智慧,体会其真精神,并在现代社会延续其命脉,这才是真正的"守"。郭齐勇先生恐怕是当代

---

① 　郭齐勇:《中国哲学史十讲》,第 134 页。

② 　同上。

③ 　同上书,第 159 页。

④ 　同上书,第 228—229 页。

⑤ 　同上书,第 58 页。

学者在"中国哲学史"研究领域下功夫最多的一位。我们通过上文的分析已大体了解了郭齐勇先生的中国哲学史的建构之道,而他深入系统地研究并阐发中国哲学史的一个重要目的就是"守先"。我们相信一定会有越来越多的"后之学者"通过研读郭齐勇先生的著作,在郭先生的帮助下,深入理解自身所处的传统,自觉传承中华优秀传统文化。中华优秀传统文化必定生生不息!

走向伟大的中国梦

——读《个体的时代》

郑文娟*

摘　要: 当今社会正以极快的速度发生着剧烈的变革,在这一时代之中彰显出的,是个体自身的力量,即个体凭借自身的观念创造并引导一个个互不相同的时代思潮。各种能够风靡一时的思潮虽然都有其理论基础和思维创见,但同样有着内在的矛盾与不足。而通过对部分代表性思潮的批判,可以揭示出这一时代的核心问题所在。"中国梦",才是这个时代的真正答案。

关键词: 传统文化;现代化转型;民族主义;中国梦

在过去的几十年里中国和世界都发生着巨大的变化,对于个体而言更是如此。《个体的时代》这本书不仅敏锐地捕捉到了体现社会变化的热门事件,而且能够对此进行深入的哲学反思。该书从题目就已经解释出书中的主旨,即当前时代是怎样的时代,以及对于我们当下应当以什么哲学思想为指导的思考。本书作者立足于中国当下的时代背景,通过对众多主流社会思潮,如文化保守主义、民族主义、新权威主义、自由主义、中国化的马克思主义等在政治哲学的规划和精神哲学的构建两大问题上的深刻思考,寻求个体在精神生活和社会生活应当如何安顿的有效途径——中国梦。笔者阅

* 作者信息:郑文娟,女,1989 年生,内蒙古乌兰察布人,上海师范大学哲学与法政学院博士研究生。本文是国家社科基金重大项目"马克思主义与中国文化关系的资料整理与研究"(19ZDA015)的阶段性成果。

读《个体的时代》,有些许感触以供大家参考。

一

当今时代是一个个体的时代,21 世纪以来个体的力量不断显露。本书作者敏锐地把握到了这一点,在开篇第一章("时代与思绪:国学、儒学与墨学")中就以此为开端揭露出现代思潮广泛出现的原因。在集体主义依然作为时代主流的前提下,个体以前所未有的姿态站在时代的浪潮中找寻着自己的归宿。正是因为如此,诸多社会思潮如雨后春笋,一时间涌现在人们的视野里。这些思潮都不可避免地面对个体与群体的关系问题,都对个体精神建构和社会生活的安置提供了各自的思路。在这其中最大的思潮莫过于国学的复兴。

国学热、经学热是 21 世纪人们有目共睹的事实,从三四岁的孩童到七八十岁的老人,手捧经典者比比皆是。尤其从对儒家经典文本齐声诵读的现象中,更可以清晰地看出国学在 21 世纪的繁盛。在此种大环境下,部分国学倡导者认为中国人所需的人伦日用都能在传统经典中找寻;更有一些学者进一步认为经学是国学之本,是中国传统文化价值的根本。

这股热潮最直接的表现是对儒学复兴的诸多倡议,本书作者在书中列举了诸多已有的建议,如:提倡建立儒学一级学科,提倡儒教立国,以儒学安顿女性,复兴儒家孝道,通过儒学实现贤能政治等,并对这些建议做出了批判。诚然,当今社会需要从传统经典特别是儒家哲理中吸取精华,这一点并没有问题,但传统儒家在面对现代社会有其自身的边界。本书作者指出仅从单一的文化传统出发,将面临诸多困境。一些倡议也与自身主张相矛盾。比如,今日的学科建制依然是西方现代的学科分类体制,那么建立儒学一级学科就有悖于文化保守主义想要摆脱西方、建立自身话语体系的主张。同时,试图以学科划分来提高儒学地位和影响其实并没有真正理解中国传统文化的核心。用儒学来培养现代公民、以传统儒家孝道解决现代家庭伦理问题同样没有意识到现代社会的整体样态。至少我们可以感受到中国古代以文化认同来定夷狄,但当今国家的认同更倾向于政治认同。同时,个体的时代带来了价值标准的多元化,单一的儒家价值标准已然不是唯一。儒家的传承不仅受外部环境的影响,还需考虑其内在因素。在作者看来,儒学孝道瓦解不仅是新文化运动造成的结果,更重要在于其自身。本书作者借着对《礼与十八世纪的文化转折》进行的评价表达了他的主张。① 此外儒家的民本思想本身也存在局限,无法和今日之民主画上等号。一些其他的宗法制度放在今日也很难得到落实。

　　既然儒学有来自内外的双重限制,那么其他传统学派是否能担当起复兴传统文化的诉求? 有学者认为墨家就站在了儒家的反面,饱含民主自由气息,充满科学、逻辑、革命、工匠精神。但这在作者看来是存在问题的。该书作者借郭沫若对墨家的批驳回应了上述观点,并举出"工匠精神"并非墨家独有的例证。② 事实上单一的传统文化都无法对现代社会做出完美的解答。

　　近代以来,包括儒学、墨学在内的中国传统文化一直面临着一个现实问题——如何实现自身的现代性转化。为此中国经历了从"师夷长技以制夷",到全盘西化,再到以西解中等过程,直到今日,我们依然在探寻中国特色的话语体系。但不得不承认,中国文明是被西方席卷着进入现代社会的。而在全球化趋势日益加强的今天,我们已经不能抛却当下的社会环境,再次回归传统社会。回归单一的传统文化模式并不能解决现代个体的精神和社会安置问题。作者对此有着十分清醒的认识。

二

　　通过阅读《个体的时代》第一章,我们可以了解到任何单一的传统文化模式都有其自身无法避免的问题,因此也就无法对现代社会做出一贯的指导。一味回归传统无益于现代问题的解决。那么,将传统文化作为一个有机整体用以解决当下的问题,这条路在中国是否行得通? 在该书的第二章《论中国民族主义》中我们可以得到一个结论。伴随着现代科技的发展,网络时代的到来,网上民众形成了强大的思想势力。之所以如此,一方面,是因为网络给予民众更广泛的思想交汇平台;另一方面,也是因为新时代文化更为普及。文化诉求的表达不再局限于少数知识分子,以网民为主导的网络虚拟团体能够时刻表达自己的立场。由于前面提及的国学热、儒学复兴,广大民众对于

---

① 礼之所在,本应发乎情,从心所出,顺而为之。但当礼仅剩虚伪的外在要求的时候,它的自我瓦解也就无可止歇了。详见《个体的时代》第72—76页。

② 固然墨家直接的对"工匠"保持同情,但并不意味着可以上升到工匠精神的层面。反而应当说"工匠精神"是中国传统文化中潜在的一贯的精神,在各家各派中都有所体现。单以墨家而言工匠精神,是非常浅显以及片面的。作者于此之洞见鞭辟入里、发人深省。详见《个体的时代》第110—125页。

中国传统文化的兴趣重新被唤起,开始自觉地使用传统文化的某些方面结合现实的问题,在现实与网络中聚合成一股巨大的力量,这样一种力量在书中被命名为"文化民族主义"①。这种文化民族主义首先区别于一般认知意义上的血脉民族,也与现代西方一定意义上的政治民族主义(以法国社会形态为代表)不同。书中非常鲜明地提出了对于"民族主义"这一概念的疑问,即关于以上三者,何者是真正意义上的民族主义。该书更是明确指出此问题并无一致的答案,我们只可能在特定的群体内部进行定义。故而在该书作者看来,上文提及的文化民族主义并不是中国现代民族主义正确的途径,转而提出"民族主义和传统文化之间绝非等同;民族主义的意义还在于对传统文化作出创造性发展、创新性转化"②。在此基础上,该书展开了对中国现代民族主义的特征与可能性的讨论。中国现代民族主义是建立在自 1919 年以来反传统的基础之上的。近代以来中国传统文化经历了一场变革,中国人以一种拥抱西方的方式彻底颠覆了传统。这种"反传统"能否给中国现代民族主义提供足够的凝聚力,反对自身传统的民族的主体思想是否还是民族主义,以及中国现代民族主义究竟为何?作者蔡志栋给出了自己独到的回答。

首先,"反传统"并不意味着民族向心力的缺失。随着现代社会的发展,我们不能停留在曾经的历史传统中,而是要看到民族主义的内在包含着对以往传统的发展与超越。反传统不是对中国传统文化的彻底否定,而是反对将传统视为永恒不变的真理。近代从龚自珍到康有为,都体现了这种意义上的"反传统"。他们要表达的不是全盘否定自身的传统文化,而是反对把传统认为是永恒普遍的。传统有其适用性,已然成为历史的传统在一定意义上值得我们保留,但是在 21 世纪我们需要一再进行传统创新保持传统活力,形成新的凝聚力。蔡志栋认为对传统文化进行现代性转化,创造出新的文化传统,这样反传统文化的民族主义是能够产生内聚的动力的。

其次,蔡志栋肯定了文化在民族主义中的重要性。而广义与狭义的文化之区别致

① 网络是当代社会中无法回避的问题,不同的社会现实进入网络所形成的独特网络社会现象,是《个体的时代》作者此处想要着重阐明的问题。其中诸如保钓事件、网络言论、系列热销书的创作和出版等在网络上的聚集和发酵,体现出和在现实中完全不同的聚集效应。作者在近年来的相关热点现象中看到了这样一种伴随着网络展开的民族主义有着极其强大的力量。参见《个体的时代》第 127 页。

② 蔡志栋:《个体的时代——新世纪以来中国社会思潮研究》,上海:上海社会科学院出版社,2020 年,第 153 页。

使我们不能简单地以文化作为现代民族主义的唯一标准。文化是多元的,正如我们刚刚提到的"反传统"正是多元文化的其中一部分。在这一层面上,"反传统"没有触动传统文化的其余部分。这也就意味着并不是所有的传统文化都受到了批评。如此一来,文化本身的自我反思与再创造则能够造就新的认同。这样一种创造日新的过程,成就了新的民族主义。这也是作者着重提出的文化的多元性和发展性这两个特征。于是"反传统"也并不意味着反民族主义。也正是在这一意义上,"反传统"的"传统"成就了新的民族主义,即中国现代民族主义。不得不说,作者对于"反传统"的理解颇有推陈出新的意味。

最后,虽然"反传统"成为中国现代民族主义的一个重要组成方面,但是它也有自身的不足。接下来,该书尝试着给出了一个关于中国现代民族主义的论纲,包含三个方面:

(1)民族主义主体论。当代我们讨论的核心词汇是"中华民族"(nation),以此而论,我们势必不能以简单的族裔(ethnicity)来对其进行定义。如此我们就必须回答一个问题,什么是中国人?作者从个体、中间群体以及一般群体三个方面进行了论述,同时服膺于马克思主义指导思想,得出了政治与文化共同作用的结论。并由此引出了下一个思考。

(2)政治民族主义的问题。这一问题主要指向了政治群体的确立,也就是建国以及治理问题。正"因为民族主体的判定标准之一是对某种政治原则的认同"[1],认同同一种政治原则的人聚集在一起也就涉及建国问题。如此一来,该问题在实质上来说是更为泛化的。以自由主义、马克思主义与文化民族主义为代表的不同思想体系都有着各自的政治原则,它们皆有着自己的侧重,也同样存在一些不足。结合了马克思主义与文化民族主义的中国化马克思主义则以其独特的方式尝试解决此类问题。但毋庸置疑的是,关于本问题答案的探索是一个长期且艰难的过程,并非当下就能够给出一个绝对正确的答案。

(3)作为价值的民族主义。格林菲尔德说:"民族主义正是对价值迷失(又叫失范)的应对措施。"[2]该书则对作为价值的民族主义做出了批判。诚然,民族主义与个体的精神情感息息相关,并以此扩大成为民族精神,但这终究只是个体或某个群体的

---

[1]   蔡志栋:《个体的时代——新世纪以来中国社会思潮研究》,第 178 页。

[2]   同上书,第 185 页。

共有观念,而并非全体。正如书中一直以来所探讨的那样,民族主义本身存在着内在的裂痕。如果以不同类型的民族主义来寻求价值的统一,显然是一件非常危险的事情。

三

民族主义内在的分裂倾向为众多学者所警惕,也引申出了很多新的观点。其中以萧功秦为代表的新权威主义就极为重要。该书第三章《论新权威主义》专门对新权威主义进行了分析与批判。

以萧功秦的观点为中心出发,蔡志栋认为新权威主义有两个大的阶段。[①] 第一个大阶段叫作新权威主义,其中又分为三个具体阶段:政治性权威的存在、经济发展、推行政治民主;第二个大阶段被萧功秦称为"新保守主义",具体分四个阶段:政治性权威的存在、大力发展经济、建设公民社会、政治民主。在第一大阶段萧功秦主张通过政治性权威促使社会稳定以及经济发展,并认为在经济发展的基础上民主才能实现。第二大阶段萧功秦对新权威主义的落实进行了新思考。他在其主张中突出了公民的角色,把公民作为衔接政治权威和推行民主的中间环节。这可以被视为对第一阶段的完善和补充。但是其中依然存在一些问题。该书通过两个问题对萧功秦两种说法存在的内在问题进行了批判。第一个问题是,政治权威如何愿意发展民主政治;第二个问题是民众民主的能力如何可能。这两个问题都是新权威主义无法回应和解决的问题。可以看到的是,在新权威主义回应这个时代的各类思潮、确立了自己的立场、展现了自己的理论脉络的时候,同样也暴露出自身的诸多问题。萧功秦通过新权威主义对历史做出了重新解读,而这种解读在某种意义上是对近代史的颠覆,这种颠覆过于执着于对权力的掌控,无疑是不被普遍认可和接受的。固然,新权威主义史论结合的方法对于其理论自身的发展是极有助益的,但是这种方法的代价很可能是对历史的歪曲。故而蔡志栋进一步对新权威主义提出了三大质疑:

第一,权威为何必然推进民主改革?

第二,以这样一种方式解读历史是否是一个正确的方式? 这一质疑内含着第一重质疑,是更需要面对的实际问题;

---

① 蔡志栋:《个体的时代——新世纪以来中国社会思潮研究》,第 189—190 页。

　　第三,萧功秦对于西方理论的套用是否合适?这一质疑不仅是面对新权威主义,也是面对文化转型时期诸多社会思潮共有的质疑。

　　在此基础上,蔡志栋进一步对萧功秦将新权威主义的思想来源追溯到章太炎先生进行了尖锐的批判,他认为章太炎先生的思想根本就与新权威主义毫无瓜葛。在蔡志栋看来,除了萧功秦,还有一位学者张维为对新权威主义做出了另外一种解读。蔡志栋认为张维为的《中国震撼》从根本上就是新权威主义的变种。其主要观点同样是依托一个强势政府主导经济的改革,并反过来通过经济的发展论证政权的合理性。但是张维为这样一种观点与萧功秦不同之处在于:首先,张维为更重视经济的发展;其次,张维为明确反对民主。至于《中国震撼》中张维为提及的"文明型国家"①的说法,蔡志栋也给出了强有力的反驳和批判。他认为"文明性国家"的提出看似是为摆脱西方话语体系的中国化的话语表达,但在本质上依然是隐性反民主,这背后是对现代国家政治规范的反叛。

四

　　虽然新权威主义自觉地对现代各种思潮进行回应,就其本身而言却有着不可忽略的内在问题。真正能够融于当代思想潮流之中,又对各种不同理论做出有力回应的,能够构成对当代思想史,乃至现代思想史的逻辑总结的,当属人类命运共同体与"中国梦"思想。在这两者之间,虽然一般认为中国梦是对内,人类命运共同体是对外的,但是在该书第四章"人类命运共同体与'中国梦'"中,作者创造性地指出了中国梦才是对纷繁众多的社会思潮的回应和总结。

　　人类命运共同体是对美国学者亨廷顿"文明冲突论"的驳斥和回击。"文明冲突论"将世界划分成七个(或八个)文明区,不同区域之间的"文明"的区别在他看来根本上是宗教的区别。不同的(宗教)文明之间以冲突和矛盾为主旋律。李翔海等一批学者一针见血地指出了所谓的"文明冲突论"实质上就是"利益冲突论",是美国学者为了论证其对于世界资源攫取的合法性而阐发的理论。而我国主流意识形态提出的人类命运共同体这一理论,则非常立场鲜明地对抗着"文明冲突论"。但蔡志栋也清醒地意识到,人类命运共同体同样有着一些不足之处。他在该书中指出,在理论资源上"天下

---

① 蔡志栋:《个体的时代——新世纪以来中国社会思潮研究》,第219页。

主义"和忠恕之道是命运共同体重要的思想来源,但二者自身潜藏着一定的缺陷和危险。书中关于"天下主义",作者指出了三点问题①：(1)天下主义和封建时代的朝贡体系联系在一起,即是说"天下"本身是由一家一国而扩展开的等级制度,缺乏包容性;(2)天下主义的另一个思想来源是道家自然主义,缺乏解决当代政治问题的资源;(3)天下大同的理想根本上是一元论的,而非多元的。同时,忠恕之道中内在的个体之间存在的矛盾冲突也是毋庸多论的,我认为好的东西是否他者同样认为是好的? 所以书中作者以更广泛的视域提出了问题的根源,即儒学提出忠恕的历史背景与现代尤其是"文明冲突论"提出背景之区别。故而本书虽然肯定了忠恕之道在道德层面的优越性,但同时也清醒地指出当其被应用于当代具体问题时必须要首先回答的问题。在此基础上,书中指出了一个以往或多或少被忽视了的问题：人类命运共同体是对中国现代哲学革命性成果的继承,不能只看传统。一方面从诠释学角度来说,传统文化经过现代性的转化,某种意义上也属于现代哲学的一种;另一方面,对古典的诠释本身也是创造现代思想的一个方式。

在十八大提出人类命运共同体之后,中国共产党十八届三中全会明确提出了建设中国梦。书中高度评价了中国梦,并明确指出中国梦并非幻想,而是扎根于现实的土壤之中,正确反映并在一定程度上超越现实,是理想与现实的统一,必将通过中国人民艰苦卓绝的努力奋斗,在更高的层面上化为现实。从历史的角度来看："'中国梦'是对中国近现代史上诸多梦想的批判和反思,同时又是对中国化马克思主义,尤其是中国共产党人的追求的继承和发展,并反映了一百多年来中国人民在现代化建设过程中所领悟到的愿望,指示着奋进的方向。"②

书中同样指出,在实现中国梦的道路上,我们必须明确几个重要的基础和前提：

第一,劳动实践是实现中国梦的基础。从古至今,中华文明的伟大文化都在教导我们重视实践。但书中作者清醒地意识到,一些传统文化中鼓吹的道德实践只能使我们的中国梦变得虚无缥缈。只有坚持马克思主义指导思想,切实落实感性实践能动地改造世界,才能真正让我们的中国梦从理想变为现实,并在此之中改造我们自身。

第二,正确的认识论和方法论是实现中国梦的重要保障。无论是自由主义还是文化保守主义,他们都有自己完整的认识论与方法论。但是他们的这一套认识论和方法

---

① 蔡志栋：《个体的时代——新世纪以来中国社会思潮研究》,第235—240页。
② 同上书,第254页。

论能否实现伟大的中国梦呢？答案必然是否定的。只有坚持以中国化的马克思主义理论思想为指导，坚持以实践为检验真理的唯一标准，即坚持唯物辩证法，才能实现中国梦。

　　第三，正确的政治哲学同样是实现中国梦的重要保障。这是因为正确的政治哲学首先构成了中国梦的内涵之一，同时也是辅助正确的认识论、方法论的逻辑结构。中国化的马克思主义创造性地改造并吸纳了中国自由主义和文化保守主义的优秀之处，既克服了自由主义高扬个人主义的不足，又克服了文化保守主义强调群体主义的弊病。

　　诚然，世界早已进入飞速发展变化的快车道。不仅科技日新月异，众多纷繁复杂的思想理论更是冲击着现代中国人的视野与心灵。我们如何能够从众多思潮中寻找到最适合我们国家与自身的思想？我们应当依靠何种思想指导我们走上富强、民主、文明、和谐的康庄大道？我想《个体的时代》这本书已经给予我们最好的答案——"这（中国梦）正是我们这个时代所需要的哲学"①。

---

① 蔡志栋：《个体的时代——新世纪以来中国社会思潮研究》，第 268 页。

编者的话

　　《东方哲学》之创刊,有日出东方、光被四表之志,亦有立足本土、海纳百川之意。刊物旨在发扬中国传统哲学与文化思想,兼容中西、求同存异,以求思想之撞击与充廓。本刊前身为《哲学与宗教》(创刊于 2007 年,共出七辑,第八辑改名为《东方哲学》),已出刊十五辑,即将推出第十六辑。敝刊常年征稿,有关经子之论释、中国哲学史各个时期的思想文献、问题与人物,相关哲学与经学文献校勘,中外哲学与思想比较之研究,以及原创思想和观点争鸣,乃至围绕话题组稿形成有分量的主题专栏等等,均受欢迎。一经录用,本刊即奉薄酬,并赠当期刊物,以求友声。

投稿邮箱: dongfangzhexue@ yeah. net

来稿须知:

1. 标题请用三号字,宋体。

2. 作者姓名用小四号字,宋体。

3. 关键词、摘要用五号字,宋体。

4. 正文用五号字,宋体。

5. 整段引文需另起一行,五号字,楷体,出注。

6. 注释一律用页下脚注小五号,宋体,请选择每页重新自动编号。格式如下:

　　苏舆:《春秋繁露义证》,北京:中华书局,1992 年,第 19 页。

　　李泽厚:《论语今读》,北京:生活·读书·新知三联书店,2005 年,第 139 页。

　　杨国荣:《心物、知行之辨:以"事"为视域》,《哲学研究》2018 年第 5 期。

若一部论著全篇大量出现,可省略如:

　　按：本文所引《四书》原文，皆引自朱熹《四书章句集注》，北京：中华书局，2012 年第二版。以下仅列书篇名，略去出版信息，以免繁芜。

　　7. 请在文章首页作者姓名右上角脚注＊，注释简单作者信息：姓名，性别，出生年月，籍贯，单位，职称，基金项目号等信息（楷体）。

　　8. 来稿应符合学术规范，严禁抄袭、一稿多投等行为。

　　9. 凡在本刊已刊发之稿件，本刊即获得其版权，及其电子版推广之权利。

　　10. 来稿字数一般需控制在两万字以内，本刊采用与否，将会在六个月左右通知作者，也欢迎作者来信咨询。

东方哲学编辑部

图书在版编目（CIP）数据

东方哲学.第十六辑／邓辉主编.—桂林：广西师范
大学出版社，2022.6
　ISBN 978－7－5598－5613－5

　Ⅰ.①东… Ⅱ.①邓… Ⅲ.①东方哲学－文集
Ⅳ.①B3－53

　中国版本图书馆 CIP 数据核字（2022）第 212412 号

东方哲学·第十六辑
DONGFANG ZHEXUE·DI SHILIU JI

出品人：刘广汉
责任编辑：刘孝霞
助理编辑：吕解颐
装帧设计：王鸣豪

广西师范大学出版社出版发行

（广西桂林市五里店路 9 号　　邮政编码：541004）

（网址：http://www.bbtpress.com）

出版人：黄轩庄

全国新华书店经销

销售热线：021－65200318　021－31260822－898

山东临沂新华印刷物流集团有限责任公司印刷

（临沂高新技术产业开发区新华路 1 号　邮政编码：276017）

开本：720 mm×1 000 mm　1/16

印张：21.5　　　　　　字数：367 千字

2022 年 6 月第 1 版　　2022 年 6 月第 1 次印刷

定价：78.00 元

—————————————————————————————

如发现印装质量问题，影响阅读，请与出版社发行部门联系调换。